Ontdek
Sardinië

Inhoud

Sardinië – veelgestelde vragen	7
Favorieten	12
In vogelvlucht	14

Reisinformatie, adressen, websites

Informatie	18
Weer en reisseizoen	20
Reizen naar Sardinië	22
Overnachten	26
Eten en drinken	28
Actieve vakantie, sport en wellness	31
Feesten en evenementen	34
Praktische informatie van A tot Z	36

Kennismaking – Feiten en cijfers, achtergronden

Sardinië in het kort	42
Geschiedenis	44
Vier moren met voorhoofdsband – de Sardijnse vlag	48
Een groen Middellandse Zee-eiland – ondanks kaalslag en brandgevaar	50
Het rode goud – saffraan in het veld en in de keuken	54
Zoveel hoofden, zoveel mutsen – de Sardijnse taal	57
Wit goud en rood volk – lagunes, zoutpannen, roze flamingo's	60
Atoomenergie? Nee bedankt! – natuurbescherming en energievoorziening	63
Een geologische schatkamer – mijnbouw op Sardinië	66
Het eiland van de torens – de unieke nuraghecultuur	69
Sagra di Sant'Efisio – een groots volksfeest	72
Archaïsche klanken in moderne tijden	74
Costa Smeralda – dolce far niente aan een geroofde kust?	77
Beer, olifant en paddenstoel – fantastische rotsformaties	80

Onderweg op Sardinië

Cagliari en het zuiden	84
Levendige eilandhoofdstad	86
Cagliari	86
Aan de zuidkust, Nora en Pula	100
Costa del Sud	102
Campidano en Marmilla, San Sperate	104
Barumini	105
Su Nuraxi	109
Tuili	111
Giara di Gesturi/Sa Jara Manna	112
Santa Vittoria di Serri	113
Door de Flumendosakloof, Nuraghe Arrubiu	116
Panoramarit naar Pranu Muteddu	117
Costa Rei en omgeving	118
Villasimius en Capo Carbonara	120
Iglesias en het zuidwesten	122
Mijnbouw en mosselzijde	124
Iglesias	124
Iglesiente en Costa Verde	126
Ten oosten van Iglesias	132
Van Nebida naar Tratalias, Nebida, Monte Sirai	133
Tratalias	134
Sant'Antioco en San Pietro, Isola di Sant'Antioco	135
Isola di San Pietro	137
Oristano, Bosa en het westen	140
Kwartsstrand en jakobsladder	142
Oristano	142
Penisola del Sinis	147
Stagno di Cabras, Stagno Sale Porcus	147
San Giovanni di Sinis en omgeving, Tharros	151
Ipogeo di San Salvatore	153
Rond de Monte Ferru, Nuraghe Losa	153
Santu Lussurgiu	157
Bosa	160
Alghero, Sassari en het noordwesten	166
Klein Barcelona en Neptunusgrot	168
Alghero	169
Porto Conte, Wandeling naar Punta Giglio	181

Inhoud

Het bergland van Montresta, Panoramarit van Bosa naar Alghero	185
Over de SS 292 naar Monteleone Rocca Doria	185
Monte Minerva, In de Meilogu	187
Padria, Sant'Andria Priu, Valle dei Nuraghi	189
San Pietro di Sorres	194
Van Sant'Andria Priu naar Alghero	194
De noordwestpunt van Sardinië, Penisola di Stintino	195
Van Porto Torres naar Sassari, Porto Torres	197
Monte d'Accoddi, Sassari	198
Logudoro	205
Santa Maria del Regno, Sant'Antioco di Bisarcio	206
Castelsardo en omgeving	207

Olbia en het noordoosten — 214
Als door een kunstenaar gemodelleerd — 216

Olbia	217
Langs de Costa Smeralda, Porto Cervo	220
San Pantaleo, Arzachena	222
Palau	224
Maddalena-archipel	228
Aan de noordpunt, Porto Rafael	234
Santa Teresa di Gallura	235
Capo Testa	238
Het binnenland van Gallura, Tempio Pausania	239
Aggius en het Valle della Luna	242
Monte Limbara	243
Luogosanto	244
Van Capo Coda Cavallo naar Posada	246
Posada	248

Nuoro en het oosten — 250
Land der barbaren — 252

Nuoro	252
Ten noorden van Nuoro	254
Su Tempiesu, Su Romanzesu	255
Door de Supramonte, Oliena	256
Onderweg naar Dorgali	258
Cala Gonone	264
Gola su Gorropu	267
Naar de hoogvlakte Golgo	268
Ogliastra	271
Barbagia en Gennargentu, Laconi	274
Parco Nazionale del Golfo di Orosei e del Gennargentu	281
Mamoiada, Orgosolo	282

Toeristische woordenlijst	288
Culinaire woordenlijst	290
Register	292
Fotoverantwoording en colofon	296

Op ontdekkingsreis

Klanksculpturen in het kunstenaarsdorp San Sperate	106
Geheimen op het spoor – van Antas naar Su Mannau	128
Santa Cristina – afdaling in het bronnenheiligdom	154
Edel vocht in eiken vaten – wijn proeven bij Sella & Mosca	178
Bezoek aan de jonge steentijd – Sant'Andria Priu	190
Wereldrechter en dertien apostelen – Santissima Trinità di Saccargia	202
Bij de mandenvlechtsters van Castelsardo	212
Stenen die geschiedenis schrijven – onderweg in Gallura	224
Het nuraghedorp in de grot – beklimming van de Monte Tiscali	260
Murales – muurschilderingen in Orgosolo	284

Rotsformaties en vuurtoren bij Capo Testa

Kaarten en plattegronden

Stadsplattegronden

Cagliari	88
San Sperate	108
Oristano	144
Bosa	161
Alghero	170
Sassari	201
Castelsardo	209
Orgosolo	287

Route- en detailkaarten

Van Orroli naar Pranu Muteddu (panoramarit)	117
Van Antas naar Su Mannau (wandeling)	130
Santa Cristina: tempelgebied	155
Alghero: wijngoed Sella & Mosca	179
Punta Giglio (wandeling)	181
Van Alghero naar Monteleone Rocca Doria (panoramarit)	186
Sant'Andria Priu	191
Santissima Trinità di Saccargia	203
Gallura	227
Monte Limbara (wandeling)	244
Monte Tiscali (wandeling)	262
Cala di Luna (wandeling)	265
Gola su Gorropu (wandeling)	268

▶ Dit symbool verwijst naar de uitneembare kaart

Sardinië wordt omgeven door droomstranden – Cala Goloritzè aan de Golfo di Orosei

Sardinië – veelgestelde vragen

Eerste kennismaking?

Maar weinig tijd? Dan is **Alghero** met zijn Spaans aandoende oude binnenstad een prima uitgangspunt voor een korte vakantie op Sardinië. Van hier is het niet ver naar het prachtige kustlandschap van de baai **Porto Conte**. Een rit met grandioze uitzichten voert door de bergen naar de **Valle dei Nuraghi** met zijn indrukwekkende nuraghevesting. De steile kust tussen Alghero en het romantische **Bosa** biedt al even fantastische uitzichten op de zee. Ook Sardiniës op een na grootste stad, **Sassari**, en de schitterende zandstranden van het **schiereiland Stintino** liggen in de directe omgeving.

Welke bezienswaardigheden mag niemand missen?

Alghero, **Bosa** en **Castelsardo** hebben het meeste te bieden aan stedenschoon, maar ook het *centro storico*, de oude binnenstad, van **Cagliari** verdient een rondwandeling. De expressieve muurschilderingen (*murales*) van **Orgosolo** zou u zeker moeten gaan bekijken. Van een hele andere orde, maar niet minder interessant is het kunstenaarsdorp **San Sperate** met zijn moderne kunstscene. De tafel-

Uniek erfgoed – de nuraghi

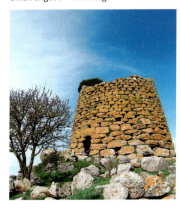

Sardinië – veelgestelde vragen

Niet overslaan!

berg **Giara di Gesturi** is een fascinerend natuurreservaat, waar temperamentvolle halfwilde paarden vrij rondlopen. Weidse lagunes die worden bewoond door flamingo's strekken zich uit op het **schiereiland Sinis**. Bij **Capo Testa** steken grillig gevormde granietrotsen de lucht in. Het mondaine en luxevakantieparadijs van de **Costa Smeralda** ligt aan een buitengewoon bekoorlijk deel van de kust. In de verlaten bergwereld van de **Supramonte** opent zich de indrukwekkende karstkloof Gola su Gorropu, die u al wandelend kunt bereiken.

Wat is een goed uitgangspunt om Sardinië te verkennen?

Sardinië is te groot om vanuit één verblijfplaats in zijn geheel te verkennen. In het **zuiden** is veel accommodatie te vinden bij **Pula** en in **Villasimius**. Hiervandaan kunt u gemakkelijk een dagexcursie maken naar Cagliari; als verblijfplaats is de eilandhoofdstad door het drukke verkeer minder geschikt. Aan de **westkust** zijn **Santa Caterina di Pittinuri** en **Bosa** met **Bosa Marina** goede opties. In het noordwesten is **Alghero** en omgeving ideaal, omdat hiervandaan ook Bosa en Castelsardo goed te bereiken zijn. In het **noorden** is **Santa Teresa di Gallura** het grootste

In het binnenland speelt de schapenteelt nog steeds een belangrijke rol

vakantiecentrum. Van daaruit – en ook vanuit **Palau**, **Cannigione** en de **Costa Smeralda** – zijn Gallura en de Maddalena-archipel prima te verkennen. Belangrijkste vakantieoord aan de **oostkust** is **San Teodoro** – hier liggen de droomstranden binnen handbereik. Erg aantrekkelijk voor natuur- en wandelliefhebbers is de Supramonte aan de Golfo di Orosei. Goede verblijfplaatsen zijn de kustplaats **Cala Gonone** en het landinwaarts gelegen **Dorgali**. In Ogliastra met zijn bergachtige achterland heeft de plaats **Santa Maria Navarrese** nog veel van haar charme bewaard.

Welke archeologische opgravingen zijn het interessantst?

Tot de bezienswaardigste archeologische opgravingen behoort het fraai op een landtong aan de zuidkust gelegen **Nora**. Wat u absoluut niet mag overslaan is de bezichtiging van een *nuraghe* (toren uit de bronstijd), bijvoorbeeld **Su Nuraxi** (UNESCO Werelderfgoed) of **Santu Antine**. Ook het uit de nuraghetijd stammende bronnenheiligdom **Santa Cristina** en de neolithische necropolis Sant'Andria Priu zijn indrukwekkend.

Wie het onalledaagse zoekt – sightseeing maar dan anders

Op naar het **binnenland**, want daar vindt u het authentieke Sardinië! Wie de hoofdwegen verruilt voor landweggetjes, belandt binnen de kortste keren in streken waar de Sarden nog onder elkaar zijn. Veel bergdorpen bezitten een enigszins ruwe, maar onvervalste charme en de landschappen stralen een archaïsche tijdloosheid uit. Passeert u in een dorpje een eenvoudige bar? Stop dan eens voor een espresso en merk hoe gemakkelijk u aan de praat raakt met de autochtonen. Overnacht in plaats van in een hotel in een *agriturismo* en laat u

Goede verblijfplaatsen en bezienswaardige archeologische opgravingen

door *mamma* culinair verwennen met huisgemaakte Sardijnse specialiteiten! Of sluit u een keer aan bij een door een plaatselijke coöperatie georganiseerde excursie – bijvoorbeeld naar de Giara di Gesturi of de Supramonte di Baunei. De gids zal u veel spannends over zijn geboortestreek vertellen.

Waar zijn de mooiste stranden?

Sardinië is rijk aan droomstranden waar u zich gemakkelijk op de Maldiven waant. Ten zuidwesten van Cagliari ligt de onbedorven **Costa del Sud**, en ten oosten van de eilandhoofdstad de **Costa Rei** en daar vlakbij **Villasimius** met de populaire **Spiaggia di Simius**. Prachtig zijn de zandstranden en de hoge duinen van de afgelegen **Costa**

Verde, terwijl zich op het **schiereiland Sinis** brede stranden met zandkorrels als kwartskristallen uitstrekken. Ook langs de baai **Porto Conte** bij Alghero liggen mooie zandstranden. Fascinerend zijn de fijnzandstranden op het **schiereiland Stintino**, en dan vooral de **Spiaggia della Pelosa**. De **Gallurische kust** heeft daarentegen grofkorrelige stranden die worden ingesloten door grillig gevormde granietrotsen. Beroemd zijn **Rena Bianca** en de **Spiaggia Santa Reparata** bij **Santa Teresa di Gallura**, het surfersparadijs **Porto Pollo** en de stranden van de **Costa Smeralda**. Verlaten zijn de stranden aan de **Capo Coda Cavallo**. Zuidelijker ligt bij **San Teodoro** het droomstrand **La Cinta**. Ook langs de **Golfo di Orosei** strekken zich fraaie stranden uit.

Mooie stranden en wandelgebieden

Wat zijn de mooiste wandelgebieden?

Het indrukwekkende karstmassief van de **Supramonte** biedt veelzijdige wandelmogelijkheden, waaronder de klassieke tochten naar de **Monte Tiscali**, de **Gola su Gorropu**, de **Cala di Luna** en de **Cala Goloritzè**. Meer naar het zuiden, in het bergachtige achterland van Ogliastra en in de **Barbagia** ten westen daarvan, zet dit ruige karstlandschap met zijn geweldige rotsformaties zich voort, en ook hier kunnen fantastische wandelingen worden gemaakt. Dit hele gebied is een typische herdersstreek. Een uiterst vriendelijke uitstraling hebben de hier gelegen dorpen **Sadali** en **Laconi**. Heel anders is het tweede grote wandelgebied van Sardinië: het bosrijke bergland van de **Iglesiente** in het zuidwesten van het eiland is een voormalige mijnstreek. Ook hier strekken zich prachtige wandelpaden uit, die voor een deel zelfs gemarkeerd zijn. In het noordoosten, niet ver van de Costa Smeralda, rijzen in **Gallura** de grillige granietrotsen van de **Monte Limbara** op. Dit op twee na hoogste gebergte van Sardinië laat zich over goed begaanbare bospaden gemakkelijk te voet verkennen.

Bus of huurauto?

Het openbaar vervoer leent zich slecht voor het verkennen van het eiland omdat de lijnbussen alleen van dorp naar dorp rijden en de bezienswaardigheden onderweg links laten liggen. Eigen vervoer is daarom een must. Voor het bezoeken van de grote steden (met name Cagliari) is het vanwege het drukke verkeer echter aan te raden de auto te laten staan en de bus of trein te nemen.

Waar is het goed shoppen?

De beste winkelmogelijkheden bieden **Cagliari** en **Sassari**. In **Alghero** is het aanbod sterk op toeristen gericht, met

In het achterland van Ogliastra nodigt het Gennargentumassief uit tot wandelen

de nadruk op sieraden. Wie op zoek is naar traditioneel handwerk of kunstnijverheid zoals weef-, smeed- of filigraanwerk, vindt in kleine plaatsen als **Dorgali**, **Tonara** of **Santu Lussurgiu** mooie winkeltjes. Voor moderne kunst moet u naar **San Sperate**, terwijl **Castelsardo** beroemd is om zijn mandenvlechterij. **San Gavino Monreale** en de omliggende boerendorpen staan bekend om de saffraanteelt en u kunt daar het 'rode goud' direct bij de producenten kopen. Voor wijn kunt u terecht bij een van de gerenommeerde Sardijnse wijncoöperaties, bijvoorbeeld in **Oliena**, **Dorgali** of **Jerzu**.

Welke plaatsen hebben een bijzonder cultureel of uitgaansaanbod?

Het meestomvattende cultuuraanbod vindt u in **Cagliari**, maar zelfs in kleine plaatsen worden tal van feesten, evenementen en exposities georganiseerd. Het voormalige joodse getto in Cagliari, het *Ghetto degli Ebrei*, is tegenwoordig een bruisend museaal en cultureel centrum (www.camuweb.it). Het kunstenaarsdorp **San Sperate** kan zich beroemen op een levendige cultuurscene, die zich tijdens tal van manifestaties en op het internationale kunstfestival No Arte presenteert. Het nachtleven van Cagliari speelt zich af in populaire clubs, disco's, cafés en trattoria's. De spannendste clubscene is te vinden in de vakantieoorden **Villasimius** (ook de *Cagliaritani* komen hier in het weekend naartoe), **San Teodoro** en natuurlijk aan de **Costa Smeralda**.

En nog een persoonlijke tip tot slot!

Neem de tijd voor Sardinië! Ontdek het eiland op uw gemak en onderneem spontaan ook eens iets anders dan gepland. Maak in plaats van een urenlange autorit eens een wandeling door een dorpje om in contact te komen met de Sarden. Adem de frisse zeelucht in tijdens een strandwandelingen of organiseer een picknick in de Sardijnse natuur, waar u hooguit in de verte de geluiden van grazende dieren of de roep van een koekoek hoort. *Benvenuti in Sardegna!*

Een groene oase – de botanische tuin in Cagliari. Zie blz. 96.

Sereen – de kruisgang van het franciscanenklooster in Alghero. Zie blz. 174.

Favorieten

De reisgidsen van de ANWB worden voortdurend bijgewerkt met actuele informatie. Daartoe trekken de auteurs geregeld weer langs de diverse plaatsen in de beschreven streek. Hierbij ontdekken zij ook heel persoonlijke lievelingsplekjes, zoals dorpjes die buiten de platgetreden toeristische paden liggen, een heel bijzondere strandbaai, sfeervolle pleintjes die uitnodigen om even bij te komen, een stukje ongerepte natuur. Het zijn de favoriete locaties waar je eigenlijk telkens weer naartoe wilt gaan.

Verstopt in het Parco di Laconi – de ruïne van het Castello Aymerich. Zie blz. 277.

Op Capo d'Orso bewaakt de 'berenrots' de kust. Zie blz. 230.

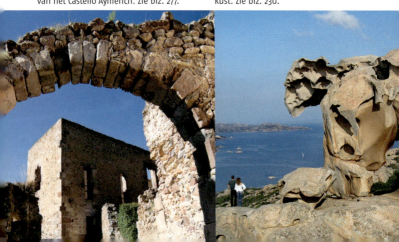

De kapel Santa Luisa op de rand van de hoogvlakte Giara di Gesturi. Zie blz. 115.

Gratis voetmassage – het kwartsstrand Is-Arutas. Zie blz. 149.

Chiesa San Pietro – spiritueel middelpunt op de hoogvlakte Su Golgo. Zie blz. 273.

De tijd stond stil – Padria, karakteristiek dorp in het binnenland. Zie blz. 188.

In vogelvlucht

Alghero, Sassari en het noordwesten
Alghero, Capo Caccia en Punta del Giglio stralen een bijzondere bekoring uit. Uniek is de 'traptempel' Monte d'Accoddi, levendig de universiteitsstad Sassari. Castelsardo troont schilderachtig op een uitstekende rotspunt boven de zee. Zie blz. 166.

Oristano, Bosa en het westen
Bezoekers raken in de ban van het schiereiland Sinis met zijn lagunes en de ruïnes van het antieke Tharros. Schilderachtig ligt Bosa aan de Temo. Uit de nuraghetijd stammen het bronnenheiligdom Santa Cristina en het driehoekige bastion Nuraghe Losa. Tot de betoverendste romaanse kerken behoort de San Pietro extramuros. Zie blz. 140.

Iglesias en het zuidwesten
De eenzame bergwereld van de Sulcis en Iglesiente met zijn verlaten mijnen is grandioos. In het hart ervan ligt het stadje Iglesias. Zie blz. 122.

Olbia en het noordoosten
Het vakantieparadijs Costa Smeralda is uiterst exclusief. In het zicht van Corsica ligt de Maddalena-archipel. Een tijdloze uitstraling heeft Tempio Pausania, landinwaarts in Gallura. Zie blz. 214.

Nuoro en het oosten
In de Barbagia klopt het hart van Sardinië. Orgosolo, Oliena en Dorgali hangen tegen de steile flanken van de Supramonte. Zeer authentiek zijn de bergdorpen Aritzo en Fonni in het Gennargentumassief. Zie blz. 250.

Cagliari en het zuiden
Cagliari is de levendige eilandhoofdstad. Langs de Costa del Sud en de Costa Rei liggen paradijselijke stranden. Met de nuraghe Su Nuraxi en de hoogvlakte Giara di Gesturi heeft de Marmilla twee hoogtepunten te bieden. Zie blz. 84.

Reisinformatie, adressen, websites

Castelsardo ligt op een rots die aan drie kanten wordt omspoeld door de Middellandse Zee

Informatie

Internet

Websites met betrekking tot specifieke rubrieken zoals overnachten, sportieve activiteiten enzovoort zijn in dit hoofdstuk te vinden onder die rubrieken en verspreid door de gids onder de afzonderlijke plaatsen. De meeste websites zijn uitsluitend in het Italiaans.

www.regione.sardegna.it
De officiële website van de Regione Autonoma della Sardegna.

De websites van de acht Sardijnse provincies bieden veel informatie:

www.provincia.cagliari.it

www.provincia.carboniaiglesias.it

www.provincia.mediocampidano.it

www.provincia.nuoro.gov.it

www.provinciaogliastra.gov.it

www.provincia.olbia-tempio.it

www.provincia.or.it
De website van de provincie Oristano.

www.sardinie.nl
Op deze website vindt u naast een groot aanbod aan campings, vakantieparken, vakantiehuizen, villa's en autorondreizen ook een fotogalerij en veel algemene informatie over Sardinië en over de bezienswaardige steden en dorpen op het eiland.

www.provincia.sassari.it

www.comuni-italiani.it
Lijst van alle Italiaanse gemeenten (*comuni*) met per gemeente statistische informatie en relevante links. Bij de gemeenten is ook veel toeristische informatie te vinden.

www.comunas.it/comuni
Overzicht van alle gemeenten op Sardinië, geordend per provincie.

www.sardegnadigitallibrary.it
Het digitale archief van de Regione Autonoma della Sardegna. Onder het motto 'La memoria digitale della Sardegna' kan video-, foto-, geluids- en tekstmateriaal over Sardinië gratis worden gedownload.

www.sardegnacultura.it
Ook deze website wordt beheerd door de autonome regio Sardinië. Er is veel op te vinden over archeologie, architectuur, kunst, fotografie, muziek, musea, geschiedenis, de taal enzovoort.

www.sardegnaturismo.it
De officiële toeristische website van de autonome regio Sardinië (meertalig).

www.isolasarda.com
Meertalige website met veel info.

www.paradisola.it
Uitstekende Italiaanse website met links naar allerlei thema's. Heel handig is de evenementenkalender (Eventi).

Verkeersbureaus

De nationale Italiaanse organisatie voor toerisme ENIT (Ente Nazionale Italiana per il Turismo) heeft zijn hoofdzetel in Rome. De ENIT geeft Italiëgangers informatie over het land en beschikt in 25 landen over filialen. Het kantoor van de ENIT voor het Nederlandstalige gebied bevindt zich in Brussel. De website van de ENIT (www.enit.it/nl) is een nuttige bron van informatie. Toeristen worden bovendien doorgelinkt naar www.italia.it (meertalig), waar per regio veel informatie te vinden is over bijvoorbeeld beschikbare accommodatie, cultuur, natuur, geschiedenis en recreatiemogelijkheden.

Op Sardinië zelf geven de stedelijke en gemeentelijke toeristenbureaus en de plaatselijke Pro-Locokantoren toeristische informatie en tips. Adressen zijn te vinden in het reisdeel van deze gids.

ENIT

Via Marghera 2
I-00185 Rome
tel. 0039 06 497 11
www.enit.it

... in België

ENIT
Vrijheidsplein 12
B-1000 Brussel
tel. 00 32 2 647 11 54
brussel@enit.it

... op Sardinië

Toeristische informatie: zie onder Info bij de afzonderlijke plaatsen in het deel Onderweg op Sardinië (blz. 82).

Leestips

Literair is het eiland pas laat uit zijn Doornroosjesslaap ontwaakt, maar toch heeft het een Nobelprijswinnaar voor de literatuur (1926) voortgebracht in de persoon van Grazia Deledda. Sinds de jaren 70 van de vorige eeuw heeft zich een zeer levendige literatuurscene van internationale allure ontwikkeld. Geliefde thema's zijn de zoektocht naar identiteit en de sprong van een tot de jaren 60 economisch en sociaal achtergebleven samenleving naar de moderne tijd.

ANWB Extra Sardinië (2013). Beknopte reisgids voor Sardinië, met losse kaart en tal van tips.

Milena Agus: *Het huis in de Via Manno* (2008). Deze roman vertelt fantasievol de levensgeschiedenis van een Sardijnse vrouw vanuit het perspectief van haar kleindochter.

Milena Agus: *Gravin van de hemel* (2011). Door critici toegejuichte roman over drie zusters die een oud palazzo in Cagliari bewonen.

Capitool Reisgids Sardinië (2015). Deze reisgidsen staan vooral bekend om de opengewerkte tekeningen en driedimensionale plattegronden van de belangrijkste bezienswaardigheden.

Massimo Carlotto: *De Alligator en het mysterie van de Schepeneter* (2005). Vlot geschreven en spannende speurdersroman die zich afspeelt op Sardinië.

Grazia Deledda: in haar talrijke novellen en circa veertig romans heeft de Nobelprijswinnares een literair monument opgericht voor de archaïsche herderswereld in de omgeving van haar geboorteplaats Nuoro. Hartstochtelijke emoties – liefde en jaloezie, schuld en boetedoening – vormen de drijfveer voor bewogen handelingen. Veroorzaakt door onbeteugelde passie en onvoorwaardelijke liefde, nemen conflicten hun onvermijdelijke en noodlottige loop. Tot haar belangrijkste romans behoren *Elias Portolu* (1910), *Canne al vento* (1913) en *Marianna Sirca* (1915). Haar werken zijn niet in het Nederlands, maar wel in het Engels en Duits vertaald.

Marcello Fois: schrijft misdaadverhalen die zich afspelen op Sardinië. In het Nederlands verschenen onder meer

Reisinformatie

Beter Dood (2010) en de bundel *Misdaad op Sardinië* (2007).
D.H. Lawrence: *Sea and Sardinia* (1912). Briljante reportage over een tiendaagse Sardiniëreis.
Gavino Ledda: *Padre Padrone* (1975). In deze autobiografische roman schildert Ledda meedogenloos zijn deprimerende kinder- en jeugdjaren, de conflicten met zijn rauwe, despotische vader en het eenzame leven van de herders op Sardinië. In 1977 verfilmd door de gebroeders Taviani.
Gavino Ledda: *Lingua di falce* (1977; in het Duits vertaald als *Sprache der Sichel*). Het vervolg op *Padre Padrone* beschrijft Ledda's uiteindelijk succesvolle gevecht om zelfbeschikking en de afrekening met zijn eigen afkomst en taal die hem ten slotte weer naar het eiland terugvoert.
Heinrich von Maltzan: *Reise auf der Insel Sardinien* (2002). Amusant reisverslag uit 1868 met veel achtergrondinformatie. Een klassieker uit de reisliteratuur.
Michela Murgia: *De laatste moeder* (2013). Autobiografische roman over een kind uit een arm Sardijns gezin dat geadopteerd wordt door een kinderloze, alleenstaande vrouw die een geheim met zich meedraagt.
Salvatore Niffoi: *Terugkeer naar Baraule* (2009). Een gepensioneerd hartchirurg keert na vele jaren terug naar het vissersdorp Baraule op Sardinië. Hij heeft niet lang meer te leven en is wanhopig op zoek naar de waarheid omtrent zijn afkomst.
Giovanni Pilu en Roberta Muir: *Kookboek van Sardinië* (2013). Spannende eilandgerechten met vis, schaal- en schelpdieren uit zee en wild en wilde kruiden uit het binnenland.
Walter Iwersen en Elisabeth van de Wetering: *Rother Wandelgids Sardinië* (2013). Deze gids bevat 63 wandelingen op Sardinië. Ze zijn voorzien van routebeschrijvingen, wandelkaarten en hoogteprofielen en geschikt voor zowel beginnende als gevorderde wandelaars.
Salvatore Satta: *De dag des oordeels* (1982). De geschiedenis van een welgestelde familie uit Nuoro.
Flavio Soriga: *Neropioggia* (2002; in het Duits vertaald als *Der schwarze Regen*). Roman over een klein dorp op Sardinië waar een ongehoorde misdaad wordt gepleegd.
Giorgio Todde: schrijft literaire thrillers die zich afspelen op Sardinië. In het Nederlands verschenen *De som der zielen* (2003) en *Gebalsemd lichaam* (2005).

Weer en reisseizoen

Klimaat

Sardinië heeft een typisch mediterraan klimaat met hete en droge zomers, waarin de temperaturen in het binnenland opklimmen tot boven de 40°C, en gematigde tussenseizoenen. 's Winters kan het zeker zonnig zijn, maar ook tamelijk nat en koud; soms valt er ook beneden de 1000 m sneeuw. Het milde, gelijkmatige klimaat aan de kust contrasteert met het bijna continentale klimaat in het binnenland. In de bergen is het over het algemeen koeler en vochtiger. Het zuiden van Sardinië is over het geheel genomen iets warmer en droger dan het noorden. Het hele jaar door kan de harde, vaak stromachtige noordwestenwind *maestrale* (mistral) waaien. Heet, vochtig en stoffig is de uit het zuidoosten komende *scirocco*, die vooral 's zomers waait en de woestijnhitte uit Afrika meebrengt. De lucht is dan grijs en vaak voert de wind Saharazand aan. Helder zicht en een wolkenloze hemel brengt de krachtig uit het westen waaiende *ponente*.

Zie voor het actuele **weer** op Sardinië bijvoorbeeld www.weeronline.nl of de Italiaanse weersite **www.meteo.it/previsioni-del-tempo/sardegna**.

Beste reisseizoen

Lente en herfst zijn de ideale reisseizoenen. Wie een groen eiland wil ontdekken dat nog wordt gekleurd door lentebloesem, moet Sardinië tussen maart en juni bezoeken. Dit is het jaargetijde bij uitstek voor actieve vakantiegangers en natuurliefhebbers. In het vroege voorjaar moet echter wel rekening worden gehouden met wisselvallig weer en incidentele koude luchtstromen met regen. Overdag wordt het als de zon schijnt meestal al aangenaam warm, maar 's nachts kan het nog behoorlijk koud zijn. Sommige accommodaties die 's winters gesloten zijn geweest, kunnen wat fris en klam aanvoelen. Vanaf Pasen, als het reisseizoen begint, zijn bijna alle accommodaties geopend. Het weer wordt in de late lente bestendiger en er kunnen al zomerse temperaturen heersen. Alleen het zeewater is tot half mei nog behoorlijk koud.

De zomermaanden juli en augustus vormen het hoogseizoen. Er is meestal sprake van een drukkende hitte, die een verlammende werking heeft op iedere activiteit, en het leven speelt zich voornamelijk af op het strand en in de koelte binnenshuis. In augustus hebben bijna alle Italianen vakantie en zijn alle toeristische voorzieningen druk en duur.

Aangenaam wordt het pas weer in september en oktober. Het weer is stabiel, de nachten zijn aangenaam koel en het opgewarmde zeewater (gemiddeld 22°C in september) nodigt uit tot een duik, terwijl de temperatuur overdag heerlijk is. Met de eerste af en toe vallende regen wordt de natuur in de bergen weer groen. In de loop van oktober sluiten echter al de eerste accommodaties hun deuren.

De vochtig koude, vaak waaierige winter wordt vooral in het zuiden onderbroken door aanhoudende perioden van mooi weer met lenteachtige temperaturen. Daar komen de spreekwoordelijke *secche di gennaio* (letterlijk: de droogtes van januari) vandaan, als het hogedrukgebied boven de Middellandse Zee zich stabiliseert.

Kleding en uitrusting

In de winter en het vroege voorjaar moet aan warme kleding en een regenjack of -jas worden gedacht. Outdoorkleding is ideaal. Van mei tot september, als het zonnig en warm is, is luchtige katoenen kleding aan te raden, evenals zonnebrand en hoofdbescherming. Wie op pad gaat moet altijd voldoende drinkwater meenemen.

Klimaattabel Cagliari

Reizen naar Sardinië

Douane

Nederlanders en Belgen die naar Sardinië reizen, dienen een geldig paspoort of een geldige Europese identiteitskaart bij zich te hebben om zich indien nodig te kunnen legitimeren. Sinds 2012 moeten kinderen in het bezit zijn van een eigen reisdocument. Wie met de auto reist moet zijn rij- en kentekenbewijs meenemen. Hoewel niet meer verplicht, is het toch aan te raden de groene kaart (internationaal verzekeringsbewijs) bij u te hebben.

Douanebepalingen

Binnen de EU gelden geen beperkingen op de in- en uitvoer van goederen voor eigen gebruik. Voor wat wordt gezien als eigen gebruik gelden de volgende maximumhoeveelheden: 110 liter bier, 90 liter wijn (waarvan maximaal 60 liter mousserende wijn), 20 liter likeurwijn (zoals sherry of port), 10 liter gedistilleerde drank (zoals whisky, cognac of jenever), 800 sigaretten, 400 cigarillo's (sigaren met een maximum gewicht van 3 gram per stuk), 200 sigaren, 1 kilo rooktabak.

Huisdieren

Als u uw hond of kat meeneemt, dient u te beschikken over een geldig EU-dierenpaspoort met daarin een door de dierenarts gemaakte aantekening van inenting tegen rabiës (hondsdolheid). Deze moet ten minste drie weken en ten hoogste een jaar voor aankomst in Italië hebben plaatsgevonden. Het dier moet bovendien zijn voorzien van een chip, waarvan het registratienummer in het dierenpaspoort staat vermeld. Vergeet bij een hond niet om een riem en een muilkorf mee te nemen. Huisdieren zijn niet bij alle accommodaties welkom, u kunt dan ook beter van tevoren informeren of huisdieren zijn toegestaan.

Heenreis

Met het vliegtuig

Het googelen van 'goedkope vliegtickets' levert een enorme lijst van online aanbieders op. Kijk bijvoorbeeld op www.vliegwinkel.nl, www.tix.nl, www.cheap tickets.nl of www.worldticketcenter.nl. Een vergelijkingssite voor met name lowcostmaatschappijen is www.wegolo.com.

Sardinië heeft drie grote internationale luchthavens:

Aeroporto Cagliari-Elmas (Mameli): 8 km ten noordwesten van Cagliari aan de SS130/SS131, informatiebalie in de aankomsthal, dag. 9-21 uur, tel. 070 21 12 81, www.sogaer.it. Tegenover de terminal staat het gebouw met de **autoverhuurbedrijven**, met ernaast de parkeergarage. Het **station Elmas Aeroporto** (op een paar minuten lopen van de terminal) ligt aan de grote spoorlijn naar Cagliari. Elke dag rijdt er van 5-21 uur ongeveer elke 20 min. een trein naar de stad; duur van de rit zo'n 6 min., kaartje € 1,25 (automaat in de terminal en op het station). Rechtstreekse treinen ook naar onder meer Oristano, Sassari en Olbia. Dienstregeling op www.sogaer.it (pdf) of www.trenitalia.com. Op de luchthaven zijn twee **taxibedrijven** actief: Cooperativa Radio Taxi Quattro Mori, tel. 070 400 10, en Radio Taxi Cagliari Rossoblu, tel. 070 66 55. De rit naar het centrum van Cagliari kost circa € 15, naar Chia Costa del Sud) circa € 85.

Aeroporto Olbia-Costa Smeralda: aan de zuidoostelijke rand van Olbia aan de SS125, informatie via tel. 0789 56 34 44, www.geasar.it. **Busstation** voor de aankomsthal (kaartverkoop in de bus), met rechts ervan het gebouw met alle **autoverhuurbedrijven**. Busmaatschappijen: ARST (onder meer naar Olbia), Deplanu (onder meer naar Oliena), Nuragica Tours (Sassari/Porto Torres), Sun Lines (onder meer naar Palau) en Turmo Travel (onder meer Alghero, Santa Teresa, Palau, Cagliari). **Taxistandplaats** direct voor de aankomsthal. Taxi bellen in Olbia tel. 0789 227 18, op de luchthaven tel. 0789 691 50.

Aeroporto Alghero-Fertilia: ongeveer 10 km ten noorden van Alghero, tel. 079 93 52 82, www.aeroportodialghero.it. **Busterminal** op circa 150 m van de aankomsthal, ARST-ticketautomaat naast de bar in de aankomsthal. Busverbindingen: ARST naar Sassari en andere langeafstandsbestemmingen, FdS naar Alghero en plaatselijke lijnbussen (Linea Urbana) naar Alghero; kaartverkoop in de bus.

Vliegen vanuit Nederland en België: gunstig geprijsde vluchten vanuit Nederland en België biedt prijsvechter **Ryanair** (www.ryanair.com). Vanaf Eindhoven zijn er vluchten naar Alghero. Op Cagliari wordt gevlogen vanaf Brussel Charleroi. Op deze steden vliegt Ryanair ook vanaf het net over de Nederlands-Duitse grens gelegen Düsseldorf Weeze. **Transavia** (www.transavia.com) vliegt van Amsterdam naar Olbia. **KLM** (www.klm.com) en **Alitalia** (www.alitalia.com) vliegen vanaf Schiphol op Cagliari en Alghero, maar alleen met een tijdrovende overstap in Milaan, Turijn of Rome. Vanaf Zaventem vliegt **Brussels Airlines** (www.brusselsairlines.com) naar Cagliari en Olbia.

Met de boot

Vanaf het vasteland en via Corsica zijn er tal van bootverbindingen. De veerboten zijn in het hoogseizoen vaak volgeboekt. Wie tijdig (online) reserveert, kan soms profiteren van speciale tarieven en bespaart zichzelf aansluiten in de rij en lange wachttijden bij de ticketloketten aan de haven. Vaart u 's nachts dan is een hut aan te bevelen, omdat u anders de nacht moet doorbrengen in een ongemakkelijke ligstoel.

De belangrijkste **rederijen** die de verbindingen met Sardinië onderhouden zijn: **Tirrenia** (www.tirrenia.it) met de routes Civitavecchia – Olbia, Civitavecchia – Arbatax en Civitavecchia – Cagliari, alsook Genua – Porto Torres; **Moby Lines** (www.moby.it) met onder meer Genua – Olbia en Livorno – Olbia; **Sardinia Ferries** (www.corsica-ferries.it) met de route Livorno – Golfo Aranci; **Grandi Navi Veloci** (www.gnv.it) met de trajecten Genua – Olbia en Genua – Porto Torres; **Grimaldi Lines** (www.grimaldi-lines.com) met Civitavecchia – Porto Torres. Het internationale portaal voor alle veerdiensten rond de Middellandse Zee is **www.traghetti.com**. Reserveren kan ook via **www.directferries.nl**.

Reizen op Sardinië

Sardinië kan prima individueel worden bereisd. Een auto is wel aan te raden, aangezien u met het openbaar vervoer alleen de grotere plaatsen goed kunt bereiken.

Huurauto

Op de luchthavens zijn alle belangrijke autoverhuurders (*autonoleggio*) vertegenwoordigd. Het is aan te raden (want goedkoper) om vooraf een huurauto te reserveren. Dat kan online via bijvoorbeeld Sunny Cars (www.sunnycars.nl of www.sunnycars.be). Let bij het huren van een auto goed op de bij de huurprijs inbegrepen verzekering. Bij schijnbaar voordelige huurtarieven is

Reisinformatie

De vaak bochtige wegen vereisen een oplettende rijstijl

vaak maar een beperktcascoverzekering inbegrepen. Alleen een (meestal apart af te sluiten) volledigcascoverzekering biedt optimale bescherming en dekt alle door eigen schuld of door derden veroorzaakte schade. Ruit- en bandenschade zijn meestal niet verzekerd.

Autorijden

Het wegennet op Sardinië is goed. Er zijn geen tolwegen. De **hoofdverkeersader** is de autosnelweg SS131 'Carlo Felice' van Cagliari naar het noorden. Hij splitst zich bij Macomer in het hoofdtraject naar Sassari/Porto Torres en een zijas via Nuoro naar Olbia. Let op: veel snelheidscontroles, er wordt vaak geflitst. **Landwegen** zijn dikwijls rijk aan bochten; voor het uzelf verplaatsen over deze vaak mooie wegen moet u wel tijd uittrekken.

Autorijden in de stad: in Cagliari is het verkeer zoals men zich dat van een grote Italiaanse stad voorstelt. Een goed oriëntatievermogen en een goede reactiesnelheid zijn een voordeel. In de overige steden is het verkeer minder hectisch, maar over het algemeen is de rijstijl van de Italianen enigszins avontuurlijk. **Parkeerplaatsen** zijn in de steden vaak zeldzaam. Pas op voor foutparkeren! Wit omlijnde parkeervakken zijn gratis, blauw omlijnde betaald. Parkeertickets bij de automaat, in bars of bij de parkeerwacht.

Tankstations zijn er meer dan voldoende. De openingstijden liggen tussen 7.30-12.30 en 15.30-19.30 uur. Let op: veel tankstations zijn op zondag gesloten of onbemand en werken dan alleen met ingewikkelde betaalautomaten. Euro 95 is *benzina senza piombo/benzina verde,* superplus 98 is *benzina super senza piombo plus/benzina verde plus,* diesel is *gasolio*, lpg is *GPL*.

Verkeersregels

Voor personenauto's, motoren en campers geldt binnen de bebouwde kom een **maximumsnelheid** van 50 km per uur, daarbuiten van 90 km per uur, en op de SS131 tussen Sanluri en Bauladu (km 44 tot km 108) van 110 km per uur. Personenauto's met aanhanger mogen buiten de bebouwde kom maar maximaal 70 km per uur rijden. De **alcohollimiet** ligt net als in Nederland en België op 0,5 promille. Het dragen van een **veiligheidsgordel** is verplicht. Buiten de bebouwde kom dient u ook overdag uw **lichten** aan te hebben. Bestuurders mogen in de auto alleen **handsfree** bellen. Inzittenden van een auto moeten buiten de bebouwde kom verplicht een reflecterend **veiligheidshesje** dragen als ze bij pech of ongeval de auto verlaten.

Bus

Vanaf de busstations in de grote steden vertrekken lijnbussen (*pullman*) naar bestemmingen over het hele eiland. Ook kleine plaatsen worden aangedaan, maar soms wel met omwegen of overstappen (niet altijd met directe aansluiting). Actuele dienstregelingen van de Sardijnse busondernemingen zijn te vinden op internet en ook in de kranten *L'Unione Sarda* en *La Nuova Sardegna*.

Buskaartjes moeten in de regel voor de reis worden aangeschaft bij tabakswinkels (*tabacchi*), krantenkiosken of in bars in de buurt van de bushaltes. Op busstations zijn kaartjesloketten. Soms kunnen ook in de bus kaartjes worden gekocht (gele sticker op de deur).

Busondernemingen: de grootste is het staatsbedrijf **ARST** (info tel. 800 86 50 42, www.arst.sardegna.it). Hiertoe behoort ook het smalspoorwegnet van de Sardijnse spoorwegen **Ferrovie della Sardegna** (zie hierna onder Trein), die ook bussen laten rijden. **Turmo Travel** (tel. 0789 214 87, www.turmo travel.it) is vooral aanwezig in Gallura, heeft veel verbindingen vanuit Olbia en exploiteert ook de regionale bussen op de Maddalena-archipel. **Deplano** (tel. 0784 29 50 30, www.deplanobus.it) bedienen hoofdzakelijk bestemmingen in Gallura. **Logudoro Tours** (tel. 079 28 17 28, www.logudorotours.it) verbindt de luchthaven van Alghero met Cagliari, Oristano en Macomer.

Trein

De Italiaanse staatsspoorwegen **Trenitalia** (www.trenitalia.com) verbindt alle grote steden op Sardinië met elkaar. Er zijn echter maar weinig rechtstreekse verbindingen; vaak moet in Chilivani (bij Ozieri) worden overgestapt. **Treinkaartjes** moeten voor de reis bij het loket of de kaartjesautomaat (of online op www.trenitalia.com) worden aangeschaft. Het bochtenrijke Sardijnse smalspoornet wordt geëxploiteerd door **ARST Gestione FdS** (tel. 800 86 50 42, www.ferroviesardegna.it). Naast enige reguliere verbindingen met een diessellocomotief (Alghero – Sassari – Nulvi, Macomer – Nuoro, Monserrato – Isili) is er in het hoogseizoen ook de toeristische **Trenino Verde**, die ritjes maakt langs bijzonder mooie landschappen (tel. 070 265 71, www.treninoverde.com). Hierbij hebt u keus uit de trajecten Sassari – Nulvi – Tempio Pausania – Palau (151 km), Macomer – Bosa (46 km), Isili – Sorgono (83 km) en Mandas – Arbatax (159 km).

Boot

Autoveerboten verbinden Sardinië met de grootste eilanden voor de kust: Isola Maddalena vanuit Palau, Isola di San Pietro vanuit Carloforte en Portovesme en Isola Asinara vanuit Stintino en Porto Torres. Alle andere eilanden zijn alleen met een passagiersveerboot bereikbaar.

Taxi

Voor een taxirit betaalt u ongeveer vanaf € 1 per km. Tussen 22 en 6 uur, op zon- en feestdagen en voor bagage gelden toeslagen. In de taxi dient een overzicht van de tarieven aanwezig te zijn. Het is verstandig bij lange ritten vooraf een afspraak over de prijs te maken.

Overnachten

Sardinië biedt accommodatie voor iedere smaak en voor ieder budget, van een kamer in een eenvoudige B&B tot een suite in een luxehotel. Het aanbod concentreert zich aan de kust, maar ook in het binnenland zijn veelsoortige overnachtingsmogelijkheden te vinden. Juist daar kunt u het echte Sardinië ontdekken en het eiland en de mensen leren kennen.

De voor toeristen bestemde vakantiecomplexen aan zee zijn weliswaar meestal heel aardig in neo-Sardijnse stijl gebouwd, maar hebben een nogal kunstmatig karakter. De prijzen voor accommodatie zijn over het geheel genomen wat aan de hoge kant, maar een B&B, een *agriturismo*-boerenhuis of een vakantiewoning vormt vaak een goedkoper alternatief voor de hotels. In de zomermaanden juli en augustus is bijna alles volgeboekt en stijgen de prijzen overeenkomstig, terwijl in het voor- en naseizoen de prijs-kwaliteitverhouding beter klopt.

Hotels

De Italiaanse hotels zijn door de overheid met behulp van een relatief variabel beoordelingssysteem geclassificeerd

In een *agriturismo* kunt u een duik nemen in het Sardijnse plattelandsleven

in vijf categorieën, van zeer eenvoudige met één ster tot luxehotels met vijf sterren. De prijzen moeten verplicht in de kamers zijn opgehangen. Deze classificatie mag dan wel een globale indicatie geven van de standaard van een hotel, zij zegt echter niets over de 'goedgevoelfactor' en de sfeer.

Wie verstandig is, boekt een hotel altijd vooraf – dat is goedkoper dan pas ter plekke een hotelkamer nemen. Prijzen vergelijken op internet loont de moeite, de verschillen kunnen groot zijn. De prijs voor een tweepersoonskamer begint in het voor- of naseizoen zo ongeveer bij € 60. Zelf een hotel zoeken en boeken op internet is tegenwoordig gemakkelijk dankzij Google en aanbieders als bijvoorbeeld Booking.com, waar de prijzen duidelijk lager zijn dan wanneer u rechtstreeks op de website van een hotel reserveert. Houd er echter wel rekening mee dat beoordelingsportals als TripAdvisor kunnen worden gemanipuleerd en niet zo objectief zijn als het lijkt.

Agriturismo

Tot de mooiste accommodaties op Sardinië behoren de *agriturismi*. Dit zijn boerenhuizen of -hoeven in een landelijke omgeving waar u meestal comfortabel in een aparte vleugel of vrijstaande vakantiewoning kunt verblijven. Vaak bieden deze onderkomens de best denkbare prijs-kwaliteitverhouding – een persoonlijke benadering, verzorgde kamers, rust en bovendien meestal een uitstekende en royale keuken die niet authentieker zou kunnen zijn. Halfpension is dan ook een aanrader, zeker als u 's avonds het liefst rustig aan wilt doen en na het eten niet meer op pad hoeft. Een minimaal verblijf van twee nachten (in het hoogseizoen ook langer) is vaak gebruikelijk. Reken voor een tweepersoonskamer afhankelijk van het seizoen € 50-80, en voor halfpension ongeveer € 40-70 per persoon. Informatie is vooraf te vinden op websites als www.agriturist.it, www.terranostra.it of www.agriturismo.it.

Bed & Breakfast

Privékamers, naar Angelsaksisch voorbeeld B&B genaamd, zijn inmiddels op Sardinië wijd verbreid en een goedkope overnachtingsmogelijkheid. De kamers zijn in de regel keurig, soms overstijgen ze zelfs de hotelstandaard. De prijzen voor een tweepersoonskamer liggen tussen ongeveer € 40 en € 80 – natuurlijk inclusief ontbijt.

In de meeste plaatsen worden de B&B's met borden aangegeven (B&B of *affittacamere*). Vooraf boeken (per e-mail of telefonisch) is echter aan te raden. Informatie per plaats of regio kunt u vinden op websites als www.anbba.it, www.sardegnabb.it en www.bed-breakfast-sardegna.com. Voor kamers bij particulieren kunt u ook een kijkje nemen op www.airbnb.nl.

Vakantiehuizen en -appartementen

Vakantiehuizen of -appartementen zijn op Sardinië erg populair en kunnen bij diverse reisorganisaties worden geboekt. Buiten vakantiewoningen van privé-eigenaren gaat het meestal om vakantiedorpen, die vooral langs de oostkust (San Teodoro/Budoni, Costa Rei, Costa Smeralda) te vinden zijn. Voor gezinnen of reisgezelschappen die uit meer dan twee personen bestaan is een vakantiewoning een goedkoop alternatief voor een hotel, omdat men er ook zelf kan koken. Gebruikelijk is een verblijf van minimaal een week, zodat

Reisinformatie

men wel aan één standplaats gebonden is. Tijdig vooraf boeken is aan te raden, omdat in het hoogseizoen alles vol zit en in het voor- en naseizoen het ter plekke op zoek gaan naar een huis of appartement een moeizame onderneming kan zijn. De prijzen liggen afhankelijk van grootte en inrichting per week voor 4 personen tussen € 250 en meer dan € 700 (hoogseizoen); alleen aan de Costa Smeralda ligt het prijsniveau beduidend hoger.

De vakantievoorpret kan al beginnen bij het bekijken van de websites – vaak met fraaie foto's – van de vele aanbieders, bijvoorbeeld www.sardinie.nl, www.casamundo.nl of www.belvilla.nl. Tip: zoek ook eens op www.wimdu.nl of www.airbnb.nl.

Campings

Wildkamperen is op Sardinië verboden. Kampeerders hebben de keus uit ongeveer 90 campings, meest aan de kust, een enkele keer ook in het binnenland. De campings bieden ook plaats aan campers en er worden vaak tevens eenvoudige bungalows verhuurd. Het kampeerseizoen is op Sardinië echter maar kort en de meeste campings zijn enkel tussen half mei en eind september geopend. Meer dan 50 campings hebben zich aaneengesloten in vereniging **Faita Sardegna**: Via Is Orrosas, 08040 Lotzorai, tel. 0782 66 94 61, www.faitasardeg na.it (met mogelijkheid online te reserveren). Wie op zoek is naar een geschikte camping zou ter eerste oriëntatie ook eens kunnen kijken op www.camping.it.

Eten en drinken

Zo gevarieerd als de landschappen, zo veelzijdig is Sardinië ook in culinair opzicht. De hartige Sardijnse keuken onderstreept nog eens waar het in *la cucina italiana* om draait: eenvoudige, seizoensgebonden gerechten met zo vers mogelijke ingrediënten. In het binnenland geeft men de voorkeur aan smakelijke pasta's en stevige vleesgerechten, terwijl aan de kust vis (die hier helaas niet veel meer wordt gevangen) en zeevruchten op het menu staan. Begeleid wordt dit culinaire genot door de uitstekende Sardijnse wijnen.

Antipasti

Zoals overal in Italië bestaan het middagmaal (*pranzo*) en het diner (*cena*) uit diverse gangen. Tot de populaire voorgerechten (*antipasti*) behoren ham (*prosciutto*) en droge worst (*salsiccia sarda*), die met olijven, *pecorino* (schapenkaas) en gegrilde groenten geserveerd worden. De schapenkaas kan of de gerijpte *pecorino stagionato* of de heerlijke, kwarkachtige verse *ricotta* zijn. Daarbij wordt graag het flinterdunne, ronde herdersbrood *pane carasau* (ook *carta da musica*, muziekpapier, genoemd omdat het zo dun is en knispert) of het vierkante *pane pistoccu* gegeten. Soms wordt het even opgewarmd in de oven met wat olijfolie, knoflook en zout. Aan de kust worden als antipasto ook graag *cozze* (mosselen) en *aragosta* (langoest) gegeten.

Primo piatto

De eerste gang bestaat in de regel uit **pasta**. Typisch Sardijns zijn *malloreddus* (op het vasteland aangeduid als

Eten en drinken

Bij feestelijke gelegenheden wordt nog zelf pasta gemaakt – huisvrouwen in Baunei

gnocchetti sardi), kleine noedels die traditioneel met een vleessaus worden opgediend, of Sardijnse ravioli *(colunzones* of *culurgiones),* die meestal worden gevuld met ricotta, aardappel en wilde munt. Pastagerechten worden soms gekruid met *bottarga* (gedroogde kuit van de harder). Hierover wordt – evenals bij andere pasta's met zeevruchten – geen Parmezaanse kaas gestrooid. Een populaire *primo* is ook een **risotto**, die wordt gekruid en gekleurd met saffraan *(zafferano).* Ook het al genoemde *pane carasau* wordt als eerste gang gegeten, maar dan gekookt in bouillon en als *pane frattau* met tomatensaus, *pecorino* en een gepocheerd ei geserveerd, ook in goede restaurants.

Secondo piatto

De tweede gang bestaat uit een vlees- of visgerecht. Hooggewaardeerd is gebraden of geroosterd **vlees** *(arrosti),* vooral knapperig, aan het spit gebraden speenvarken *(porcheddu),* lamsvlees *(agnello),* jonge geit *(capretto)* en wild zwijn *(cinghiale).* Het vlees wordt altijd gekruid met aromatische, tussen de macchia groeiende wilde kruiden. Populaire **visgerechten** zijn goudbrasem *(orata),* zeewolf *(spigola),* zeetong *(sogliola)* en tonijn *(tonno).*

Als **bijgerecht** *(contorno)* worden groente, sla of in de oven gebakken, met rozemarijn gekruide aardappels geserveerd.

Culinaire afsluiting

Een specialiteit zijn de *sebàdas (seàdas),* met ricotta gevulde **deegtasjes.** Gefrituurd in olie en en bestreken met bittere honing worden ze warm als nagerecht opgediend. Soms komen als dessert *dolci sardi* op tafel. Van het heerlijke Sardijnse gebak bestaan enorm veel regionale varianten. Afgerond wordt de maaltijd met een **espresso,** hier eenvoudig *caffè* genoemd. De Sarden drinken normaal gesproken daarna geen wijn meer, maar als **digestief** *(digestivo)* wordt er nog wel een *mirto* of *filu'e ferru* besteld. *Mirto,* een zoet-aromatische mirtelikeur, moet altijd goed gekoeld worden gedronken. *Filu'e ferru* is de Sardijnse variant van de bekende grappa, een brandewijn van druivenschillen.

Dranken

Net als de gerechten bieden ook de Sardijnse **wijnen** een enorme keus. De bekendste wijndruiven van het eiland zijn de vermentino en de cannonau. **Vermentino** is een droge witte wijn, zacht van smaak met een licht bittere afdronk, die uitstekend smaakt bij schaaldieren en zeevruchten. De beroemde **cannonau** is een robijnrode, zware en volmondige wijn, die zich onderscheidt door zijn fluwelen afdronk en fruitige smaak en uitstekend past bij rood vlees en wild. Naast deze twee komen er op Sardinië nog veel meer druivensoorten voor (zie blz. 178).

In een restaurant is het gebruikelijk een fles wijn te bestellen. Al vanaf ongeveer € 12 per fles drinkt u een zeer fatsoenlijke wijn bij uw eten. Enkel in eenvoudige trattoria's en pizzeria's kan 'open wijn' *(vino sfuso)* in een karaf worden besteld.

Naast wijn drinken de Italianen in toenemende mate **bier** *(birra)*. **Mineraalwater** is er zonder *(acqua minerale naturale)* of met koolzuur *(acqua minerale gassata* of *frizzante)*.

Ontbijt

Na een copieus diner hebt u misschien 's ochtends niet heel veel trek in een uitgebreid ontbijt. Dat komt goed uit, want het ontbijt valt in Italië traditioneel nogal bescheiden uit. Toch is inmiddels in veel accommodaties het ontbijt aangepast aan de wensen van de toeristen. In goede hotels, maar ook in veel *agriturismi* en sommige B&B's krijgt u tegenwoordig een echt uitgebreid ontbijt met zoet én hartig.

Restaurantetiquette

Na het betreden van een restaurant wacht u tot de ober u een tafel toewijst. Bij veel van de in deze gids genoemde restaurants is het verstandig telefonisch te reserveren. Normaal gesproken eet men minimaal twee gangen, het is dus niet gebruikelijk in een restaurant alleen *antipasti* te bestellen. Wijn bestelt u gewoonlijk per fles, hoewel tegenwoordig in veel restaurants ook wel een glas (huis)wijn kan worden besteld. Na het eten een *cappuccino* bestellen kan door de ober als enigszins vreemd worden ervaren (de Italianen drinken alleen 's ochtends bij het ontbijt cappuccino), maar in veel zaken is men er inmiddels aan gewend dat toeristen dit wel doen. Hebt u met een gezelschap gegeten, verlang dan niet dat er aparte rekeningen worden opgemaakt. Over het algemeen is bedieningsgeld *(servizio)* bij de prijs inbegrepen. Bent u tevreden over de bediening, laat dan de fooi (ca. 5-8%) achter op tafel en rond niet de rekening naar boven af. Voor een meergangenmenu in een *ristorante* of *trattoria* moet u rekenen op zo'n € 25-35 per persoon zonder dranken. In steeds minder eetgelegenheden vindt u nog *pane e coperto* op de rekening (€ 1,50-2,50 per persoon voor brood en tafellinnen). De hier genoemde prijzen hebben betrekking op het goedkoopste hoofdgerecht.

Actieve vakantie, sport en wellness

Stranden als in de Caraïben, grandioze bergnatuur, grote landschappelijke contrasten – het op een na grootste Middellandse Zee-eiland biedt volop mogelijkheden voor sportieve en andere vrijetijdsactiviteiten.

Canyoning

Nauwe kloven (Italiaans *forra;* zo wordt de sport ook genoemd) met stortbeken zijn gemaakt voor canyoning. Vooral de Supramonte is een geweldig canyoninggebied. Een fantastische belevenis is het doorkruisen van de Gorropukloof met touwen en gordels. Canyoningtochten worden georganiseerd door Keya (Via Tirana 74, 09047 Selargius; excursiecentrum: Orosei, tel. 0784 982 95, www.keya.eu).

Duiken

Sardiniës onderwaterwereld belooft spannende duikavonturen. Weliswaar zult u hier niet zoals aan de Rode Zee worden omringd door bontgekleurde vissen, maar onder water vallen allerlei zeedieren, grillig gevormde rotsen, grotten en zelfs scheepswrakken te ontdekken. In veel plaatsen aan zee zijn duikcentra waar uitrusting kan worden gehuurd. Voor het duiken met duikflessen is geen speciale vergunning vereist. Veel info over duiken op Sardinië is te vinden op www.subsardegna.it.

Golf

Op Sardinië zijn drie 18-holesgolfbanen: **Pevero Golf Club Costa Smeralda** (Porto Cervo, tel. 0789 95 80 00, www.golfclubpevero.com), **Is Molas Circolo Golf** (S. Margherita di Pula, tel. 070 924 10 06, www.ismolas.it) en **Club Is Arenas** (Narbolia, tel. 0783 520 36, www.isarenas.it).

Kano en kajak

De grote rivieren en stuwmeren bieden mogelijkheden voor watersport, vooral voor liefhebbers van kanoën en kajakken. Het mooist zijn de vaartochten over rivieren in het voorjaar, als het water nog hoog staat. Op de stuwmeren kan het hele jaar door worden gevaren omdat de waterstand constant is. Populaire stuwmeren zijn het Lago Omodeo in de provincie Oristano, het Lago di Gusana in de Barbagia en het Lago del Coghinas in Gallura. Ook zeekajakken is populair op Sardinië.

Klimmen

De steile rotswanden van de Supramonte, ook wel de Sardijnse Dolomieten genoemd, zijn voor klimmen ideaal. Aan zee rijzen de kliffen bijna loodrecht op, klimmen is hier een adembenemend avontuur. Met veel routes van het niveau 8a en 8b is klimmen in de Supramonte veelal voorbehouden aan topklimmers, maar er zijn ook routes voor beginners. De bekendste basis voor klimtochten is Cala Gonone. Veel info is te vinden op **www.sardiniaclimb.com**.

Mountainbiken

Mountainbiken op Sardinië is echt leuk, maar vereist een goede conditie – de bergen zijn niet gemakkelijk! Het

Reisinformatie

is verstandig om naast kaart en kompas ook een gps mee te nemen, omdat het terrein buiten de gebaande paden snel onoverzichtelijk wordt. De bekende Sardijnse mountainbiker Roberto Zedda heeft zes routes tot in de details inclusief kaart op de Duitstalige website sar dinien.com geplaatst, zie **www.sardinien.com/sport/bike touren/biketouren_intro.htm**.

Verhuur van mountainbikes, gps-tours en begeleide tochten: Ichnusa Bike, Via Sassari 26, 09123 Cagliari, tel. 070 857 03 70, www.ichnusabike.it.

Paardrijden

Ook voor een paardrijvakantie zijn op Sardinië de voorwaarden aanwezig voor zowel dag- als meerdaagse tochten. Een rit op een op het eiland gefokte angloarabier door het wilde gebergte of langs de kust is een onvergetelijke belevenis. Ook een bezoek aan de **paardenbeurs** in Santu Lussurgiu (zie blz. 157) of een **traditioneel ruitertoernooi** is de moeite waard.

Sardijns regionaal comité van de Italiaanse ruitersportfederatie: Via Cagliari 242, c/o Palazzi SAIA, 09170 Oristano, tel. 0783 30 29 32, www.fise sardegna.it.

Surfen

Bijna 2000 km kustlijn met tal van paradijselijke stranden, een kristalheldere zee en betrouwbare zeewinden

Jerzu in Ogliastra is voor klimmers een van de hotspots van het eiland

doen de harten van surfliefhebbers sneller slaan. Enkele van de beste surfspots van Europa liggen aan de noordkust tussen Capo Testa en Palau, waar de *maestrale* lange golven laat aanrollen. Het internationale trefpunt voor de surfscene Porto Puddu staat bij windsurfers zeer hoog aangeschreven. Ook de westkust biedt met haar vaak aanlandige wind prima mogelijkheden voor windsurfers, bijvoorbeeld bij Capo Mannu en Putzu Idu op het schiereiland Sinis. Als aan de zuidkust de scirocco uit Afrika waait, zijn ook hier de omstandigheden ideaal, vooral aan de Costa del Sud en bij Capo Carbonara bij Villasimius.

Taalreizen

Waarom niet naar Sardinië om Italiaans te leren? Het eiland vormt er een prima omgeving voor, want de Sarden spreken de Italiaanse standaardtaal en geen dialect, zoals in veel Italiaanse regio's (zie ook blz. 57). Enkele aanbieders van taalreizen naar Sardinië zijn **Italstudio** (www.italstudio.nl), **ESL Taalreizen** (www.esl-taalreizen.com) en **StudyTravel** (www.studytravel.nl).

Wandelen

De mogelijkheden voor wandeltochten zijn op Sardinië enorm: van lichte wandelingen van een paar uur tot pittige een- of meerdaagse tochten. Tot de populairste wandelgebieden behoort het ruige karstgebergte van de Supramonte, dat ook een grote aantrekkingskracht uitoefent op klimmers en speleologen. Langs de kustzijde van de Supramonte loopt de Sentiero Selvaggio Blu (www.selvaggioblu.it), letterlijk het Wilde Blauwe Pad, een zeer pittige wandelroute waarvoor u ongeveer een week moet uittrekken. Suggesties voor mooie wandelingen kunt u verspreid in het reisdeel van deze gids vinden (zie de inhoudsopgave).

Het Sardijnse bosbeheer heeft een kleine 80 gemarkeerde wandelingen uitgezet met wandelkaarten die in gedrukte vorm of als download beschikbaar zijn. Wie gaat wandelen doet er verstandig aan een actuele wandelgids met duidelijke routebeschrijvingen en nauwkeurige kaarten bij zich te hebben. **Ente Foreste della Sardegna,** Viale Luigi Merello 86, 09123 Cagliari, kantooruren ma.-vr. 9-13 uur, tel. 070 279 91, www.sardegnaambiente.it/foreste.

Wellness

Op Sardinië bestaan weliswaar enkele thermen, maar de bijbehorende hotels zijn voor een verblijf geen aanrader. Steeds meer hotels in de wat hogere prijsklasse hebben tegenwoordig ook een wellnessruimte.

Zeilen

De wateren rond Sardinië zijn een prachtig maar ook pittig zeilgebied. Vooral de zeer afwisselende kusten, de voor de kust liggende eilanden en de eenzame, slechts per boot bereikbare baaien maken het zeilen tot een genot. Voor een zeiltocht rond Sardinië moet u ongeveer drie weken uittrekken. Er zijn bij elkaar ongeveer 40 jachthavens waar u voor anker kunt gaan. De liggelden lopen erg uiteen. Voor een jacht van gemiddelde afmetingen moet u 's zomers in de jachthaven van Porto Cervo rekenen op € 300 per nacht. Voor wie zelf geen zeilboot bezit: ook huren (met of zonder bemanning) is mogelijk (zie bijvoorbeeld www.vela-sardegna.com).

Feesten en evenementen

Elk jaar worden op Sardinië meer dan duizend feesten gehouden. Iedere streek en iedere plaats heeft eigen feesten en tradities – van **heiligenfeest** tot traditioneel **ruitertoernooi**. Met trots en waardigheid worden de mooie oude klederdrachten nog gedragen. Zelfs het kleinste dorpje heeft zijn beschermheilige, wiens feestdag nooit onopgemerkt voorbijgaat. In de wat grotere plaatsen worden kleurige processies gehouden, waarbij het met bloemen versierde beeld van de heilige door de straten wordt rondgedragen. Eenzame bedevaartskerken op het platteland zijn ook het middelpunt van levendige feesten. Gedurende deze feestdagen wonen de feestgangers in de eenvoudige, oude pelgrimshuisjes *(cumbessias),* die de kerk vaak omringen. Er wordt overvloedig gegeten en gedronken, muziek gemaakt en gedanst.

Vaak worden er nog traditionele **dichtwedstrijden** gehouden. Bij dit geïmproviseerde sneldichten (in het Sardisch) krijgt de dichter die begint, een thema op van de jury. De tegenpartij moet op diens laatste rijm aanhaken en het verhaal op rijm voortzetten – en zo gaat het dan urenlang heen en weer.

Carnaval

Van een archaïsche oorsprong zijn de **carnavalsgebruiken in de Barbagia**. In Mamoiada trekken angstaanjagende mens-dierwezens (de *mamuthones* – schrikbeelden) met expressieve, zwarte houten maskers, gehuld in schapenvellen en met bellen behangen, lawaai makend door het dorp. Zij worden voortgedreven door de *issohadores* (touwvangers), edele, in het rood geklede herdersfiguren. Symbolisch wordt zo de verhouding tussen de herders en hun weidedieren uitgebeeld. Dergelijke maskers komen ook voor in andere bergdorpen, zoals bijvoorbeeld Ottana.

Heel anders is het carnaval in Oristano, waar **Sa Sartiglia** wordt gehouden, dat teruggaat op de ridderspelen van de Spaanse adel. Ruiters met witte maskers op moeten proberen in galop een boven de straat hangende zilveren ster aan hun zwaard te rijgen.

Settimana Santa en Pasqua

Pasen *(Pasqua)* is het hoogtepunt van de religieuze feestkalender. Gedurende de Goede Week *(Settimana Santa)* vinden tal van mysterie- en kruiswegprocessies plaats, die getuigen van de diep doorvoelde smart van de gelovigen. Naar Spaanse traditie trekken in veel plaatsen mannen in witte gewaden en met witte hoofdbedekking als boeteling door de straten. Bijzonder indrukwekkend zijn de processies in Alghero en de paasmaandag *(Pasquetta)* in Castelsardo.

Sagra di Sant'Efisio

Het grootste feest op het eiland is de Sagra di Sant'Efisio (zie blz. 72) ter ere van de martelaar Ephysius, die Cagliari in het jaar 1652 van de pest zou hebben verlost. Ter vervulling van een toen gedane gelofte trekt begin mei een processie vol pracht en praal met het standbeeld van de heilige van Cagliari naar Nora, de plek waar hij de marteldood stierf. Prachtig versierde huifkarren, voortgetrokken door spannen ossen, begeleiden de feestelijke optocht.

Cavalcata Sarda

In Sassari wordt op de voorlaatste zondag van mei de Cavalcata Sarda gehouden. Voor het eerst georganiseerd in 1950 als toeristisch evenement, heeft deze feestelijke optocht met aansluitend ruitertoernooien zich ontwikkeld tot het belangrijkste feest in Sassari. Folkloregroepen van het hele eiland trekken met gekostumeerde ruiters door de straten.

Faradda di li Candelieri

Deze processie in Sassari vindt haar oorsprong in een gelofte uit 1528 als dank voor het eindigen van een pestepidemie op 14 augustus, de dag voor het feest van Maria-Hemelvaart. Negen reusachtige versierde houten kandelaars (*candelieri*) worden op de avond van 14 augustus door leden van de negen traditionele gilden door de stad gedragen. De deelnemers dragen 16e-eeuwse Spaanse kostuums; de processie wordt muzikaal begeleid door fluiten en trommels.

Feestagenda

Interactieve kalender: op www.paradisola.it/eventi-sardegna vindt u alle feesten (alleen Italiaans, maar zeer overzichtelijk).

Januari

Sant'Antonio Abate: 16-17 jan. Op de avond van 16 januari worden overal op Sardinië grote vreugdevuren ontstoken; de volgende dag wordt het feest van de heilige Antonius gevierd.

Maart/april

Pasen: processies in onder meer Alghero, Castelsardo en Iglesias.
Sagra di Sant'Antioco Martire: 15 dagen na Pasen. Grote processie in Sant'Antioco ter ere van de beschermheilige van Sardinië.

Mei

Sagra di San Francesco: tien dagen vieren pelgrims feest rond de bedevaartskerk San Francesco bij Lula.
Nostra Signora del Mare: laatste zo. in mei. Scheepsprocessie met vissersboten op zee vanuit Orosei.

Juni

San Giovanni: 23-24 juni. In de nacht voorafgaand aan het feest van de heilige Johannes worden in veel dorpen (bijvoorbeeld Gavoi, Bono en Monti) vreugdevuren ontstoken; de volgende dag wordt het feest van de beschermheilige van de herders gevierd.
Corpus Domini: 2e zo. na Pinksteren. Sacramentsdag wordt gevierd in Desulo, Fonni en nog enkele dorpen.

Juli

S'Ardia: in de middag van 6 en de vroege ochtend van 7 juli. Wilde paardenrace bij Sedilo ter ere van de heilige Constantijn.

September

La Corsa degli Scalzi: 1e za. en zo. in sept. Deze processie van ongeschoeide mannen voert van Cabras naar de kerk San Salvatore op het schiereiland Sinis en de volgende dag weer terug.

Oktober

Sagra delle Castagne e delle Nocciole: laatste zo. in okt. Kastanje- en hazelnotenfeest in het bergdorp Aritzo. Veel specialiteiten, dans en muziek.

November

San Martino: 11 nov. In Sanluri wordt het feest ter ere van de heilige Martinus gevierd.

December

Natale: Kerstmis. In veel kerken worden prachtige kerststallen (*presepe*) opgebouwd.

Praktische informatie van A tot Z

Ambassades en consulaten

Italiaanse ambassade

... in Nederland:
Alexanderstraat 12, 2514 JL Den Haag,
tel. 070 302 10 30
www.amblaja.esteri.it

... in België:
Emile Clausstraat 28, 1050 Brussel,
tel. 02 643 38 50
www.ambbruxelles.esteri.it

Nederlandse ambassade
Via Michele Mercati 8, 00197 Rome
tel. 06 32 28 60 01
italie.nlambassade.org

Belgische ambassade
Via dei Monti Parioli 49, 00197 Rome
tel. 06 360 95 11
diplomatie.belgium.be/italy

Apotheken

Apotheken (*farmacia*) zijn over het algemeen ma.-vr. 9-13 en 16-20 uur en za. 's ochtends open. Bij elke apotheek hangt een lijst van apotheken met nachtdienst (*farmacie di turno*).

Electriciteit

Voor sommige stekkers is een adapter (*spina di adattamento*) nodig (te koop bij supermarkten).

Feestdagen

1 januari: Nieuwjaar
6 januari: Driekoningen (*Epifania*)
Pasen: tweede paasdag (*pasquetta*) is in heel Italië een officiële feestdag
25 april: Bevrijdingsdag (*Festa della Liberazione*)
1 mei: Dag van de Arbeid (*Festa del lavoro*)
2 juni: Dag van de Republiek (*Festa nazionale della Repubblica*)
15 augustus: Maria-Hemelvaart (*Assunzione/Ferragosto*)
1 november: Allerheiligen (*Ognissanti*)
8 december: Onbevlekte Ontvangenis van Maria (*Immacolata Concezione*)
25 en 26 december: Kerstmis (*Natale*)

Fooi

In veel restaurants is bedieningsgeld (*servizio*) inclusief of het wordt automatisch bij de rekening opgeteld. Toch is het gebruikelijk bij goede bediening een fooi van 5-8% van het rekeningbedrag op tafel achter te laten.

Gay Life

In Cagliari bestaat een levendige homo- en lesbische scene met cafés, disco's en strandtenten. Op de rest van Sardinië is deze grootstedelijke openheid nog ver te zoeken.

Geld

Italië behoort tot de eurozone.

Huisdieren

Bij reizen in de EU is een geldig EU-dierenpaspoort verplicht met daarin een door de dierenarts gemaakte aantekening van vaccinatie tegen hondsdolheid. Het dier moet zijn voorzien van een chip, waarvan het registratienummer in het dierenpaspoort is vermeld.

Internet

Steeds meer accommodaties op Sardinië, ook kleine hotels en B&B's, beschikken over wifi. In internetcafés (www.cybercafes.it) moet u zich vanwege antiterrorismewetgeving legitimeren.

Kinderen

Sardinië is net als heel Italië uiterst kindvriendelijk. Ook in hotels en restaurants zijn kinderen graag geziene gasten. De prachtige zandstranden zijn ideaal voor een gezinsvakantie. Een fantastische attractie voor *bambini* is **Sardegna in Miniatura** bij Tuili (www.sardegnainminiatura.it, tel. 070 936 10 04, dag. vanaf 9.30 uur tot zonsondergang, € 10, met korting € 8). Een soort Madurodam maar dan met in het klein nagebouwde bouwwerken van Sardinië, waaronder een nuraghedorp. Ook een boottochtje of een ritje met de smalspoortrein zijn leuk voor kinderen, en zo is er nog veel meer. In Gavoi (provincie Nuoro) is een klein **speelgoedmuseum** (Museo Casa Lai, Via Margherita, tel. 0784 52 90 11, geen vaste openingstijden, vooraf bellen).

Media

Televisie
De meeste hotels hebben satelliet-tv en ontvangen ook internationale zenders.

Kranten
Nederlandse kranten zijn in Cagliari meestal op dezelfde dag en in andere steden en vakantieoorden meestal met een dag vertraging verkrijgbaar. De grootste Sardijnse krant is de traditierijke *L'Unione Sarda* (www.unionesarda.it). Zij gold in het verleden als liberaal, maar heeft zich intussen politiek achter centrumrechts geschaard.

Medische verzorging

Nederlanders en Belgen zijn in Italië met de **Europese Zorgpas** (EHIC) verzekerd, inlichtingen hierover geeft uw ziektekostenverzekeraar. In de praktijk wordt de EHIC echter niet door alle artsen en ziekenhuizen geaccepteerd, hetgeen inhoudt dat u een eventuele dokters- of ziekenhuisrekening zelf moet voorschieten en dan later kunt verrekenen met uw verzekeraar. Maar let op: uw verzekeraar bepaalt aan de hand van de door u afgesloten verzekering welke kosten worden vergoed en welke voor uw eigen rekening zijn. Omdat de werkelijke kosten vaak hoger uitvallen dan de maximale vergoedingen, is het verstandig een **aanvullende reisverzekering** af te sluiten.

Bij ziekte wendt u zich tot de eerste hulp (*pronto soccorso*) van een ziekenhuis of een kantoor van de ASL (Azienda Sanitaria Locale). In toeristische centra is er in het hoogseizoen vaak een nooddienst voor toeristen, de *Guardia Medica Turistica*.

Musea

EU-ingezetenen die jonger dan 18 of ouder dan 65 jaar zijn, hoeven in staatsmusea (dat wil zeggen *musei nazionali*, dus niet de gemeentelijke musea en dergelijke) geen entree te betalen. Aan regels met betrekking tot het fotograferen in musea dient u zich strikt te houden.

Naturisme

Naakt zonnen is op Italiaanse stranden niet toegestaan en zou bovendien door veel Sarden als aanstootgevend worden ervaren.

Noodgevallen

Algemeen noodnummer en carabinieri tel. 112
Ambulance tel. 118
Politie tel. 113
Brandweer tel. 115
Kustwacht: tel. 15 30
Bosbeheer: tel. 15 15

Blokkeren van bankpas of creditcard:
+31 30 283 53 72 (Nederland) of
+32 70 34 43 44 (België)
ANWB Alarmcentrale tel. +31 70 314 14 14

Omgangsvormen

De Sarden hechten waarde aan hoffelijke en respectvolle omgangsvormen, vooral tegenover ouderen. Bij het begroeten of afscheid nemen van mensen die u goed kent en lang niet hebt gezien of gaat zien: twee keer zoenen (en niet drie!), te beginnen met rechts. In steden en restaurants zijn korte broeken voor mannen ongepast. Denk aan de kledingvoorschriften bij het bezoeken van kerken (schouders en knieën bedekt).

Openingstijden

Banken: ma.-vr. 8.20-13.20 en soms ook 14.30-16 uur.
Musea en archeologische opgravingen: meestal vanaf 9 uur geopend; soms tijdens de middagpauze en bijna altijd op maandag gesloten.
Winkels: ma.-za. 9-13 en 16-19.30 uur. Veel winkels zijn op maandagochtend gesloten. In de zomer gaan de winkels 's middags een uur later open en sluiten ze 's avonds een uur later. In augustus zijn veel winkels wegens vakantie gesloten. De grote, meestal aan de rand van steden gelegen *centri commerciali* (winkelcentra) zijn vaak de hele dag door (9-21 uur) en ook op zondag geopend.
Restaurants: 12.30-15 en vanaf 19 tot circa 22.30 uur.
Discotheken en nachtclubs: gaan zelden voor 22 uur open. De stemming komt er pas in na middernacht.

Post

Postkantoren zijn in de regel ma.-za. 8.20-13.20 uur open, hoofdpostkantoren ook 's middags (behalve op za.). Postzegels zijn ook in *tabacchi* (tabakswinkels) te koop.

Reizen met een handicap

Een vakantie op Sardinië is voor mensen met een handicap nog steeds niet vrij van problemen. Weliswaar zijn er de laatste jaren meer invalidentoiletten verschenen, maar echt rolstoelvriendelijk is Sardinië nog niet te noemen. Op www.villageforall.net kunt u (ook in het Nederlands) accommodatie zoeken die is aangepast aan mensen met een handicap of speciale behoeften.

Roken

Vietato fumare – Roken verboden. Ook in Italië gelden de Europese antirookwetten. Roken is dus taboe in openbare gebouwen, openbaar vervoer, bars en restaurants.

Praktische informatie van A tot Z

Telefoon

Voor openbare telefoons, die redelijk zeldzaam aan het worden zijn, hebt u in de regel een telefoonkaart nodig. Zo'n *scheda telefonica* is bij tabakswinkels, kiosken en veel bars te koop. Voor het gebruik moet u het hoekje afscheuren. Anders dan bij ons zijn in Italië de netnummers een vast onderdeel van het telefoonnummer, dus ook als u binnen de plaats belt, moet u eerst het netnummer kiezen.

Landnummers
Nederland: 00 31
België: 00 32
Italië: 00 39
Als u vanuit het buitenland naar Nederland of België belt, vervalt na het landnummer de 0 van het netnummer. Belt u echter vanuit het buitenland naar Italië dan dient u na het landnummer 0039 het volledige netnummer, dus inclusief de 0, in te toetsen (mobiele nummers beginnen nooit met een 0).

Toiletten

Openbare toiletten zijn alleen te vinden in grote plaatsen. In bars of cafés wordt verwacht dat u eerst een consumptie gebruikt. Op zoek naar de sanitaire voorziening vraagt u naar *il gabinetto*, *la toilette* of – iets eleganter – *il bagno* (de badkamer).

Veiligheid

Zwemmen in zee: stranden zijn in de regel niet bewaakt. Op stenige zeebodem is het oppassen voor zee-egels. Kwallen (*meduse*) komen in toenemende mate voor. Bij een kwallenbeet is het van belang de huid onmiddellijk af te spoelen met zeewater of azijn (niet met zoet water) en met een handschoen of pincet eventuele resten van de tentakels te verwijderen. De kleine pieterman is een vis met giftige stekels die zich op zandstranden of in ondiep water ingraaft. Een steek is zeer pijnlijk, er dient onmiddellijk een arts te worden geraadpleegd. Uit voorzorg zijn waterschoenen aan te raden.
Dieren: steekmuggen (*zanzare*) zijn in de lente en de vroege zomer actief. Ze zijn vervelend, maar brengen hier geen ziektes over. Antimuggenmiddelen zijn verkrijgbaar bij apotheken en in grote supermarkten. Hier en daar kunnen teken voorkomen. Op Sardinië leven vijf soorten gladde slangen, maar ze zijn geen van alle giftig. Schorpioenen zijn zeldzaam. Ze kunnen een pijnlijke, maar niet levensgevaarlijke steek toebrengen.
Criminaliteit: Sardinië is in vergelijking met andere Zuid-Italiaanse regio's een relatief veilige bestemming, maar in de agglomeratie Cagliari moet u voorzichtig zijn. Vanzelfsprekend laat u geen waardevolle spullen achter in de auto.

Tips voor het reisbudget

De prijzen voor restaurants, levensmiddelen en kleding liggen ongeveer gelijk met die in Nederland en België, iets drinken in een bar of café en openbaar vervoer zijn goedkoper. Entrees voor bezienswaardigheden en musea zijn vaak aan de pittige kant. Parkeren is in de grote steden duur, het valt te overwegen om vanaf een naburig station of vanuit een naburige plaats met de trein of bus naar het centrum te reizen. Vooraf via internet accommodatie boeken is bijna altijd goedkoper dan ter plekke onderdak zoeken.

Kennismaking – Feiten en cijfers, achtergronden

Waar tijd hebben voor elkaar nog belangrijk is en verbondenheid geen leeg begrip

Sardinië in het kort

Ligging en oppervlakte: met 24.090 km² (inclusief de voor de kust liggende eilanden) is Sardinië het op een na grootste eiland in de Middellandse Zee en met 8% van het totale oppervlak van Italië de op twee na grootste van de twintig Italiaanse *regioni*. De afstand tussen de Costa del Sud en de Tunesische kust bedraagt 184 km, de kortste afstand tussen Sardinië en het Italiaanse vasteland is 187 km. Daarmee ligt Sardinië verder van het vasteland verwijderd en geïsoleerder dan ieder ander eiland in de Middellandse Zee. Het buureiland Corsica wordt door de 11 km brede Straat van Bonifacio van Sardinië gescheiden.

Hoofdstad: Cagliari

Taal: Italiaans en Sardisch (Sardinië is officieel tweetalig; zie blz. 57)

Inwoners: Sardinië telt 1,66 miljoen inwoners, van wie ruim een kwart in de agglomeratie Cagliari. Cagliari zelf is met 154.000 inwoners de grootste stad, gevolgd door Sassari met 128.000 inwoners. De in de jaren 60 ingezette ontvolking van het platteland houdt aan. De bevolkingsdichtheid bedraagt gemiddeld 68 inwoners per km², enkel de regio's Valle d'Aosta en Basilicata zijn dunner bevolkt. De spreiding van de bevoking over het eiland is zeer ongelijk: grote nagenoeg onbewoonde gebieden contrasteren met de dichtbevolkte agglomeratie rond Cagliari. Zo'n 45.000 inwoners (2,7%) zijn buitenlander.

Tijdzone: Midden-Europese Tijd (MET), 's zomers Midden-Europese Zomertijd (MEZT).

Vlag: de Italiaanse *tricolore* is van links naar rechts groen-wit-rood gestreept. De Sardijnse vlag bestaat uit vier door een rood kruis gevormde witte velden met daarin vier naar rechts kijkende morenhoofden met witte voorhoofdsband (zie blz. 48).

Geografie en natuur

Van het eilandoppervlak bestaat 18,5% uit vlakten, die intensief agrarisch worden benut. De grootste is de laagvlakte Campidano, die zich uitstrekt tussen Cagliari en Oristano. Het grootste deel van het eiland (68%) zijn heuvels, de resterende 13,5% bergen. Het hoogste gebergte is het Gennargentumassief in het centraal-oostelijke deel van het eiland, met als hoogste top de Punta La Marmora (1834 m). Tussen dit massief en de oostkust strekt zich het karstgebergte van de Supramonte uit (hoogste top: Monte Corrasi 1463 m). In het noorden rijst de Monte Limbara (1362 m) op. Veel andere gebergten bereiken hoogten tot ongeveer 1000 m.

Het enige natuurlijke meer is het Lago Baratz bij Alghero. Daarnaast zijn er tal van stuwmeren, die in hoofdzaak dienen als waterreservoir. De natuur wordt beschermd in drie nationale parken (Golfo di Orosei e del Gennargentu, Asinara en Arcipelago di La Maddalena), tien regionale parken, zeereservaten, draslanden overeenkomstig de Conventie van Ramsar, natuurmonumenten en natuurreservaten.

Geschiedenis

Sardinië wordt sinds het einde van de laatste ijstijd, zo'n 10.000 jaar geleden, bewoond en beleefde een eerste bloeiperiode tijdens de neolithische

Ozieriçultuur. Gedurende de bronstijd bloeide de nuragheçultuur. Deze markeert een hoogtepunt in de geschiedenis van het eiland met unieke bouwwerken, een hoogontwikkelde techniek voor het bewerken van brons en intensieve handelscontacten die reikten tot het oostelijk Middellandse Zeegebied. Het handels- en zeevaardersvolk van de Feniciërs stichtte havens langs de kust van Sardinië. De Puniërs (Carthagers) veroverden grote delen van het eiland en waren hier de baas totdat de Romeinen kwamen. In de tijd van de Volksverhuizingen maakte Sardinië deel uit van het Oost-Romeinse ofwel Byzantijnse Rijk. In de middeleeuwen slaagden de zeevaardersrepublieken Pisa en Genua erin op Sardinië voet aan de grond te krijgen, maar vanaf 1323 veroverden de Aragonezen het eiland dat daardoor uiteindelijk aan Spanje toeviel. Na de Spaanse Successieoorlog kwam Sardinië in handen van de hertog van Savoye, waardoor deze zijn hertogdom kon verheffen tot het koninkrijk Sardinië. Het was in de 19e eeuw tijdens de Italiaanse eenwording de kiemcel van het in 1861 uitgeroepen koninkrijk Italië. In 1948 kreeg Sardinië de status van autonome regio.

Staat en politiek

De regio Sardinië is in opgedeeld in acht provincies: Cagliari, Carbonia-Iglesias, Medio Campidano, Nuoro, Ogliastra, Olbia-Tempio, Oristano en Sassari. Met nog vier andere Italiaanse regio's geniet Sardinië een bijzondere status die het eiland verregaande politieke, economische en culturele autonomie toestaat. Voortvloeiend uit de regionale grondwet heeft het parlement van de autonome regio Sardinië, de *Consiglio Regionale della Sardegna*, wetgevende bevoegdheid. Het parlement komt bijeen in het Palazzo della Regione in Cagliari. Aan het hoofd ervan staat de president van de autonome regio. Van 2009 tot 2014 leverde een centrumrechtse coalitie rond de partij Popolo della Libertà (PDL) de president, sinds de regionale verkiezingen van februari 2014 doet dat een centrumlinkse coalitie onder leiding van de Partito Democratico.

Economie en toerisme

Van de beroepsbevolking werkt 72,5% in de dienstverlenende sector, 20,8% in de bouw en industrie en 6,7% in de landbouw. Sardinie heeft met € 17.200 het hoogste inkomen per hoofd van alle regio's van de *mezzogiorno*, het economisch zwakke Zuid-Italië. Het bruto binnenlands product per hoofd ligt op € 18.800 (het nationale gemiddelde ligt op € 24.400). Geëxporteerd worden vooral aardolie- en kurkproducten en voedingsmiddelen. Met meer dan 10 miljoen bezoekers per jaar, waarvan ruim de helft van het Italiaanse vasteland komt, speelt het toerisme een belangrijke economische rol. In deze branche is circa 6,5% van de beroepsbevolking werkzaam. Onder de buitenlandse toeristen nemen de Duitsers de eerste plaats in, gevolgd door de Fransen en de Britten.

Bevolking en religie

Het aantal inwoners heeft zich in de 20e eeuw meer dan verdubbeld van 796.000 (1901) naar 1,65 miljoen (1991) en is sindsdien vrijwel constant gebleven. Een licht sterfteoverschot (meer mensen overleden dan geboren) wordt gecompenseerd door een positief migratiesaldo. De levensverwachting bedraagt 79 jaar voor de mannen en 85 jaar voor de vrouwen. Ruim 97% van de bevolking behoort tot de rooms-katholieke kerk.

Geschiedenis

Middensteentijd

8000 tot 6000 v.Chr. Oudste sporen van menselijke bewoning op Sardinië.

Jonge steentijd: handel in obsidiaan en Oziericultuur

6000 v.Chr. Bij het aanbreken van de jonge steentijd wordt Sardinië permanent door mensen bewoond. Dankzij de rijke obsidiaanvoorraden op de Monte Arci (Ertsberg) beleeft het eiland een eerste economische bloei.

3500 tot 2800 v.Chr. De Oziericultuur, de hoogst ontwikkelde cultuur op Sardinië in de jonge steentijd. Het eiland wordt door intensieve handelscontacten beïnvloed door het oostelijke Middellandse Zeegebied en later ook door de West-Europese megalietculturen (dolmen en menhirs).

2800 tot 1800 v.Chr. De kopertijd: begin van metaalbewerking (zilver en koper).

Bloei in de bronstijd: de nuraghecultuur

vanaf 1800 v.Chr. Vroege bronstijd: de Bonnanarocultuur (vroege fase van de nuraghecultuur).

vanaf 1600 v.Chr. De nuraghecultuur, genoemd naar de cyclopische ronde torens. Dankzij drukke handelscontacten met het oostelijke Middellandse Zeegebied beleeft het ertsrijke Sardinië een economische en culturele bloeitijd. Naast nurgahi ontstaan ook kunstige bronnentempels en imposante gigantengraven. Het hoge niveau van de kunstnijverheid valt af te lezen aan de talrijke bronzen beeldjes.

Feniciërs en Puniërs

vanaf 1000 v.Chr. De Feniciërs doen steeds vaker de Sardijnse kusten aan en stichten in het zuidwesten kleine handelshavens zoals Karali (Cagliari) en Nora. Aanvankelijk wordt vreedzaam handel gedreven, totdat de Feniciërs in het binnenland op zoek gaan naar de rijke ertsvoorraden.

509 v.Chr. Carthago, de machtigste Fenicische kolonie, verovert grote delen van Sardinië. De Carthagers (Puniërs) vestigen zich ook in het binnenland, bouwen er nederzettingen, burchten en tempels, en voeren hun taal en religie in. Het gevolg is een culturele en etnische versmelting van de Carthagers en het nuraghevolk.

De Romeinse tijd: Sardinië wordt een provincie

238 v.Chr. tot 456 n.Chr. Op Sardinië gestationeerde huurlingen rebelleren tegen Carthago en roepen de hulp in van Rome, dat het eiland zonder strijd bezet. Het ontwikkelt zich tot een belangrijke graanschuur en ertsgroeve voor het Romeinse Rijk. Tot in de keizertijd onderneemt Rome talrijke veldtochten tegen de opstandige bergbewoners in het binnenland.

vanaf 27 v.Chr.	Het begin van de Romeinse keizertijd luidt voor Sardinië een economische opleving in; de grote handelshavens Cagliari, Porto Torres en Olbia bloeien. Het eiland is niet geliefd, veroordeelden worden ernaartoe verbannen om in de mijnen dwangarbeid te verrichten.

Volksverhuizingen en Byzantijnse tijd

456 n.Chr.	Komst van de Vandalen onder Geiserik; Cagliari en andere kuststeden worden ingenomen.
534	De Vandalen worden door de troepen van de Oost-Romeinse keizer Justinianus verslagen. Daarmee raakt Sardinië onder de invloed van Byzantium (Constantinopel). Het eiland wordt door een in Cagliari zetelende Byzantijnse stadhouder (*judex*) bestuurd.
vanaf de 8e eeuw	Opdringen van de islam. De Saracenen (Arabische piraten) vallen keer op keer Sardijnse kuststeden aan. Door de voortdurende dreiging worden vele ervan opgegeven en vervangen door nieuw gestichte steden in het binnenland.

Judicaten en Pisaans-Genuese hegemonie

rond 900	Van buitenaf bedreigd, zonder militaire bescherming en gedwongen tot zelfverdediging begint voor Sardinië een korte periode van zelfbestuur. De Byzantijnse *judex* draagt de soevereiniteit over aan zijn vier stadhouders in de bestuurlijke districten Cagliari, Arborea, Torres en Gallura. Zij besturen ieder onafhankelijk hun minikoninkrijk of judicaat.
rond 1000	De judicaten roepen de hulp in van Pisa en Genua tegen de Saracenen. Gesteund door de paus, die de dreigende uitbreiding van de islam vreest, bezetten de beide stadsrepublieken Sardinië.
1054	Groot of Oosters Schisma: scheiding tussen de oosters-orthodoxe en rooms-katholieke kerk. Door het stichten van een groot aantal bisdommen en de bouw van tal van romaanse kerken weet de paus Sardinië veilig te stellen voor het rooms-katholicisme.
13e eeuw	Pisa en Genua krijgen steeds meer invloed. Pisaanse adellijke families maken zich uiteindelijk meester van de judicaten Cagliari en Gallura, terwijl Genuese adellijke families over het judicaat Torres heersen. Alleen het judicaat Arborea weet een zekere onafhankelijkheid te bewaren. Pisa en Genua blijven echter steeds proberen hun invloed uit te breiden, de politieke situatie is instabiel.

Aragonese en Spaanse heerschappij

1297-1323	Paus Bonifatius VIII beleent koning Jacobus II van Aragon met Sardinië. De Aragonezen interpreteren dit als een vrijbrief om met de

Geschiedenis

zegen van de paus het eiland te veroveren. **In 1323** landt een uit 15.000 manschappen bestaand Aragonees leger aan de Golfo di Palmas. Alleen het judicaat Arborea weet nog lange tijd weerstand te bieden. Eleonora d'Arborea, die erin slaagt Sardinië bijna volledig te verenigen in de strijd tegen Aragon, groeit uit tot de heldin van het Sardijnse vrijheidsstreven.

1409 Beslissende slag bij Sanluri. Het Aragonese leger onder leiding van kroonprins Martinus I verslaat de troepen van de Sardijnse judicaten.

1479 Na de vereniging van Castilië en Aragon maakt Sardinië voortaan deel uit van het Spaanse koninkrijk. Het is het begin van een lange periode van feodaal despotisme, dat iedere ontwikkeling van het eiland verhindert.

Sardinië als deel van Italië

1720 Na de Spaanse Successieoorlog komt Sardinië in het bezit van de Oostenrijkse Habsburgers, die het ruilen tegen Sicilië met de hertog van Savoye. Deze verkrijgt aldus de titel koning van Sardinië.

1794-1806 De Sardijnse Revolutie: in navolging van de Franse Revolutie komt het in Cagliari tot opstand tegen de heerschappij van Piemonte. De onderkoning wordt van Sardinië verdreven. Een boerenleger bezet Sassari. De hoogste ambtenaar van het eiland, Giovanni Maria Angioy, trekt met een antifeodaal leger op naar de hoofdstad, maar wordt vernietigend verslagen. Nadat Savoye en Piemonte door de Fransen zijn bezet, vlucht koning Victor Emanuel I naar Cagliari.

1820 Door een decreet dat het omheinen van land mogelijk maakt, worden omvangrijke gemeenschappelijke gronden geprivatiseerd, in de hoop hierdoor geschillen tussen herders en boeren op te lossen. Ieder krijgt het door hem bewerkte of beweide land en mag dat met een muur of hek omheinen. Rijke boeren laten in een oogwenk enorme landerijen omheinen, kleine boeren en herders hebben het nakijken.

1861 Het streven naar Italiaanse staatkundige eenheid, de *Risorgimento*, mondt uit in de stichting van het koninkrijk Italië. Sardinië gaat op in het verenigde Italië en wordt daarmee gedegradeerd tot een perifeer gebied, ondergeschikt aan de economische belangen van Noord-Italië.

De 20e eeuw

1904 De eerste algemene staking in Italië begint in de mijnen van de Iglesiente.

1921 Oprichting van de Sardijnse Actiepartij (*Partito Sardo d'Azione*), die opkomt voor de onafhankelijkheid van Sardinië.

1922-1938	Mussolini grijpt de macht. Gedurende de fascistische tijd worden alle culturele uitingen die typisch Sardijns zijn, onderdrukt. Ontginning van de door malaria geteisterde kustvlakten (Arborea, Fertilia-Nurra), vestiging van Noord-Italiaanse boeren en bouw van grote stuwdammen. Voor de winning van steenkool laat Mussolini in een recordtijd de stad Carbonia uit de grond stampen.
1941-1943	Er worden Duitse troepen gestationeerd op Sardinië. Cagliari, Alghero en enkele andere steden zijn het doelwit van geallieerde luchtaanvallen. In september 1943 trekt het Duitse leger zich van Sardinië terug.
1946	Italië wordt na een referendum een republiek.
1948	Sardinië verkrijgt de vurig verlangde status van autonome regio. De mogelijkheden voor zelfbestuur blijken echter begrensd.
1950	Oprichting van de *Cassa per il Mezzogiorno* om de economische ontwikkeling van Zuid-Italië te stimuleren en de kloof tussen Noord- en Zuid-Italië te dichten. Begeleid door smeergeldschandalen gaan er miljoenensubsidies naar de industrialisering van Sardinië.
vanaf 1970	De wetgevende bevoegdheid van de Italiaanse regionale parlementen wordt uitgebreid. De Sardijnse regionale overheid kan voortaan zelfstandig wetten uitvaardigen, bijvoorbeeld met het oog op economische ontwikkeling, uitbreiding van de infrastructuur, bestemmingsplannen en milieubescherming.
1989	Het Sardijnse parlement vaardigt een eerste wet uit ter beperking van de uit de hand lopende bebouwing van de kust.
1997	Het nuraghecomplex Su Nuraxi wordt opgenomen op de Werelderfgoedlijst van de UNESCO.
2004	Onder president Renato Soru wordt onder meer besloten alle bouwplannen in een 2 km brede strook langs de kust stop te zetten.
2011	Bij een referendum op 17 mei stemt 97% van de Sarden tegen de bouw van kerncentrales en de opslag van kernafval op Sardinië.
2013	Noodweer met zwaar onweer en hevige regenval richt vooral in het noordoosten van Sardinië ernstige schade aan.
2014	Bij de regionale verkiezingen van Sardinië behaalt de centrumlinkse coalitie onder leiding van de sociaaldemocraat Francesco Pigliaru de meerderheid.

Vier moren met voorhoofdsband – de Sardijnse vlag

De vlag van Sardinië vertelt veel over de bewogen geschiedenis van het eiland, over vreemde heerschappij en het streven naar onafhankelijkheid.

De afbeelding van de moren verscheen voor het eerst in de middeleeuwen op Sardinië, in de tijd waarin het eiland werd overheerst door het Spaanse Aragon. De vreemde heersers brachten het nationale embleem mee uit hun Iberische vaderland. Daar voert het ontstaan ervan terug tot de tijd van de reconquista, de christelijke herovering van het door de moren bezette Iberisch schiereiland. Toentertijd werd het portret van de verslagen moren door de christelijke ridders als symbool op hun vaandels afgebeeld. Koningen werden behalve door een kroon soms ook door een witte voorhoofdsband herkenbaar gemaakt. Peter III van Aragon maakte er in 1281 het nieuwe nationale embleem van. Het zegel van de koninklijke kanselarij toont een wapenschild, in vier vlakken verdeeld door een kruis, met vier naar links kijkende morenhoofden. Zij symboliseerden de vier moorse minikoninkrijken die onder de kroon van Aragon verenigd waren. Tot op de dag van vandaag sieren de vier moren het wapen van Aragon: vier mannenhoofden met een baard en een hoofddoek.

Teken van blinde onderwerping?

Waren ze eerst het embleem van Aragon, al spoedig stonden de vier moren ook voor Sardinië, dat tot die tijd geen eigen wapen bezat. Al in een laatmiddeleeuws manuscript uit de 14e eeuw wordt de Sardijnse vlag als een rood kruis met vier morenhoofden afgebeeld, in dit geval echter nog zonder voorhoofdsband. Die kregen de moren pas vanaf de 17e eeuw rond hun hoofd gedrapeerd. Sardinië maakte inmiddels – door de vereniging van Castilië en Aragon – deel uit van het Spaanse koninkrijk en de Spaanse koning kon met dit symbool, dat voor onderwerping stond, duidelijk maken wat Sardiniës positie was. De vier verslagen moren benadrukten de Spaanse feodale heerschappij over het eiland.

Na de Spaanse Successieoorlog kwam Sardinië in 1714 eerst in handen van de Oostenrijkse tak van de Habsburgers. Die ruilden het in 1720 tegen Sicilië met de hertog van Savoye. Deze was aanvankelijk niet erg geïnteresseerd in het verarmde, door de Spaanse feodale heren uitgebuite eiland, maar het bood hem wel de kans zijn hertogdom te verheffen tot koninkrijk. Sardinië was namelijk van oudsher met de koningstitel geassocieerd, en zo ontstond in 1720 het Koninkrijk Sardinië, een enigszins misleidende naam aangezien het grootste deel van het rijk – inclusief de hoofdstad Turijn – op het vasteland lag. De *quattro mori* bleven het officiële wapen van het eiland. Er sloop echter in de 18e eeuw een heraldische fout in. Bij het natekenen van het oude ontwerp schoof een Piemontese tekenaar de voorhoofdsband over de ogen van de moren, zodat ze voortaan een blinddoek droegen. Het ligt voor de hand dat dit waarschijnlijk een bewuste vergissing was, om zo de 'blinde' onderwerping van de Sarden aan de Piemontese heerschappij heraldisch vast te leggen.

Overwinningssymbool

Het koninkrijk Sardinië-Piemonte was de kiemcel van het verenigde Italië. Sardinië had dus vanaf het allereerste begin deel aan de Italiaanse eenwording. Dat is zeker een reden waarom er op Sardinië nooit een echte autonomiebeweging heeft bestaan, de Sarden voelen zich toch in zekere mate 'oer-Italianen'. Met de stichting van het Koninkrijk Italië deed ook op Sardinië de *tricolore* zijn intrede. Maar de *quattro mori* verdwenen niet van het toneel – integendeel. Ook al stonden ze oorspronkelijk voor onderwerping, nu gaf het opkomende Sardijnse zelfbewustzijn ze een nieuwe interpretatie: de moren waren het overwinningssymbool van de vier Sardijnse judicaten (minikoninkrijken), die in de vroege middeleeuwen een verregaande autonomie hadden genoten en die een islamitische invasie hadden weten te voorkomen. In 1921 werd het embleem overgenomen door het *Partito Sardo d'Azione* (Sardijnse Actiepartij) en gepopulariseerd. Toen Sardinië in 1952 de felbegeerde status van autonome regio binnen de Italiaanse staat verkreeg, was er geen discussie over dat de vier geblinddoekte moren het wapen (*stemma*) en de vlag (*bandiera*) van het eiland zouden sieren.

Een bevrijdende verandering van richting

Maar nog is daarmee de geschiedenis niet ten einde. De morenhoofden stonden nu dan weliswaar symbool voor het Sardijnse zelfbewustzijn – met de blinddoeken was men op Sardinië niet echt blij. Maar slechts één blik naar het buureiland was genoeg: het wapen van Corsica wordt immers gesierd door een morenhoofd met voorhoofdsband. Sinds 1999 kunnen dus ook de Sardijnse moren weer zien ... maar ze kijken nu wel de andere kant op. De officiële vlag van Sardinië toont sindsdien vier naar rechts kijkende moren met voorhoofdsband, terwijl het wapen nog steeds aan de oude tekening vasthoudt.

Een groen Middellandse Zee-eiland – ondanks kaalslag en brandgevaar

Waar groentinten overheersen: bloeiende wolfsmelk en dwergpalmen op Punta Giglio

Sardinië is een verbazingwekkend groen en bosrijk Middellandse Zee-eiland, hoewel de kaalslag uit het verleden ernstige schade heeft aangericht. Gemengde eikenbossen, bosweidelandschappen, soortenrijke macchia en lage rotsheide worden afgewisseld met cultuurlandschappen. Herbebossing met naald- of eucalyptusbomen is een uitzondering.

Ongeveer 24% van het eiland is met aaneengesloten bos bedekt, en daar komt nog 26% bosrijk gemengd gebied bij. Daarmee heeft Sardinië bij elkaar opgeteld met 12.133 km² het grootste bosareaal van alle Italiaanse *regioni* – cijfers die van belang zijn voor het evenwicht tussen klimaatbescherming en de handel in emissierechten, die bedrijven het recht geven voor het klimaat schadelijke CO_2-gassen uit te stoten. Veel bossen worden beheerd door de in 1999 opgerichte Ente Foreste della Sardegna (www.sardegnaforeste.it). Deze organisatie richt zich op een duurzaam en ecologisch verantwoord bosbeheer, waarbij het behoud van de natuurlijke soortenrijkdom en de positieve effecten op de waterhuishouding vooropstaan. Liefdevol verzorgen de *forestali* de mooiste en waardevolste bosgebieden van het eiland. Rond hun barakken in het bos legden zij picknickplaatsen aan, zetten informatieborden neer en markeerden wandelpaden.

Door vuur bedreigd

Dan zijn er nog de verspreide bossen en macchiagebieden van gemeentes en privé-eigenaren. Dit zijn vaak kleine, open bossen die worden afgewisseld

met veeweiden, wijnhellingen en akkers. Helaas wordt de groene natuur van Sardinië elk jaar opnieuw door vlammen bedreigd. Keer op keer worden bosbranden gesticht door herders of grondspeculanten of ook wel uit wraak. Slechts zelden worden de brandstichters gepakt. Ook onachtzaamheid is een oorzaak van branden, vooral in de extreem hete zomers van de laatste jaren.

Hout hard als steen

Tot een hoogte van 800 m zijn twee altijdgroene eilsoorten met leerachtige bladeren toonaangevend: steeneiken (*Quercus ilex*) en kurkeiken (*Quercus suber*). Steeneiken groeien op iedere bodem, maar geven de voorkeur aan kalk. Om die reden zijn misschien wel de mooiste steeneikenbossen vol knoestige woudreuzen te vinden in de Supramonte. Oude steeneikenbossen zijn trouwens zeldzaam. Meer voorkomend zijn door houtkap ontstane hakhoutbossen, want tijdens de industriële revolutie vielen enorme bosgebieden ten prooi aan een verwoestende kaalslag. Het hout van de steeneik is zo hard als steen – vandaar de naam – en het was daarom in de mijnbouw (stutten) en bij de aanleg van spoorwegen (bielzen) felbegeerd. Tussen 1863 en 1910 werd het enorme oppervlak van rond 6000 km² bos gekapt, een kwart van de oppervlakte van Sardinië.

Bijna overal in de bergen deden in die tijd kolenbranders hun werk om de voor het tot metaal verwerken van erts benodigde houtskool te produceren. Tijdens wandelingen kunt u regelmatig stuiten op ronde kolenbrandersterrassen waarop de kolenmeilers stonden. Het hout werd kegelvormig opgestapeld en afgedekt met leem, waarna de meiler in brand werd gestoken. Lucht kon van onderaf door luchtgaten binnendringen tot de temperatuur voor het verkolen van hout optimaal was. Na 10 tot 12 dagen werd de meiler opengebroken en de houtskool met zand afgekoeld. Een meiler kon 2 tot 3 ton houtskool produceren. Op muilezels werd de houtskool over speciaal aangelegde kolenbranderspaden afgevoerd.

Kurk – waardevol natuurproduct

Op een kalkarme en bij voorkeur zure bodem, vooral op graniet en trachiet, voelen kurkeiken zich thuis. Kurkeikenbossen zijn daarom bijvoorbeeld in Gallura en in het bergland van Montresta wijdverbreid. Omdat de stammen bijna altijd regelmatig van hun schors worden ontdaan voor de kurkwinning, kan deze eigenlijk zeer forse boom maar zelden ongestoord groeien. Daarom overheersen lichte, lage bossen met veel ondergroei, die door runderen, schapen, geiten en halfwilde zwijnen wordt begraasd.

Kurk is een gewaardeerd natuurproduct uit de duurzame landbouw. Of het nu gaat om wijnkurken, vloeren, schoenzolen of isolatiemateriaal – kurk levert geld op. Zo kost een flessenkurk ruim 40 cent. Ongeveer 80% van de Italiaanse kurk wordt op Sardinië geproduceerd, de talrijke kurkverwerkende bedrijven liggen in het industriegebied tussen Tempio en Calangianus (zie blz. 239).

Het is een lange weg naar het eindproduct. De eerste kurkoogst is pas mogelijk als de kurkeik 20 tot 25 jaar oud is. Geschild wordt er 's zomers, wanneer de schors droog is. De ruwe, gekloofde en poreuze kurk van de eerste oogst wordt eerst fijngemalen en daarna tot kurk geperst. Daarna kan de schors ongeveer iedere 10 jaar worden geschild. Kurkeiken kunnen tweehonderd jaar oud worden en met iedere oogst wordt de kwaliteit van de kurk beter. De net van hun schors ontdane stammen worden eerst bloedrood door de beschermende hars, daarna vormt zich geleidelijk weer een nieuwe kurkschors. Voor de verdere verwerking wordt de afgepelde schors eerst enkele maanden in de zomerhitte gedroogd, dan wordt hij door koken soepel gemaakt en vervolgens geperst en opnieuw gedroogd. Pas daarna is verdere industriële verwerking mogelijk.

Pioenrozen, tamme kastanjes en hulst

Boven de 800 m zijn ook op een eiland in de Middellandse Zee de winters koud en vorst en sneeuw geen zeldzaamheid. Hier treft u open loofbossen aan met de in de zomer groene donzige eik (*Quercus pubescens*). Ze ziet er vertrouwd uit omdat ze veel lijkt op de Midden-Europese wintereik. De onderkant van de bladeren heeft echter een donzig-viltachtige beharing, vandaar de naam. In het voorjaar kleuren de prachtige bloemen van de pioenroos (*Paeonia mascula*) soms de ondergroei – de Sarden noemen haar ook wel *Rosa del Gennargentu*.

Een bijzonderheid zijn de plaatselijk voorkomende kastanjewouden. Van origine niet inheems op Sardinië, vormt de tamme kastanje (*Castanea sativa*) vooral tegen de hellingen van de Gennargentu uitgestrekte bossen. De bomen bereiken al snel imposante afmetingen en leveren een relatief zacht, gemakkelijk te bewerken hout, waarvan vroeger kisten en gereedschappen werden gemaakt. De stekelige bolsters bevatten de zetmeelrijke vruchten die in de herfst op het menu staan en geroosterd worden gegeten als *marroni* (zie blz. 278, Aritzo).

Ooit waren de venijnboom (*Taxus baccata*) en hulst (*Ilex aquifolium*) wijdverbreid in de donzige-eikenbossen, maar beide soorten komen nu nog maar verspreid voor. Venijnbomen bevatten alkaloïde en zijn daarom zeer giftig, reden waarom ze door herders zijn gedecimeerd. Tot de weinige resterende venijnboomgaarden op Sardinië behoort Sos Niberos op de Monte Rasu (Catena del Goceano). Hulst wordt ondanks zijn leerachtige, stekelige bladeren niet door de weidedieren ontzien. Beide soorten zijn beschermd.

Bonte stippen in het landschap: de vruchten van de aardbeiboom

Aardbeibomen en mirtelikeur

Heel veel voorkomend in lagergelegen zones is de macchia (ook wel bekend onder de Franse naam maquis), tot 5 m hoog struikgewas dat voornamelijk bestaat uit altijdgroene, stekelige planten zoals de mastiekboom (*Pistacia lentiscus*). Op een zure bodem gedijen de in het voorjaar wit bloeiende boomhei (*Erica arborea*) en de aardbeiboom (*Arbutus unedo*). De laatste wordt in de herfst gesierd door donkerrode, in trosjes bij elkaar hangende vruchten die aan aardbeien doen denken. Als ze rijp zijn, smaken ze heerlijk, en dat is in tegenspraak met de Latijnse soortnaam *unedo* (letterlijk: één eet ik, met andere woorden: één is genoeg). Van de vruchten wordt op Sardinië wel een heldere, aromatische brandewijn gemaakt, die de Italiaanse naam draagt van de aardbeiboom: *corbezzolo*. Wanneer in de herfst de rijpe vruchten aan de takken hangen, bloeit de aardbeiboom al bijna weer.

Van de geurige mirte (*Myrtus communis*) wordt de populaire *mirto* gemaakt. Deze mirtelikeur is er in twee varianten: *mirto rosso* van de blauwzwarte bessen en *mirto bianco* van de witte bloesem. Mirtebladeren worden ook gebruikt om vlees mee te kruiden.

Aan de rijke bloemenpracht van de macchia dragen ook de zonneroosjes bij. Wijdverbreid is het wit bloeiende montpellierzonneroosje (*Cistus monspeliensis*) met zijn sterke, harsachtige geur. Op schrale grond en rotsbodems gedijt de affodil (*Asphodelus*) met zijn decoratieve trossen bloemen op hoge stengels, terwijl langs vochtige rivieroevers oleanders (*Nerium oleander*) te vinden zijn. Wanneer 's zomers de rozerode bloemen opengaan, spreiden de oleanderhagen een overweldigende kleurenpracht tentoon.

Een violette gloed hangt over de velden rond San Gavino Monreale en andere boerendorpen in het zuiden van Sardinië. De herfstzon schijnt fel en doet de kleuren oplichten. Duizenden en duizenden krokussen hebben de akkers in een wuivende bloemenzee veranderd. En het zijn niet zomaar krokussen die hier worden geteeld, maar de waardevolste van allemaal: de saffraankrokus (Crocus sativus).

uit. De bloemenpracht culmineert op de zogeheten dag van het hoogtepunt (*sa dìi 'e su grofu*). Het oogsten is moeizame handenarbeid. Het hele dorp is erbij betrokken, maar het zijn vooral de ervaren saffraanvrouwen (*sas tzaffaranaias*), die dag na dag 's ochtends vroeg het veld in gaan om de nieuwe bloemen te plukken.

Nog op dezelfde dag moeten de bloemen worden opengemaakt om de fijne saffraandraden te kunnen verwijderen.

Het rode goud – saffraan in het veld en in de keuken

Al in de oudheid werd deze cultuurplant, die waarschijnlijk op Kreta uit een wilde soort is voortgekomen, in de Oriënt en in het Middellandse Zeegebied verbouwd. De violette bloem heeft drie gele meeldraden en drie rode, ongeveer 3 cm lange stempels, ook saffraandraden genaamd. Alleen deze leveren gedroogd de zoet-aromatisch geurende saffraan op, die al van oudsher als specerij, kleurstof en geneeskrachtige plant wordt gebruikt.

Moeizame handenarbeid

De saffraanteelt begint elk jaar eind september, begin oktober. De oude planten worden uit de grond gehaald en schoongemaakt, de akker omgeploegd en de knollen opnieuw geplant. Na vier weken komen in twee weken tijd de nieuwe krokussen boven de grond

De vrouwen zitten daarvoor thuis met elkaar rond de tafel, zodat het eentonige werk met wat kletsen en lachen kan worden veraangenaamd. Een ervaren *tzaffaranaia* doet zo'n 500 à 600 bloemen per uur, wat 5 à 6 gram saffraan oplevert. Voor de beste kwaliteit wordt ook het witte, onderste deel van de stamper verwijderd, zodat enkel de rode saffraandraden overblijven. Aan het eind van de dag hebben alle vrouwen gele vingers door de crocine, een chemische verbinding uit de carotenoïden (gele tot roodachtige kleurstoffen), die de saffraan bevat. De saffraandraden worden vervolgens voorzichtig ingewreven met wat olijfolie (*sa feidadura*) en de volgende dag buiten in de zon te drogen gelegd.

Kostbaar als goud

Blijkbaar werd er al in de oudheid saffraan geteeld op Sardinië. Daarvoor bestaan op zijn minst diverse taalkundige aanwijzingen. De Sardijnse woorden-

Overweldigende kleurenpacht: saffraanbloemen en -draden

schat met betrekking tot de saffraanteelt stamt namelijk direct af van het Latijn uit de oudheid en verschilt van het Italiaans. Zo heet een saffraandraad *ena* (van het Latijnse *avena*, halm of stengel), in het Italiaans *stimmo*. Het Italiaanse woord *zafferano* (Sardijns: *tzafferanu*) is daarentegen net als het Nederlandse saffraan ontleend aan het Arabisch, waar de specerij *az-za'fran* heet, wat eigenlijk niets meer betekent dan geel zijn of geel worden.

Voor een kilo gedroogde saffraan zijn 80.000 tot 150.000 bloemen nodig. Geen wonder dus dat saffraan ooit met goud werd vergeleken – in het Italiaans wordt saffraan nog steeds aangeduid als *oro rosso*, het rode goud. Afhankelijk van de kwaliteit kost saffraan tegenwoordig tot € 15 per gram – in 2015 niet veel minder dan een halve gram goud! Saffraan geldt daarom als de duurste specerij ter wereld, is echter aan de andere kant zeer zuinig in gebruik. Al een heel kleine hoeveelheid is voldoende om te kruiden of kleur te geven; vaak is een mespuntje genoeg.

Koken met saffraan

De op het eiland geproduceerde saffraan kunt u op Sardinië in alle grote supermarkten vinden, maar bijvoorbeeld ook in kraampjes op volksfeesten. Bovendien kan in San Gavino Monreale, de saffraanmetropool van Sardinië, en in andere plaatsen waar saffraan wordt geteeld direct bij de producenten worden gekocht. De saffraan uit San Gavino geldt als de beste van Italië en draagt het felbegeerde kwaliteitskeurmerk D.O.P. voor regionale producten. Gemalen saffraan behoudt zijn aroma relatief goed, maar poeder kan ook gemakkelijk worden vervalst. Zo wordt het soms vermengd met het goedkope, ook geel kleurende kurkuma.

Het is daarom het best om hele saffraandraden te kopen. U moet ze vlak voor gebruik licht roosteren (Sardijns: *tiriài*, letterlijk: laten verstijven) en dan fijnwrijven. Elke Sardijnse huisvrouw heeft daarvoor haar eigen techniek. De gemakkelijkste manier is om de draadjes kort op het hete deksel van een pan te leggen of ze even te verhitten in een lepel boven een gasvlam, totdat de saffraan intensief begint te geuren. Leg dan de draadjes in een van aluminiumfolie gevouwen bakje en wrijf ze fijn met de vingers of met een lepel. Daarna onmiddellijk aan het gerecht toevoegen en niet te lang mee laten koken, anders verliest de saffraan zijn aroma.

Met saffraan gekruide gerechten krijgen een diepgele kleur, denk bijvoorbeeld aan de Spaanse *paella*. In de mediterrane en oosterse keuken waardeert men echter ook de scherp-aromatische, bijna hypnotiserende geur en de licht bittere smaak, die aan gerechten een onmiskenbaar eigen touch geeft. Populair in de Sardijnse keuken is bijvoorbeeld *risotto allo zafferano*, maar ook soepen, raviolivulling, *fregula* (parelgort, een soort couscous) en *dolci* worden met saffraan verfijnd. En in Villacidro wordt zelfs saffraanlikeur (Villacidro Murigia) geproduceerd.

Adressen van saffraanproducenten in Zuid-Sardinië

www.provincia.mediocampidano.it/agroalimentare/de/zafferano.wp
Uitvoerige informatie over saffraan met recepten:
www.zafferanosangavino.com
www.zafferanodisangavino.it

Zoveel hoofden, zoveel mutsen – de Sardijnse taal

Het Sardisch verschilt van dorp tot dorp – hier een muurschildering in Orgosolo

Het eeuwenlange isolement van Sardinië, waaraan pas in de 11e eeuw een einde kwam, leidde ertoe dat op het eiland de Latijnse spreektaal, het vulgair Latijn, maar weinig veranderd is. Het is de taal van een simpele herders- en boerencultuur, waarvan woordenschat, uitspraak en zinsbouw in hoge mate overeenkomen met de klassieke vormen.

Italiaans of niet?

De locatie: een kleine bar in Bitti. Een paar mannen drinken aan de toog hun *caffè*, een oudere heer leest de krant, op de achtergrond zendt de tv een populaire quiz uit. De mannen praten met elkaar, maar de taal die ze spreken, heeft niet de heldere, parelende klank van het Italiaans. Het is een enigszins donkere en rauwe taal, rijk aan medeklinkers, waarin vaak de klinker 'u' te horen is. Soms lijkt er een uit het Italiaans vertrouwd woord in door te klinken, maar meteen daarna klinkt de taal weer zeer vreemd in de oren. Zouden Caesar of Cicero hier ook aan de toog hebben gestaan, dan zouden zij bijna moeiteloos met de mannen hebben kunnen converseren. *'In su pane partiu si bi sedet deus'* ('Als men zijn brood deelt, zit God erbij'), zou misschien een van de mannen tegen de Romeinen hebben gezegd terwijl hij hen het broodmandje aanreikte.

Met uitsterven bedreigd

Van alle Romaanse talen staat het Sardisch dus het dichtst bij het Latijn. Maar volgens de UNESCO wordt de Sardijnse taal met uitsterven bedreigd, omdat ze meer en meer door het Italiaans wordt verdrongen.

Op het eerste gezicht mag dit verwondering wekken, omdat het Sardisch in het dagelijks leven nog zoveel gesproken wordt, vooral in het binnenland. De wortels van deze bedreiging liggen echter in de geschiedenis van Sardinië, die door vreemde overheersing en onderlinge twist wordt gekenmerkt. Zinspelend op deze innerlijke verdeeldheid oordelen de Sarden over zichzelf met een zekere zelfspot: '*Chéntu còncas, chéntu berrittas*' ('Honderd hoofden, honderd mutsen'; de *berritta* is de traditionele muts die hoort bij de Sardijnse mannenklederdracht).

Introductie – een beetje Sardisch

Vaak komt de uitspraak van het Sardisch nog overeen met het Latijn. Zo blijven de klinkers i en u meestal behouden, terwijl ze in het Italiaans vaak zijn afgezwakt tot e en o, bijvoorbeeld Latijn *mundus* (wereld), Sardisch *mundu* en Italiaans *mondo*. De verwantschap met het Latijn komt ook tot uitdrukking in de uitspraak van de medeklinker c voor een klinker. Dat blijft in de uitspraak van het Sardisch een k, de c werd dus niet zoals in andere romaanse talen gepalataliseerd (verzacht), zoals bijvoorbeeld het Latijnse *centum* (honderd), dat in het Sardisch *chéntu* (spreek uit: *kéntu*) en in het Italiaans *cento* (spreek uit: *tsjento*) is. Hetzelfde geldt voor de g, dus in het Latijn *angelus* (engel), Sardisch *ànghelu* en Italiaans *angelo*.
Net zoals bij de andere West-Romaanse talen wordt het meervoud in het Sardisch gevormd door de toevoeging van een s aan het einde van een woord (bijvoorbeeld *sa cònca – sas còncas*). Een bijzonderheid is het bepaald lidwoord *sa* (vrouwelijk) of *su* (mannelijk; meervoud *sas* of *sos/is*), die zijn afgeleid van het Latijnse *ipsam/ipsum* en niet zoals in het Italiaans van *illam/illum*.
In het Sardisch komen bovendien nog veel Latijnse woorden voor, die in andere Romaanse talen zeldzaam zijn geworden of niet meer bestaan, bijvoorbeeld het Latijnse *albus* (wit) is in het Sardisch *albu* maar in het Italiaans *bianco*. Een ander voorbeeld: Latijn *domus* (huis), Sardisch *dòmu* maar Italiaans *casa*.

Verschillend van dorp tot dorp

Bij het aanbreken van de hoge middeleeuwen werd Zuid-Sardinië overheerst door de Pisanen. Hun Toscaanse invloed deed hier een dialect ontstaan met een bijzondere uitspraak, het Campidanese. In het noordwesten werd daarentegen Logudorese gesproken, een oudere variant van het Sardisch. In de Barbagia, waar de taal zeer archaïsch is, verschillen de dialecten vaak van dorp tot dorp. Wat uitbleef, was de ontwikkeling van een streekoverschrijdend algemeen beschaafd Sardijns met een uniforme schrijfwijze. Er was simpelweg geen politiek machtscentrum dat deze standaardisering kon opleggen. De laatste – mislukte – poging werd in de late middeleeuwen ondernomen door Eleonora van Arborea, die heerste over het judicaat Arborea, een van de vier minikoninkrijkjes waarin Sardinië in die tijd was opgedeeld. Zo bleef de versplintering van het Sardisch in tal van dialecten voortbestaan.

Spaans en Italiaans

Tijdens de Spaanse overheersing waren Catalaans en Castiliaans hier de ambtelijke en algemeen beschaafde spreektalen, in 1760 maakten ze plaats voor het Italiaans. Tegen de achtergrond van de Italiaanse eenwording verspreidde de Italiaanse taal zich in de loop van de 19e eeuw snel op Sardinië, zodat omstreeks 1900 het grootste deel van de eilandbevolking tweetalig was. Vanaf de jaren 50 van de vorige eeuw maakten het onderwijs, de moderne media en de toenemende mobiliteit de beheersing van het Italiaans in toenemende mate noodzakelijk. In de steden is het Italiaans tegenwoordig de normale omgangstaal, alleen veel landelijke streken zijn nog steeds tweetalig. Daar is de moedertaal van de oudere generatie meestal nog het Sardisch, terwijl de generatie van middelbare leeftijd het Sardisch weliswaar nog wel beheerst, maar veeleer Italiaans spreekt. De jonge generatie is sterk op het Italiaans georiënteerd.

Heeft het Sardisch nog toekomst?

Is het Sardisch daarmee de taal van de oudere plattelandsbevolking? De laatste tijd neemt in ieder geval de interesse in de eigen taal, die sinds mensenheugenis als sociaal minderwaardig werd beschouwd, toe. Dat het Sardisch vroeger zelfs niet eens als een zelfstandige taal werd beschouwd, bewees Dante al toen hij schreef: 'De Sarden schijnen geen eigen taal te hebben, aangezien zij het geschreven Latijn nabootsen zoals de aap de mens.'

Volgens een onderzoek van de regionale overheid zouden minstens nog circa een miljoen Sarden in staat zijn Sardisch te spreken, maar kan de taal ook in de toekomst overleven? Sinds 1997 is het naast het Italiaans officieel de tweede taal op Sardinië – de autonome status van het eiland staat tweetaligheid toe. Maar wat is dan nu precies *het* Sardisch? Over een standaardisering van de taal heerst onenigheid, geen van de dialecten wil zichzelf benadeeld zien – het is een dilemma. Om nog maar te zwijgen van de andere talen die op het eiland worden gesproken: Gallurese (verwant aan het Corsicaans) in Gallura, Sassarese (een mengeling van Corsicaans en Toscaans) in het noordwesten, en dan zijn er ook nog de taalenclaves Alghero (Catalaans) en San Pietro (Ligurisch). Een tikje jaloers wordt gekeken naar Catalonië, waar nog niet zo lang geleden uit de dialecten een gestandaardiseerd Catalaans werd gedestilleerd.

Naar voorbeeld hiervan is de regionale overheid in 2006 een offensief gestart en heeft ze voor alle ambtelijke stukken en publicaties de *Limba Sarda Comuna* (LSC) ontwikkeld, een tussenvorm tussen het Campidanese en Logudorese. Maar de Sarden staan niet te juichen over deze kunstmatige Sardische standaardtaal – zij blijven trouw aan hun dialecten.

Het Sardisch – enkele informatiebronnen

Op internet Sardisch horen: Vivaldi (www2.hu-berlin.de/Vivaldi) is een soort akoestische taalatlas van Italië. Aan de hand van voorbeeldwoorden en -zinnen kunnen de verschillende varianten van het Sardisch beluisterd en met elkaar vergeleken worden.
Sardische poëzie: www.poesias.it
Een **onlinewoordenboek** is te vinden op www.ditzionariu.org

Langs de kusten van Sardinië liggen tal van lagunes en zoutmoerassen. Deze waardevolle draslanden zijn het leefgebied van veel vogels, waaronder flamingo's. De zoutwinning in de zoutpannen is economisch nog steeds van belang.

Wie met het vliegtuig gaat landen op de luchthaven van Cagliari, ziet een uitgestrekt, door dammen onderbroken lagunelandschap met in de zon schitterende waterspiegels, voordat op het allerlaatste moment de landingsbaan opduikt. De eilandhoofdstad ligt tussen grote lagunes aan de rand van de grote laagvlakte Campidano, die eindigt bij de Golfo di Cagliari. Al in de middeleeuwen werd in zoutpannen, waarin het zeewater in de zomerhitte verdampt, het 'witte goud' gewonnen – zout was voor Cagliari eeuwenlang een vaste bron van inkomsten. Tegenwoordig wordt in de Stagno di Santa Gilla, ten westen van de stad, jaarlijks rond de 350.000 ton zout geproduceerd. Daartoe wordt begin april de *salina* Conti Vecchi gevuld met zeewater, dat vervolgens in diverse bekkens, die trapsgewijs met elkaar in verbinding staan, wordt geconcentreerd. Ten slotte stroomt het uit in zo'n honderd zoutpannen.

Zouttapijt

Warme, droge en winderige dagen met veel zon zijn de voorwaarde om het

Wit goud en rood volk – lagunes, zoutpannen, roze flamingo's

In de lagune van Capoterra bij Cagliari vinden flamingo's volop voedsel

resterende zeewater geleidelijk te laten verdampen. Terwijl de pekel steeds meer wordt geconcentreerd, verandert de kleur langzaam in een krachtig rood. Pas als al het water verdampt is, blijft vanaf eind augustus een sneeuwwit, ruim 10 cm dik tapijt van puur zeezout over. Vroeger moest met houwelen, schoppen en kruiwagens handmatig worden 'geoogst', nu gebeurt dat machinaal met zoutschuivers. Er wordt in september dag en nacht gewerkt om de oogst binnen te hebben voordat de herfstregen gaat vallen. Aan de rand van de zoutpan wordt het zout opgestapeld tot machtige heuvels, die vanuit de verte aan met sneeuw bedekte bergen doen denken. Driekwart van de productie gaat naar de chemische industrie (onder andere voor het maken van pvc), de rest wordt gebuikt als keuken- of strooizout.

Ooit malariabroeinest

Lagunes en *stagni* (brakke moerasmeertjes) komen hoofdzakelijk voor rond Cagliari en aan de westkust rond Oristano. Ze ontstaan doordat de in zee uitmondende rivieren maar weinig water bevatten en met uitzondering van de Tirso, Coghinas, Flumendosa en Temo 's zomers droogvallen. Bij de riviermondingen ontstaan dan door zandafzetting schoorwallen. Daarachter wordt het weinige rivierwater dat uit het binnenland komt opgestuwd; alleen in het natte seizoen bestaat er een open verbinding met de zee. Het rivierwater wordt dan vermengd met het binnendringende zeewater, zodat een brakke, moerassige en 'stagnerende' (vandaar het Italiaanse *stagno*) waterpoel ontstaat.

Tot in het midden van de 20e eeuw waren deze *stagni* gevreesde broeinesten van malaria. Niet de uit de moerassen opstijgende dampen (ofwel 'slechte lucht', Italiaans: *mala aria*) veroorzaakten de ziekte, zoals men tot het einde van de 19e eeuw nog geloofde, maar de hier nestelende overbrenger, de Anopheles- ofwel malariamug. Pas in de jaren 50 werd deze plaag door het op grote schaal inzetten van DDT uitgeroeid. De data-aanduidingen van de sproeicampagnes zijn op enkcle huizenfaçades in het oude centrum van Bosa nog te herkennen.

Vogelparadijs

Het zoutige milieu van de lagunes en *stagni* wordt door maar weinig planten verdragen, zoals bijvoorbeeld de zeekraalsoort *Arthrocnemum fruticosum* en de stekelige rus *(Juncus acutus)*. De draslanden zijn daarentegen wel een geschikte biotoop voor tal van vogels, waaronder steltlopers, diverse soorten reigers en dwergsterns. Sommige maken hier als trekvogels een tussenstop, andere overwinteren hier of blijven ook na de winter hangen. Tot de laatste behoren de roze flamingo's. In de lagunes rond Cagliari en Oristano kunnen ze meer dan genoeg voedsel vinden, vooral het door hen als lekkernij beschouwde kreeftje *Artemia salina* en plankton. Flamingo's leven samen in groepen. Soms staan de jonge vogels dicht opeenge-

---

Vogelexcursies

Ten oosten van Cagliari ligt de in 1985 stilgelegde *saline* Molentargius-La Palma, tegenwoordig een beschermd natuurgebied. Hier worden geregeld vogelexcursies georganiseerd:
Associazione per il Parco Molentargius Saline Poetto: Via Nuoro 43, 09124 Cagliari, tel. 070 67 10 03, www.apmolentargius.it

pakt bij elkaar in een afzonderlijk deel van de lagune als in een soort kindercrèche. De jongen zijn gemakkelijk te herkennen aan hun grijze donskleed, terwijl de oudere vogels lichtroze veren bezitten; alleen als ze vliegen, is het felle rozerood en zwart aan hun vleugels zichtbaar. Aan die opvallende eerste kleur dankt de vogel de naam flamingo (Latijn: *flamma,* vlam), evenals de Sardische aanduiding *sa gente arrubia* – het rode volk.

Kostbaar vocht

Water is een schaars en kostbaar goed op een eiland in de Middellandse Zee. De zomer is er heet en droog, en in sommige jaren valt er ook 's winters weinig regen. Meestal brengen alleen de lente en herfst de vurig verlangde neerslag. Eigenlijk staat Sardinië er over een heel jaar bekeken met de neerslag helemaal niet zo slecht voor: in het zuiden valt krap 600 mm neerslag, in het noorden meer dan 1200 mm, wat overeenkomt met Midden-Europese waarden. Om de droge zomermaanden te kunnen overbruggen, werden sinds de jaren 20 van de vorige eeuw tal van stuwmeren aangelegd. Het grootste stuwmeer van het eiland is het tussen 1918 en 1924 aangelegde Lago Omodeo. Hele dorpen zijn door de aanleg van dit meer in het water verdwenen; enkele romaanse kerken, zoals die van Zuri, werden afgebroken en elders herbouwd. De enorme omvang van het meer (bijna 30 km²), dat in het laagland van de rivier de Tirso ligt, bevordert echter de verdamping van het water, wat in de omgeving leidt tot een verhoogde luchtvochtigheid en een onaangename benauwdheid in de zomer. Beter aangelegd zijn de stuwmeren in diep ingesneden bergdalen zoals het Lago Cedrino bij Dorgali.

De stuwmeren op Sardinië bevatten bij elkaar zo'n twee miljard kubieke meter water – een enorme hoeveelheid in vergelijking met bijvoorbeeld het waterverbruik van een grote stad als Amsterdam, dat rond de 90 miljoen kubieke meter per jaar ligt. Sardinië zou dus geen gebrek aan water moeten hebben, maar het leidingnet is gammel en met name in de landbouw wordt nogal verspillend met het kostbare vocht omgesprongen bij het besproeien van akkers en zelfs weilanden. Bovendien veroorzaakt in de zomer het sterk gegroeide toerisme een piek in het waterverbruik. Uiteindelijk is het de natuur zelf die soms een streep door alle berekeningen zet – namelijk op het moment dat in een jaar van droogte de regen uitblijft en de stuwmeren zich niet meer vullen.

De magie van het water

In de nuraghetijd was droogte de grootste zorg van de mens, want droogte betekende honger en dood. In het middelpunt van de religie stond daarom de zegen van de goden die het levenbrengende element water uit de hemel lieten neerdalen. De goden werden vereerd bij heilige bronnen, waar men ter ere van hen bronnentempels bouwde. Hier voltrokken zich heilige rituelen en werden offers gebracht en votiefgeschenken aangeboden. Tot in de 20e eeuw kon het soms nog gebeuren dat Sarden voor het drinken van bronwater haastig een kruis sloegen – uit oeroude vrees voor de magie van het water.

Atoomenergie? Nee bedankt! – natuurbescherming en energievoorziening

De toekomst van Sardinië ligt in windenergie – hier windmolens bij Capoterra

Groen en enorm bosrijk, zo ziet Sardinië eruit. De natuur is er nog intact, de dorpen zien er verzorgd uit en de zee is kristalhelder. De kwaliteit van het zeewater voldoet aan de hoogste eisen, veel stranden zijn onderscheiden met de blauwe vlag. Maar hoe staat het op het eiland met de bescherming van natuur en milieu, waar komt de elektriciteit vandaan en wat gebeurt er met het afval?

Er is bijna geen Sard te vinden die niet doordrongen is van het belang van de natuur voor een duurzame economische ontwikkeling. Dat geldt in het bijzonder voor het toerisme – kwaliteit boven kwantiteit is altijd het motto geweest, ook al komen er inmiddels elk jaar rond de 2,5 miljoen vakantiegangers naar het eiland. Kwaliteitstoerisme wordt op Sardinië gepromoot.

Branden – helaas een vervolgverhaal

Maar ook Sardinië is niet het paradijs. Zo gaan er elk jaar honderden hectaren natuur in vlammen op. Soms worden de branden door herders aangestoken omdat daarna op de met as bemeste grond het gras omhoogschiet en er weidegrond voor hun altijd hongerige schapen ontstaat. Soms zijn het grondspeculanten die als pyromaan optreden. En dan is het weer een wraakactie of gewoon een stommiteit. Altijd zijn de gevolgen echter verwoestend. Ter bescherming van de bossen lopen er nu brandsleuven door de bergen. Geen fraai gezicht, zulke kale stroken, maar vaak de enige redding bij brand. De brand kan bij zulke sleuven beter bestreden en in toom worden gehouden. In de zomer zijn de uitkijkposten van de brandweer op de bergtoppen dag en nacht bemand.

Bescherming van flora en fauna

In het verleden heeft het eiland door de houtkap in de bossen en de eeuwenlange overbegrazing veel geleden. Bodemerosie was het gevolg, herbebossing is moeilijk. Door de intensieve begrazing blijven alleen stekelige, voor schapen en geiten oneetbare planten over. Boomscheuten hebben nauwelijks een kans op overleven. Hoe indrukwekkend de statige donzige eiken in de Gennargentu ook zijn, nageslacht in de vorm van jonge bomen is hier nauwelijks te vinden. Een positieve ontwikkeling is daarentegen dat er op Sardinië inmiddels veel beschermde natuurgebieden zijn aangewezen, te beginnen bij de vele bossen die het Sardijnse bosbeheer onder zijn hoede heeft (zie blz. 50), gevolgd door schier- en voor de kust gelegen eilanden (bijvoorbeeld de Maddalena-archipel) en diverse 'zeereservaten'. Voor de ooit langs de kust inheemse monniksrob kwamen deze beschermingsmaatregelen echter te laat.

De van oudsher door jagers bedreigde dierenwereld heeft in de staatsbossen een toevluchtsoord gevonden. Hier is bijvoorbeeld een reservaat voor het nog maar enkele decennia geleden met uitsterven bedreigde Sardijnse hert (*Cervus elaphus corsicanus*). Ook de vroeger intensief bejaagde moeflons kunnen zich hier weer voortplanten. Er komen echter nogal eens gevallen van stroperij voor.

Moeilijker is de situatie voor de vogelpopulatie. Diverse roofvogels zijn op Sardinië inheems, waaronder de steenarend, Eleonora's valk en vale gier. De laatste was al verdwenen tot hij in de jaren 90 op de Monte Ferru weer werd uitgezet. Reservaten hebben voor vogels echter weinig nut omdat de vogels zich niet door hekken laten tegenhouden en omdat er op Sardinië fanatiek wordt gejaagd.

Bescherming van de kust – moeilijk te realiseren

De bebouwing langs de kusten van het eiland heeft de afgelopen decennia een zorgwekkende omvang aangenomen. Wie het zich maar kan veroorloven, laat een zomerhuis aan zee bouwen. Daarbij komt de toeristenmassa, die ook bij voorkeur in de buurt van het strand verblijft. Weliswaar is de bebouwing vergeleken met andere kusten aan de Middellandse Zee nog bescheiden, maar ook op Sardinië staat de klok wat bescherming van de kust betreft op vijf voor twaalf. De gemeenten staan echter financieel onder druk en een lokale politicus is snel omgepraat als het weer eens om het toewijzen van bouwland of het verlenen van een bouwvergunning gaat. Ingrijpende beschermingsmaatregelen zoals aan de Costa del Sud zijn op Sardinië net als elders maar moeilijk te realiseren.

Een duurzaam energieconcept?

Problematisch is ook de energievoorziening. Op Sardinië staan voornamelijk energiecentrales die worden gestookt op dure olie. Enkele centrales werken op de minder rendement opleverende bruinkool uit de Sulcis, waar Mussolini ooit de kolenstad Carbonia stichtte, maar aan bruinkool zijn milieubezwaren verbonden. De paar waterkrachtcentrales dragen maar weinig bij aan de stroomvoorziening omdat de stuwmeren in de eerste plaats dienen als waterreservoirs. Noodzakelijkerwijs moet via een onderzeese kabel stroom van het Italiaanse vasteland worden geïmporteerd.

Voor Sardinië ligt de toekomst in windenergie, maar de uitbreiding hiervan verloopt langzaam. De eerste windenergiecentrale werd aan het begin van de jaren 90 op de Monte Arci geïnstalleerd, maar moest al snel wegens technische problemen worden stilgelegd. Daarna zijn in de bergen meer windturbines verschenen, maar het uitbreidingspotentieel van windenergie is nog aanzienlijk. Dat geldt ook voor zonne-energie, waarvan tot dusverre maar bescheiden gebruik wordt gemaakt. Fotovoltaïsche zonnepanelen zijn op Sardinië nog een relatief onbekend verschijnsel, wel zijn er op daken in toenemende mate zonnecollectoren (gekoppeld aan een warmwaterboiler) te zien. De toerismebranche lijkt hier een voortrekkersrol te spelen: een behoorlijk aantal hotels heeft al gekozen voor deze duurzame vorm van warmwatervoorziening, die bovendien geen grote investeringen vereist.

Het plan van Berlusconi om Italië te verrijken met vier kerncentrales, alle vier op het als aardbevingsveilig bekendstaande Sardinië, lijkt na de nucleaire catastrofe van Fukushima gelukkig en hopelijk wel voorgoed van de baan. Sowieso zou dit plan op grote weerstand onder de Sardijnse bevolking zijn gestuit.

Recyclen moet – dus afval scheiden

De afvalverwerking is op Sardinië per provincie geregeld, er wordt inmiddels overal gescheiden ingezameld. Officieel geldt sinds 2003 in Italië de regel dat 35% van het afval moet worden gerecycled – op Sardinië is dit intussen al meer dan 50%. Let als vakantieganger op de opschriften op de afvalcontainers: *umido* is organisch afval, *vetro* glas, *carta* papier en karton, *plastica* plastic en *latta* blik. Om de grote afvalberg van de populaire plastic waterflessen te verminderen, is de regionale overheid zelfs gestart met een initiatief om het drinken van leidingwater te bevorderen: in openbare gebouwen zijn drinkwaterfonteintjes neergezet. Een gewoonte is meestal moeilijk te doorbreken – maar er is teminste een begin gemaakt met de bewustwording.

Info

Over milieuvraagstukken, duurzaamheid en hergebruik van energie geeft de regionale overheid informatie op **www.sardegnaambiente.it**.
Op **www.separa.it** is te lezen hoe de gemeente Cagliari de afvalverwerking heeft georganiseerd.
Legambiente (www.legambiente.it), de grootste milieubeschermingsorganisatie van Italië, werd in 1980 gesticht als antikernenergiebeweging. Sardijnse regionale afdeling: Via Nuoro 43, 09125 Cagliari, tel. 070 65 97 40.
World Wide Fund for Nature (WWF; www.wwf.it): Sezione regionale Sardegna, Via Dei Mille 13, 09124 Cagliari, tel. 070 67 03 08.
Italia Nostra (vereniging voor het behoud van het historisch, cultureel en natuurlijk erfgoed van Italië, www.italianostra.org): Consiglio regionale Sardegna, Via Ottone Bacaredda 11, 09127 Cagliari, tel. 070 48 87 91.

Een geologische schatkamer – mijnbouw op Sardinië

Herinnering aan een roemrijk verleden – een mijn bij Iglesias

Duizenden jaren lang is op Sardinië mijnbouw bedreven. Buiten Cyprus is er geen enkel eiland in de Middellandse Zee dat zo rijk is aan ertsen. Deze bodemschatten luidden al in de bronstijd een unieke bloeiperiode voor Sardinië in, maar trok ook de aandacht van veroveraars. Tijdens de industriële revolutie ontstond in de Iglesiente het grootste mijnbouwgebied van Italië. Alle mijnen hebben inmiddels hun poorten gesloten, maar de sporen die ze hebben nagelaten, zijn niet over het hoofd te zien.

Dat Sardinië zo gezegend is met bodemschatten, heeft te maken met de geologische geschiedenis van het eiland. Oorspronkelijk vormde Sardinië een punt van het Europese oercontinent, en dat gedurende meer dan een half miljard jaar – zelfs geologisch gezien een aanzienlijke periode. Pas gedurende het tertiair werd de landpunt losgescheurd en dreef door de platentektoniek geleidelijk de Middellandse Zee op. De oergesteenten van het eiland werden in de loop van miljoenen jaren door druk en hitte omgezet. Ze kwamen ook in contact met het gloeiende vloeibare gesteente dat uit het binnenste van de aarde omhoogkwam en in de aardkorst stolde tot graniet. Waar dit gebeurde, konden machtige ertsgangen ontstaan. Een dergelijk stelsel van ertsgangen met lood- en zinkmineralen loopt door de noordelijke Iglesiente rond Montevecchio.

Een bijzonderheid in de Iglesiente zijn de zeer oude karstverschijnselen, die teruggaan tot het paleozoïcum en tot de oudste ter wereld behoren. Het gaat hier om afzettingen van kalksteen en dolomiet uit het cambrium. In de talrijke hierin ontstane kloven en grotten hoopten zich veel ertsen op. Naast enorme lood- en zinkafzettingen komen er ook nogal wat andere mineralen in kleinere hoeveelheden voor, zoals ijzer- en molybdeenerts.

Ertsrijkdom trekt veroveraars aan

De oorsprong van de mijnbouw op Sardinië is duister, maar archeologische vondsten hebben een vroeg begin van de metaalbewerking aangetoond. Met het eindigen van de jonge steentijd brak de kopertijd aan (2800-1800 v.Chr.), waarin men ook zilver en lood kende. Een beslissende stap voorwaarts bestond eruit het zachte koper te legeren met tin om het veel hardere brons te verkrijgen. Op Sardinië valt de bronstijd (1800-900 v.Chr.) samen met de nuraghecultuur, die intensieve handelscontacten had met de Myceense beschaving (1650-1050 v.Chr.). Onophoudelijk zeilden schepen over de Middellandse Zee, zwaarbeladen met de felbegeerde ertsen en kostbare luxegoederen.

Na de ondergang van de Myceense beschaving nam de macht van de Feniciërs, een handels- en zeevaardersvolk uit het oostelijke Middelandse Zeegebied, toe. De rijkdom aan ertsen lokte hen uiteindelijk ook naar Sardinië, waar zij – schijnbaar met toestemming van het nuraghevolk - vanaf de 9e eeuw v.Chr. aan de zuidwestkust kleine handelshavens stichtten. Maar aan het vreedzaam samenleven kwam snel een einde toen de Feniciërs probeerden het eiland te koloniseren. Want hoewel ze als kooplieden waren gekomen om handel te drijven, wilden ze nu zelf over de rijke ertsaders kunnen beschikken. Toen de Feniciërs steeds verder in het binnenland begonnen door te dringen, viel het in het nauw gedreven nuraghevolk de kuststeden van de vreemdelingen aan. Om zich te verdedigen zochten de Feniciërs steun bij Carthago, de machtige Fenicische kolonie in Noord-Afrika. De Carthagers (door de Romeinen Puniërs genoemd) lukte het in 509 v.Chr. grote delen van Sardinië te veroveren. Bijna driehonderd jaar heersten zij over het ertsrijke eiland, bouwden er wegen en vestingen, stichtten tal van nederzettingen en richtten tempels op voor hun goden.

Gevreesd deportatieoord

Na de bezetting van Sardinië door de Romeinen in 238 v.Chr. nam de mijnbouw een hoge vlucht. Slaven en ballingen zwoegden in de mijnen en Sardinië werd een gevreesd deportatieoord. Door technische innovaties zoals de schroef van Archimedes, met behulp waarvan water uit de mijnschachten kon worden gepompt, slaagden de Romeinen erin de productie op te voeren. De schachten die bij het flakkerende licht van olielampjes in het harde gesteente werden uitgehakt, waren soms wel 150 m diep. Er werd vooral zilver en lood gedolven.

De ondergang van het Romeinse Rijk betekende ook het voorlopige einde van de mijnbouw op Sardinië. Pas de Pisanen zouden in de 13e eeuw de mijnen weer in gebruik nemen. Onder de Spanjaarden verminderde de interesse in de mijnbouw en verdween helemaal na de ontdekking van de Nieuwe Wereld, waar het nieuwe Eldorado immers rijkere schatten beloofde.

Zinkkoorts

Alles veranderde met de industriële revolutie. Vanaf 1840 werden de ontginningsrechten royaal voor onbepaalde tijd toegekend aan Italiaanse, Franse, Engelse en Belgische mijnbouwmaatschappijen. Slechts 3% van de bruto-opbrengst ging naar de staat. Aanvankelijk was men alleen in het looderts geïnteresseerd, totdat in 1867 de enorme zinkvoorraden van de Iglesiente werden ontdekt. Op het eiland brak nu een ware zinkkoorts uit, die speculanten uit heel Europa aantrok. In de eerste veertien maanden na de ontdekking van de zinkgroeven werden rond de 500 concessies voor de ontginning ervan uitgegeven. Zink was zo felbegeerd omdat ijzer ermee roestbestendig kon worden gemaakt, zodat men niet op het dure staal was aangewezen.

De lood- en zinkmijnen rond Iglesias (Campo Pisano, Monteponi en San Giovanni) en Montevecchio groeiden snel uit tot de grootste mijnen van Italië. In deze vroegindustriële periode waren de leefomstandigheden van de arbeiders catastrofaal: een op de drie mijnwerkers stierf aan tubercolose. In de strijd om meer loon en betere arbeidsomstandigheden kwam het tussen 1898 en 1922 vaak tot rellen en soms tot bloedige opstanden; in 1904 begon hier zelfs de eerste algemene staking in Italië.

Niet te stoppen neergang

De stormachtige ontwikkeling van de mijnbouw viel echter vanaf 1890 herhaaldelijk ten prooi aan stagnatie en kwam na het uitbreken van de grote economische crisis in 1929 vrijwel tot stilstand. Het streven naar autarkie

Info
Informatie over de mijnen op Sardinië is te vinden op www.minieredisardegna.it.

door de fascistische regering leidde vanaf 1935 tot een kunstmatige opleving en tot de stichting van de kolenstad Carbonia voor de ontginning van de minderwaardige bruinkool aan de westrand van het Sulcisgebergte. In 1943 stortte de mijnbouw als gevolg van de oorlog bijna volledig in. In de wederopbouwjaren kort na het einde van de Tweede Wereldoorlog trad enig herstel op. Met bijna 24.000 werknemers bereikten de mijnen in 1950 hun maximale personele bezetting.

Vanaf het einde van de jaren 50 was de wereldeconomie onderhevig aan grote veranderingen. Ondanks pogingen de verouderde infrastructuur te moderniseren viel de mijnbouw op Sardinië ten prooi aan een nieuwe periode van dit keer dramatische neergang. De ene na de andere mijn moest wegens onrendabiliteit de poorten sluiten.

Structurele verandering

Alle mijnen op Sardinië zijn vandaag de dag stilgelegd. Deze structurele verandering is voor de mijnbouwgemeenten, vooral voor Iglesias, moeilijk te boven te komen. De mijnbouwmaatschappijen bestaan niet meer en hebben geen juridische opvolgers, zodat de gemeenten met enorme kosten worden opgezadeld voor het herstructureren van en terugbrengen van de natuur in de mijnbouwgebieden. Een paar mijnen, zoals Montevecchio en Ingurtosu in de Iglesiente (zie blz. 126 en 127), zijn speciaal voor bezoekers ingericht. De bovengrondse gebouwencomplexen zijn bezienswaardige voorbeelden van industriële archeologie. Ook de mijn Argentiera (zie blz. 50184) wordt nog geleidelijk gerestaureerd. Maar andere mijnen lijken reddeloos aan het verval te worden prijsgegeven.

Duizenden ronde torens uit de prehistorie bepalen tot de dag van vandaag het aanzien van Sardinië. Deze cyclopische bouwwerken, nuraghi genaamd, hebben hun naam gegeven aan de belangrijkste beschaving van het eiland. Het waren ondergrondse schatten die dit volk van boeren en herders in de bronstijd enorme welvaart brachten en tot grote culturele bloei leidden. Brons maakte de vervaardiging mogelijk van werktuigen en wapens, gebruiksvoorwerpen, sieraden en niet in de laatste plaats ook van cultusbeeldjes.

Het nuraghevolk dreef over de Middellandse Zee intensief handel met Cyprus, de Myceense beschaving (1650-1050 v.Chr.) en vanaf ongeveer 1000 v.Chr. met de Feniciërs. Technische en culturele verworvenheden van deze hoogontwikkelde culturen uit het oostelijke Middellandse Zeegebied bereikten zo Sardinië. Het brons veranderde de prehistorische eilandsamenleving ingrijpend en blijvend. In de boerengemeenschappen begonnen zich door toenemende arbeidsdeling en specialisatie lagen te vormen, er ontstonden nieuwe beroepen als metaalgieter, smid en handwerksman. Blijkbaar ontstond er echter geen aristocratische leidende klasse. Aanwijzingen daarvoor geven de monumentale, tot 27 m lange grafcomplexen uit de beginperiode van de nuraghecultuur, de zogeheten Bonnanarocultuur (1800-1600 v.Chr.). Meer dan 500 van zulke megalietgraven werden tot dusverre ontdekt; aan hun enorme afmetingen danken ze de naam die ze in de volksmond kregen: *Tombe dei Giganti* (Gigantengraven). Archeologische aanwijzingen duiden erop dat alle leden van een stam zonder onderscheid naar rang of stand in deze grafkamers werden bijgezet.

Het eiland van de torens – de unieke nuraghecultuur

Twee millennia scheiden de nuraghe en de kerk Santa Sabina bij Silanus

Cultuur zonder hiërarchie?

Een belangrijke plek in het huttendorp werd ingenomen door het gemeenschapshuis: een grote ronde hut met binnenin rondom een stenen zitbank, waar vermoedelijk de dorps- of ouderenraad bijeenkwam. Deze raadhuizen stonden altijd recht tegenover de nuraghe. Een tegen de wand aangebracht stenen bekken was vermoedelijk gevuld met wijwater voor reinigingsrituelen. In het midden van de ruimte bevond zich een stenen of bronzen model van de nuraghe, dat blijkbaar diende voor de cultus – als geen ander symbool stond de nuraghe voor het wel en wee van de stam. Wezen de gigantengraven er al op dat de nuraghesamenleving niet streng hiërarchisch geordend was en versterken de gemeenschapshuizen dit vermoeden, ook keramiek en kunstnijverheid wijzen in die richting. De keramiek van de nuraghecultuur was sober, iedereen gebruikte hetzelfde serviesgoed.

Afschrikkende werking

Met de ontdekking van de ertsen kwam de oorlog. Want terwijl sommige stammen over deze bodemschatten beschikten, stonden andere met lege handen. En wat zij niet hadden, wilden ze nu met geweld krijgen. Overal in het Middellandse Zeegebied bracht de bronstijd de mensen welvaart, maar ook verwoestende oorlogen. Al in de voorafgaande kopertijd was Sardinië geen vreedzaam paradijs geweest: daarom werden nederzettingen tegen steile hellingen gebouwd en waar nodig met muren versterkt. Vanaf 1600 v.Chr. namen de stammenconflicten kennelijk toe. Overal op Sardinië, vooral in het binnenland, verrezen geweldige wacht- en verdedigingstorens. Bijna alle nuraghi staken boven het omringende land uit en waren in de wijde omtrek zichtbaar. Alleen al door hun krijgshaftige uiterlijk moesten ze aanvallers schrik aanjagen.

Meesterlijke prestatie

De bouw van de nuraghi was in ieder opzicht een meesterlijke prestatie: meer dan 3000 nuraghi zijn tot op de dag van vandaag behouden, de ene beter dan de andere weliswaar. En het bestaan van een even groot aantal is op zijn minst archeologisch aangetoond – een bijna ongelofelijk aantal! De typische nuraghe is een zich naar boven toe licht versmallende ronde toren van blokken steen die droog, dus zonder cement, op elkaar werden gestapeld. De onderste lagen bestaan uit tonnen wegende, onbewerkte brokken steen; meer naar boven toe werden steeds kleinere en zorgvuldiger bewerkte blokken gebruikt. De binnenruimte wordt van boven gesloten door een zogeheten kraaggewelf, ook wel vals gewelf genoemd. Het ontstaat doordat iedere laag stenen licht naar binnen toe uitsteekt ten opzichte van de rij stenen eronder, totdat de lagen aan de top bijeenkomen en de ruimte sluiten. Een korte gang voert door de metersdikke muur naar de binnenruimte. Vaak opent zich rechts in deze gang een manshoge nis, die bestemd was voor de bewaker die de ingang moest verdedigen. Ertegenover is vaak een in de muur uitgespaarde trap te zien die naar een bovenverdieping of naar de top van de toren leidde. Door spleten valt licht in de verder volledig duistere binnenruimte. Of deze smalle openingen ook als schietgaten dienden, is betwist. Van geen enkele toren is de top intact bewaard gebleven. Blijkbaar bestond ze in de regel uit een houten platform met een uitkragende borstwering van waaraf de toren goed kon worden verdedigd. De maquettes van nuraghi bij bijvoorbeeld Su Nuraxi of Santu Antine geven een duidelijk beeld van hoe een nuraghe er ooit uitzag.

Wonen in dorpen

Grote nuraghi waren twee of zelfs drie verdiepingen hoog. Enkele werden vanaf de 14e eeuw v.Chr. uitgebreid tot ware vestingen met diverse torens, een binnenplaats en weergangen. Deze enorme bastions zijn een uitdrukking van een nieuwe tijd op Sardinië: ze markeren het hoogtepunt van de nuraghische militaire architectuur en waren tegelijkertijd representatieve residenties voor de heersende klasse. De bouw van zulke burchten vereiste een langetermijnplanning, die zich over generaties uitstrekte, en ervaren bouwmeesters – en ook een aanzienlijke welvaart.

Bij oorlog boden de nuraghi de bevolking een toevluchtsoord. In vredestijd woonden de mensen in kleine dorpen van dicht op elkaar staande ronde hutten die vaak in de nabijheid van een nuraghe lagen. Deze hutten leken op de *pinnètas* (herdershutten) zoals ze hier en daar in het binnenland nog te zien zijn. Op tot heup- of borsthoogte opgetrokken muren rustte een spits toelopend dak van takken en bladeren. De binnenwanden werden meestal met klei of leem aangesmeerd, soms ook geïsoleerd met kurk; in het midden bevond zich de stookplaats.

Eerste onder gelijken

Of het nu gaat om bouwwerken, scherven of andere voorwerpen: de nuraghecultuur kan uitsluitend langs indirecte weg worden ontraadseld omdat zij het schrift niet kende. En lange tijd bleef zij ook gezichtsloos. Pas in een late periode, vanaf de 10e eeuw v.Chr., treden de mensen uit de nuraghecultuur in de vorm van tot 40 cm hoge bronzen beeldjes voor het voetlicht. Deze *bronzetti* tonen naast stamhoofden, priesters en krijgers ook handwerkers en muzikanten; en ook vrouwen ontbreken niet. De stamhoofden zijn weliswaar door hun grootte boven het gewone volk verheven, en zowel hun houding als hun gebaren zijn plechtig, toch waren zij uiteindelijk niet meer dan eersten onder hun gelijken: ook zij dragen herdersmes en -staf en waren dus blijkbaar meer aanvoerder dan heerser. Talrijk zijn ook de voorstellingen van dieren, fantasiewezens, alledaagse gebruiksvoorwerpen, wapens en scheepjes. De op meesterlijke wijze vervaardigde bronzen figuurtjes werden vooral gevonden bij de bronnentempels, waar men bijeenkwam voor de watercultus en waar ze als votiefgeschenken aan de goden werden aangeboden – als dank voor redding in nood of om hun zegen af te smeken.

Sagra di Sant'Efisio – een groots volksfeest

Eerst kwamen de sprinkhanen. Ze stortten zich op de akkers en vraten ze helemaal kaal. Toen kwam de pest met in haar kielzog de dood. We schrijven het jaar 1652. Hulpeloos waren de mensen aan de vreselijke epidemie overgeleverd. Binnen vier jaar was het aantal inwoners van Cagliari bijna gehalveerd. Wanhopig riep de stadsbevolking de heilige Ephysius aan en deed de gelofte hem met een feest te eren als hij de stad van de pest zou bevrijden.

Dankzij de bemiddeling van de heilige werd de stad gered en in 1656 losten de *Cagliaritani* voor het eerst hun belofte in en organiseerden een bedevaart van Cagliari naar Nora, waar Ephysius volgens de legende de martelddood was gestorven. Sindsdien wordt elk jaar van 1 tot 4 mei de Sagra di Sant'Efisio (*sagra* betekent kerkwijding of feest) gevierd.

Vol ongeduld verwacht

Rond het middaguur begint de feestelijke processie bij de kerk Sant'Efisio in de wijk Stampace. Het prachtig aangeklede standbeeld van de heilige Ephysius wordt vervoerd in een goudkleurige, door ossen getrokken koets, die wordt omringd door mannen in traditionele Sardijnse klederdracht. De volgstoet wordt gevormd door de broeder- en zusterschap van Sant'Efisio, duizenden pelgrims, veel ruiters en folkloregroepen in klederdrachten van het hele eiland. Schitterend versierde, eveneens door ossen getrokken huifkarren (*sas traccas*) begeleiden de optocht. De processie trekt eerst over een tapijt van rozenblaadjes waarmee de Largo Carlo Felice is getooid. Voor deze gelegenheid zijn hier tribunes opgesteld. Daarna gaat het verder langs het stadhuis aan de Via Roma.

Ongeduldig wordt op de koets met de heilige gewacht in de kleine wijk Giorgino, de eerste halte van de pelgrimstocht. Hier bereikt Ephysius de aan hem gewijde kapel van de Villa Ballero. Het heiligenbeeld wordt hier ontdaan van zijn feestelijke uitdossing en krijgt een soberder gewaad aangetrokken. Ook blijft de gouden koets hier achter en gaat de reis verder in een eenvoudiger rijtuig. 's Avonds bereikt de pelgrimsstoet de Villa D'Orri bij Sarroch. Dit was van 1797 tot 1817 de residentie van koning Carlo Felice, maar op deze dag overnacht Ephysius hier in de huiskapel.

Ter vervulling van de gelofte

Gedurende de twee volgende dagen trekt de bedevaartsstoet via Sarroch, Villa San Pietro en Pula naar Nora. De processie komt soms nauwelijks vooruit, zoveel gelovigen verdringen zich rond de koets met de heilige om het votiefgeschenken aan te bieden. Op de landengte die naar het schiereiland met de ruïnes van de antieke stad Nora voert, ligt het eindpunt van de processie: de Chiesa di Sant'Efisio. Deze vroegromaanse basiliek gaat terug op een Byzantijnse voorganger en verheft zich volgens de legende op de plek waar Ephysius als belijdend christen in 303 – voor de poorten van de in die tijd bloeiende havenstad Nora – onthoofd werd. Veel gelovigen nemen in de openlucht deel aan de feestelijke mis die ter ere van de heilige in het kerkje wordt gecelebreerd.

Op de ochtend van 4 mei begint voor de heilige de terugreis naar Cagliari, waar hij absoluut voor middernacht weer teruggekeerd moet zijn in zijn kerk – alleen dan geldt de gelofte als vervuld.

Beschermheilige van Sardinië en Pisa

Ook al staat Antiochus van Sulcis (Sant'Antioco Martire) te boek als de officiële patroonheilige van Sardinië, hij ondervindt nog steeds sterke concurrentie van Ephysius. Noch het jaar van zijn geboorte, noch zijn herkomst zijn bekend. Volgens de overlevering kwam Ephysius als Romeins soldaat naar Sardinië. Hier werd hij als christen ontmaskerd, in Cagliari gevangen gezet en uiteindelijk ter dood veroordeeld. Het vonnis werd omstreeks het jaar 303 voltrokken op de plek bij Nora waar nu het aan hem gewijde kerkje staat. Zijn relikwieën kwamen in de middeleeuwen, toen Pisa over het zuidwesten van Sardinië heerste, in de Toscaanse stadstaat terecht. In die stad wordt de heilige nog steeds elk jaar op 1 mei herdacht.

De traditionele Sardijnse muziek maakt tegelijkertijd een archaïsche en kunstzinnige indruk. Ze is bij de Sarden populair en mag op geen enkel volksfeest ontbreken. Op het eerste gehoor klinkt de muziek in onze aan tonaliteit gewende oren zeer ongewoon. En dat is geen wonder, want ze wortelt nog stevig in de muzikale traditie uit de oudheid.

Het gezang volgt strenge wetmatigheden. Op de voorgrond staat de voorzanger *(sa boghe/oche)*, een tenor. Hij zet het gezang in en bepaalt de melodie en de wisselingen in toonhoogte. De andere zangstemmen *bassu/basciu* (bas), *contra* (bariton) en *mesa boghe/oche* (alt) begeleiden de voorzanger met keelklanken en ritmische, klanknabootsende woorden (bijvoorbeeld *bombo, bomboro, bimbara*).

Archaïsche klanken in moderne tijden

Geheel uniek is het Sardijnse herdersgezang *canto a tenore*, dat in 2008 door de UNESCO op de Lijst van meesterwerken van het orale en immateriële erfgoed van de mensheid werd geplaatst. Veel muzikanten houden zich intensief bezig met de muzikale traditie, steken overgeleverde muziek in een modern jasje en maken er nieuwe composities van. Deze *cross-over* (mengeling van verschillende muzikale stijlen) is even fascinerend als vernieuwend.

Traditioneel herdersgezang ...

Kenmerkend voor de *canto a tenore* is de meerstemmige zang, zoals die ook op Corsica en in berggebieden op de Balkan voorkomt. Vier mannen *(sos boghes)* staan in een kring bij elkaar en vormen het koor *(su tenore)*. Vaak houden de zangers met een hand een oor dicht om hun eigen stem beter te kunnen horen.

Launeddasspeler in klederdracht tijdens de Sagra di Sant'Efisio in Cagliari

De wortels van het herdersgezang zijn duister. Misschien heeft het zich ontwikkeld in de eenzaamheid van de bergen, waar de herders leefden met hun vee. Het zou terug kunnen gaan op klanknabootsende imitaties van geluiden uit de natuur, zoals de wind door de *mesa boghe* of koeiengeloei door de *bassu*. Ook is beïnvloeding door gregoriaanse koralen denkbaar.

... moderne thema's

Het traditionele herdersgezang wordt vooral in de bergdorpen in de Barbagia nog in ere gehouden. In elk dorp verschilt het repertoire in ritmes, begeleidingswoorden en -klanken. De teksten zijn altijd in het Sardisch, of het nu gaat om oude hymnen of actuele thema's als werkloosheid, milieu of emigratie. Tot de bekendste melodieën behoren de duistere serenade *Boghe 'e Notte* (Stem van de Nacht), het wiegelied *Anninnia* en vrolijke dansliederen als *Su Sàrtiu*. De beroemdste herderskoren zijn de *tenores* uit Bitti (www.tenoresdibitti.com), Neoneli, Mamoiada en Oniferi.

Hypnotiserende klanken

Met haar betoverende klank en haar brommende en zoemende tonen klinkt ook de *launeddas* (www.sardinia.net/sonus) zeer ongewoon. Het is een oeroud houten blaasinstrument met drie pijpen, dat teruggaat op de dubbelfluit uit de oudheid (de Griekse *aulos*). Aulosspelers werden in de schilderkunst uit de oudheid vaak afgebeeld, bijvoorbeeld op vazen. Het geluid van de *launeddas* geeft een idee van hoe die aulosmuziek moet hebben geklonken. Blijkbaar werd het bespelen van de aulos in de late oudheid door de kerk verboden omdat de muziek mensen in extase zou brengen en hen zou opzwepen tot uitspattingen.

De *launeddas* – heel simpel gezegd een driedubbele klarinet – bestaat uit twee korte pijpen, *sa mancosa (manna)* en *sa mancosedda*, en een lange zonder vingergaten, *su tumbu* genaamd. Uit deze *tumbu* klinkt een lage grondtoon als begeleiding van de twee melodiepijpen, waarop meerstemmig de melodie wordt gespeeld over de bastoon. De voortdurende afwisseling van aangename harmonische klanken en dissonante tegenklanken doet een fascinerende klankkleur ontstaan. De kunst van de launeddasbespeler bestaat erin een eenvoudig repertoire van voor de hand liggende melodieuze frasen aan te vullen met zelfbedachte variaties.

Het bespelen van de *launeddas* vereist intensieve oefening. Alleen door middel van de moeilijk aan te leren circulaire ademhaling kunnen er klanken aan het instrument worden ontlokt. Bij deze ademhalingstechniek ademt de bespeler door de neus en gebruikt de mondholte als luchtreservoir om een constante luchtstroom te kunnen produceren. Om die reden hebben launeddasspelers vaak bolle, uitgelubberde wangen.

Muzikale cross-over

De fascinatie voor de traditionele Sardijnse muziek lijkt blijvend. Veel grootheden uit de jazz, pop en rock hebben zich tot een muzikale cross-over laten inspireren, zoals Peter Gabriel of Ornette Coleman in gemeenschappelijke projecten met de herderskoren uit de Barbagia, en Angelo Branduardi met Luigi Lai (*La pulce d'acqua*). Nieuwe wegen bewandelt de in 1959 in Selargius geboren Elena Ledda, doordat zij op speels-vrije manier met de traditionele muziekvormen omgaat.

De meester van de launeddas ...

... is de in 1932 in San Vito geboren Luigi Lai. Als kind werd hij gegrepen door de betoverende klank van de launeddas en ging hij in de leer bij Antonio Lara, een van de grootste launeddasspelers aller tijden. Lai heeft zelf ook een belangrijke rol gespeeld als leraar en bij het verspreiden van kennis over de launeddas in Italië en daarbuiten. In zijn geboortedorp San Vito (bij Muravera) heeft de oude meester de Accademia delle Launeddas gesticht, een klein museum met persoonlijke herinneringen (www.launeddas.eu).

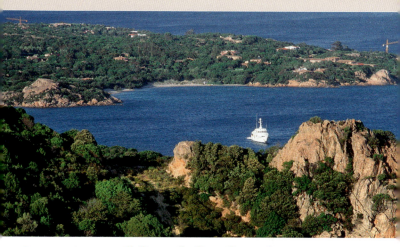

Costa Smeralda – dolce far niente aan een geroofde kust?

In het ruige noordoosten van Sardinië ligt de Costa Smeralda met haar vele baaien

Toen de Côte d'Azur, Monte Carlo en Ibiza aan het einde van de jaren 50 van de vorige eeuw hun exclusiviteit begonnen te verliezen en geleidelijk in de greep raakten van het massatoerisme, moest de internationale jetset op zoek naar een nieuw luxevakantieparadijs. Juist op dat moment verscheen prins Karim Aga Khan IV op het toneel. In het ruige noordoosten van Sardinië, waar de kust bestaat uit talloze baaien en de zee turquoise schittert, deed hij een ontdekking.

Karim Aga Khan was de religieus leider (imam) van de ismaïlieten, een kleine islamitische geloofsgemeenschap, maar vooral was hij een vermogend ondernemer. Samen met de biermagnaat Patrick Guinness en andere kapitaalkrachtige investeerders stichtte hij het Consorzio Costa Smeralda. In 1962 kocht deze internationale investeringsgroep, waarin de toen 25-jarige prins een meerderheidsaandeel van 64% bezat, een 55 km lange strook land aan de Gallurische kust – voor de spotprijs van nog geen 30 cent per vierkante meter. De boeren en herders vonden dit trouwens eigenlijk nog te veel voor het rotsachtige en met macchia bedekte gebied genaamd Monti di Mola (Molensteenbergen); vandaag de dag kost een vierkante meter wel € 3500 ...

Nieuwe architectuur – de neo-Sardijnse bouwstijl

Onder strenge bouwvoorschriften werden stukken grond aan investeerders verkocht. Aan de wijze van bouwen werden twee belangrijke eisen gesteld:

ze moest oorspronkelijk zijn, maar op een passende manier, en ze moesten in harmonie zijn met de natuurlijke omgeving. Architecten van naam, zoals Jacques Couëlle, die het luxehotel Cala di Volpe ontwierp, hebben daaraan bijgedragen.

Er werd een kunstmatige bouwstijl gecreëerd, een helemaal niet onaardige mix van verschillende mediterrane stijlelementen zoals torentjes, trappen en terrassen. Deze zogenoemde neo-Sardijnse bouwstijl is later elders op Sardinië veelvuldig geïmiteerd. De huizen gaan harmonieus op in het landschap, de bebouwing is luchtig en maar maximaal drie verdiepingen hoog, de muren zijn opgetrokken uit natuursteen. De kleurstelling in geel- en roodachtige, deels gewassen okertinten gaat heel goed samen met het natuurlijke graniet van de omgeving. Om geen afbreuk te doen aan het totaalplaatje werden de leidingen zelfs ondergronds aangelegd, wat op Sardinië verder weinig voorkomt.

Costa Smeralda – de 'geroofde kust'?

Nieuw voor het exclusieve vakantieparadijs was de klinkende naam Costa Smeralda (Smaragdkust), en klinkend was spoedig ook de naam van de Aga Khan, die regelmatig opdook in de roddelrubrieken van tijdschriften. Als 'hoofdstad' werd Porto Cervo gebouwd, met jachthaven, golfterrein en kerk – er is alleen geen kerkhof, in de dood was hier kennelijk niet voorzien. Lang duurde het niet voordat popsterren, oud en nieuw geld en andere *celebrities* zich lieten zien. Kort na de ontsluiting van de Costa Smeralda ontstond er echter ook weerstand tegen de bouwplannen en raakte de minder vriendelijke benaming *costa rubata* (geroofde kust) in zwang. Inderdaad dreigde er een zekere afscherming van de kust door de als een soort verdedigingslinie gebouwde hotelcomplexen, ook al waren de toegangen tot de stranden steeds vrijgehouden.

En waren er weliswaar ook Sarden die aan de Costa Smeralda hun brood verdienden (hoewel de horeca een voorkeur aan de dag legt voor niet-Sardijns personeel), het grootste deel van de gemaakte winsten verliet het eiland. Anderzijds was de bloei van de Costa Smeralda niet te stuiten en niet over het hoofd te zien. Het consortium had deel aan de oprichting van de luchtvaartmaatschappij Alisarda (tegenwoordig Meridiana), evenals aan de bouw van de nieuwe luchthaven Olbia-Costa Smeralda, en was daarmee wegbereider voor de toeristische ontwikkeling van niet alleen Gallura, maar van heel Sardinië.

Toen een bouwplan op een veto van de regionale overheid stuitte, verkocht de Aga Khan in 1995 zijn meerderheidsaandeel in het consortium en een reeks luxehotels aan de Amerikaanse keten Sheraton en trok zich terug.

Een geslaagd concept?

Na meer aanvaringen met de overheid over bouwplannen wisselden de aandelen in het consortium vanaf 1995 diverse keren van eigenaar. In 2003 kwam het Consorzio Costa Smeralda, waartoe diverse luxehotels, een golfterrein, een jachthaven met 700 ligplaatsen, winkels en bijna 2400 ha grond behoren, voor 290 miljoen euro in het bezit van de Amerikaanse onroerendgoedmagnaat Tom Barrack jr. Zijn investeringsmaatschappij Colony Capital zag zich echter in 2012 tot verkoop gedwongen, nadat de schuldenlast van de Smeralda Holding was opgelopen tot 200 miljoen

De Sardijnse Smaragdkust – vooral geliefd bij de *rich and beautiful*

euro. De nieuwe eigenaar is een van de rijkste mannen ter wereld – de emir van Qatar.

Terugblikkend kan het luxevakantieparadijs als grotendeels geslaagd worden beschouwd, ondanks zijn kunstmatige karakter. Het valt in ieder geval niet te ontkennen dat de van andere Middellandse Zeekusten bekende bouwzonden hier zijn vermeden dankzij de vanaf het begin strenge bouwvoorschriften. De Costa Smeralda heeft daarmee iets voor op de rest van het eiland: in 2004 werd besloten dat op een 2 km brede kuststrook alleen mag worden gebouwd in overeenstemming met de voorschriften van de lokale ruimtelijke ordening.

Exclusief

De Costa Smeralda is ook geen door prikkeldraad omheind getto voor de *rich and beautiful* geworden. Met geld kunt u hier uiteraard wel exclusiviteit kopen. Zo mag u in de jachthaven van Porto Cervo uw 50 m lange jacht voor een slordige € 2000 aanmeren ... per nacht! En ook al staan sommige luxehotels tegenwoordig in de catalogi van pakketreisaanbieders – de kust is weliswaar niet geroofd, maar het blijft een dure plek.

Beer, olifant en paddenstoel – fantastische rotsformaties

Grillige rotsformaties, alsof ze door een kunstenaar zijn gemodelleerd, zijn kenmerkend voor Gallura. Het zijn moderne plastieken, zou u op het eerste gezicht kunnen denken. Was Henry Moore misschien ooit op Sardinië?

Een gril van de natuur heeft ze doen ontstaan, de fantastische rotssculpturen van Gallura. En ook elders op Sardinië vallen af en toe ongewoon gevormde rotsen op, zoals de olifant bij Castelsardo. Nergens zijn ze echter zo opvallend aanwezig als in het winderige noordoosten van het eiland. Het gesteente heeft een kristallijne structuur, zoals zichtbaar bij gepolijst graniet. Nog in de bodem verweert het langs natuurlijke breuklijnen en geleidelijk ontstaat een netwerk van kloven. Uit deze kloven wordt het verweringsmateriaal, zanderig en korrelig gruis, langzaam maar zeker weggespoeld. De verwering is op hoeken en langs breukranden het sterkst, waardoor na verloop van tijd afgeronde blokken ontstaan die uiteindelijk aan de oppervlakte komen en op grond van hun vorm door geologen vaak als 'wolbalen' worden aangeduid, omdat ze lijken op samengeperste balen wol van vroeger.

Het spel van de wind

Nu is het de beurt aan de wind. Op Sardinië waait het veel, vooral in het noorden. Hier steekt vaak de *maestrale* (mistral) op, een krachtige, vaak stormachtige noordwestenwind. Door opstuivend zand en gruis worden de rotsen als het ware gezandstraald. Er ontstaan schelpvormige uithollingen, die naar het Corsicaanse woord voor venster (*tafone*) als *tafoni* worden aange-

duid. In Gallura heten ze cònchi (còncha, dal). Elders op Sardinië spreekt men van *perdas pertuntas* (uitgeholde stenen). En inderdaad zijn de rotsblokken soms volledig door *tafoni* geperforeerd, zodat men erdoorheen kan kijken.

Natuurlijke onderkomens

Door de hoge luchtvochtigheid verweert het gesteente ook chemisch. *Tafoni* groeien dan schuin naar boven en er kunnen paddenstoelvormige rotsen ontstaan zoals de *Roccia del Fungo* (Paddenstoelenrots) in Arzachena. Als zich veel *tafoni* naast elkaar bevinden, kan een honingraatachtig patroon worden gevormd. Indrukwekkende voorbeelden hiervan zijn vulkanische rotsen langs de weg ten zuiden van de Monte Minerva of langs de kustweg van Bosa naar Alghero. De verbluffendste tafonirots blijft echter de Berenrots bij Capo d'Orso, ten oosten van Palau (zie blz. 230). Traditioneel worden *tafoni* door herders gebruikt als natuurlijke schuilplaatsen, die beschutting bieden tegen zon en regen; niet zelden wordt de overhangende rots door een muurtje gestut.

Granietgebergten hebben opvallende, getande kammen *(serras)* van zeer harde steen, die door erosie hun vorm kregen. Ook komen hier uit enorme monolieten bestaande, klokvormige bergen met licht gebogen flanken voor, zoals ze in het achterland van Gallura vaak te zien zijn. Zeker is dat het oog op Sardinië nauwelijks genoeg zal krijgen van de rondingen en zachte vormen die het gevolg zijn van verwering.

Onderweg op Sardinië

Ooit een wijkplaats voor 'outlaws', tegenwoordig geliefd bij wandelaars: de Supramonte

IN EEN OOGOPSLAG

Cagliari en het zuiden

Hoogtepunten ✸

Cagliari: de hoofdstad van Sardinië is een levendige metropool met belangrijke bouwwerken, bezienswaardige musea, een druk cultureel leven en een veelzijdig winkelaanbod. Zie blz. 86.

Su Nuraxi: dit enorme nuraghebastion, sinds 1997 UNESCO-Werelderfgoed, behoort tot de grootste vestingen uit de bronstijd in het westelijke Middellandse Zeegebied. Zie blz. 109.

Giara di Gesturi/Sa Jara Manna: een grote tafelberg met door de wind gebogen kurkeiken, bloeiende zonneroosjes, temperamentvolle wilde paarden, stille meertjes, prehistorische stenen bouwwerken en uitgedoofde vulkanen – de Giara is een schitterend natuurreservaat. Zie blz. 112.

Op ontdekkingsreis

Klanksculpturen in het kunstenaarsdorp San Sperate: in dit openluchtmuseum wonen kunstenaars van internationale betekenis zoals de beeldhouwer Pinuccio Sciola, de schepper van unieke klanksculpturen. Zie blz. 106.

Bezienswaardigheden

Bronzetti in het Museo Archeologico Nazionale: de grootste schat van het archeologisch museum in Cagliari zijn ongeveer tweehonderd *bronzetti,* kunstige bronzen figuurtjes uit de nuraghetijd, die qua expressie en levendigheid uniek zijn. Zie blz. 94.

Actief

Wandelen, mountainbiken en jeepsafari's: de rangers van de coöperatie Sa Jara Manna op de Giara di Gesturi zorgen overal voor en nodigen u ook uit voor een herderspicknick. Zie blz. 113.

Panoramarit naar Pranu Muteddu: adembenemende uitzichten biedt de rit van Orroli door de indrukwekkende Flumendosakloof naar Pranu Muteddu. Hier bewaken ongeveer vijftig menhirs deze belangrijke cultusplaats uit de nieuwe steentijd. Zie blz. 117.

Sfeervol genieten

Costa del Sud: met haar bijna eindeloze, fijnzandige droomstranden, die langzaam aflopen in een turkoois-blauwe zee, bezit de zuidkust een bijna caribische schoonheid. Zie blz. 102.

Uitgaan

Go Fish: in deze disco, een instituut in Cagliari, worden ook allerlei evenementen georganiseerd. Zie blz. 99.

Levendige eilandhoofdstad

In het zuiden van Sardinië gaat de uitgestrekte laagvlakte van de Campidano nabij de kust over in lagunes en zoutmoerassen. Hier ligt aan de *Golfo degli Angeli* (Golf van de Engelen) Cagliari, de bedrijvige hoofdstad van Sardinië. Het goed bereikbare stadscentrum verdient zeker een bezoek, hoewel van de gezichtsloze voorsteden rond Quartu Sant'Elena ten oosten en de industriegebieden ten westen ervan eerder een afstotende werking uitgaat. Op slechts een uurtje rijden van Cagliari strekken zich in het zuiden de paradijselijke stranden van de Costa del Sud en in het oosten die van de Costa Rei uit. Op de zuidoostpunt van het eiland ligt Villasimius, het belangrijkste vakantieoord van deze regio. Een heel ander, landelijk Sardinië is te vinden in de Marmilla. In de ver uit elkaar liggende boerendorpen lijkt de tijd te hebben stilgestaan, toeristen komen hier zelden. Een ware bezoekersmagneet is daarentegen Su Nuraxi, de grote vesting uit de bronstijd nabij Barumini. In het zicht ervan verheft zich de Giara di Gesturi. Deze grote tafelberg met met zijn verlaten hoogvlakte is een indrukwekkend natuurreservaat. Prachtige landschappen vindt u ook langs de Flumendosa, die zich in een diep uitgesleten kloof door het verlaten gebergte kronkelt.

Cagliari ✸ ▶ E/F 13/14

Een kloppend hart, dat treffen bezoekers aan in de eilandmetropool Cagliari (uitgesproken als Káljari, met de klemtoon op de eerste lettergreep). Binnen de stadsgrenzen wonen 154.000 men-

INFO

Toeristische informatie
Voor de provincie Cagliari: Assessorato Turismo – Provincia di Cagliari, Via Cadello 9/b, 09121 Cagliari, tel. 070 409 29 65, http://turismo.provincia.cagliari.it; gratis telefoonnummer voor toeristische informatie: 800 20 35 41 (alleen binnen Italië).

Heenreis en vervoer
Vliegtuig: internationale luchthaven Cagliari-Elmas (Mameli), zie blz. 99.
Boot: internationale veerhaven Cagliari, zie blz. 100.
Auto: vanuit Cagliari lopen twee snelwegen, de SS131 (Carlo Felice) naar het noorden door de Campidano en de SS130 naar Iglesias. De SS195 naar de zuidkust en de kustweg SP17 in oostelijke richting naar Villasimius zijn in de weekends en in de zomer erg druk. De oude SS125 van Cagliari over de Monte dei Sette Fratelli naar Muravera is bochtenrijk maar landschappelijk erg mooi. Sneller is de nieuwe SS125, die ten oosten ervan om de bergen heen loopt.
Trein: vanuit alle grote steden (behalve Nuoro) rijden er treinen van de Italiaanse spoorwegen (FS) naar Cagliari, station in het centrum aan de Piazza Matteotti. Vanaf het treinstation in de voorstad Monserrato rijdt een smalspoortrein naar het noorden.
Bus: ARST-bussen verbinden de hoofdstad van Sardinië met de wat grotere dorpen in de provincie en met de andere steden op het eiland.

sen, maar de totale agglomeratie met grote voorsteden als Quartu Sant'Elena telt meer dan 480.000 inwoners. Dat houdt in dat ruim een kwart van de Sarden in Cagliari en omgeving woont. Als hoofdstad van de gelijknamige provincie en van de autonome *Regione Sardegna* is Cagliari de zetel van het regiobestuur, van het regionale parlement en van de meeste overheidsinstanties. Met een universiteit (32.500 studenten), een veelzijdig winkelaanbod, een druk cultureel leven, een moderne dienstverlenende sector en veel arbeidsplaatsen in de industrie heeft Cagliari vooral de jongere generatie veel te bieden. Een gevolg van de aantrekkingskracht van de grote stad is wel dat het platteland ontvolkt raakt. En de keerzijde van de medaille zijn werkloosheid, criminaliteit en drugsverslaving – problemen die in het centrum nauwelijks opvallen, maar die in de onpersoonlijke voorsteden duidelijk merkbaar zijn.

Geschiedenis

Cagliari werd in de 8e eeuw v.Chr. gesticht door de Feniciërs, die op de oostoever van de Stagno di Santa Gilla de overslaghaven Karali (of Caralis) aanlegden. Onder de Romeinen verkreeg Cagliari in 27 v.Chr. het felbegeerde Romeinse stadsrecht, maar in de late oudheid raakte de stad in verval. De bouw van een Pisaanse vesting op de kalksteenrots in 1217 betekende in feite dat Cagliari opnieuw gesticht werd. Het natuurlijke rotsbastion werd met geweldige vestingmuren omgeven, die door hoge torens werden bewaakt. Binnen de muren ontstond de wijk **Castello** (Sardijns Casteddu) met de citadel. Cagliari groeide uit tot de machtigste vesting op Sardinië van de Pisanen, die zo het zuidelijke deel van het eiland beheersten en een bolwerk hadden tegen de het sterker wordende Aragón. Onder de Aragonezen, die Sardinië dan toch veroverden, bleef Cagliari, evenals Alghero, een vestingstad. Pas onder de Piemontese vorsten en vooral vanaf de 19e eeuw groeide het uit tot een echte residentie. Cagliari's *centro storico* is compact en probleemloos te voet te verkennen. Het is opgedeeld in vier wijken: de burchtwijk **Castello** op de kalksteenrots; ten zuiden daarvan (tot aan de Via Roma, tussen de Largo Carlo Felice en de Viale Regina Margherita) de havenwijk **Marina**, ten westen, op de plek van het Romeinse Cagliari, **Stampace** en ten oosten het in 1324 door de Aragonezen gestichte **Villanova**.

Bij de haven

Langs de haven dendert het verkeer over de meerbaans **Via Roma**. Neoclassicistische gebouwen flankeren de noordkant ervan. Onder hun arcaden rijgen cafés en winkels zich aaneen, de kiosk verkoopt een krant voor bij de *caffè*. Ten zuiden van de Via Roma ligt de passagiershaven met het Stazione Marittima. In het westen komt de straat uit op de met bomen beplante Piazza Matteotti. Daar vindt u naast het busstation (Stazione Autolinee) ook het centraal station (Stazione Ferroviaria). Tegenover het plein verheft zich het **stadhuis** [1] (Palazzo Comunale/Civico, Via Roma 145) uit de vroege 20e eeuw met zijn marmeren façade in neocatalaanse stijl.

Aan de Piazza Yenne

In noordelijke richting klimt de **Largo Carlo Felice** omhoog, een brede boulevard met jacaranda's en tal van bankgebouwen. Aan het eind ligt de **Piazza Yenne**, genoemd naar ▷ blz. 90

Cagliari (legenda zie blz. 90)

Piazza d'Armi
Viale San Vincenzo
Giardini Pubblici
Via Giardini Pubblici
Viale Buoncammino
Via is Maglias
Via Bainsizza

S. AVENDRACE

Via Fra' Nicola da Gesturi

necropolis Tuvixeddu

Via Montixeddu

STAMPACE

Piazza Arsenal
Via Fiume
Via Porcell

Via Vittorio
Viale Luigi Merello

↑ Grotta della Vipera, Oristano, Sassari

Via Falzarego
Via Vittorio
Via Gorizia

Via Sant' Ignazio da Laconi

CASTELLO
Via San Giorgio
Via Camino Nuov
Via S. Magheri
Via Ospedale
Via Santa Restituta

Viale Trento
Via Pola
Via Tigellio

Corso Vittorio Emanuele II

Viale Trieste

Via Porto Scalas

Via Mameli
Via Carloforte
Via Caprera
Via Mameli
Via Malta
Via Sassari
Piazza del Carmine
Via G. M. Angioy

↑ Iglesias (15 km)

Viale Trieste
Via Crispi

Via Roma

Piazza Matteotti
Stazione F.S.
Taxi

Via San Paolo

MARINA

Molo Sant'Agostir

SS130

Viale la Plaia

Riva di Ponente

Caiata di Ponente

Molo Sabaudo

SS195

Via Sulcitana

Cagliari (kaart zie blz. 88-89)

Bezienswaardigheden
1. Stadhuis
2. Monument Carlo Felice
3. Mercato Santa Chiara
4. Pisaanse vestingmuur
5. Torre dell'Elefante
6. Basilica di Santa Croce
7. Ghetto degli Ebrei
8. Bastion San Remy
9. Terrazza Umberto I
10. Palazzo Boyl
11. Santa Maria di Castello
12. Palazzo di Città
13. Bisschoppelijk paleis
14. Palazzo Viceregio
15. Torre di Pancrazio
16. Cittadella dei Musei (Museo Archeologico Nazionale, Pinacoteca Nazionale, Museo delle Cere Anatomiche, Museo d'Arte Siamese)
17. Anfiteatro Romano
18. Orto Botanico
19. San Michele
20. Chiesa di Sant'Efisio

Overnachten
1. Castelletto Suites
2. Crisaripa
3. Aurora
4. Sardinia Domus

Eten en drinken
1. Da Lillicu
2. Ci Pensa Cannas
3. Enò
4. Mondo e Luca
5. Gennargentu
6. Serafino
7. Hancock
8. Caffè Libarium Nostrum
9. Antico Caffè
10. Gelateria Peter Pan

Winkelen
1. Pasticceria Delizia
2. Pasticceria Maurizia Pala
3. ISOLA
4. La Nuova Fucina

Actief
1. Bustour

Uitgaan
1. Oblomow
2. Varadero Club
3. Go Fish
4. Buddha Beach

de onderkoning markies Yenne, die in 1822 begon met de aanleg van Sardiniës belangrijkste verkeersader, van Cagliari via Sassari naar Porto Torres. Een roodachtige porfieren zuil markeert het oorspronkelijke beginpunt van deze weg, de tegenwoordige snelweg SS131. De Sarden noemen haar simpelweg Carlo Felice, naar de toenmalige koning van Piemonte. Hoog te paard, verkleed als Romeins veldheer poseert deze Karel de Gelukkige op een **monument** 2. U kunt vanaf de Piazza Yenne op twee manieren de Castellowijk betreden: via de Torre dell'Elefante (zie hierna) of via het Bastion San Remy (zie blz. 92).

Mercato Santa Chiara 3

Scalette Santa Chiara, ma.-vr. 7-14, za. en vóór feestdagen 7-13.30, 16.30-19.30, 's zomers 17-20 uur

Aan de Piazza Yenne liggen diverse cafés en pasticceria's vol zoete verleidingen. Dus na een korte pauze kan de stadswandeling beginnen. Een paar stappen van de Piazza Yenne verwijderd ligt de Mercato Santa Chiara, een kleine overdekte markt.

Vanaf de Torre dell' Elefante naar Castello

Voorbij de markthal klimt de trapstraat Salita Santa Chiara eerst naar de voet van de kolossale **Pisaanse vestingmuur** 4. Het hooggelegen bastion was toentertijd alleen door belegering en uithongering te bedwingen, hetgeen de Aragonezen in 1324-1326 met succes aantoonden. In deze jaren ontstond de nieuwe Aragonese stadswijk Villanova.

Torre dell'Elefante 5

Via Santa Croce/Via Università, tel. 070 409 23 06, www.beniculturali cagliari.it, half mei-eind aug. dag. 10-19, anders dag. 9-17 uur, € 3

Verder omhoogklimmend komt u bij de Torre dell'Elefante, waarvan de met een krijgshaftig valhek uitgevoerde poort u de Castellowijk in voert. Op een kraagsteen ziet u de olifant waaraan de toren zijn naam dankt, symbool van wijsheid en kracht. Eronder is een inscriptie aangebracht die herinnert aan de bouw van de toren (1307). Aan de buitenkant, 42 m hoog en zonder enige geleding, rijst het uit volledig gladde en zeer precies uitgehouwen blokken kalksteen opgetrokken bouwwerk loodrecht omhoog; slechts op twee plaatsen springen de muren iets in. Rond de top liep vroeger een houten platform, de kraagstenen die het ondersteunden, zijn nog zichtbaar. Om praktische redenen lieten de Pisanen hun torens aan de achterkant open. Zo had men binnen de vesting beter oogcontact met elkaar, konden proviand en materiaal gemakkelijker naar boven worden getakeld en viel er licht in de toren. Ruim tweehonderd jaar na de bouw rekende keizer Karel V deze toren nog tot de beste militaire bouwwerken van Europa. Wie de Torre dell'Elefante beklimt, wordt beloond met een prachtig uitzicht.

In het voormalige getto

Als u de Via Santa Croce een paar stappen volgt, bereikt u voor **Caffè Librarium Nostrum** 8 een fraai **uitkijkterras**. Het strekt zich uit over het bastion en biedt een weids uitzicht dat over de wijk Stampace tot het omgeving buiten de stad reikt. Wie vanaf de hoge stadsmuur naar beneden blikt, zal begrijpen hoe Stampace aan zijn naam komt: het was Sarden op straffe des doods verboden zich 's nachts binnen de muren van het Castello op te houden – en de Spanjaarden kenden geen pardon. Met de kreet *stai in pace* (rust in vrede) werden overtreders resoluut over de muur naar buiten gegooid.

Iets verderop bereikt u de **Basilica di Santa Croce** 6, die werd gebouwd op de fundering van de oude synagoge. Aan de Via Santa Croce lag namelijk in de middeleeuwen de joodse wijk van Cagliari, tot de verdrijving van de joden door de Spanjaarden in 1492. In 1737 verrees hier een kazerne die tegenwoordig onder de naam van het oude getto, **Ghetto degli Ebrei** 7, dienstdoet als museaal en cultureel centrum (www.camuweb.it, juli-aug. di.-zo. 10-21, sept.-juni di.-zo. 9-20, 16-20 uur, € 6).

Via het Bastion San Remy naar Castello

De andere route vanaf de Piazza Yenne naar Castello loopt via de verkeerssluwe **Via Giuseppe Manno**, van oudsher dé winkelstraat van Cagliari. Langs kleding- en sieradenwinkels bereikt u de

Tip

De oudste zaak aan het plein

De naam zegt het al: het **Antico Caffè** 9, in 1855 geopend als Caffè Genovese, is het oudste koffiehuis van Cagliari. Het heeft beroemde gasten mogen begroeten, onder wie de op Sardinië geboren schrijfster en Nobelprijswinnares Grazia Deledda en de Engelse schrijver D.H. Lawrence. Ook vandaag de dag is het nog een waar genoegen hier in alle rust een ochtendcappuccino of een *marrocchino* (koffie met slagroom en cacao) te drinken, daarbij wellicht te genieten van een van de huisgemaakte *dolci* en vooral het chic aangeklede publiek gade te slaan. Als het tijd is voor *il pranzo*, het middagmaal, worden er ook warme gerechten geserveerd (Piazza Costituzione 10/11, tel. 070 65 82 06, www.anticocaffe1855.it, dag. 7-2 uur, vanaf € 10).

Piazza Costituzione, waar zich het kolossale, rond 1900 uit marmer opgetrokken **Bastion San Remy** 8 verheft. Een dubbele trap klimt naar het uitgestrekte **Terrazza Umberto I** 9, dat een weids uitzicht over de stad biedt. Aan de noordelijke zijde ervan staat het grote, laatclassicistische **Palazzo Boyl** 10 (1840), waarin de restanten van de **Torre dell'Aquila** zijn opgenomen. Deze Adelaarstoren, ooit onderdeel van de Pisaanse vestingwerken, werd in 1717 door een beschieting deels verwoest. De balustrade van het paleis wordt gesierd door vier marmeren beelden die de seizoenen voorstellen. Meer naar het noorden ligt de oude binnenstad.

Castello

Smalle steegjes doorsnijden de wijk Castello. Dicht tegen elkaar staan hierlangs de hoge patriciërshuizen uit voorbije eeuwen met hun afbrokkelende façades en smeedijzeren balkonhekken. Na het wegtrekken van de oude families raakte de wijk in de 20e eeuw in verval, maar intussen is ze dankzij een ambitieus saneringsproject weer erg in trek, vooral bij studenten, kunstenaars en intellectuelen.

Santa Maria di Castello 11

Piazza Palazzo 4/a, tel. 070 65 24 98, www.duomodicagliari.it, ma.-za. 8-20, zo. 8-13, 16.30-20.30 uur

De domkerk Santa Maria di Castello verrees vanaf 1217 in Pisaans-romaanse stijl en werd in 1257 verheven tot bisschopszetel. Van de oorspronkelijke bouw zijn slechts de *campanile* (klokkentoren) en de portalen die toegang geven tot de zijbeuken, behouden. De originele façade werd in 1702 vervangen door een barok exemplaar, dat echter in 1933 moest wijken voor een reconstructie van de oorspronkelijke gevel.

Het interieur van de dom draagt het stempel van de 17e-eeuwse barok in Piemontese stijl, waarvan de enigszins koele schoonheid vooral zichtbaar is in het marmerinlegwerk. De kerk herbergt evenwel waardevolle kunstschatten. De crypte onder het **koor**, het **Santuario dei Martiri** (1612-1618), bevat 179 wandnissen met de relikwieën van martelaren die in de nabijheid van de huidige Basilica di San Saturno gevonden werden. Met dit indrukwekkende aantal wilde Cagliari zijn hegemonie binnen de Sardijnse kerk veiligstellen. Het tongewelf dat de crypte overdekt, is met rozetten versierd, misschien het werk van Siciliaanse steenhouwers.

Het pronkstuk van de dom, de beroemde **preekstoel met de vier leeuwen**, werd tussen 1159 en 1162 gemaakt door meester Guglielmo voor de dom van Pisa. In 1312 werd hij aan Cagliari geschonken. Maar bij de verbouwing in barokstijl van de dom werd de kansel, waarvan de zuilen op vier prachtige leeuwen rustten, in 1670 resoluut in tweeën gezaagd om voortaan aan weerszijden van het hoofdportaal te worden opgesteld. De vier leeuwen kregen een plaats voor het grote koorhek.

De reliëfvelden van de preekstoel tonen taferelen uit het leven van Jezus. De figuren komen weliswaar nog niet helemaal los van de achtergrond, maar de voorstellingen hebben al wel diepte. De koppen zijn plastisch vormgegeven en tonen al enige klassieke invloed, wat in de romaanse beeldhouwkunst zeldzaam is. De ontwikkeling naar volledig vrijstaande figuren is vooral zichtbaar bij de grote groepen van de vier evangelistensymbolen tegen de evangeliekansel (links van het hoofdportaal) en van de apostel Paulus met Titus en Timoteüs tegen de epistelkansel (rechts van het hoofdportaal). Maar de scheppingskracht en originaliteit van Guglielmo komen vooral

Vanaf de Torre dell'Elefante hebt u een van de mooiste uitzichten op de oude binnenstad van Cagliari

tot uiting in de vier leeuwen. De wilde dieren belichamen macht en kracht – eigenschappen die nodig waren om het monster van ongeloof en ketterij, ofwel het kwaad, te overwinnen. Zo houdt iedere leeuw met zijn klauwen een prooi in bedwang: een slangachtige draak, een beer, een stier en een ruiter met paard.

Aan de Piazza Palazzo

Tegenover de dom staat het elegante **Palazzo di Città** 12 (nr. 6, dag. 9.30-13.30, 16-20 uur), het oude raadhuis van de stad (tweede helft 18e eeuw). Oude gewelven op de benedenverdieping laten zien dat de bouwgeschiedenis van het paleis teruggaat tot de middeleeuwen. Op de bovenverdieping is een kleine expositie van Sardijnse klederdrachten, wandtapijten en kunstvoorwerpen te zien. Aan de noordkant van de dom liggen het **bischoppelijk paleis** 13 (Palazzo Arcivescovile, nr. 4) en het **Palazzo Viceregio** 14 (nr. 2). In het laatste resideerden sinds de 17e eeuw de onderkoningen van Sardinië. In 1861 betrok het bestuur van de provincie het paleis, tegenwoordig biedt het onderdak aan de stedelijke prefectuur en aan de *consiglio provinciale*, een provinciaal bestuursorgaan. Ondanks de bewaking bij de ingang is het mogelijk enkele representatieve zalen te bezichtigen (tel. 070 52 25 88, dag. 9.30-13, 16-19 uur). Als u de Via Pietro Martini verder volgt, komt u uit op de Piazza Indipendenza. Hier staat links het oude archeologisch museum en rechts de **Torre di Pancrazio** 15 (half juni-eind aug. di.-zo. 10.30-19, anders di.-zo. 9-17 uur), de tweede nog volledig intacte toren van de Pisaanse ommuring.

Cittadella dei Musei [16]

Piazza Arsenale 8, Museo Archeologico Nazionale: tel. 070 65 59 11, www.archeocaor.beniculturali.it, di.-zo. 9-20 uur, € 3; Pinacoteca Nazionale: tel. 070 66 24 96, www.pinacoteca.cagliari.beniculturali.it, di.-zo. 9-20 uur, € 2; Museo delle Cere Anatomiche: tel. 070 675 76 28, di.-zo. 9-13, 16-19 uur, € 1,50; Museo d'Arte Siamese: tel. 070 65 18 88, di.-zo. half juni-half sept. 10-21, anders 10-18 uur, € 2

Door een poort betreedt u via de Piazza Arsenale de citadel met het voormalige arsenaal dat nu ruimte biedt aan twee grote, belangrijke musea, het **Museo Archeologico Nazionale** en de **Pinacoteca Nazionale**, en twee kleinere, het **Museo delle Cere Anatomiche** (een anatomisch wassenbeeldenmuseum) en het **Museo d'Arte Siamese**, met kunst uit Siam (het huidige Thailand).

Het **archeologisch museum** bezit de belangrijkste collectie van Sardinië. De grootste schat zijn de circa tweehonderd *bronzetti*, kunstige bronzen figuurtjes uit de nuraghetijd, die qua expressie en levendigheid uniek zijn. Ze werden, samen met wapens en andere offergaven, als votiefgeschenken bij de bronnenheiligdommen neergelegd. De kleine bronzen beeldjes beelden verschillende personen uit: trots presenteren zich stamhoofden met hun herdersstaf in de linkerhand, terwijl de rechter, steeds met gestrekte duim, in een plechtige groet wordt opgeheven. De krijgers – boogschutters, speerwerpers en zwaardvechters – worden door beenplaten, leren kappen en helmen beschermd. Ontroerend is de voorstelling van gelovigen uit het gewone volk, die met wijd opengesperde ogen en de offerschaal in de hand de godheid tegemoettreden. Tot de bekendste motieven behoort de moeder die haar gesneuvelde of zieke zoon op schoot houdt en zo doet denken aan een piëta. Ook ambachtslieden en muzikanten, zieken en genezenen zijn afgebeeld, evenals wezens die half mens, half dier zijn, weidedieren, huishoudelijke gereedschappen, wapens en hoofdzakelijk voor de export naar Etrurië bestemde votiefscheepjes die dienden als olielampje.

De zorgvuldige vervaardiging van de beeldjes wijst op een hoge ontwikkelingsgraad van de bronsgiettechniek in de nuraghetijd en een grote kunstvaardigheid. Ze werden gemaakt volgens de verlorenwasmethode. Daarbij werd de figuur eerst in was gemodelleerd. Daarna werd het wassen model ingebed in klei en verhit. Door het hierbij wegvloeien van de was ontstond een holle vorm van klei, waarin vervolgens vloeibaar brons werd gegoten. Na het afkoelen werd het omhulsel van klei stukgeslagen en kwam een uniek bronzen beeld te voorschijn.

Het accent in de collectie van de **Pinacoteca Nazionale** ligt op schilderijen uit de periode van late gotiek tot maniërisme (15e-17e eeuw), met de belangrijkste verzameling Catalaanse altaarstukken buiten Spanje. Daarnaast zijn er sieraden, wapens, keramiek en beeldhouwwerk te zien. Op de website van de pinacotheek (zie hiervoor) kunt u een virtuele rondgang maken.

Stampace

Ten westen van de Largo Carlo Felice en van Castello ligt de oude wijk Stampace. Hier zijn de schaarse overblijfselen van het Carali uit de oudheid te vinden.

Anfiteatro Romano [17]

Viale Sant'Ignazio da Laconi (ingang tegenover Centro Solidarietà G. Paolo II), tel. 070 231 00 22-33, www.anfiteatroromano.it, mrt.-sept. vr.-zo. 9-18, okt.-apr. za.-zo. 10-16 uur, € 5

Via de door bomen en bankjes geflankeerde Viale Buoncammino en Via Fra' Nicola da Gesturi komt u bij de Viale Sant'Ignazio da Laconi rond het **Romeinse amfitheater**. Het is gedeeltelijk in de rotsen uitgehouwen en wordt nog steeds gebruikt voor openluchtvoorstellingen. De Viale Sant'Ignazio da Laconi voert verder naar de ingang van de **Orto Botanico** [18] (zie blz. 96).

San Michele en Sant'Efisio

Twee kerken in Stampace zijn bijzonder bezienswaardig. De jezuïetenkerk **San Michele** [19] (Via Ospedale 2) uit de tweede helft van de 17e eeuw wordt beschouwd als de mooiste barokkerk van Sardinië. Der weelderige aankleding van het interieur stamt uit de vroege 18e eeuw en toont al rococo-invloed. De **Chiesa di Sant'Efisio** [20] (Via Sant'Efisio) herbergt het standbeeld van de heilige Ephysius (zie blz. 72). De kerk is vooral bijzonder vanwege de Cripta Santa Restituta, een rotsgewelf met een cisterne uit de Phoenicische tijd (ingang naast Via Sant'Efisio 14, www.beniculturalicagliari.it, dag. 10-13 uur, € 1). Volgens de legende werd de martelaar Ephysius hier gevangen gezet.

Overnachten

In een palazzo – **Castelletto Suites** [1]: Via Alberto Lamarmora 14, tel. 328 922 95 73, www.castellettocagliari.com, suite (2 personen) € 80-102. Stijlvol gerestaureerd palazzo in de wijk Castello met ruime suites.

In Castello – **Crisaripa** [2]: Via Canelles 104, tel. 347 923 02 87, www. crisaripa.it, 2 pk € 80-90. B&B in een met zorg gerestaureerd palazzo uit 1600, midden in Castello.

In het oude centrum – **Aurora** [3]: Piazza Yenne/Salita Santa Chiara 19, tel. 070 65 86 25, www.hotelcagliariaurora.it, 2 pk €54-75. Gemoderniseerd palazzo in het oude centrum met aangename kamers met openslaande deuren en smeedijzeren balkons. Slechts één ster, maar in prijs-kwaliteitverhouding duidelijk meer sterren waard.

Stijlvol – **Sardinia Domus** [4]: Largo Carlo Felice 26, tel. 070 65 97 83, www.sardiniadomus.it, 2 pk € 55-59. Fraai palazzo met smaakvol ingerichte kamers, alle met internetaansluiting.

Eten en drinken

Traditierijk – **Da Lillicu** [1]: Via Sardegna 78, tel. 070 65 29 70, ma.-za. 13-15, 20.30-22.30 uur, € 25. Altijd drukke trattoria met veelzijdige keuken. Grote keus aan visgerechten, huisgemaakte pasta.

Populair – **Ci Pensa Cannas** [2]: Via Sardegna 37, tel. 070 66 78 15, web.tiscali.it/cipensacannas, ma.-za. 12.30-16, 19.30-22.30 uur, menu € 15. Drukbezochte, soms wat lawaaierige trattoria; kom niet te laat! Eenvoudig, maar smakelijk en goedkoop eten, ideaal voor de lunch.

Sfeervol – **Enò** [3]: Vico Carlo Felice 10/12 (hoek Via G. M. Angioj), tel. 070 684 82 43, www.enorestaurant.it, 12.30-15, 20-23.30 uur, € 12. Restaurant en *enoteca*, sfeervolle ambiance, uitstekende Sardijnse keuken.

Goede vis – **Mondo e Luca** [4]: Via Mameli 101, tel. 070 67 04 80, ma.-za. 10-14.30, 19-23 uur, € 11. Klein, eenvoudig restaurantje met vriendelijke bediening en uitstekende visgerechten (presentatie aan tafel), maar ook speenvarken en eekhoorntjesbroodtagliatelle. Geliefd bij de lokale bevolking.

Vlees – **Gennargentu** [5]: Via Sardegna 60, tel. 070 65 82 47, 12.30-15, 20-23 uur, 's winters zo., 's zomers wo. gesl., € 9. Grote keus aan gerechten met nadruk op vlees, zoals *cinghiale* (wild zwijn) en paardenbiefstuk. ▷ blz. 98

Favoriet

Een groene oase

In het dal aan de voet van het amfitheater, met de ingang aan de Via Sant'Ignazio da Laconi, ligt de ingetogen **Orto Botanico** 18 – een oase van rust in de bedrijvige stad. Exotische struiken uit de hele wereld, een grote verzameling cactussen en andere vetplanten, klaterende fonteinen, moderne beeldhouwwerken van onder anderen Pinuccio Sciola en bankjes onder schaduw biedende bomen maken de botanische tuin tot een heerlijke plek voor een rustpauze (tel. 070 675 35 12, www.ortobotanicoitalia.it/sardegna/cagliari, www.ccb-sardegna.it/virtual/map.html, laatste zo. van mrt. tot laatste zo. van okt. ma.-vr. 9-18, anders ma.-vr. 9-13.30 uur, € 4).

Nachtelijke drukte in Marina, de havenwijk van Cagliari

Degelijke kost – **Serafino** 6: Via Lepanto 6, tel. 070 765 17 95, vr.-wo. 12-15, 19.30-23 uur, € 8. Eenvoudig ogende trattoria, waar evenwel goed en goedkoop kan worden gegeten (aanrader: de *griglia mista*, mixed grill). Dat weten ook veel *Cagliaritani* te waarderen.

Jazzcafé – **Hancock** 7: Viale Trieste 24, tel. 339 205 11 69, di.-zo. 12-15, 20-2 uur, middagmenu € 10. Sfeervolle zaak, goede wijnkaart.

Op het bastion – **Caffè Libarium Nostrum** 8: Via S. Croce 33/35, tel. 346 522 02 12, www.caffelibarium.com, di.-zo. In Castello, op slechts een paar passen van de Torre dell'Elefante, ligt dit mooie café met zijn gewelven en uitkijkterras op het bastion. Serveert ook warme gerechten. 's Avonds populaire cocktailbar, soms livemuziek of dj's.

Oudste zaak aan het plein – **Antico Caffè** 9: zie blz. 91.

IJssalon – **Gelateria Peter Pan** 10: Via Roma 1, tel. 34 65 02 40 51, ma.-za. 8-19.30, zo. 11-19.30 uur. Heerlijk ijs!

Winkelen

Zoetigheden – **Pasticceria Delizia** 1: Via Crispi 21 (bij het station), tel. 070 65 62 11. Uitstekende pasticceria, leverancier van veel cafés.

Voortreffelijk – **Pasticceria Maurizia Pala** 2: Via Napoli 66, tel. 070 66 67 82. Voortreffelijke *dolci sardi* van de familie Pala uit Bitti.

Sardijnse kunstnijverheid – **ISOLA** 3: tel. 070 65 14 88, Via S. Croce 37/41 (Castello) en Via Bacaredda 176/178, tel. 070 49 27 56. Vooral sieraden en keramiek.

Smeedwerk – **La Nuova Fucina** 4: Via dei Carroz 22, Tel. 070 50 37 07, www.lanuovafucina.it. Kunstig smeedwerk, ook replica's van *bronzetti*.

Actief

Stadswandeling – op **www.cagliariturismo.it** (meertalig) kunt u plattegronden (pdf) downloaden met vijf the-

matische routes over cultuur, geschiedenis, gastronomie, kunstnijverheid of winkelen. Ook zijn er audiotours (mp3) voor de vier historische wijken, een rondgang langs kerken en begraafplaatsen en een natuurexcursie naar lagunes en *stagni* aan de rand van de stad.
Stadsrondrit – **Bustour** 1: www.citytourcagliari.com, vanaf Piazza Yenne/Largo Carlo Felice, dag. elk uur van 9.30-19.30 uur, € 10, kaartjes in de bus. De rondrit van een uur biedt een overzicht van de belangrijkste bezienswaardigheden, en verder een bezoek aan het natuurgebied Stagno di Molentargus (flamingo's). Meertalige audioguides.

Uitgaan

Cocktails – **Oblomow** 1: Corso Vittorio Emanuele 73, tel. 070 68 03 78. Gerenommeerde cocktailbar.
Cubaans – **Varadero Club** 2: Via Roma 84, tel. 070 27 32 82, di.-za. Club, café en disco met Cubaanse muziek, reggae, house en hiphop.
Disco – **Go Fish** 3: Via Giovanni B. Venturi 12 (route: vanuit Cagliari over de Viale Marconi richting Quartu Sant'Elena, bij het verlichte bord met de tekst 'Gomme' afslaan en om het blok heenrijden), tel. 33 96 90 62 39, sept.-juli, za. vanaf 1 uur evenementen, do. en za. alleen voor homo's en lesbo's, anders gemengd. Een instituut!
In de openlucht – **Buddha Beach** 4: Via Tirso, Località Stella di Mare 1 (via kustweg SP17 Quartu Sant'Elena-Villasimius), tel. 070 82 16 24, vr.-za. vanaf 23 uur. Bekende stranddisco en loungebar, ook openlucht. Commercial en house.

Info en festiviteiten

www.cagliariturismo.it: officiële website van de stad (meertalig) met veel informatie en downloads voor stadswandelingen en audioguides.
http://archivio.crastulo.it: tips voor evenementen en uitgaan.
Infopaviljoens in het centrum, dag. 8-20 uur: **Marina Piccola** (haven), tel. 070 677 38 06; **Piazza Costituzione**, tel. 338 307 11 21; **Piazza Indipendenza**, tel. 329 831 20 33.

Festiviteiten
Nostra Signora di Bonaria: 24 maart, grote processie.
Sagra di Sant'Efisio: 1-4 mei (zie blz. 72).

Vervoer
www.muovetevi.it: dit mobiliteitsportaal geeft veel informatie over verkeer en openbaar vervoer.
Auto: het verkeer is zoals te verwachten in een Italiaanse grote stad hectisch. Wie uiteindelijk het centrum heeft bereikt, vindt veel parkeerplaatsen bij de haven langs de Via Roma. Achter het station ligt een andere (betaalde en bewaakte) parkeerplaats. U kunt vanzelfsprekend beter niet met de auto het oude centrum inrijden, waar sowieso geen gratis parkeerplekken te vinden zijn.
Bus: busstation (Stazione Autolinee) aan de Piazza Matteotti, tel. 800 86 50 42, http://arst.sardegna.it. ARST-bussen naar de meeste plaatsen in Zuid-Sarinië, naar de grote steden op de rest van het eiland en ieder halfuur naar het vliegveld. Stadsbussen (CTM, www.ctmcagliari.it) zijn oranje. Tickets in *tabacchi*, krantenkiosken en bars.
Trein: station (Stazione Ferroviaria) aan de Piazza Matteotti, www.trenitalia.com. Treinen naar onder meer Sassari, Olbia, Oristano en Iglesias. Het station van de smalspoortrein FdS ligt in de noordelijke voorstad Monserratto (Stazione San Gottardo).
Metrocagliari: tot nu toe alleen lijn 1

Cagliari en het zuiden

tussen FdS-Stazione Monserratto/San Gottardo en Piazza Repubblica iedere 10-20 minuten tussen 6-23 uur. Tickets gelden ook op de CTM-stadsbussen en viceversa.
Vliegtuig: luchthaven Cagliari-Elmas (Mameli), 8 km ten noordwesten van de stad. Informatiebalie in de aankomsthal, dag. 8.30-22.30 uur, tel. 070 21 12 11, www.sogaer.it. Rechtstreekse vluchten naar Nederland en België met onder meer Ryanair.
Boot: haven aan de Via Roma, www.porto.cagliari.it. Onder meer veerboten van Tirrenia naar Civitavecchia. Info en tickets bij het Stazione Marittima, tel. 070 89 21 23.

Aan de zuidkust

Nora en Pula ▶ E 15

Nora: mei-sept. dag. 9-20, okt.-apr. dag. 9-17.30 uur, bezichtiging alleen met gids, tel. 070 92 14 70, € 7,50 met archeologisch museum 'Giovanni Patroni' in Pula

Op een schiereiland aan de kust bij **Pula** (7400 inw.) strekt zich het indrukwekkende ruïneterrein van de antieke stad **Nora** uit. De landtong werd al bewoond door het nuraghevolk, maar het waren pas de Feniciërs die hier rond 1000 v.Chr. een stad stichtten – de oudste van Sardinië. Het zeevaardersvolk vond op de kaap een ideaal steunpunt voor een handelskolonie met beschutte havens waar hun schepen in weer en wind konden binnenlopen. Onder de Puniers werd Nora vergroot, maar uit deze periode is weinig overgebleven. Bijna alles dat u nu in Nora ziet, stamt uit de Romeinse keizertijd (vooral uit de 2e-3e eeuw). Sardinië stond in die tijd nog steeds onder invloed van de Punische cultuur, wat zichtbaar is in de bouwkunst.

Van ingang naar marktkwartier

Van de parkeerplaats bij de **Chiesa di Sant'Efisio**, het eindpunt van de Sagra di Sant'Efisio (zie blz. 72), loopt u langs de kust naar de ingang. Het beste overzicht hebt u vanaf de heuvel met de **Tanittempel**. Deze werd ten onrechte zo genoemd vanwege een reliëfafbeelding van deze Punische vruchtbaarheidsgodin, maar het was vermoedelijk een militaire constructie, misschien een wachttoren. De ligging op een schiereiland was voor een havenstad als Nora ideaal: naar het noorden toe de landengte, op de achtergrond het huidige Pula en maar liefst drie **havens**, in het noordoosten, zuidoosten en noordwesten. De Fenicisch-Punische **acropolis** stond op Punta di Coltellazzo, waar nu een Saracenentoren staat.

Aan de achterkant van het theater ligt een kleine **gieterij** met een smeltoven. Tegen de helling strekt zich een dichtbebouwde **woonwijk** uit met kuipvormige cisternes voor de opvang van regenwater. Hier, in het oude centrum van Nora, tonen veel huizen de Punische bouwwijze: voor de muren zijn op enige afstand van elkaar stenen pijlers neergezet, en de tussenruimtes zijn dichtgemetseld met kleinere, onregelmatig gevormde steenblokken.

Het **peristilium**, een rechthoekige zuilengang rond een kleine hof, is versierd met abstract-geometrische mozaïeken in de kleuren zwart, oker en wit, kenmerkend voor de bloeitijd van Nora. De straat leidt westwaarts naar een **kruising**, waar het oude plaveisel van het vulkanisch gesteente andesiet behouden is. Rechts van de straat, die naar de zee voert, ligt het **marktkwartier**. De winkels zijn herkenbaar aan de brede deuropeningen voor de aanvoer van goederen. De geplaveide straat eindigde bij de noordwestelijke haven, waar twee stenen pijlers in de oudheid de havenpoort vormden.

Van de thermen aan zee naar het Romeinse theater

Van de vier thermencomplexen in Nora waren de **thermen aan zee de grootste**. Een aan de noord- en oostzijde nog herkenbare zuilengang liep om het grote gebouw met zijn indrukwekkende gewelven heen. Aan het zuidelijke uiteinde van de oostelijke zuilengang ligt nog een bron uit de **nuraghetijd**.

Het **huis met het vierzuilige atrium** was een voornaam woonhuis waarvan de vertrekken rond de binnenhof lagen. Tot de mooie mozaïeken behoort een afbeelding, in het vroegere slaapvertrek, van een halfnaakte vrouw die een zeedier berijdt – vermoedelijk Venus op de rug van een dolfijn.

Op de landtong Sa Punta 'e su Coloru (Slangenkaap) staat duidelijk afgescheiden van het dichtbebouwde centrum van Nora de grote **Asclepiustempel**. Een brede, geplaveide processieweg (waarvan het laatste stuk verwoest is) leidt vanaf het kruispunt hierheen. Twee bij de tempel ontdekte terracottabeelden van slapende jongelingen doen vermoeden dat hier de god van de geneeskunde vereerd werd. Om een van de twee heeft zich een slang gekronkeld, een symbool dat wordt geassocieerd met Asclepius, en het slapen verwijst waarschijnlijk naar de tempelslaap, een ritueel waarbij zieken te slapen werden gelegd in een aan Asclepius gewijd heiligdom. De slang als attribuut van de god van de genezing leeft misschien zelfs voort in de naam van de landtong. Voorbij de **centrale thermen** bereikt u het **Romeinse theater**, dat nog steeds voor openluchtvoorstellingen wordt gebruikt (zie Tip). Van het podiumgebouw is alleen de stenen sokkel overgebleven die het houten podium ondersteunde. De grote amforen dienden vermoedelijk voor geluidseffecten. Via het **forum**, het oude marktplein, keert u terug naar de ingang.

La Notte dei Poeti

In het Romeinse theater van Nora worden in juli en augustus allerlei evenementen gehouden die bij het festival **Nacht van de Dichters** horen – muziek, dans, theater en nog veel meer. Ook bekende sterren betreden dan het podium uit de oudheid. Op een zwoele avond onder de sterrenhemel en met uitzicht op zee een onvergetelijke belevenis! (informatie en voorverkoop: www.vivaticket.it, kaartjes voor Nora € 20. Voor festival in Pula, Carbonia en Alghero zie www.lanottedeipoeti.it).

Civico Museo Archeologico Giovanni Patroni

Corso Vittorio Emanuele 67, Pula, tel. 070 920 96 10, mei-sept. di.-zo. 9-20, okt.-apr. 9-17.30 uur, combikaartje met Nora € 5,50

Een deel van de vondsten uit Nora is te zien in het Civico Museo Archeologico Giovanni Patroni in Pula. Maar de belangrijkste zijn overgebracht naar het Museo Archeologico Nazionale in Cagliari (zie blz. 94).

Overnachten

Met tuin – **Nora Club:** aan de weg Pula-Nora, tel. 070 92 44 22, www.noraclub hotel.it, 2 pk € 140-190. Aantrekkelijk, goed verzorgd viersterrenhotel met een prachtige tuin en aangename verblijfsruimte. De meeste kamers hebben een eigen toegang. Gratis wifi.

Bij het strand – **Su Gunventeddu:** Località Su Gunventeddu, Baia di Nora, tel. 070 920 90 92, www.sugunventeddu.com, 2 pk € 60-100, halfpension € 58-78 per persoon. Klein en gemoedelijk tweesterrenhotel, rustig gele-

Cagliari en het zuiden

Het goed behouden amfitheater behoort tot de Romeinse overblijfselen van Nora

gen nabij het strand. Eenvoudige maar schone kamers, goed restaurant.

Eten en drinken

Populair – **Da Giancarlo**: Via Nora 10, Pula, tel. 070 924 61 64, di.-za. 19.30-23, zo. 12.30-14, 19.30-22.30 uur, vanaf € 11. Uitstekende visgerechten en lekkere pizza's; erg populair dus vroeg komen of reserveren.

Uitgaan

Nobel – **Dundee American Bar**: aan de SS195 ter hoogte van km 28 (aan de westelijke rand van Pula), tel. 349 879 90 99, dag. Enigszins chique disco met iedere avond weer een andere themaparty.

Costa del Sud ▶ D 15

Met haar bijna eindeloze droomstranden die langzaam aflopen in een kristalheldere, turkooisblauwe zee, bezit de Costa del Sud een bijna Caribische schoonheid. Dit zuidelijkste deel van de kust van Sardinië strekt zich uit tussen Capo Spartivento (letterlijk: kaap die de wind verdeelt) en Capo Teulada. Dankzij strenge bouwvoorschriften is de zuidkust grotendeels ongerept. Alleen rond Chia is sprake van enige toeristische ontwikkeling. Buiten het strandseizoen treft u hier hoogstens wat wandelaars aan, maar 's zomers zijn de stranden erg in trek bij de *Cagliaritani* en verstoppen eindeloze files de SS95. Capo Teulada is militair gebied en daarom verboden terrein. Afrika is dichtbij: van hier is het maar 184 km naar de Tunesische kust, van Sardinië naar het Italiaanse vasteland is de kortste afstand 191 km. Het is verder van het continent verwijderd dan ieder ander eiland in de Middellandse Zee.

Rond Chia

Rijk aan prachtige uitzichten is de rit over de SP71 langs de zuidkust. U bereikt deze weg door vanaf de SS195 de met een bord aangegeven afslag naar Chia (www.chia.it) te nemen. Het centrum van dit verstrooide vakantiedorp is een kruispunt met een supermarkt en bar *Mongittu*. Linksaf voert de Viale del Porto naar een Saracenentoren, de **Torre di Chia**.

Aan de voet van deze toren opent de **Spiaggia Sa Colonia** de lange rij droomstranden van de Costa del Sud. Het is mogelijk om in ongeveer een uur langs de kust, slechts een enkele keer onderbroken door een kleine landtong, naar de vuurtoren op **Capo Spartivento** te lopen. Daar is het genieten van een prachtig uitzicht in alle richtingen.

Achter de kust liggen twee ondiepe, brakke moerasmeertjes die 's zomers vrijwel helemaal opdrogen. Van de **Stangioni de su Sali** resteert dan nauwelijks meer dan een zoutkorst, die vanuit de verte wit oplicht. Samen met de **Stagno di Chia** is het een beschermd drasland met veel watervogels. Als u over de hoofdweg verder rijdt door Chia, steekt u eerst het in de zomer droogvallende riviertje over dat de Stagno di Chia van water voorziet. Zo'n 500 m verder voert linksaf de Viale Spartivento (wegwijzer Spartivento en Spiagge Campana) door de kustvlakte naar de parkeerplaats bij de Stangioni de su Sali (van hieraf kunt u te voet naar de kust) en verder naar de betaalde parkeerplaats bij de brede stranden van de **Baia di Chia**. De duinkam die erachter oprijst, is bijna 30 m hoog; deze kwetsbare biotoop mag niet worden betreden. De begaanbare weg eindigt bij de volgende baai, **Cala Cipolla**. Daarna klimt hij naar de vuurtoren op Capo Spartivento.

Rond Teulada

Als u uw weg vervolgt langs de bochtenrijke kustweg kunt u na iedere draai genieten van nieuwe uitzichten. Weggetjes dalen af naar nog meer baaitjes met mooie strandjes. Schilderachtig waakt de **Torre di Piscinni** op een landpunt over de zee. Aan de **Porto di Teulada** deinen vissersbootjes op het water, ertegenover kijkt de **Torre Budello** uit over de **jachthaven** (Porto Nuovo). Hierna loopt de SP71 landinwaarts door de aangeslibte vlakte van de Riu de Monti naar de SS195. Via Teulada komt u weer terug in het bergachtige achterland.

Overnachten

In het groen – **Su Giudeu:** Viale Spartivento 6, Chia, tel. 070 923 00 02, www.hotelsugiudeu.it, 2 pk € 80-140. Vrijstaand tweesterrenhotel met tuin, schaduwrijk terras en uitzicht over lagune.

Camping en bungalows – **Torre Chia:** Viale del Porto, Chia, tel. 070 923 00 54, www.campeggiotorrechia.it, juni-sept. Te midden van eucalyptusbomen gelegen camping bij het strand met goede voorzieningen inclusief restaurant. Ook verhuur van bungalows (€ 65-128 per dag plus € 30 voor eindschoonmaak).

Eten en drinken

Vis en zeevruchten – **Da Gianni:** bij de Porto di Teulada meteen voorbij de kleine haven, waar de SP71 de kust verlaat (600 m ten zuiden van de afslag naar de Torre Budello), tel. 070 928 30 15, di.-zo., 's middags alleen na reservering vooraf, www.trattoria-dagianni.it, menu ongeveer € 40. Familiezaak met uitstekende viskeuken. De chef-kok heeft internationale ervaring.

Populair – **Mirage:** Viale Chia 10 (een kleine 500 m ten noorden van het kruispunt in Chia), tel. 070 923 02 49, www.miragechia.it, mrt.-21 apr. vr.-zo. 12-15, 19.30-24, 22 apr.-6 nov. wo.-ma. 12-15, 19.30-24 uur, juli-aug. ook di.-avond,

Actief

Windsurfen en nog meer – Chia Wind Club: aan het strand voor restaurant Dune di Campana, tel. 070 923 05 43, www.windsport.it. Verhuur van alles dat met surfen, windsurfen en kiten te maken heeft, en van rubberboten. Bij zuidenwind (scirocco) tot 2 m hoge golven.
Duiken – Fugen Dive: tel. 070 923 03 09.

Uitgaan

25plus – Fuori Luna: aan de SS195 bij Chia, tel. 349 377 47 97, alleen 's zomers. Disco en restaurant-bar met publiek van 25-plus. Twee dansvloeren waarop ontspannen op lounge en Braziliaanse muziek kan worden gedanst.

Campidano en Marmilla

Tussen Cagliari en Oristano strekt zich de vlakke, enigszins eentonige **Campidano** uit. Alleen de bergen die in de heiige verten aan weerszijden van deze brede laagvlakte oprijzen, begrenzen het blikveld. In de oudheid was de Campidano een belangrijke graanschuur voor Rome. En nog steeds wordt de vruchtbare grond intensief bebouwd, grote pijpleidingen dienen voor kunstmatige irrigatie.

Ten noorden van Sanluri wijken de bergen, de Campidano gaat hier over in het zachtglooiende heuvelland van de **Marmilla**. Vulkanische tafelbergen wisselen af met vruchtbare, bijna boomloze laagvlaktes. In de lente doet het groen van de weiden bijna Iers aan, in de zomer maakt het plaats voor Afrikaanse bruintinten. Verspreid in dit zachte landschap liggen boerendorpen waar de tijd lijkt te hebben stilgestaan.

San Sperate ▶ E 13

Midden in de vruchtbare aangeslibde vlakte van de Campidano ligt San Sperate (8000 inw.). Tot in de jaren 60 van de vorige eeuw was het een doorsnee boerendorp, dat hoogstens interessant was om de traditionele manier van bouwen met lemen blokken. Maar toen werd het als kunstenaarsdorp en openluchtmuseum tot ver buiten Sardinië bekend (zie blz. 106). Waar u ook gaat of staat, overal zijn de meest uiteenlopende kunstwerken te zien. Al meteen aan de doorgaande weg (SS130 dir/Via Risorgimento) ligt de **Giardino megalitico**, een plantsoen met sculpturen van de lokale beeldhouwer Pinuccio Sciola en zijn leerlingen. En tijdens een zwerftocht te voet door het oude centrum (ten westen van de Via Risorgimento) zult u muurschilderingen, installaties en andere kunstwerken ontdekken. Maar het zeer gastvrije dorp is ook beroemd vanwege zijn vele happenings en culturele manifestaties – en om zijn sappige perziken, waaraan zelfs een oogstfeest gewijd is.

Overnachten

Modern – Il Viaggiatore: Via Giovanni XXIII n. 2, tel. 328 702 35 87, www.bbilviaggiatore.hostel.com, 2 pk € 60. Vriendelijke B&B met modern ingerichte kamers en goed ontbijt in het nieuwere deel van San Sperate.
Met pizzeria – Sagittatio: Via Cottolengo 3, tel. 070 960 07 89, www.hotelsagittario.net, 2 pk € 55-70. Net drie-

sterrenhotel met een goede pizzeria.
Huiselijk – **The Little Paradise:** Via Cagliari 18, tel. 070 960 18 32, www.agriturismo-on-line.com/it/agriturismo/sardegna/the-little-paradise/4230, 2 pk € 50. Sympathieke B&B midden in het oude centrum met hangmatten in de kleine tuin. Nuttige tips van de gastheer, fietsverhuur. Ook stadswandelingen en excursies.

Eten en drinken

500 bieren – **Ada:** Via Cagliari 21, tel. 070 960 09 72, ma.-za. 12.30-15, 19.30-24 uur, *menu turistico* € 12. Restaurant, pizzeria en café met wel zo'n 500 soorten bier, die echter niet goedkoop zijn.

Winkelen

De lekkerste biscotti van San Sperate – **Biscottificio Collu:** Via Roma 18, en **Biscottificio Corronca:** Via Cagliari 101.
Gebak – **Pasticceria artigianale di Cabras Giulio:** Via Nora 16.

Info en festiviteiten

www.paesemuseo.com: informatie over alle evenementen.
Ufficio Turistico: Via Risorgimento 31, tel. 070 960 50 20, www.turismosansperate.com, okt.-apr. ma.-vr. 9.30-12.30, 13.30-16.30, za.-zo. 9.30-12.30, mei-sept. ma.-vr. 9-13, 17-20, za.-zo. 17-20 uur.

Festiviteiten

Festa del Corpus Domini: 1e zo. van juni. Voor de processie met de heilige hostie wordt in de versierde stad een bloementapijt neergelegd.
Sagra delle Pesche en **Festa del Santo Patrono:** in de week rond 17 juli. De perzikenoogst en het feest van de patroonheilige worden gelijktijdig gevierd met culinaire en culturele manifestaties, onder andere exposities van kunst en kunstnijverheid.
Cuncambias: eind juli, www.cuncambias.org. Volkskunstfestival dat een hele week duurt en waarbij de wijk San Giovanni in een openluchtpodium verandert.
No Arte: okt. Internationaal kunstfestival met tal van evenementen.

Barumini ▶ E 10/11

Wie van Sanluri naar Barumini rijdt, komt door het bescheiden gehucht **Las Plassas** – zoals de naam verraadt gesticht door de Spanjaarden. Hier verheft zich de steile, kegelvormige berg van Las Plassas. Geologisch gezien is het een zogeheten getuigeberg, op de top waarvan de laatste rest van een basaltlaag ligt die rondom de berg allang door erosie is verdwenen. De berg, die dus geen vulkaankegel is, 'getuigt' van dit erosieproces. Op de top troont een burchtruïne, een oude grensvesting, die te voet bereikbaar is vanaf de parkeerplaats aan de zijweg naar Tuili boven de kerk S. Maria Maddalena.

Midden in de Marmilla ligt het boeren- en herdersdorp **Barumini** (1300 inw.), dat vooral beroemd is door het nuraghecomplex Su Nuraxi. Maar Barumini heeft meer te bieden.

Museo Casa Zapata

Piazza Papa Giovanni XXIII, tel. 070 936 84 76, dag. dec.-feb. 10-17, mrt., nov. 10-17.30, apr., sept. 10-19, okt. 10-18.30, mei-aug. 10-20 uur, combikaartje met Centro Giovanni Lilliu en Su Nuraxi € 10
Naast de parochiekerk staat het **Palazzo Zapata** (begin 17e eeuw), het buitenverblijf van de Aragonese ▷ blz. 109

Op ontdekkingsreis

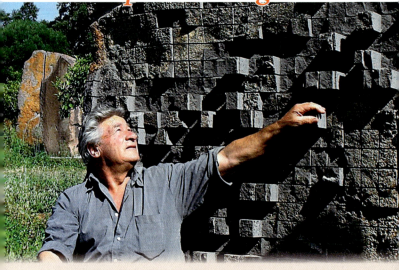

Klanksculpturen in het kunstenaarsdorp San Sperate

Als kunstenaarsdorp en openluchtmuseum is San Sperate tot ver buiten Sardinië bekend. Naast de beeldhouw-, schilder- en pottenbakkerskunst draagt San Sperate ook de podiumkunsten een warm hart toe. Daarbij is het geen kunstmatige kunstenaarskolonie, het zijn hier echt de inwoners van het dorp die zich artistiek manifesteren. Onder hen zijn kunstenaars van internationale betekenis, zoals de beeldhouwer Pinuccio Sciola, de schepper van unieke klanksculpturen.

Kaart: ▶ E 13
Hof/atelier Sciola: Via E. Marongiu 21 (zijstraatje naast het hoekhuis op nr. 23), tel. 070 960 03 53; de beeldentuin ligt op loopafstand aan het einde van de Via O. Fallaci.

De rit naar San Sperate voert langs fruitboomgaarden en groenteakkers. Sinaasappels, perziken, mispels – alles lijkt hier te groeien. Bij aankomst in het dorp vallen meteen de eerste muurschilderingen (*murales*) op; huizen, straten en pleinen worden gesierd door gedichten, plastieken en installaties. En er valt nog iets op: de vele fietsers, elders op Sardinië een vrijwel onbekend verschijnsel.

Kunst uit steen gehouwen

In de wirwar van straatjes is het even zoeken tot u de volledig uit *ladiri* (bouwstenen van modder vermengd met klei en stro) opgetrokken **hof van Pinuccio Sciola** 1 ontdekt. Zoals veel oude hofjes in de Campidano verbergt hij zich achter een hoge muur met een grote poort, waardoor men op de groene binnenhof belandt. Sciola is juist in gesprek met een architect die geïnteresseerd is in deze traditionele manier van bouwen. Muren van lemen blokken zijn karakteristiek voor het aangeslibde laagland van de Campidano, waar geen gesteente te vinden is. Terwijl Sardinië toch een eiland van stenen is – en juist die hebben de in 1942 in San Sperate geboren kunstenaar, die al in 1959 zijn eerste sculpturen vervaardigde, sinds zijn kinderjaren aangetrokken. Kalksteen of basalt, de *scultore* betrekt uit heel Sardinië zijn stenen, om deze met zijn beitel leven in te blazen en er zelfs klanken aan te ontlokken.

Een streling voor het oor ...

Behoedzaam strijkt Pinuccio, die voortdurend bezoekers welkom heet, met krachtige handen over een van zijn steensculpturen en ontlokt er vol overgave ware sfeerklanken aan. Onder de pergola in de hof staan ontelbare plastieken in alle vormen en maten, en elk betovert door zijn geheel eigen klank. Met een kleine steen beroert de kunstenaar een diep getande stenen harp van lichtgekleurd kalksteen en ontlokt ook daaraan een zuiver geluid, rijk aan boventonen. Heel anders klinkt de stenen plank van basaltblokjes met hun donkere en sonore klank. Zo heeft iedere sculptuur zijn eigen geluid, geschapen door de natuur en door de kunstenaar verfijnd en gestemd. Luisteren naar de *pietre sonore*, de klankstenen, is een ware streling voor het oor.

... en voor het oog

Vanuit de hof van Pinuccio bereikt u door de Via San Sebastiano, waar nog meer uit lemen blokken opgetrokken hoven staan, de Via O. Fallaci. Aan het einde ervan, aan de rand van San Sperate, heeft de kunstenaar te midden van sinaasappelbomen een grote **beeldentuin** 2 aangelegd. Als prehistorische menhirs staan de abstracte, metershoge beelden verspreid in de openlucht, het oog krijgt geen genoeg van de veelsoortige vormen en kleuren. Heel opvallend is een uit basalt gehouwen sculptuur met lange en dunne stenen lamellen. Wie ze met de hand beroert, merkt dat ze buigzaam zijn, als de bladzijden van een boek bij het doorbladeren, en vraagt zich twijfelend af of steen werkelijk altijd iets hards is ...

Geïnspireerd door zijn geboortegrond

Pinuccio Sciola behoort tot de belangrijkste levende Europese beeldhouwers; zijn werken waren onder meer te zien op de Biennale in Venetië en de Expo in Hannover. Na zijn studie aan de kunstacademie in Cagliari (dankzij het winnen van een studiebeurs) en een culturele rondreis door Italië, sloot hij zijn studie af in Florence als *magistero d'arte*. Reizen voerden hem naar onder meer Mexico en Centraal-Afrika, maar zijn scheppingskracht wortelt in zijn Sardijnse geboortegrond, waarnaar hij steeds weer terugkeerde. In het politiek bewogen jaar 1968 introduceerde hij – naar Latijns-Amerikaans voorbeeld – het muralisme (muurschilderingen op huizen, *murales*) als maatschappijkritische artistieke uitdrukkingsvorm.

In hetzelfde jaar werd San Sperate op zijn aandringen officieel een museumdorp (*paese museo*). Niet in de traditionele betekenis, maar in de vorm van een artistiek-creatief centrum: alle inwoners zijn opgeroepen eraan deel te nemen. Sindsdien hebben honderden muurschilderingen het licht gezien en is het voorbeeld nagevolgd door an-

dere dorpen op Sardinië (zie Orgosolo, blz. 284). San Sperate is echter als geen andere plaats op het eiland een ware kunstenaarskolonie geworden.

Onverwachte ontwikkeling

Vanaf 1996 ging de beeldhouwer, die zowel figuratieve voorstellingen als de 'Bisschop' bij de kerk Stella Maris in Porto Cervo (zie blz. 220) als abstracte sculpturen op zijn naam heeft staan, zich richten op de klankstenen en werd daarmee ook componist. Met een diamantfrees zaagt hij ofwel een lamellenachtig lijnenpatroon in het steen, zodat men er zelfs doorheen kan kijken, of hij freest een kegelachtig raster uit in het oppervlak. Diepte en afstand van de insnijdingen bepalen met de dichtheid van het gesteente het klankspectrum. Transparantie, buigzaamheid en tonaliteit zijn geen eigenschappen die normaal aan steen worden toegeschreven – maar Sciola's klanksculpturen bezitten ze. Ze hebben het zelfs al gebracht tot het concertpodium.

Op 'huisbezoek'

In San Sperate werken en exposeren meer kunstenaars van internationale faam. In de Via Decimo 107 haakt **Giampaolo Mameli** 3 met zijn keramiekwerk in op archaïsche cultusbeelden, die hij overbrengt naar de moderne tijd. Op technisch gebied is hij gefascineerd door kleurscheidingen die het gevolg zijn van speciale brandtechnieken (tel. 070 960 04 11).

Eveneens gespecialiseerd in keramiek is **Mauro Cabboi** 4 met zijn abstract-figuratieve terracottaplastieken – te zien in Ceramiche d'Arte, c/o Museo del Crudo, Via Roma 15 (tel. 346 398 12 84).

Raffaele Muscas 5, schilder, beeldhouwer en muralist, heeft zijn atelier aan de Via Togliatti 10. Zijn handelsmerk zijn volle figuratieve vormen (tel. 070 960 14 64).

Aan de Via Cagliari 29 stuit u op figuratieve en abstracte sculpturen van steen en hout – twee heel verschillende materialen waartoe de beeldhouwer **Gianfranco Pinna** 6 zich aangetrokken voelt (tel. 333 722 23 60).

Een kleine kilometer buiten San Sperate ligt aan de weg naar Decimomannu de **Giardino Fantastico** 7 van Fiorenzo Pilia. Door een bonte ijzeren poort betreedt u een fantastische en heerlijk gekke beeldentuin met enorm grote figuren die de wereld verklaren (tel. 070 960 12 84).

feodale heren Zapata, die hier sinds 1541 heersten. Sensationeel was de ontdekking van een groot nuraghecomplex onder het gebouw tijdens restauratiewerkzaamheden in de jaren 90. Dit uit drie torens bestaande nuraghebastion, **Su Nuraxi 'e Cresia**, kan bezichtigd worden. In het paleis zijn bovendien collecties met betrekking tot archeologie (veel vondsten uit Su Nuraxi), geschiedenis en volkskunde (onder andere *launeddas*, traditionele houten blaasinstrumenten) ondergebracht.

Centro Giovanni Lilliu

Aan weg naar Su Nuraxi, openingstijden als Museo Casa Zapata, tel. 070 936 10 41, combikaartje met Museo Casa Zapata en Su Nuraxi € 10
In dit documentatiecentrum zijn foto's van Su Nuraxi te zien en een maquette op schaal 1:10, die een goede indruk geeft van hoe het complex eruit heeft gezien. Bovendien zijn er hoogwaardige kunstnijverheidsproducten te koop.

Overnachten en eten

Deftig verblijf – **Sa Lolla:** Via Cavour 49, tel. 070 936 84 19, www.barumini.net/sa-lolla, 2 pk € 65-80, restaurant: di.-zo. 12.30-14.30, 20-23.30 uur, € 9. In het oude centrum verstopte oude herenboerderij met grote binnenplaats; 7 kamers (3 sterren). Goede streekkeuken met vleesspecialiteiten.
Landhuisstijl – **Su Massaiu:** Località Coarvigu, SP46 km 12,3, Turri, tel. 0783 953 39, www.agriturismosumassaiu.it, 2 pk € 62-68, menu € 22-30. Zo'n 8 km ten westen van Barumini vindt u deze verzorgde agriturismo met binnenplaats en zwembad in een open landschap. Uitstekende Sardijnse keuken met producten uit eigen tuin.

Informatie

Pro Loco, Piazza San Francesco 8, tel. 070 936 85 27.
www.fondazionebarumini.it: met uitvoerige informatie (geschiedenis en archeologie) over Su Nuraxi, Museo Casa Zapata en Centro Giovanni Lilliu.

Su Nuraxi ✳   ▶ E 10/11

Tel. 070 936 81 28, alleen rondleidingen: ieder half uur, duur ongeveer 60 min., aanvang eerste en laatste rondleiding: dec.-feb. 9-16, mrt., okt.-nov. 9-16.30, apr.-mei 9-19, juni-aug. 9-19.30, sept. 9-18.30 uur, combikaartje met Museo Casa Zapata en Centro Giovanni Lilliu € 10
Aan de voet van de Giara di Gesturi, met een weids uitzicht over de Marmilla, verheft zich de enorme nuraghevesting Su Nuraxi (spreek uit: *nurasji*), die sinds 1997 op de Werelderfgoedlijst van de UNESCO staat. Het complex, waaraan rond 1500 v.Chr. werd begonnen en dat in diverse bouwfasen werd uitgebreid, behoort met Santu Antine en Arrubiu tot de grootste vestingen uit de bronstijd in het westelijke Middellandse Zeegebied. De uit Barumini afkomstige Giovanni Lilliu (1914-2012), een van de belangrijkste archeologen van Sardinië, legde Su Nuraxi tussen 1951 en 1956 bloot.

De vesting

Bezoekers bereiken via een trap en een nauwe gang de binnenplaats van de vesting. Het oudste deel van het bouwwerk is de oorspronkelijk vrijstaande, nu nog 15 m hoge **centrale toren** (rond 1500 v.Chr.). Voorbij een nis die als wachtpost dienstdeed, komt u op de benedenverdieping met zijn ongeveer 8 m hoge koepel die is opgebouwd uit ringen van elkaar overkragende stenen.

Een opening in de muur, die alleen met een ladder kon worden bereikt, leidde naar een wenteltrap naar de twee bovenverdiepingen. Oorspronkelijk was de centrale toren ruim 18 m hoog.

In een tweede bouwfase (13e-12e eeuw v.Chr.) werd de nuraghe uitgebreid tot een bastion door het toevoegen van **vier torens** rond de centrale toren en het omsluiten van het geheel met een ringmuur. Hierbij ontstond de binnenhof met zijn 20 m diepe bron die nog steeds water geeft. De noordelijke toren is alleen bereikbaar via een smalle gang die om de centrale toren heen voert; de overige drie zijn toegankelijk vanaf de binnenhof.

In de derde bouwfase werd rond het bastion een nog grotere ringmuur opgetrokken met **zeven torens** van 10 m hoog. Gelijktijdig werd het oude, uit vijf torens bestaande complex omsloten met een machtige versterkingsmuur. Daarbij werden de ingang op de begane grond en alle vensteropeningen dichtgemaakt. Sindsdien kan het complex enkel nog langs de ingang op 7 m hoogte in de oostelijke toren worden betreden. Tegenwoordig beschikken bezoekers over een trap, maar in die tijd werd een ladder gebruikt die bij gevaar naar binnen kon worden gehaald. Verder werden de vier torens rond de hoofdtoren verhoogd tot 14 m en werd het platform erbovenop vergroot.

De enorme uitbreiding van de nuraghe tot een vesting met een heleboel torens laat zien dat het geen vreedzame tijden waren. Men was goed voorbereid op een belegering. Om zich te verdedigen kom men zich vrij over het hooggelegen platform bewegen en alles van bovenaf in de gaten houden. Dankzij een uitkragende borstwering, zoals te zien bij andere nuraghi, konden de buitenmuren beter onder controle worden gehouden. De borstwering zelf is niet behouden gebleven, maar aan de rand

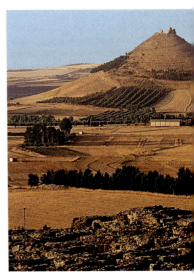

van het opgravingsterrein liggen nog tal van met zorg bewerkte kraagstenen.

De nederzetting

Voor het bastion liggen muurresten van een nuraghedorp met meer dan tweehonderd ronde hutten die vroeger waarschijnlijk met boomstammen, takken en bladeren waren overdekt. Wandnissen dienden voor het opbergen van huisraad; diverse gebruiksvoorwerpen zoals een graanmolen getuigen van huishoudelijke arbeid. De grootste hut is voorzien van een verhoging langs de binnenmuur en diende (evenals bij andere belangrijke nuraghi) als **vergaderruimte**. Hier kwam de dorps- of ouderenraad bijeen om over het lot van de stam te beslissen. In de hut werd een kalkstenen model van een nuraghe ontdekt dat blijkbaar als cultusbeeld en beschermingssymbool vereerd werd.

In een vierde nederzettingsfase moet Su Nuraxi zijn militaire betekenis ver-

Campidano en Marmilla

Gaat helemaal op in het landschap, de nuraghe Su Nuraxi

loren hebben, want nadat men de buitenste ringmuur voor een deel had afgebroken, werden er hutten gebouwd tot aan het oude bastion met de vijf torens. Opvallend zijn twee grote **wooncomplexen** met diverse vertrekken rond een binnenhof. Ze waren blijkbaar bedoeld voor het huisvesten van grote families. Beide bezitten een ruimte die vermoedelijk diende voor de bronnencultus. Op de stenen bank rond het wijwaterbekken in het midden namen de voor het ritueel bijeengekomen gelovigen plaats.

Tuili ▶ E 10

Zo klein als het dorpje Tuili (1000 inw.) is, het bezit naast een schilderachtig uiterlijk een belangrijke kunstschat die zich schuilhoudt in de parochiekerk **San Pietro Apostolo** (Piazza San Pietro). In een zijkapel aan de zuidelijke zijbeuk (meteen naar links als u de kerk bent binnengegaan) bevindt zich het grote **Retabolo di San Pietro** van de meester van Castelsardo. Dit rond 1500 vervaardigde, nog nauwelijks door de renaissance beïnvloede altaarstuk geldt als het meesterwerk van de gotische schilderkunst op Sardinië. In schitterende kleuren toont het heiligen tegen een achtergrond van zeer gedetailleerde landschappen.

Tegenover de kerk staat de **Villa Asquer** (Piazza San Pietro, tel. 070 936 30 18, vr.-zo. 10-13, 15-18 uur, € 4), een voorname residentie in neoclassicistische stijl (midden 19e eeuw). Het biedt nu op de begane grond onderdak aan het aan de olijventeelt en olijfolieproductie gewijde **Museo dell'olivo e dell'olio**, en op de bovenverdieping aan het **Museo degli strumenti musicali sardi**. Centraal in de collectie Sardijnse muziekinstrumenten staat de *launeddas*. Incidenteel worden er concerten gehouden.

Giara di Gesturi/Sa Jara Manna ✹ ▶ E 10/11

Een onmetelijke hoogvlakte, dicht bij de hemel, met door de wind gebogen kurkeiken, bloeiende zonneroosjes, temperamentvolle wilde paarden, stille meertjes, prehistorische stenen bouwwerken en uitgedoofde vulkanen – de Giara di Gesturi is een schitterend natuurreservaat. Met zijn steile flanken verheft deze grote tafelberg, die deel uitmaakt van het Europese netwerk van beschermde natuurgebieden Natura 2000, zich boven het boerenland van de Marmilla. Een dunne deklaag van hard, bruinachtig basalt ligt beschermend op de eenzame hoogvlakte, die zich op een hoogte van circa 550 m uitstrekt over een oppervlak van 43 km². Uit twee uitgedoofde vulkaankraters, de **Monte Zepparedda** (609 m) en de **Zeppara Manna** (580 m), stroomde ooit dunvloeibare lava over het land. Aan alle kanten knaagt erosie aan de randen van de hoogvlakte; tegen de hellingen komen de onderliggende, zachte kalksteen en mergel aan de oppervlakte.

Overal groeien kurkeiken, mastiekbomen en zonneroosjes, het struikgewas is op veel plaatsen bijna ondoordringbaar. Op de tamelijk waterondoorlatende, met roodachtige klei bedekte basaltlaag ontstaan in het natte seizoen ondiepe, moerassige poelen die in de zomerhitte weer opdrogen. In deze *paùlis* gedijt de fijne waterranonkel, die tijdens de bloei, van mei tot eind juli, intens geurt en het wateroppervlak wit kleurt.

Bij de *paùlis* zijn vaak de kleine, halfwilde paarden (*cavallini*) van de Giara te zien, want de weelderig groeiende waterplanten behoren tot hun lievelingseten. Met een schofthoogte van circa 1,20 m is dit bijzondere ras echt klein van gestalte. De paardjes hebben een roestbruine tot zwarte vacht met lange manen; sterke hoeven vergemakkelijken het lopen over de stenig-rotsachtige bodem en door het struikgewas. Ongeveer vijfhonderd paarden struinen in kleine kuddes vrij over de hoogvlakte rond; ze hebben echter wel allemaal een eigenaar en zijn daarom gebrandmerkt.

De Giara was ooit bewoond. Langs de rand van de hoogvlakte stonden meer dan twintig nuraghi; er zijn *domus de janas* (rotskamergraven, zie ook blz. 190), huttendorpen, megalietgraven en sporen van de Romeinen gevonden.

Haar naam dankt de Giara di Gesturi aan het dorp Gesturi tegen de oostelijke flank. Weliswaar wordt meestal de hele tafelberg met deze naam aangeduid, maar in feite ligt de hoogvlakte op het grondgebied van vier dorpen. Naast de Giara di Gesturi zijn er daarom ook nog *giare* van Genoni, Tuili en Setzu. De Sarden spreken simpelweg van De Grote Giara, *Sa Jara Manna*, ter onderscheid van de twee naburige kleine tafelbergen: de Giara di Siddi in het zuiden en de Giara di Serri in het oosten.

Naar de Giara

Er zijn diverse toegangswegen naar de Giara. Aan de noordelijke grens van **Gesturi** (▶ E 11) leidt een afslag (4 km) naar de grote parkeerplaats met rangerhut aan de rand van de hoogvlakte. Lopend goed te bereiken is de *paùli* **Oromeo**. Ook vanuit **Tuili** (▶ E 10) is een route (5,5 km) bewegwijzerd, die eveneens op een parkeerplaats met rangerhut eindigt. Van hieraf is het ongeveer een halfuur lopen naar de *paùli* **Maiori**. Vanuit **Setzu** (▶ E 10) neemt u 500 m na het verlaten van het dorp richting Genuri de met een bord aangegeven afslag naar rechts, passeert omhoogklimmend de *domus de janas* **Casa dell'Orcu** en bereikt meteen na een ijzeren poort een rangerhut met kleine parkeerplaats. Rechtdoor rijdend over de hoofdweg komt u al snel bij de *paùli* S'ala Mengianu.

Hoe u ook komt aanrijden, eenmaal op de Giara kunt u niet met de auto verder. Omdat het op de hoogvlakte gemakkelijk verdwalen is, is het verstandig een gedetailleerde kaart mee te nemen. Als u vanaf de parkeerplaats die u vanuit Tuili bereikt, uw weg rechtdoor langs de poort aan de hoofdweg vervolgt en meteen bij een splitsing links aanhoudt, komt u bij de kapel **Santa Luisa** (zie Favoriet blz. 115).

Actief

Excursies en nog meer – **Sa Jara Manna**: aan de SS197 ter hoogte van km 44, tel. 070 936 81 70, www.sajaramanna.it. Deze coöperatie beheert de rangerhutten op de Giara (Gesturi, Tuili, Setzu) en organiseert excursies (gids € 46 voor een halve, € 77 voor een hele dag). Ook mountainbikeverhuur (€ 9 voor een halve dag) en jeepexcursies (€ 44 per uur, € 115 voor een hele dag). Sfeervolle afsluiting is een herderspicknick *(murzu de su pastori)*. Ook het **Centro Servizi Giara** organiseert excursies: Via G. B. Tuveri 16, Tuili, tel. 070 936 42 77, www.parcodellagiara.it (webwinkel met Sardijnse producten).

Santa Vittoria di Serri ▶ E 10

Na het binnenrijden van Serri links aanhouden en de borden volgen; Cooperativa Is Janas, tel. 0782 84 72 69, mei-sept. 9-19, okt.-apr. 9-17 uur, € 4, combikaartje met Arrubiu en Pranu Mutteddu € 9

Als drie factoren de waarde van een onroerend goed bepalen – ligging, ligging, ligging –, dan verdient op Sardinië het uit de nuraghitijd stammende bronnenheiligdom Santa Vittoria di Serri **een plaats aan de top.** Tegen de steile breukrand van de Giara di Serri, met een geweldig uitzicht op het omliggende land, ligt dit uitgestrekte tempelcomplex met zijn onderkomens voor pelgrims (13e-8e eeuw v.Chr.). Het was blijkbaar een bedevaartplaats van meer dan regionale betekenis, een plek die taboe was, die nooit is aangevallen en die daarom niet, zoals gebruikelijk bij natuurlijke vestingen, met nuraghi was versterkt. Hier heerste vrede, als de in eeuwige strijd verwikkelde stammen voor de cultus bijeenkwamen.

Het eigenlijke heilige der heiligen ligt op een vooruitstekend gedeelte van de helling, dat door een muur van de hoogvlakte is afgescheiden. De bronnentempel is op karakteristieke wijze gebouwd, hij bestaat uit zorgvuldig bewerkte basaltblokken, terwijl alle andere gebouwen uit kalksteen zijn opgetrokken. Het harde basalt van de Giara is weliswaar waterondoorlatend, maar moeilijk te bewerken, en om die reden werd het enkel voor de bron gebruikt; het relatief zachte kalksteen moest daarentegen uit het verafgelegen Isili worden aangevoerd. Vanuit een voorhal met stenen banken, waar de gelovigen konden gaan zitten en votiefgaven konden achterlaten, daalt een trap af naar de bronnenschacht. De bron wordt uitsluitend gevoed door regenwater, er is dus geen ondergrondse wateraanvoer. De schacht werd overwelfd door een koepel, maar deze is verloren gegaan. In de voorhal bevindt zich een klein verzamelbekken met een afvoerkanaal in de vloer.

Voor de bronnentempel strekt zich een groot plein uit met een geplaveide omloop, een hut voor bijeenkomsten, een rechthoekige tempel en meer gebouwen. Op een plateau aan de rand van de helling staat het kerkje **Santa Vittoria**; door de bouw ▷ blz. 116

Favoriet

Buiten de werkelijkheid

Adembenemend is het uitzicht bij de kapel **Santa Luisa** (▶ E 10/11), die naast een vervallen nuraghe op de breukrand van de hoogvlakte Giara di Gesturi staat. Het lijkt alsof u hier ver boven de wereld zweeft. Ver reikt de blik over de zachte heuvels van de Marmilla tot aan de Iglesiente, waarvan het silhouet zich in de heiige verte aftekent. In het struikgewas achter de kapel liggen nog fundamenten van een Punisch-Romeinse nederzetting en ook sporen van oudere bewoning (route zie blz. 113).

ervan werd het oeroude, heidense cultusoord gekerstend. Bij de opgravingen die hier tussen 1909 en 1929 werden verricht, werden tal van bronzen beeldjes ontdekt. Deze unieke *bronzetti* van Santa Vittoria behoren nu tot de grootste schatten van het archeologisch museum in Cagliari. Naast veel andere voorwerpen werden er ook brokstukken van nuraghemodellen gevonden.

Achter de bronnentempel ligt een **ovale muurring** met aan de binnenkant open ruimtes, waar de pelgrims tijdens feestdagen verbleven, aten en sliepen. De vergelijking met *kumbessias* en *muristenes*, de huidige onderkomens voor pelgrims bij bedevaartskerken, ligt voor de hand. Iets verderop staan nog meer gebouwen, onder meer een zeer grote **ruimte voor bijeenkomsten**.

Overnachten en eten

Rustiek – **Villaggio Santa Vittoria**: Località Serri (dicht bij het bronnenheiligdom), tel. 0782 80 60 48, www.agriturismo santavittoria.net, 2 pk € 50, halfpension € 50-70 per persoon. Gemoedelijke, rustig gelegen agriturismo op de hoogvlakte; accommodatie bestaat uit diverse huisjes, uitstekende keuken. Ook plaatsen voor camper of tent (€ 5-10).

Door de Flumendosakloof

Nuraghe Arrubiu ▶ F 11

5 km ten zuidoosten van Orroli (bewegwijzerde afslag vanaf de weg richting Escalaplano); Cooperativa Is Janas, Via E. D'Arborea 30, Orroli, tel. 0782 84 72 69, mei-sept. 9.30-20.30 (van 13-15 uur geen rondleidingen), okt.-mrt. 9-13, 14-18 uur, € 4; combikaartje met Santa Vittoria en Pranu € 9

In de halfopen krater van de 764 m hoge Monte Pizz'i Ogu, te midden van lichte wouden met donzige eiken (Sard. *orròli*), ligt het dorp **Orroli** (2500 inw.). Lavastromen van de jonge vulkaan hebben hier een langgerekt basaltplateau doen ontstaan, dat rondom door nuraghi wordt bewaakt. De hoogvlakte verheft zich ongeveer 300 m boven het middelste Flumendosastuwmeer, dat in een diepe kloof ligt – een sensationeel landschap. In het zuiden van de hoogvlakte, de Takku Pizzinnu, ligt de nuraghe Arrubiu, een van de belangrijkste nuraghevestingen op Sardinië.

In 1981 werd begonnen met het opgraven van de 'rode' nuraghe, zo genoemd naar het oranjerode korstmos op de buitenmuur. De uit twee verdiepingen bestaande hoofdtoren meet nu nog 14 m (ooit was hij twee keer zo hoog) en is verbonden met vijf zijtorens die drie binnenhoven omsluiten. Ook dit bastion wordt door een grote ringmuur met zeven torens omgeven. Voor de vesting liggen de resten van een huttendorp. In de tijd van de Romeinen, toen de nuraghi allang hun militaire betekenis verloren hadden, deed Arrubiu dienst als wijnkelder van een landgoed. De wijnpers en andere gereedschappen stonden op de centrale binnenhof van de nuraghe. Om de opgravingen te kunnen voortzetten werd de wijnkelder in 1984 zorgvuldig verwijderd en elders herbouwd.

Overnachten en eten

Charmant – **OmuAxiu**: Via Roma 46, Orroli, tel. 0782 84 50 23, www.omuaxiu.it, 2 pk € 80-100, halfpension € 70-90 per persoon. Prachtige en gemoedelijke *albergo diffuso – museo ristorante*

Door de Flumendosakloof

(3 sterren) in het oude centrum bestaand uit twee historische gebouwen met binnenplaats; klein museum voor volkskunde en rustiek Sardijns restaurant (menu € 30) in het hoofdgebouw. Bij mooi weer eet u onder de overdekte gaanderij aan de binnenplaats.

Oergezellig – Antichi Ovili: Località Taccu, tel. 0782 84 77 93, www.antichi ovili.it, 2 pk € 80. Buiten Orroli tussen oeroude eiken op de hoogvlakte gelegen tweesterrencomplex dat bestaat uit 8 ronde huisjes die imitaties zijn van traditionele herdershutten. Natuurlijke bouwmaterialen en de smaakvolle inrichting geven deze accommodatie haar bijzondere charme. Streekkeuken, menu vanaf € 18 (behalve op zo.).

Panoramarit naar Pranu Muteddu ▶ F/G 11

Lengte: 30 km over de SP10, SP13 en secundaire weg, duur: 2 uur

Grandioos is de rit van **Orroli** naar **Escalaplano**, die kan worden afgesloten met de bezichtiging van de megalithische cultusplaats Pranu Muteddu. Eerst ziet u rechts het **Lago di Mulargia**, dan duikt de blik links in de dramatische kloof van de **Flumendosa** met het stuwmeer. De weg steekt ten slotte de rivier over en klimt naar **Escalaplano**. Als u doorrijdt naar **Goni**, dan steekt u opnieuw het Flumendosadal over. Ten westen van het dorp, in de richting van Senorbì, duikt ongeveer 1 km na de afslag naar het Lago di Mulargia aan de rechterkant van de weg de met borden aangegeven archeologische site **Pranu Muteddu** op. Deze megalithische cultus- en begraafplaats uit de Oziericultuur ligt in een schilderachtige kurkeikenboomgaard. Zo'n vijftig menhirs staan hier als stenen wachters op de hoogvlakte, voor een deel alleenstaand voor de ooit met een grafheuvel afgedekte grafkamers, vaak echter paarsgewijs of in rijen of groepen. Indrukwekkend is de rij van twintig in oost-westrichting opgestelde menhirs, die doet denken aan de Franse *alignements* of de Britse *stone rows*, een bewijs dat Sardinië werd beïnvloed door de West-Europese megalietcultuur.

De menhirs zijn bewerkt, vele doen door hun vorm al aan menselijke gestalten denken. Uit deze protoantropomorfe megalieten hebben zich later de antropomorfe menhirstandbeelden (bijvoorbeeld Sas Perdas Marmuradas de Tamuli, zie blz. 159) ontwikkeld.

Het grootste gravencomplex is een fascinerende mengeling van de op Sardinië wijdverbreide *domus de janas* en de steenkringgraven van Gallura. Voor de bouw ervan werden twee grote rots-

Van Orroli naar Pranu Muteddu

blokken achter elkaar opgesteld waarin vervolgens een grafkamer werd uitgehouwen. Deze nagebouwde *domus de janas* werd bedekt met een grafheuvel die werd omgeven door een kring van stenen met een diameter van 35 m. Uiteindelijk bleef enkel het vierkante toegangsgat van het graf nog zichtbaar.

Costa Rei en omgeving

Parco dei Sette Fratelli – Monte Genis ▶ G 13

Bezoekerscentrum: tel. 070 83 10 38, ma.-vr. 8-16 uur; Museo del Cervo Sardo: okt.-mei ma.-vr. 9-12 uur, za.-zo. alleen op afspraak (museo.7fratelli@enteforeste sardegna. it), juni-sept. dag. 10.30-12, 13-18 uur; Giardino Botanico Maidopis: dag. juni-sept. 7-18, okt.-mei 7-15 uur; alle gratis. Let op: voor het bezoek aan het museum en de botanische tuin dient u voor de statistiek een formulier in te vullen

In het zuidoosten van Sardinië ligt het verlaten, door diepe dalen doorkliefde, granieten bergland van de **Sarrabus.** Macchia en dichte bossen bedekken het gebergte, dat culmineert in de Punta Serpeddi (1067 m) met zijn antennes en de grillig verweerde granieten spits van de **Monte dei Sette Fratelli** (Berg van de Zeven Broeders, 1023 m). Het oude klooster tegen zijn hellingen is allang een ruïne, maar gebleven is de herinnering aan zeven kloosterbroeders – of zijn het de zeven toppen die de berg zijn naam bezorgd hebben? Het park staat ook bekend als Parco Sette Fratelli – Castiadas, een aanduiding die eigenlijk niet op het hele park betrekking heeft. Het is een heerlijk wandelgebied.

Om er te komen volgt u de oude, bochtenrijke SS125 en neemt u op de pashoogte Arcu 'e Tidu de bewegwijzerde afslag Parco 7 Fradis. Na 250 m bereikt u een tegenover de kazerne van bosbeheer (U. Noci, Località Campuomu) gelegen parkeerplaats met wandelbord. Gemarkeerde routes klimmen omhoog in de richting van de top. In de kazerne is een **bezoekerscentrum** (*centro di servizio*) ondergebracht met het kleine **Museo del Cervo Sardo**, waar u van alles te weten komt over het Sardijnse hert, een ondersoort van het edelhert die voorkomt op Sardinië en Corsica. Het natuurpark is een van hun reservaten. Een overzicht van de mooie bergflora geeft de nabijgelegen **Giardino Botanico Maidopis**.

Actief

Excursies – **Cooperativa Monte dei Sette Fratelli:** Via/Piazza Centrale, Castiadas, tel. 070 994 72 00, www. monte settefratelli.com. Jeepexcursies, wandeltochten en vogels observeren in de bergen en aan de kust.

Costa Rei ▶ H 13/14

Het bergland van de Sarrabus loopt door tot aan de zuidoostkust. Hier ligt de Costa Rei met haar bijna eindeloze stranden van fijn wit zand. Deze schitterende Koningskust strekt zich uit van Capo Ferrato in het noorden tot Cala di Sinzias in het zuiden. Anders dan aan de zuidkust heeft men hier helaas verzuimd tijdig strenge bouwvoorschriften uit te vaardigen, waardoor de bebouwing een wat rommelige indruk maakt. Maar er zijn ook nog stukken die vrijwel ongerept zijn. De grootste

De Costa Rei – ruim 10 km droomstrand in het zuidoosten van Sardinië

vakantienederzetting is **Monte Nai met zijn veelzijdige toeristische infrastructuur.** Hotels zijn hier echter een uitzondering, want er zijn vooral resorts, vakantiehuizen en privévilla's. 's Zomers is er veel te doen aan de Costa Rei, want dan houden veel *Cagliaritani* en Italianen van het vasteland hier hun vakantie. Buiten het seizoen is het aanzienlijk rustiger en kunt u tijdens lange strandwandelingen genieten van de prachtige kust. Het mooist is het voorjaar, als het licht nog zacht en de lucht aangenaam fris is en de natuur in het groene achterland overdadig bloeit.

Overnachten

Bij het strand – **Albaruja:** Via C. Colombo, Monte Nai, tel. 070 99 15 57, www.albaruja.it, 2 pk € 98-198. Verzorgd, centraal gelegen driesterrenbungalowhotel in Sardijnse stijl, ongeveer 100 m van het strand.
In het achterland – **I Menhirs:** Località Annunziata, Castiadas, tel. 070 994 92 72, www.imenhirs.it, 2 pk € 80-150, halfpension € 70-105 per persoon. Ongeveer ter hoogte van Capo Ferrato, maar 10 km landinwaarts, ligt dit kleine driesterrenhotel te midden van rustige natuur. Alle kamers hebben een kleine veranda. Uitstekend restaurant met veel regionale specialiteiten.
Moderne kunst – **Artenatura:** Località Tuerra, tel. 070 34 41 38, www.artenatura.com, 2 pk € 60-70. Kleine, erg fraai in de natuur gelegen B&B niet ver van Capo Ferrato. De gastheer was lange tijd directeur van het cultureel centrum Man Ray in Cagliari, en het huis is overeenkomstig smaakvol ingericht. Minimale verblijfsduur 1 week.
Camping en bungalows – **Capo Ferrato:** Località Costa Rei, tel. 070 99 10 12 ('s zomers), 070 88 56 53 ('s winters), www.campingcapoferrato.it, apr.-okt. Tweesterrencamping met vriendelijke staf, direct aan het strand. Verhuur van keurige, goed uitgeruste vakantiebungalows (€ 50-100 per dag voor 2 personen, eindschoonmaak € 30).

Eten en drinken

Vis – **Sa Cardiga e Su Pisci:** Piazza Sardegna 10, Monte Nai, tel. 070 99 11 08, juni-sept. dag., okt.-mei vr.-wo., menu € 32-45. Door Michelin aanbevolen restaurant met uitstekende viskeuken, ook lekkere vleesgerechten.

Informatie

Ufficio Informazioni ('s zomers): Via Ichnusa (hoofdstraat), Monte Nai, tel. 070 99 13 50.

Villasimius en Capo Carbonara ▶ G 14

De grote en dynamische badplaats **Villasimius** (3500 inw.) is zowel bekend vanwege zijn paradijselijke stranden als zijn uitbundige nachtleven. In het weekend is het populair bij de *Cagliaritani*, 's zomers is het verkeer vaak druk en zijn de stranden overvol. Villasimius ligt aan Capo Carbonara op de uiterste zuidoostpunt van Sardinië. Het afwisselende kustlandschap met zijn prachtige baaien is ideaal voor een strandvakantie. En ook 's nachts hoeft niemand zich hier te vervelen, veel bars en disco's zijn open tot het ochtendgloren.

Het 2 km landinwaarts gelegen centrum strekt zich uit langs de Via Umberto I en de daarop aansluitende Via del Mare, die kaarsrecht afdaalt naar de brede, fijnzandige **Spiaggia di Simius** (met strandbar/pizzeria en verhuur van parasols en ligbedden).

Ten zuiden van Villasimius strekt zich tot aan **Capo Carbonara** een smal schiereiland uit, dat slechts wordt onderbroken door de Stagno Notteri. De zee rond de kaap is tot beschermd gebied – **Area Marina Protetta di Capo Carbonara** – uitgeroepen. Varen en duiken is er aan beperkingen gebonden. Wie het schiereiland oprijdt, passeert eerst de kleine jachthaven (Marina di Villasimius) en vervolgens de **Fortezza Vecchia**, een oude kustversterking. De weg eindigt iets voor de kaap, de vuurtoren is militair terrein. Ter hoogte van de jachthaven leidt een afslag (eerst geasfalteerd, daarna onverhard) in oostelijke richting naar de ook weer schitterende **Spiaggia di Porto Giunco**, die zich oostelijk van de Stagno Notteri uitstrekt en bewaakt wordt door de oude Saracenentoren **Torre di Porto Giunco**.

Overnachten

Centraal – **Su Sergenti**: Viale Matteotti, tel. 070 79 20 01, www.hotelsusergenti.com, 2 pk € 80-179. Centraal gelegen, net en vriendelijk driesterrenhotel.
In het groen – **La Corte Rosada**: Via dei Carrubi 13, tel. 070 79 14 27, www.lacorterosada.it, 2 pk € 90-190, halfpension € 76-125 per persoon. In groene omgeving gelegen driesterrenhotelcomplex in Sardijnse stijl. Leuk en afwisselend gebouwd, ook qua kleurgebruik (vriendelijke pasteltinten) en kamerinrichting.

Eten en drinken

Populair – **Il Moro**: Località Villaggio dei Mandorli (zo'n 3 km buiten het centrum rechts van de weg naar Cagliari), tel. 070 79 81 80, 's zomers dag., anders wo.-ma., Sardijns menu € 26-32. Grote keus.

Fijne viskeuken – **Carbonara**: Via Umberto I, tel. 070 79 12 70, do.-di. 12.30-15, 19.30-22 uur, in het hoogseizoen dag., € 13. Veelzijdige keuken, bekend om de smakelijke visgerechten, goede bediening.

Actief

Duik- en zeiltrips – **Harry's Tours**: Porto Capitana, Porto Villasimius, tel. 338 377 40 51, www.harrystours.com. Dagtochten voor € 75 met lunch. Ook chartercruises met of zonder schipper en duiktrips.

Uitgaan

Cocktails en meer – **Toma Toma**: Piazza Gramsci 1, tel. 070 79 12 33. Gerenommeerde bar.
Mexicaans – **El Peyote**: Località Campus (aan de weg naar Cagliari ter hoogte van km 47), tel. 070 79 12 92, 's zomers dag., daarbuiten alleen in het weekend. Op Mexicaanse leest geschoeide cocktailbar (cerveziera-tequileria), bovendien Mexicaans restaurant en vooral bekende disco met twee dansvloeren.
Zwembad – **Lo Sciabecco**: aan de SP17 richting Cagliari ter hoogte van km 39,5, tel. 070 79 15 12, www.sciabecco.it. Discoclub met twee verdiepingen (commercial en house), restaurant en zwembad, jong publiek. Voor het indrinken ontmoet men elkaar vooraf in **Bar Garibaldi**, Via Garibaldi 1.

Informatie

www.ampcapocarbonara.it: informatie over het reservaat Capo Carbonara.
Ufficio Turistico: Piazza Giovanni XXIII, tel. 070 793 02 71, www.villasimiusweb.com, ma.-vr. 8-20 uur.

IN EEN OOGOPSLAG

Iglesias en het zuidwesten

Op ontdekkingsreis

Geheimen op het spoor – van Antas naar Su Mannau: midden in het verlaten bergland van de Iglesiente staat een tempel die tot op de dag van vandaag raadsels opwerpt. Wie was de geheimzinnige god van de Sarden? Een oude Romeinse weg voert naar een druipsteengrot die in een prehistorisch verleden diende als grotheiligdom. Zie blz. 128.

Bezienswaardigheden

Miniera Montevecchio: deze stilgelegde en nu voor bezoekers ingerichte mijn was ooit de grootste van Italië. Tot het uitgestrekte complex behoort een compleet mijnwerkersdorp met kerk, postkantoor en school. De directievilla in neorenaissancestijl bezit fraaie vertrekken, zoals de Blauwe Salon. Zie blz. 126.

Actief

De ondergrondse wereld: voormalige mijnwerkers leiden u rond door de stilgelegde mijnen rond Iglesias. Zie blz. 125.

Panoramaweg in Nebida: vanuit de dorpskern loopt een weg boven langs de steile kust met fantastiche uitzichten op zee en op de Pan di Zucchero. Zie blz. 133.

Sfeervol genieten

Tratalias: dit liefdevol gerestaureerde museumdorp met zijn 45 huizen kan terugblikken op een bloeitijd in de middeleeuwen, toen het hoofdstad van de Sulcis en bisschopszetel was. Het sfeervolle huizenensemble groepeert zich rond de voormalige kathedraal in Pisaans-romaanse stijl. Zie blz. 134.

Uitgaan

Sundowner met uitzicht op zee: aan de belvédère van Nebida ligt restaurant-bar Operaio 69 met zijn grote, overdekte terras – de perfecte plek voor een sundowner, terwijl de zon geleidelijk in zee zakt. In het weekend is er soms livemuziek. Zie blz. 133.

Ontspannen ambiance: kiezen is moeilijk – althans in Niko Caffè in Carloforte. Naast geweldige cocktails en longdrinks wachten lekker ijs en heerlijk gebak op lekkerbekken. Zie blz. 138.

Mijnbouw en mosselzijde

In het zuidwesten van Sardinië ligt een groot, door veel dalen doorkliefd gebergte. Ten noorden van de rivier de Cixerri rijst de Iglesiente op, genoemd naar het mijnbouwstadje Iglesias, ten zuiden ervan het Sulcisgebergte. Met zijn prachtige eikenwouden, hoge toppen, enorme kloven, bergbeken en watervallen behoort dit grandioze bergland tot de mooiste wandelgebieden van het eiland. Tot het midden van de 20e eeuw was dit het belangrijkste mijnbouwgebied van heel Italië, maar sindsdien zijn alle mijnen stilgelegd. Reusachtige stortbergen, door mijnbouw aangevreten hellingen en vervallen productiecomplexen kenmerken vooral de omgeving van Iglesias; verstopt in de bergen ligt hier en daar een spookdorp.

De hele regio is met zijn acht beschermde mijnen uitgeroepen tot *Parco geominerario, storico ed ambientale*. Sommige mijnen kunnen worden bezichtigd, Montevecchio werd zelfs speciaal voor bezoekers ingericht. Zeven gemeenten rond het geweldige massief van de Monte Linas hebben zich aaneengesloten tot het *Parco Culturale Giuseppe Dessì* (www.parcodessi.it), dat is genoemd naar de in Villacidro geboren schrijver, die in de jaren 70 van de vorige eeuw met zijn roman *Paese d'ombre* (Land van schaduwen) een literair monument voor de mijnstreek oprichtte.

Iglesias ▶ C 13

Iglesias (28.000 inw.) is een levendig, nog niet door toeristen ontdekt stadje met een charmant oud centrum dat een bezoek verdient. Smalle, door mooie palazzi geflankeerde straatjes met winkeltjes en leuke cafés verleiden tot een aangename rondwandeling door het stadje.

Om de ontginning van de rijke zilvermijnen in de omgeving te versnellen stichtte Ugolino della Gherardesca in 1282 Iglesias onder de naam Villa di Chiesa (Kerkstad). Ter beveiliging van zijn nieuwe bezit liet deze Pisaanse graaf hoog boven de stad het **Castello**

INFO

Internet
www.sulcisiglesiente.eu en www.carboniaiglesias.net

Reizen
Vliegtuig: internationale luchthaven Cagliari-Elmas (www.sogaer.it); rechtstreekse vluchten naar Nederland en België met onder meer Ryanair.
Boot: er varen geregeld veerboten van Calasetta (Isola di Sant'Antioco) en Portovesme naar Carloforte op Isola di San Pietro.

Auto: vanuit het oosten (Cagliari) voert de vierbaanssnelweg SS130 tot Iglesias. De SS126 van Iglesias door de Iglesiente naar het noorden tot Guspini is erg bochtenrijk. Alle andere wegen zijn relatief recht en dus sneller te berijden.
Trein: er rijden treinen van de Italiaanse spoorwegen (FS) tussen Cagliari en Iglesias.
Bus: langeafstandsbussen van ARST tussen Cagliari en Iglesias (www.arst.sardegna.it).

di Salvaterra bouwen. Al spoedig was Iglesias omgeven door een stadsmuur met twintig van kantelen voorziene torens. Resten ervan zijn nog zichtbaar ten oosten van de Via Eleonora. Eveneens in deze periode verrezen diverse kerken, waaronder de in 1503 tot kathedraal verheven **Chiesa di Santa Chiara**. De Aragonees-Spaanse tijd (vanaf 1324) wordt gekenmerkt door geleidelijk verval. De nieuwe heersers vertaalden de naam van de stad in hun eigen taal: voortaan heette ze Iglesias. Pas de industrialisatie vanaf het midden van de 19e eeuw bracht nieuwe bloei. Van doorslaggevende betekenis was de bevordering van de mijnbouw in de tweede helft van de 19e eeuw door de minister en mineraloog Quintino Sella.

Ter ere van hem is op de **Piazza Sella** aan de rand van de oude stad een monument opgericht. Het grote plein is een goed vertrekpunt voor een rondwandeling door de nauwe straatjes van het centrum. Vanaf het plein kunt u al de aanzet zien van de oude Pisaanse stadsmuur, die langs de Via Eleonora omhoogklimt naar het Castello di Salvaterra. Door de **Corso Matteotti** met zijn mooie winkels bereikt u de centrale **Piazza Lamarmora** in het hart van de stad. Schuin links door de Via Sarcidano en over de kleine Piazza Picchi komt u op de **Piazza Municipio**, waar zich naast het 19e-eeuwse stadhuis ook de kathedraal en het bisschoppelijk paleis (rond 1775) verheffen.

Overnachten en eten

Royale kamers – **Corte Rubja:** Località Girilli Spinosu (iets buiten Iglesias ten zuiden van de SS130), tel. 0781 325 43, www.corterubja.it, 2 pk € 70-112, halfpension € 55-76 per persoon. Dit uiterst aantrekkelijke driesterrenhotelcomplex beschikt over royale en smaak-

Actieve mijnwerkers

De naamloze vennootschap IGEA (*Interventi Geo Ambientali*), die bestaat uit veel voormalige mijnwerkers, organiseert rondleidingen door de stilgelegde mijnen rond Iglesias, waaronder Porto Flavia (Masua), Galleria Henry (Buggerru) en Galleria Vilamarina (Monteponi). In de zomermaanden dagelijks, daarbuiten alleen in het weekend; zie voor gedetailleerde informatie de website (tel. 0781 49 13 00, www.igeaspa.it).

vol in Sardijnse stijl ingerichte kamers, waarvan de muren zijn opgetrokken uit traditionele, ongebakken stenen van modder vermengd met klei en stro (*ladiri*). Uitstekend restaurant met creatief bereide gerechten.

Eten en drinken

Middeleeuws – **Gazebo Medioevale:** Via Musio 21, tel. 0781 308 71, € 9. Gezellig restaurant waar u eet onder oude gewelven; uitstekende visgerechten.

Actief

Wandeling – **Tempio di Antas:** ongeveer 15 km ten noorden van Iglesias (zie blz. 128).

Info en festiviteiten

www.comune.iglesias.ca.it: website van de gemeente.
Pro Loco: in het franciscanenklooster, Via Crispi 13, tel. 0781 311 70, www.prolocoiglesias.it, ma.-vr. 10-12, 17-20 uur.

Mannen in witte gewaden met puntmutskappen op bepalen het straatbeeld tijdens de Settimana Santa in Iglesias

Festiviteiten

Settimana Santa: Goede Week. Mannen in witte gewaden met puntmutskappen op trekken door de straten.
Corteo storico medievale: rond 10-15 aug. Groot middeleeuws feest met optocht, de Processione dei Candelieri.

Vervoer

Auto: grote gratis parkeerplaats bij het station, te bereiken vanaf de Via Crocifisso/hoek Via 20 Settembre.
Trein: vanaf het FS-station (tel. 0781 420 21) aan de Via Garibaldi vertrekt ongeveer vijf keer per dag een trein naar Cagliari.
Bus: busstation in de Via Crocifisso (achter het station). ARST (tel. 800 04 45 53) dag. diverse bussen naar Cagliari en Carbonia.

Iglesiente en Costa Verde

Miniera Montevecchio

▶ C 11

Informatiepunt tegenover het Palazzo della Direzione, tel. 070 97 31 73, www.minieramontevecchio.it; wisselende openingstijden per seizoen, mrt.-sept. za. (niet altijd), zo. 10-13 uur, actuele tijden op de website onder 'ORARI di apertura: clicca qui', combinatieprijzen voor rondleidingen (bovengronds): Palazzo (60 min.), Sant'Antonio (oudste mijn met mijnbouwershuizen, 60 min.), Piccalinna (nog een mijn, 45 min.), Officine (werkhallen, 45 min.): 1 rondleiding

€ 5, 2 rondleidingen € 9, 3 rondleidingen € 12, 4 rondleidingen € 14

Op een breed bergzadel ligt te midden van bossen de in 1848 geopende Miniera Montevecchio. In deze mijn, die al in 1865 rond de 1100 werknemers telde en ooit de grootste van Italië was, werden zilverhoudend lood en zink gewonnen. Tot het uitgestrekte complex behoorde een compleet mijnwerkersdorp met kerk, postkantoor en school. Nadat de mijn in 1991 definitief werd stilgelegd, is Montevecchio tegenwoordig een industrieel museum. De productie-installaties en huizen worden geleidelijk aan hersteld. Een wandeling door het dorpje is net zozeer de moeite waard als het bezichtigen van het vroegere **Palazzo della Direzione**. Deze compleet gerestaureerde directievilla in neorenaissancestijl bezit fraaie vertrekken, zoals de Blauwe Salon (*Sala Blu*). Rond Montevecchio zijn enkele gemarkeerde **wandelpaden** (infoborden met kaarten), die naar oude productiecomplexen en mijnen voeren.

Als u de met haarspeldbochten bezaaide SP66 naar Guspini afdaalt, ziet u langs de weg eerst de productiegebouwen **Pozzo San Giovanni** en **Pozzo Sartori**, dan de grote ertswasserij **Laveria Principe Tommaso** (1887) met gevuld waterbassin, aansluitend het stuwmeer **Diga Fanghi** en tot slot het **station**, van waar de treinen naar San Gavino vertrokken.

Overnachten

Mooi uitzicht – **La Miniera Fiorita**: Località Montevecchio, tel. 070 97 31 67, www.laminierafiorita.it, 2 pk € 70-98, halfpension € 55-69 per persoon. Sympathiek logeeradres met rustiek ingerichte kamers en geweldig uitzicht over het bergland aan de voet van de Monte Arcuentu.

Miniere Ingurtosu-Gennamari ▶ C 11/12

Tel. 328 644 24 24, http://arbus.it/ingurtosu, juli-aug. wo., vr. 10-13, 15-20, di., za.-zo. 10-13 uur, € 5

Tien kilometer zuidwestelijk van Montevecchio ligt de eveneens halverwege de 19e eeuw geopende Miniere Ingurtosu-Gennamari, die ook kan worden bezocht. U bereikt het mijnterrein ofwel rechtstreeks vanaf Montevecchio ofwel via een bewegwijzerde, geasfalteerde zijweg van de SS126 ongeveer 8 km ten zuiden van Arbus. Evenals in Montevecchio was er in Ingurtosu, dat in een nauwe dalinsnijding ligt, een compleet dorp met zelfs een ziekenhuis. Tot in de jaren 60 woonden er nog circa 2000 families, nu zijn veel gebouwen vervallen. De directie zetelde in het **Castello**, een statig palazzo met uitzicht over het volledige mijncomplex. De weg voert onder het gebouw door (de doorrijhoogte is meer dan de aangegeven 2,60 m). Naast het Castello zijn inmiddels ook de **Chiesa di Santa Barbara**, het **ziekenhuis** en de **Villa Ginestra**, het zomerverblijf van de mijndirecteuren, gerestaureerd. Voorbij het Castello voert de weg verder door het dal van de Riu Naracauli naar een gebied met verlaten mijnen.

Costa Verde ▶ B/C 11/12

Kilometerslange zandstranden met tot 60 m hoge wandelduinen, die tot de grootste van Europa behoren, strekken zich uit langs de **Groene Kust**. Zijn naam dankt dit afgelegen kustgebied tussen Capo Pecora en Marina di Arbus aan het groene, met jeneverbesstruiken en pijnbomen begroeide achterland. Tot nu toe is de Costa Verde nog steeds een schitterende, grotendeels niet door het toerisme aangetaste ▷ blz. 132

Op ontdekkingsreis

Geheimen op het spoor – van Antas naar Su Mannau

Midden in het verlaten bergland van de Iglesiënte staat een tempel die tot op de dag van vandaag raadsels opwerpt. Wie was de geheimzinnige god van de Sarden? Een oude Romeinse weg voert verder naar een druipsteengrot, die in een prehistorisch verleden diende als grotheiligdom.

Kaart: ▶ C 12
Heenreis: vanuit Iglesias over de SS126 in noordelijke richting; na 14,5 km bewegwijzerde afslag naar de Tempio di Antas nemen; de asfaltweg eindigt bij de parkeerplaats.
Horeca: verfrissingen bij de *biglietteria* bij de tempel en bij de grot.

Openingstijden: Tempio di Antas, tel. 0781 58 09 90, www.startuno.it, dag. juli-sept. 9.30-19.30, apr., mei, okt. 9.30-17.30, juni 9.30-18.30, nov.-mrt. di.-zo. 9.30-16.30 uur, € 4; Grotta su Mannau, tel. 0781 58 04 11, www.su mannau.it, dag. juli-okt. 9.30-18.30, van tweede paasdag tot juni 9.30-17.30 uur, nov.-mrt. op afspraak, € 10.
Duur van de wandeling: van Antas naar de grot en terug ruim 2 uur (let op: het pad is voor een deel erg steil); van de tempel naar de steengroeve en terug 30 min.

Als geen ander bouwwerk op Sardinië laat de Tempio di Antas een fascinerende synthese zien van de religieuze denkbeelden van de Puniërs en de Romeinen. Was dit het centrale heiligdom van Metalla, zoals de mijnbouwstreek in de oudheid heete en zoals munten met een afbeelding van de tempel en de letter 'M' doen vermoeden? De tempel was in ieder geval al lange tijd in vergetelheid geraakt toen men aan het begin van de 19e eeuw op zoek ging naar een aan Sardus Pater gewijd heiligdom bij de bron van de *sacer fluvius*, de heilige rivier, zoals dat was beschreven door de Griekse geograaf Ptolemaeus. In de dichte eikenwouden waarmee de Iglesiente voor de industriële revolutie bedekt was, vond men in 1838 uiteindelijk de tempel en noemde hem naar het nabijgelegen riviertje Riu Antas, waarvan de bovenloop betekenisvol Riu dello Spirito Santo (Beek van de Heilige Geest) heet. Vermoedelijk is de Riu Antas de *sacer fluvius* uit de oudheid. Het Sardijnse *antas* betekent deurposten of pijlers en heeft kennelijk betrekking op de tempel.

Helaas raakte het bouwwerk in de 20e eeuw ernstig beschadigd. Jagers trokken de loden krammen uit de muren voor hun patronen en schatgravers schrokken zelfs niet terug voor het gebruiken van springstof. Na de opgravingen die in 1967 begonnen, werd de tempel in zijn huidige vorm gerestaureerd.

Klassiek Romeins of niet?

Vanaf de *biglietteria* op het omheinde terrein loopt een kort voetpad naar de **Tempio di Antas**. Op het eerste gezicht is deze tempel volledig in klassieke stijl gebouwd: een voorhal met zuilen die rusten op Attische basementen en worden gekroond door Ionische kapitelen, met daarop aansluitend de grote binnenruimte (*cella*) met daarachter het allerheiligste. Bij nadere bestudering vallen echter bijzonderheden op die wijzen op een door de Puniërs beïnvloede manier van bouwen. Juist bij een heiligdom is dat eigenlijk verbazingwekkend, want de Puniërs – ofwel Carthagers – waren immers de aartsvijanden van Rome. Waaruit bestond die Punische invloed en wat zouden de redenen ervoor zijn geweest?

De oriëntatie van de tempel past al niet in het klassieke schema: de Antastempel is naar het noordwesten gericht en niet naar het oosten, naar de opgaande zon. Bij het betreden van de **cella** vallen de eigenaardige pijlers op die dicht tegen de buitenmuur staan. Bouwkundig en daarmee ook religieus is zo een Fenicische pijlerhal in het binnenste van een Romeinse tempel geïntegreerd. Typisch Punisch zijn ook de twee zijingangen, die bij klassieke tempels zeldzaam zijn.

Het **allerheiligste** is naar Punisch voorbeeld opgedeeld in twee gescheiden ruimten met aparte ingangen, die enkel door in de vloer verzonken waterbekkens konden worden betreden. De rituele reiniging was een Punische gewoonte, die ook bekend is van de aan hen verwante Israëlieten (mikwe) en die is overgenomen door het christendom (doop).

Het Punische heiligdom

Opgravingen brachten inderdaad de fundamenten van een ouder bouwwerk uit de Punische tijd aan het licht. Deze eerder tempel werd tegen het einde van de 6e eeuw v.Chr. – aan het begin dus van de Punische heerschappij over Sardinië – gebouwd en aan het begin van de 3e eeuw v.Chr. gerenoveerd. De Romeinen lieten de Punische tempel in latere tijd tot op de fundamenten afbreken en door een grote buitentrap overdekken.

Het omheinde **tempelgebied** uit de Punische tijd ligt recht voor het Romeinse bouwwerk, onder de aanzet van de trap, en toont al die oriëntatie

van noordwest naar zuidoost waaraan de Romeinen later ook vasthielden. De ruimten liggen rond een heilige rots, blijkbaar het spirituele middelpunt van het heiligdom. In de 19e eeuw was zelfs het altaar nog te zien, dat echter later door schatgravers volledig werd vernield.

Wie was de geheimzinnige 'God de Vader van de Sarden'?

De redelijk goed behouden **wijdingsinscriptie** op de geveldriehoek (epistylium) van de Romeinse tempel verraadt in de eerste regel, die helaas aan het einde wordt afgebroken, aan wie het onder keizer Caracalla (211-217) gebouwde heiligdom gewijd was:
IMP CAES M AURELIO ANTONINO AUG P F TEMP DEI SARDI PATRIS BAB (*Imperatori Caesari M. Aurelio Antonino Augusto Pio Felici Templum Dei Sardi Patris Bab ... – Deus Sardus Pater Bab*). Deze Romeinse 'God de Vader van de Sarden' had dus de bijnaam Bab(ay?), een in eerste instantie raadselachtige naam, die evenwel ook op Punische votiefgaven opduikt. Uit inscripties hierop blijkt dat de voorganger van de Romeinse tempel aan de Punische jachtgod Sid Addir Babay was gewijd. Sid wordt aangeduid als 'Machtige' (Addir) en lijkt, net als de Romeinse god van de Sarden, in verband te kunnen worden gebracht met de godheid Bab(ay).

Zowel de bouwkundige eigenaardigheden als deze door de Romeinen van de Puniërs overgenomen god tonen op fascinerende wijze aan dat er op Sardinië na de komst van de Romeinen geenszins sprake was van een culturele breuk met het verleden onder de aartsrivaal van Rome. De continuïteit in een belangrijk aspect van de cultuur als de religie is hiervan een veelzeggend voorbeeld.

De nauwe verwantschap met de Punische Sid wordt door Romeinse voorstellingen van de Sardus Pater nog eens versterkt. Ook hij wordt, net als bij Punische godenafbeeldingen, afgebeeld met een verenkroon. Raadselachtig blijft waarom de Puniërs in Antas de hun verder onbekende Babay vereerden. Ging het om een nuraghische god, waarvan zij de verering voortzetten? Inderdaad zijn er in de omgeving van de tempel veel sporen van de nuraghecultuur aangetroffen, waaronder een huttendorp, graven en talloze voorwerpen. Een fallisch bronzen beeldje uit deze periode stelt mogelijk de raadselachtige Babay voor. Misschien identificeerden de Puniërs hem met hun god Sid en zetten zij de cultus voort, net zoals later de Romeinen met hun Sardus Pater. Zoals vaker is de Antastempel een voorbeeld van een plek met een religieuze continuïteit over verschillende, elkaar opvolgende culturen heen.

Wandeling langs de Romeinse weg

Vanaf de Antastempel kunt u eerst nog de bewegwijzerde, 15 minuten durende wandeling maken naar de **steengroeve** (*cave romane*), waar het kalksteen voor de tempel werd gewonnen. Daarna keert u terug naar de *biglietteria*, waar het pad begint naar de *antica strada romana*. U gaat door een houten poortje rechtdoor heuvelopwaarts. Links zijn al snel de **fundamenten van ronde hutten** van een nuraghedorp te zien.

Op het punt aangekomen waar het pad weer heuvelafwaarts voert, buigt u af naar rechts en volgt een pad dat parallel aan de helling loopt. Aan het einde van een weide komt u door een hek in de macchia. Ook dit pad loopt parallel aan de helling. Vervolgens bereikt u een omheind terrein in het bos en loopt daar naar rechts stijgend voorbij, tot u op een kort vlak gedeelte een pijl naar rechts volgt. Het pad voert nu rechtdoor door de macchia; parallel eraan loopt links een landweg. Hier loopt u al over de oude **Romeinse weg**, ook al is deze nog niet als zodanig herkenbaar. Dan duikt het pad het bos in. U loopt steeds rechtdoor en negeert een afslag naar links. Even na het hoogste punt zijn in de rotsbodem karrensporen zichtbaar. Ze zijn uitgesleten door de met ijzer beslagen wielen van Romeinse karren, die hier het gebergte doorkruisten.

Spoedig hierna maakt het pad enige slingers (de oorspronkelijke route is hier overwoekerd), totdat het rechtlijnig en tamelijk steil langs een stenen muur bergafwaarts voert. Beneden in het dal houdt u bij een brede splitsing links aan en bereikt na 150 m de parkeerplaats bij de *biglietteria* van **de Grotta su Mannau**. Links tegen de beboste helling zijn picknicktafels en kunt u water drinken.

We zijn er! Niet alleen voor wandelaars een einddoel: het Antasheiligdom

Druipsteengrot en grotheiligdom

Door verkarsting ontstond de enorme Grotta su Mannau in het gedurende het cambrium gevormde kalksteen van de Supramonte. Al in de prehistorie werden mensen door de grot gefascineerd. De aangetroffen olielampjes en votiefscheepjes, die te zien zijn in de archeologische zaal, tonen een religieuze verwantschap aan met de Antastempel. Vanaf het neolithicum tot en met de Romeinse tijd deed de grot dienst als heiligdom voor de bronnencultus.

natuuroase, ook al liggen er in de bureauladen – ondanks alle beschermingsmaatregelen – reeds plannen klaar voor uitbreiding van de toeristische infrastructuur.

De onechte karetschildpad (*Caretta caretta*) legt aan de Costa Verde haar eieren. Deze in de Middellandse Zee zeldzaam geworden en zwaar beschermde schildpaddensoort behoort tot de familie zeeschildpadden. Met een gewicht van mogelijk 110 kg zijn het ware zwaargewichten, hun schild is soms meer dan een meter lang. Aan de kust komen soms in groten getale bezaantjes (*Velella velella*) voor, een soort kwallen die op het eerste gezicht op blauw plastic-afval lijken.

Routes naar de Costa Verde

Een route voert van Guspini via Montevecchio over smalle, bochtige weggetjes door de bergen en langs de opvallende Monte Arcuentu. Geleidelijk maken de bossen plaats voor de lagere macchia. Ruim 12 km na Montevecchio bereikt u de afslag naar links naar **Marina di Arbus**, een klein, weinig uitnodigend vakantiedorp. De verharde kustweg eindigt ruim 7 km daarna voor het dal van de **Riu Piscinas**, waar het brede duinlandschap begint. Eerst moet het riviertje bij een doorwaadbare plaats worden overgestoken. Het aansluitende traject is soms uitgespoeld en niet altijd goed berijdbaar. Een afslag leidt naar hotel Le Dune (zie hierna). Enkele kilometers hiervoorbij klimt de weg weer naar Ingurtosu.

Alternatief is de route via **Ingurtosu** (zie blz. 127). De weg is aanvankelijk verhard, maar wordt echter verderop ook weer onverhard. Betaalde parkeerplaats bij de **duinen van Piscinas-Ingurtosu** (toiletten, kleedhokjes en douches, verhuur van ligbedden en parasols).

Overnachten en eten

Schitterend gelegen – **Le Dune:** Via Bau 1, Piscinas di Ingurtosu, tel. 070 97 71 30, www.leduneingurtosu.it, 2 pk € 300-450, toeslag halfpension € 35-40 per persoon. Schitterend aan het strand gelegen, van buiten onopvallend driesterrenhotel in voormalige mijngebouwen. Smaakvolle inrichting met ruwstenen muren, balkenplafonds en antiek meubilair. Schaduwrijk restaurantterras met zicht op strand en zee.

Informatie

www.lacostaverde.it

Ten oosten van Iglesias ▶ C/D 13

Ten noorden van Domusnovas opent zich in een rotswand de **Grotta di San Giovanni** (dag. van 9-21 uur verlicht). Deze druipsteengrot loopt als een tunnel van 850 m lang onder een hoge bergrug door. Om de afvoer van erts uit de in de bergen gelegen mijn Sa Duchessa gemakkelijker te maken, werd halverwege de 19e eeuw door de grot een weg aangelegd. Tot 1999 was het de enige grot op Sardinië waar autoverkeer doorheen kon. Nu is hij afgesloten voor verkeer, maar u kunt lopend langs de Riu San Giovanni, die parallel aan de rijbaan door de grot ruist, het oude traject door de druipsteengrot volgen.

Tegenover de parkeerplaats voor de ingang van de grot ligt restaurant-bar Perd'e Cerbu. Een weg klimt naar het kerkje **San Giovanni**, dat wordt omgeven door knoestige oude olijfbomen. Wandelaars kunnen hier de klim beginnen naar **Punta San Michele** (906 m).

Schilderachtig troont de ruïne van het **Castello di Acquafredda** (Cooperativa Antarias, tel. 34 91 56 40 23, dag. 10-18 uur, www.castellodiacquafredda.it, € 4) op een steile andesietkegel aan de rand van de Cixerrislenk. Een klim van 15 minuten voert naart de afbrokkelende muren op de top. Behouden zijn de toren, delen van de buitenmuren en resten van de voorburcht (een agrarische nederzetting ten behoeve van de voedselvoorziening van de kasteelbewoners). Het uitzicht is in alle richtingen grandioos. Het in 1215 voor het eerst vermelde kasteel was een van de burchten die de Pisanen lieten bouwen om hun heerschappij over Zuidwest-Sardinië veilig te stellen. Dankzij de strategische ligging kon men van hieruit de vallei van de Cixerri bewaken, die vanaf de zee landinwaarts door het gebergte naar de Campidano voert.

Van Nebida naar Tratalias ▶ B/C 13/14

Nebida ▶ B 13

Tegen steile hellingen boven de zee ligt het kleine Nebida. Boven het voetbalveld in de dorpskern begint een **panoramaweg**, die zich rond een vooruitstekend gedeelte van een helling slingert en prachtige uitzichten biedt op de Golfo di Gonnesa. **Pan di Zucchero** (Suikerbrood) is de naam van de opvallende klip in het noorden. Diep beneden ligt aan de kust de vervallen **Laveria Lamarmora**, een voormalige ertswasserij. Een steile trap daalt er parallel aan de oude spoorrails naar af, maar de treden zijn brokkelig en verder naar beneden is de trap afgesloten.

Overnachten

Vriendelijk – S'Anninnia: Via Iglesias 107, Gonnesa (▶ C 13), tel. 0781 451 32, www.sanninnia.it, 2 pk € 64-80. Aardige, door Marcella en Antonio zeer persoonlijk gerunde B&B. Ruime, smaakvol ingerichte kamers in vriendelijke kleuren.

Parco Archeologico di Monte Sirai ▶ C 13

Strada Statale Sirai 27, Carbonia-Iglesias, tel. 32 05 71 84 54, www.mediterraneacoop.it, di.-zo. 10-19 uur, bezichtiging met gids € 6

Als een natuurlijke burcht rijst de vulkanische tafelberg **Monte Sirai** (191 m) op in het achterland van de zuidwestkust. Vanaf de uit trachiet (vulkanisch gesteente) bestaande hoogvlakte is het uitzicht op de eilanden voor de kust en landinwaarts over het ertsrijke binnenland fantastisch. Op deze strategisch uitstekende locatie ligt een grote Fenicisch-Punische **acropolis** met goedbewaarde fundamenten. Iets eronder bevindt zich de **necropolis** met haar ka-

'Sundowner' in het explosievendepot

In Nebida ligt bij de belvédère restaurant-bar **Operaio 69** met zijn grote overdekte terras – de perfecte plek voor een sundowner, een alcoholische versnapering aan het eind van de dag, als de zon geleidelijk in zee zinkt. Verse vis met daarbij een droge witte wijn en het prachtige uitzicht op zee voor niets erbij – mooier kan een dag niet eindigen. De zaak is ondergebracht in een voormalig explosievendepot voor de mijnen in de omgeving. In het weekend is het er druk, want Operaio 69 is populair. Soms is er dan ook livemuziek (tel. 338 916 53 88, vanaf € 8).

De Pan di Zucchero rijst voor Nebida 133 m op uit zee

mer- en brandgraven, 200 m verderop de **tophet**, de offerplaats, met **tempel**.

Tratalias ▶ C 14

In het hart van de Sulcis, in het vlakke, vruchtbare laagland aan de Riu Palmas, ligt het liefdevol gerestaureerde **museumdorp Tratalias** (Borgo Medioevale di Tratalias). Toen in 1954 iets boven de plaats een groot stuwmeer, het **Lago di Monte Pranu**, werd aangelegd, waren Tratalias' dagen geteld. Iets heuvelopwaarts ontstond het nieuwe dorp, het oude werd in 1982 door de laatste bewoner verlaten. In 1991 werd het grotendeels gesloopt; alleen de iets hoger gelegen dorpskern met 45 huizen rond de kathedraal bleef gespaard. De huizen vertonen nog de traditionele bouwwijze, waarbij gebruik werd gemaakt van *ladiri* (ongebakken stenen van modder), hout en riet. Dat deze huizen behouden zijn, komt doordat de bewoners al lang van tevoren wisten van hun gedwongen verhuizing. Zo werd het dorp niet, zoals veel andere op Sardinië, vanaf de jaren 60 gemoderniseerd maar bleef de deels middeleeuwse bebouwing behouden.

Tratalias' bloeitijd lag in die middeleeuwen; van de 13e eeuw tot 1503 zetelde er zelfs een bisschop. Hiervan getuigt de voormalige kathedraal **Santa Maria di Monserrato** (gebouwd in 1213-1282) in Pisaans-romaanse stijl. Een curieus detail van de façade is de trap tegen de geveldriehoek.

Informatie

Ufficio informazioni: in het museumdorp tegenover de kathedraal, tel. 0781 68 80 46, jan.-feb., 15-31 okt., nov.-dec. wo.-zo. 9-13, 15-17, mrt.-apr. di.-zo. 9-13, 15-17, mei-juni, 11-30 sept. di., do. 9-13, wo., vr.-zo. 9-13, 16-19, juli-10 sept. di. 9-13, wo., vr.-za. 9-13, 17-20, do., zo. 9-13, 20-24, 1-14 okt. di., do. 9-13, wo., vr.-zo. 9-13, 15-18 uur, rondleiding € 3. Indien gesloten, informeer dan bij het Ufficio informazioni in het stadhuis (Via Giacomo Matteotti, tel. 0781 69 70 23, ma.-vr. 9-14 uur) van het nieuwe Tratalias.

Sant'Antioco en San Pietro

Isola di Sant'Antioco ▶ B 14/15

Het Isola di Sant'Antioco is het grootste eiland voor de kust van Sardinië. Het is via een al in de oudheid opgeworpen, 3 km lange dam met het vasteland verbonden. Toeristen komen niet zozeer voor het wat eentonige landschap van het vulkanische eiland, maar voor de archeologische schatten in de hoofdstad **Sant'Antioco** (12.000 inw.). Het havenstadje bezit een mooie kustpromenade, die tot een wandeling uitnodigt. Wat hoger ligt het oude centrum op de fundamenten van het antieke Sulki (het Romeinse Sulcis). Deze in de 8e eeuw v.Chr. door de Feniciërs gestichte handelskolonie was in de oudheid een van de belangrijkste havensteden van Sardinië. Vanaf de middeleeuwen ging het met Sant'Antioco bergafwaarts. Pas in de 18e eeuw werd het onder Piemontees bestuur nieuw leven ingeblazen. In het kader van Mussolini's streven naar autarkie werd in 1933-1938 de haven uitgebreid voor de overslag van ertsen en bruinkool. Nu gaan hier vooral jachten, vissers- en veerboten voor anker.

Basilica di Sant'Antioco Martire

Piazza Parrocchia 22, toegang catacomben in de rechter zijbeuk, http://basilicasantantiocomartire.blogspot.ie, ma.-vr. 9-12, 15.30-17.30, juli-aug. ook ma.-vr. 19-20, za. 9-12, 15.30-18, zo. 15.30-18 uur, € 2,50

Vanaf de kustpromenade bereikt u via de Via Perret de Piazza Italia. Hier begint de Corso Vittorio Emanuele, die onder een schaduw biedend platanendak naar de Piazza Umberto voert. Van daar klimt de Viale Regina Margherita naar de Piazza De Gasperi. Hier verheft zich de parochiekerk Sant'Antioco, een Byzantijnse centraalbouw met een koepel (begonnen in de 6e eeuw), die in de 12e eeuw door de victorijnen (een aan de augustijnen verwante congregatie) gewijzigd werd. De façade kreeg haar huidige uiterlijk in de 17e eeuw. Onder de kerk bevinden zich Punische kamergraven, die in de vroegchristelijke tijd als catacomben dienstdeden. Volgens de legende ligt hier de Afrikaanse martelaar en latere beschermheilige van Sardinië, Antiochos, begraven (rond 125 na Chr.). Opmerkelijk in de catacomben is het fresco van de Goede Herder met een roodborstje en het reliëffragment van een dubbelfluitspeler met schoudertas.

Opgravingen van Sulki

Aan de weg naar Calasetta, Museo Archeologico en tophet: 9-19 uur, € 6/4, combikaartje € 7; Villaggio Ipogeo, Forte Sabaudo en Museo Etnografico: apr.-sept. 9-20, 1-15 okt. 9-13, 15.30-20, 16 okt.-31 mrt. 9.30-13, 15-18 uur, € 2,50 en € 2,50/3, combikaartje € 6; dag. behalve 25-26 dec., 1 jan. en eerste paasdag

Het grote opgravingsterrein van het Fenicisch-Punische Sulki ligt op een verhoging van kalk- en tufsteen aan de rand van de oude stad en is vanaf de Piazza De Gasperi te bereiken langs de Via Necropoli. De talloze grafkelders en kamergraven van de **necropolis**, waarin later ook de Romeinen en de christenen hun doden begroeven, zijn als catacomben uitgehouwen in het zachte gesteente. Hier werden veel skeletten aangetroffen. De wat lager gelegen **tophet** was de cultusplaats, waar brandoffers werden gebracht aan de goden Baal en Tanit, om hen genadig te stemmen en hun zegen af te smeken. Hier werden circa 3000 urnen met de as en beenderresten van baby's, kinderen en dieren gevonden. De aardewerken potten stonden bij de offerplaats

Tip

Fascinerende mosselzijde

Een zachtgouden glans tonen de fijne, zijdeachtige byssusdraden. Met deze taaie en elastische, tot 20 cm lange ankertouwen houdt de grote steekmossel (*Pinna nobilis*) zich tussen het zeegras nabij de kust vast aan de zeebodem. Sinds de oudheid werd van deze draden de kostbare mosselzijde gemaakt. Het legendarische Gulden Vlies uit de Griekse mythologie was waarschijnlijk al van *byssos* (Grieks voor fijne vezel) geweven. Een mossel levert slechts 1 à 2 gram ruwe draad. Geen wonder dus dat het vroeger veel voorkomende weekdier door overbevissing zeldzaam is geworden. In de EU is de grote steekmossel inmiddels beschermd. In de 20e eeuw raakte mosselzijde uit de mode toen kunstvezels hun intrede deden. In Sant'Antioco zetelt de laatste mosselzijdespinnerij van Europa: Chiara Vigo. In het **Museo del Bisso**, dat is ondergebracht in een sfeervolle gewelfzaal, zijn producten van mosselzijde te bewonderen en te koop (Sant'Antioco, Viale Regina Margherita 113, tel. 347 330 22 37, www.chiaravigo.com, 9.30-12.30, 16-20 uur).

in de openlucht opgesteld. Het zijn weliswaar replica's die u tegenwoordig ziet, maar de aanblik ervan is niet minder indrukwekkend. Bij de Puniërs was het gebruikelijk naast de urnen kleine votiefsteles (offerstenen) weg te zetten. Deze waren deels met figuratieve voorstellingen en deels met abstracte symbolen van de godheden gedecoreerd. Er zijn hier circa 1500 van zulke steles aangetroffen, de meeste ervan bevinden zich nu in het archeologisch museum in Cagliari. Bij de ingang van de tophet vindt u het modern vormgegeven **Museo Archeologico** met vondsten van het opgravingsterrein. Hier ziet u onder meer votiefsteles, asurnen, scarabeeën van edelsteen en goudsmeedwerk. Fascinerend is een mozaïek met panters en leeuwen, die vermoedelijk als waakdieren bij de poort in de Punische stadsmuur fungeerden. Hoger op het terrein ligt de **Villaggio Ipogeo**, een groot complex van holengraven, die later zijn gebruikt als woningen of als stallen.

Een voormalige wijnkelder herbergt het **Museo Etnografico** met een verzameling landbouwwerktuigen en huishoudelijk gereedschap. Bovenaan op het terrein verheft zich het **Forte Sabaudo**, ook Forte Su Pisu genoemd. Deze in 1812 door de Piemontezen gebouwde burcht werd al na een paar jaar door piraten verwoest. Vanaf de oude kantelen hebt u een weids uitzicht.

Overnachten

Centraal gelegen – **Del Corso:** Corso Vittorio Emanuele 32, tel. 0781 80 02 65, www.hoteldelcorso.it, 2 pk € 69-100. Verzorgd driesterrenhotel.

Eten en drinken

Creatief met vis – **Ristorante da Achille:** Via Nazionale 82, www.hotel-moderno-sant-antioco.it, tel. 0781 831 05, apr.-okt. dag. 12-14, 20-23.30 uur, € 12, menu vanaf € 40. Verfijnde gerechten, vooral met vis en schelp- en schaaldieren, maar ook vlees en vegetarisch. Chef-kok Achille creëert ook innovative sushigerechten.

Winkelen

Scarabeeën, olielampjes en meer – **Lo Scarabeo:** Via Foscolo 4 en Via Castello

Sant'Antioco en San Pietro

De tophet van Sulki: waar ooit offers werden gebracht aan Baal en Tanit, struinen nu toeristen rond

11, tel. 0781 84 10 89. Hoogwaardige replica's van archeologische vondsten.
Wijn – **Cantine & Enoteca Sardus Pater:** Via Rinascita 46, tel. 0781 839 37, ma.-za. 8.30-13, 16-20 uur, www.cantine saruspater.it. Gerenommeerde wijncoöperatie, vooral om de Carignano.

Info en festiviteiten

Cooperativa Archeotur: Via Ugo Foscolo 4, tel. 0781 80 05 96, www.archeo tur.it. Deze coöperatie beheert de archeologische sites, de musea en het fort.
Pro Loco: Piazza Repubblica 31a, tel. 0781 84 05 92, www.comune.santan tioco.ca.it

Festiviteiten
Sagra di S. Antioco Martire: 15 dagen na Pasen. Grote processie ter ere van de beschermheilige van Sardinië.

Nostra Signora di Bonaria: begin sept. (4 dagen). Beurs, bocciatoernooi (gehandicaptensport vergelijkbaar met petanque), op zondag grote botenprocessie, aansluitend processie door de stad.

Vervoer
Auto: veel parkeerplekken aan de havenkade. Van daar voert de Via Garibaldi omhoog het oude centrum in naar de centrale Piazza Umberto.
Bus: diverse keren per dag bussen naar Cagliari en Iglesias.

Isola di San Pietro
▶ A/B 13/14

Anders dan zijn buureiland biedt het Isola di San Pietro veel landschapsschoon. De eilandhoofdstad, het leuke havenstadje **Carloforte** (6400 inw.), werd in 1738 gesticht door vluchtelingen uit Genua. Met steun van koning Carlo Emanuele II vonden ze op San Pietro een nieuw thuis, waar ze in de schaduw van de burcht een nieuw stadje aanlegden. Ter ere van de koning kreeg het de naam Carloforte. Dankzij de winstgevende productie van zeezout, de tonijnvisserij en een drukke haven beleefde Carloforte in de 19e eeuw een bloeiperiode. Tot de dag van vandaag koesteren de *Carlofortini* in taal, folklore en traditionele manier van bouwen de herinnering aan hun Genuese voorvaderen, terwijl hun keuken Noord-Afrikaanse invloeden vertoont.

In de **haven** van Carloforte, waar vroeger vrachtschepen met erts werden geladen, liggen nu jachten en vissersbootjes. Bekend is Carloforte om de **Mattanza del Tonno**, de traditionele tonijnvangst. In het voorjaar, wanneer grote scholen tonijn uit de Atlantische Oceaan en de westelijke Middellandse Zee naar het oosten trekken om te paaien, worden ze voor de zuidwestpunt van Sardinië in grote, zware netten opgevangen. De vissen worden vervolgens in steeds kleinere netten gedreven, tot ze uiteindelijk in de *tonnara* of *camera della morte* (kamer van de dood) geen kant meer opkunnen. Dit van boven open net wordt langzaam uit het water omhooggetrokken waarna de *mattanza,* het bloedige afslachten, begint. Terwijl de vissers een oeroud lied aanheffen, worden de dieren met knotsen doodgeslagen en aan boord van de vissersbootjes gehesen. Op het kleine eilandje Piana wordt de vis in een fabriek ingeblikt. Nog lucratiever is de export van verse tonijn naar Japan, waar de Sardijnse tonijn door de traditionele vangstmethode als een bijzondere delicatesse geldt.

Museo Civico
Casa del Duca, Via Cisterna del Re 20/24, www.carloforte.net/museo, tel. 0781 85 58 80, juni-sept. di. 10-13, 16-20, wo. 9-13, do. 16-20, vr. 9-13, za. 17-20, zo. 10-13, okt.-mei di., do. 10-13, 15-18, wo., za.-zo. 10-13, vr. 9-13 uur, € 2

Het pastelgekleurde oude centrum bezit Ligurische flair. Het strekt zich uit tussen de havenpromenade en de centrale Piazza di Repubblica en klimt vandaar naar het **Castello**. In de oude burcht huist nu het Stadsmuseum, met 18e-eeuwse vertrekken en een model van een *tonnara*.

Overnachten

Stijlvol – **Nichotel:** Via Garibaldi 7, tel. 0781 85 56 74, www.nichotel.it, 2 pk € 86-180. Zeer smaakvol modern ingericht viersterrenhotel.

Eten en drinken

Regionale keuken – **Da Nicolo:** Corso Cavour 32/Via Dante 32, tel. 0781 85 40 48, www.danicolo.net, mei-sept. 12.30-15, 20-23.30 uur, vanaf € 11. Uitstekende gerechten, met als specialiteit tonijngerechten in alle mogelijke varianten.

Uitgaan

Ontspannen ambiance – **Niko Caffè:** Piazza Emanuele III 9, tel. 0781 85 71 32, apr.-dec. tot 22 uur (in de zomermaanden tot 2 uur). Cocktails, longdrinks, lekker ijs en heerlijk gebak – de keus is moeilijk.

Info en festiviteiten

Pro Loco: Corso Tagliafico 2 (havenpromenade), tel. 0781 85 40 09, www.prolococarloforte.it

Sant'Antioco en San Pietro

Ze zijn er nog, de vissers van San Pietro – hier bezig met het boeten van de netten voor de tonijnvangst

Festiviteiten

Sagra del Tonno: eind mei. Culinair feest in het teken van de tonijn, met veel folklore.

Fiesta di San Pietro: 29 juni. Het grootste feest op het eiland met een bootoptocht in de haven en feest op de Piazza Pegli.

Vervoer

Boot: veerboten naar Calasetta (bijna elk anderhalf uur) en Porto Vesme.
Saremar: tel. 0781 884 30, www.saremar.it, naar Calasetta en Porto Vesme (bijna elk uur), vaartijd circa 40 min.; Delcomar: tel. 0781 85 71 23, www.delcomar.it, naar Calasetta.

IN EEN OOGOPSLAG

Oristano, Bosa en het westen

Hoogtepunten ✹

Penisola del Sinis: het weidse lagunelandschap met zijn waardevolle draslanden is een natuurparadijs. Tal van watervogels kunnen hier worden geobserveerd, waaronder flamingo's. Fascinerende kwartsstranden strekken zich uit langs de westkust. Het schiereiland bezit bovendien een archeologische schat in de vorm van de antieke ruïnestad Tharros. Zie blz. 147.

Bosa: schilderachtig ligt het oude centrum van Bosa aan de traagstromende Temo. Vanaf de met palmen begroeide kustpromenade beklimmen de bontgekleurde huizen dicht opeen de heuvel waarop een machtige burchtruïne troont. Zie blz. 160.

Op ontdekkingsreis

Santa Cristina – afdaling in het bronnenheiligdom: te midden van oeroude, knoestige olijfbomen ligt de fascinerende bronnentempel Pozzo Sacro di Santa Cristina. Het grote tempelcomplex uit de nuraghetijd is nog steeds met raadsels omgeven. In de nabijheid staat een bedevaartskerkje dat wordt omgeven door oude pelgrimshuisjes. De knusse omgeving is als gemaakt voor een picknick. Zie blz. 154.

Bezienswaardigheden

Dom van Oristano: binnen in de kerk zijn opmerkelijke kunstschatten te zien, waaronder twee levendige en expressieve romaanse bas-reliëfs die Daniël in de leeuwenkuil en twee leeuwen met buitgemaakte hertenkalfjes tonen. Zie blz. 144.

Sas Perdas Marmuradas: schraal en verlaten is de hoogvlakte bij Macomer, onstuimig geselt de *maestrale* het land. Zwijgend waken hier zes rechtopstaande stenen over de gigantengraven van Tamuli. Zie blz. 159.

Actief

Wandelingen: Esedra Escursioni organiseert wandelingen rond Bosa, onder meer langs de grillige kust in de richting van Alghero. Ook op het programma staan vogelexcursies, zoals het observeren van vale gieren in de vrije natuur. Zie blz. 165.

Sfeervol genieten

Antica Dimora del Gruccione: een prachtig patriciërshuis met een bekoorlijke binnenplaats nodigt in het oude centrum van Santu Lussurgiu uit tot een verblijf, ook door de zeer smaakvol met antiquiteiten ingerichte kamers en een uitstekende regionale keuken. Zie blz. 157.

Uitgaan

Sa Pedrera emotional Discoclub: deze bij de *Oristanesi* populaire disco met openluchtgedeelte verdient zeker een bezoek. Zie blz. 150.

Kwartsstrand en jakobsladder

Het westen van Sardinië rond Oristano en Bosa fascineert door zijn uitgestrekte, vruchtbare vlakten en de grote, uitgedoofde vulkanen Monte Arci en Monte Ferru. Uniek is het beschermde lagunelandschap aan de Golfo di Oristano en op het schiereiland Sinis. Het licht is anders aan deze door water omsloten kust met haar waardevolle draslanden, waar zich tal van vogelsoorten ophouden. Lange, goudgele zandstranden, maar ook blinkend witte kwartsstranden kenmerken de westkust, waar tot vreugde van de surfers de mistral vaak krachtig waait.

De visrijke lagunes verrijken de lokale keuken – nergens anders kunt u op Sardinië zulke heerlijke vis en zeevruchten eten dan hier. De 'kaviaar van de Middellandse Zee' en de aan sherry herinnerende Vernaccia maken het culinaire genot compleet.

Op cultureel gebied is de streek rijkbedeeld. Het schilderachtige Bosa is absoluut een bezoek waard, maar ook het knusse vakantieoord San Leonardo de Siete Fuentes met zijn bronnen, het oude bergdorp Santu Lussurgiu, het planmatig aangelegde Arborea en Fordongianus met zijn Romeinse termen. Middeleeuwse kerken, van Byzantijns (San Giovanni di Sinis) via vroegromaans (San Pietro extramuros) tot laatromaans (San Pietro di Zuri) zijn veelzeggende getuigen van het artistieke kunnen van hun tijd. Waardevolle kunstschatten herbergt ook de dom van Oristano. Tot de archeologische hoogtepunten behoren de uitgestrekte antieke ruïnestad Tharros met haar enorme verdedigingsmuren, het fascinerende, uit de bronstijd stammende bronnenheiligdom Santa Cristina, de grote nuragheburcht Losa en de stenen wachters van Tamuli – zes *baityloi* (rechtopstaande, spits toelopende stenen) bij een gigantengraf uit de nuraghetijd. Indrukwekkend is ook het observeren van de in de bergen bij Bosa weer inheemse vale gier.

Oristano ▶ C 9

In het noordwesten van de Campidanolaagvlakte ligt niet ver van de mon-

INFO

Toeristische informatie
Voor de provincie Oristano: Piazza Eleonora 19, 09170 Oristano, ma.-vr. 9-13, di. en do. ook 16-18 uur.
www.provincia.or.it: officieel internetportaal van de provincie.

Heenreis en vervoer
Auto: over de SS131 Carlo Felice is het westen van Sardinië rond Oristano en Bosa vanuit alle richtingen goed bereikbaar. Zeer bochtenrijk is de weg van Santu Lussurgiu via Cuglieri naar Bosa.
Trein: Oristano, Abbasanta en Macomer liggen aan het hoofdtraject van de Italiaanse spoorwegen (FS). Landschappelijk fraai is de rit met de smalspoortrein Trenino Verde (www.treninoverde.com) van Bosa Marina via Tresnuraghes naar Macomer.
Bus: langeafstandsbussen van ARST (www.arst.sardegna.it) en FdS naar Cagliari, Sassari, Nuoro en andere steden.

ding van de Tirso Oristano (32.000 inw.). Omgeven door vruchtbare, in de eerste helft van de 20e eeuw drooggelegde en van malariamuggen bevrijde akkers, is het het belangrijkste centrum voor fruit- en groenteteelt op Sardinië. Het voornemen om van Oristano ook een belangrijke industriestad met een grote handelshaven te maken, bleek echter te hoog gegrepen. De diepzeehaven aan de Golfo di Oristano, bedoeld voor de inmiddels met sluiting bedreigde chemiereus Ottana in het gelijknamige dorp in de provincie Nuoro, is nauwelijks gebruikt. Uitbreidingsplannen, waarbij de waardevolle Stagno di Santa Giusta grotendeels zou worden gedempt, blijven hopelijk definitief in de lade. Grote bezienswaardigheden heeft de kleine provinciehoofdstad weliswaar niet en toeristen komen hier niet in drommen naartoe, maar toch is een wandeling door het levendige centrum zeker niet onaangenaam.

Geschiedenis

Oristano is een relatief jonge stad, gesticht in 1070 na het opgeven van Tharros. De havenstad uit de oudheid was de inwoners te onveilig geworden nadat ze keer op keer door de Saracenen was aangevallen. Van de stenen van Tharros werd de nieuwe stad gebouwd. Al snel bloeide het middeleeuwse Maristanis of Aristanis (Tussen de lagunes), zoals Oristano aanvankelijk heette, als als hoofdstad van het judicaat (een door een erfelijk rechter bestuurd territorium) Arborea.

Een groot marmeren standbeeld op de centrale **Piazza Eleonora d'Arborea** eert sinds 1881 deze volksheldin van de Sardijnse onafhankelijkheid. Eleonora werd rond 1340 geboren als dochter van Marianus IV van Arborea en nam na de dood van haar broer Hugo III in 1383 het rechtersambt van hem over. In 1391 liet zij een richtinggevend wetboek van civiel en strafrecht publiceren in het Sardijns, de *Carta de Logu*. Tijdens de verovering van Sardinië door de Aragonezen groeide Eleonora uiteindelijk uit tot de heldin van het Sardijnse vrijheidsstreven. De intelligente en zich van haar macht bewuste rechter van Arborea wist dat de strijd tegen het oppermachtige Aragon nauwelijks kans op succes had zolang Sardinië verdeeld was. Het lukte Eleonora het eiland bijna volledig – met uitzondering van Cagliari en Alghero – onder het bestuur van Arborea te verenigen. In 1404 stierf zij echter onverwachts, waarna het judicaat Arborea verviel en Aragon het hele eiland veroverde. Oristano werd gedegradeerd tot hoofdstad van een nieuw gevormd graafschap en verloor in de eeuwen die volgden, steeds meer aan betekenis. Maar Eleonora's nagedachtenis werd door de *Oristanesi* steeds in ere gehouden.

In de oude stad

Als pronkkamer van de stad wordt de **Piazza Eleonora d'Arborea** 1 omgeven door enkele van de mooiste palazzi van Oristano, waaronder het **Palazzo Colonna** (Palazzo Comunale/gemeentehuis) en het uit een synagoge voortgekomen **Palazzo degli Scolopi**. Aan de nabijgelegen Via Parpaglia 8-12 staat het **Palazzo di Eleonora** 2, waar de volksheldin echter nooit geresideerd heeft. Het gebouw uit de vroege renaissance bezit kunstige raamomlijstingen.

Vanaf het plein voert de **Corso Umberto I**, drukke voetgangerszone en winkelstraat, naar de al even levendige **Piazza Roma** met de **Torre San Cristoforo** 3, ook wel Torre di Mariano II of Porta Manna genoemd. Deze machtige, uit diverse verdiepingen bestaande ver-

dedigingstoren maakte deel uit van de middeleeuwse stadsmuur die rechter Marianus II in 1291 liet bouwen.

Antiquarium Arborense 4

Palazzo Parpaglia, Piazza Giovanni Corrias, tel. 0783 79 12 62, www. antiquariumarborense.it, 1e ma. van juli-1e zo. van sept. ma.-vr. 9-14.30, 15.30-21, za.-zo. 9-14, 16-21, anders dag. 9-14, 15-20 uur, € 5/2,50, tot 6 jaar gratis

In het Antiquarium Arborense staan archeologische vondsten uit Tharros en de rest van het schiereiland Sinis opgesteld, waaronder indrukwekkende Punische maskers en kunstige urnen van terracotta en glas. Maquettes van Tharros en het middeleeuws Oristano geven een duidelijk beeld van hoe ze er ooit uitzagen. Bovendien zijn er altaarstukken uit de 15e-16e eeuw te zien.

Cattedrale di Santa Maria Assunta 5

Piazza Duomo

Met de bouw van de dom van Oristano werd begonnen in 1131. De van origine romaans-gotische kerk werd diverse keren gewijzigd: schip en façade werden in de 18e eeuw in een barok jasje gestoken terwijl de dwarsbeuk rond 1830 een neoklassiek uiterlijk kreeg. Binnen vallen opmerkelijke kunstschatten te ontdekken, vooral in de gotische **Cappella**

Oristano

Bezienswaardigheden
1. Piazza Eleonora d'Arborea
2. Palazzo di Eleonora
3. Torre San Cristoforo
4. Antiquarium Arborense
5. Cattedrale di Santa Maria Assunta
6. Chiesa San Francesco

Overnachten
1. Regina d'Arborea
2. Eleonora

Eten en drinken
1. Craf
2. Da Gino
3. Forchetta d'Oro

Winkelen
1. Pastificio Artigianale Cuozzo
2. Cantina Sociale della Vernaccia

Uitgaan
1. Lola Mundo

---

del Rimedio (rechts in de dwarsbeuk) met haar kruisribgewelven. De beide koorhekken zijn versierd met gotische reliëfs, die rond 1400 door een Catalaanse kunstenaar werden gemaakt in opdracht van Eleonora van Arborea. Tegen de pijlers die de taferelen van elkaar scheiden, is het wapen van het judicaat Arborea met de boom (Lat. *arbor*) in het schild te zien. Het marmeren beeld van de Madonna del Rimedio op het altaar is het werk van dezelfde meester. Tegen de achterkant van de koorhekken bevinden zich twee waardevolle romaanse bas-reliëfs (omstreeks 1100) die Daniël in de leeuwenkuil en twee leeuwen met buitgemaakte hertenkalfjes tonen. Vooral de levendige en expressieve leeuwenkoppen maken indruk. Het bekijken waard zijn ook de bronzen leeuwenkoppen (1278), die vroeger het domportaal sierden.

Chiesa San Francesco 6
Via Sant'Antonio

Slechts een paar stappen van de dom verwijderd staat de kerk San Francesco. Deze neoklassieke centraalbouw zou verder niet bezienswaardig zijn, als niet boven het linker zijaltaar een door zijn pijnlijke realisme aangrijpend **kruisbeeld** hing. De levensgrote voorstelling van de gekruisigde Christus wordt toegeschreven aan een onbekende 15e-

Het ruitertoernooi *Sa Sartiglia* gaat terug op de ridderspelen van de Spaanse adel

eeuwse Catalaanse meester en geldt als het belangrijkste voorbeeld van gotische beeldhouwkunst op Sardinië.

Overnachten

In een paleis – **Regina D'Arborea** 1: Piazza Eleonora d'Arborea 4, tel. 0783 30 21 01, www.hotelreginadarborea.com, 2 pk € 120-165. Stijlvol palazzo (19e eeuw) in het verkeersluwe centrum. Mooi eigentijds interieur met antiek.

Centraal – **Eleonora** 2: Piazza Eleonora d'Arborea 12, tel. 0783 704 35, www.eleonora-bed-and-breakfast.com, 2 pk € 60-75. Keurige B&B met moderne, grote kamers in een historisch palazzo, eigen parkeerplaats.

Eten en drinken

Gemoedelijk – **Craf** 1: Via del Castro 34, tel. 0783 706 69, ma.-za., € 13. Landelijke Sardijnse keuken in een oude gewelfkelder; lekkere vleesgerechten met paddenstoelen.

Verse pasta – **Da Gino** 2: Via Tirso 13, tel. 0783 714 28, ma.-za., € 10. Populaire, vrij eenvoudige trattoria met uitstekende verse pasta en grote keus aan vis en zeevruchten. Tip: *aragosta alla Gino* (langoest).

Geliefd – **Forchetta d'Oro** 3: Via Giovanni XXIII 34, tel. 0783 76 31 10, € 9. Goede en goedkope trattoria met open keuken; veel vis en zeevruchten.

Winkelen

Dolci Sardi – **Pastificio Artigianale Cuozzo** 1: Via Figoli 89, tel. 0783 782 92.

Wijn – **Cantina Sociale della Vernaccia** 2: Località Rimedio, Via Oristano 6, tel. 0783 333 83, www.vinovernaccia.com.

Antiek – Mooie antiekmarkt op de Piazza Eleonora 1, 1e za. van de maand.

Uitgaan

Moderne ambiance – **Lola Mundo**
1: Piazza Corrias 14, tel. 0783 30 17 32. Trefpunt voor de incrowd in het oude centrum; soms livemuziek.

Info en festiviteiten

Ufficio Informazioni Turistiche: Piazza Eleonora 19, tel. 0783 368 32 10, www.comune.oristano.it, ma.-vr. 9-13, 15-18.45, za. 9-13 uur.
Associazione Turistica e di Promozione Sociale: Via Ciutadella de Menorca 14, tel. 0783 706 21, www.oristanoproloco.com, 's zomers ma.-za. 9-12, 16.30-19.30 uur.

Festiviteiten
Carnavalszondag en -dinsdag: Sa Sartiglia, www.sartiglia.info. Bij dit traditierijke ruitertoernooi moeten gemaskerde, in historische kostuums geklede ruiters op versierde paarden proberen in galop een voor de dom opgehangen, vijfpuntige zilveren ster aan hun zwaard te rijgen.

Vervoer
Auto: door het vele autoverkeer en de weinige parkeerplaatsen in het centrum, kunt u het best parkeren bij het stadion (*campo sportivo*). Daarvoor slaat u ter hoogte van de Piazza Mannu (in het zuiden van het centrum) vanaf de Via Cagliari de Viale San Martino in en vervolgens de Viale del Cimitero. Van hier bent u te voet snel in het centrum.
Bus: ARST-busstation, Via Cagliari 102, tel. 0783 717 76. Bussen naar de omliggende plaatsen en snelbussen naar onder meer Cagliari. **FdS-snelbus** vanaf Via Lombardia 30 meermalen per dag naar Cagliari, Sassari en Nuoro. **Logudoro Tours** (tel. 079 28 17 28, www.logudorotours.it) naar Cagliari en het vliegveld Alghero-Fertilia. **Stadsbus**, tel. 800 86 50 42, onder andere de *linea azzurra* naar Marina di Torre Grande.
Trein: Oristano ligt aan het traject Cagliari – Sassari/Olbia. Station aan de Piazza Ungheria, tel. 0783 722 70.

Penisola del Sinis ✷ ▶ B/C 8/9

Ten noorden van de Golfo di Oristano strekt zich een weids, indrukwekkend lagunelandschap uit met waardevolle draslanden. Het licht is anders op het dunbevolkte, door water omgeven schiereiland Sinis, de frisse zeelucht is opwekkend, de kleuren glanzen zijdeachtig en de porseleinblauwe hemel reikt tot aan de horizon. Langs de westkust liggen fascinerende kwartsstranden (zie blz. 149). Vruchtbare artisjokkenvelden en wijngaarden, waar de witte vernacciadruif wordt geteeld, vindt u in het vlakke, aan de wind blootgestelde binnenland, dat enkel in de zomer verdord en schraal aandoet.

Bijna alle lagunes op het schiereiland Sinis en langs de Golfo di Oristano zijn beschermd, evenald de zee ten westen ervan met het Isola di Mal di Ventre. De moerasgebieden golden nog tot het midden van de 20e eeuw als waardeloos, door malaria geteisterd land, dat men door het graven van kanalen en het planten van bomen probeerde droog te leggen. De soortenrijkdom in de draslanden is indrukwekkend, er zijn meer dan 150 vogelsoorten waargenomen. Sommige, zoals de flamingo of de stern, zijn seizoensgasten, veel andere verblijven hier het hele jaar door.

Stagno di Cabras ▶ C 9

De grootste lagune is de brakke Stagno di Cabras. Een brede rietkraag omgeeft het visrijke water, waarin vooral harders (*muggini*) en palingen (*anguille*), maar ook zeetong (*sogliola*), zeebarbeel (*triglia*), zeelt en karpers rondzwemmen. Vroeger mochten de vissers hier alleen met van riet gemaakte eenpersoonsbootjes vissen omdat de Stagno privébezit was. Nu zijn driehonderd vissers uit Cabras verenigd in de Consorzio Pontis en wordt er per jaar alleen al 500 ton harder gevangen. Gegrilde harder is een delicatesse. De Sarden waarderen ook hun kuit, die zeer sterk naar vis smaakt en niet iedereen zal aanspreken. Gedroogd wordt hij als kruid verkocht onder de naam *bottarga* – wat in het Fenicisch niets anders betekent dan gezouten vis.

Stagno Sale Porcus ▶ C 9

De ondiepe, van zee afgesneden en enkel door neerslag gevoede Stagno Sale Porcus heeft een hoog zoutgehalte. In de zomer valt de poel ver droog, tot er niet veel meer van overblijft dan een verblindende zoutvlakte. Met de herfstregens vult hij zich weer en houden er veel trekvogels halt. Zo'n achtduizend flamingos uit de Camargue leggen hier op hun lange vlucht naar Noord-Afrika aan voor en tussenstop.

Overnachten en eten

Stijlvol – **Lucrezia:** Via Roma 14/a, 09070 Riola Sardo, tel. 0783 41 20 78, www.hotellucrezia.it, 2 pk € 129-174. Smaakvol gerestaureerde hoeve met knusse tuin, loggia, wijnkelder en meer. De kamers beschikken over modern comfort en zijn voor een deel ingericht met antieke meubels.
In het groen – **Sa Pedrera:** rechts van de weg van Cabras naar Tharros ter hoogte van km 7,5 (kort voor de afslag naar San Salvatore), tel. 0783 37 00 40, www.sapedrera.it, 2 pk € 84-128. Verzorgd driesterrenhotel rond een groene binnenplaats, mooie tuin, tennisbaan. Goed restaurant.
Sympathiek – **Capo San Marco:** Località Giovanni Nieddu (ter hoogte van km 8,8 aan de weg van Cabras naar Tharros, even voorbij de afslag naar San Salvatore), tel. 0783 39 10 11, www.agriturismocaposanmarco.it, 2 pk € 50, halfpension € 60 per persoon. Eenvoudig ogende maar heel aardige agriturismo met diverse huisjes. Schapenhouderij en artisjokkenteelt. Goede lokale keuken, vleesmenu € 25-30, vismenu € 30-40.

Eten en drinken

Zicht op het strand – **Le Dune:** bij de kerk San Giovanni di Sinis, tel. 0783 37 00 89, € 11. Gezellige zaak met goede keuken.
Uit zee – **S'Aligusta:** bij de kerk San Giovanni di Sinis, tel. 0783 37 00 54, € 12. Smakelijke visgerechten (onder meer harder), en met *bottarga* gekruide gerechten.

Actief

Excursies in het natuurpark – **Parco Comunale di Seu:** tijdens wandelingen, fietstochten of excursies te paard kunt u dit door het WWF beheerde, circa 115 ha grote natuurreservaat verkennen. U kunt er onder meer slechtvalken en schildpadden tegenkomen. Georganiseerde excursies worden georganiseerd door het **Centro di Esperienze Casa di Seu**, tel. 0783 80 19 41. Route: vanaf de weg naar San Giovanni di Sinis kort voor de kerk rechtsaf een onverharde weg inslaan (bordje: Area Marina Protetta WWF). ▷ blz. 150

Favoriet

Gratis voetmassage!

In elk jaargetijde fascineert het uitgestrekte strand van **Is-Arutas** (▶ B 9) op het schiereiland Sinis met zijn wit, roze of felgroen glinsterende kwartskorreltjes. Het licht reflecteert hier zo sterk, dat er zelfs op bewolkte dagen een zachte glans over het strand ligt. De kwartskorreltjes zijn de laatste overblijfselen van een granieten gebergte dat zich miljoenen jaren geleden voor de westkust verhief. Weer en wind hebben het bijna volledig geërodeerd, alleen het Isola Mal di Ventre biedt nog weerstand tegen het voorgoed verdwijnen ervan. Door de verwering viel het graniet uiteen in zijn minerale bestanddelen, en kwarts is daarvan het hardste en het duurzaamste. Door de onophoudelijke golfslag vermalen tot rijstkorrelgrootte spoelde het aan op de kust. Als u op blote voeten over het relatief grofkorrelige strand loopt, worden uw voetzolen aangenaam gemasseerd. Let op: het strand is net als de hele kust natuurreservaat en het is verboden zand mee te nemen. (Route: vanaf de weg die westelijk om de Stagno di Cabras loopt, voert ongeveer 1 km ten noorden van San Salvatore een bewegwijzerde doodlopende weg in 5 km naar de parkeerplaats bij het strand.)

Birdwatching – Stagno Sale Porcus: dit natuurreservaat is alleen toegankelijk tijdens een door de sectie Oristano van de Italiaanse Vogelbescherming (LIPU) georganiseerde rondleiding (tel. 0783 21 10 58, 0783 783 32).
Sport en excursies – Capomannu – Naturawentura: Lungomare Mandriola (tegenover het strand van Putzu Idu), 09070 Marina di San Vero Milis, tel. 0783 521 97, www.capomannu.it. Tal van sportieve activiteiten, van surfen tot mountainbiken, ook boottochten naar het Isola di Mal di Ventre en begeleide excursies; tevens verhuur van vakantiewoningen.

Uitgaan

Bekend – Sa Pedrera emotional Discoclub: rechts van de weg Cabras – Tharros ter hoogte van km 7,0 (kort voor de afslag naar San Salvatore), vr.- en za.-avond, www.sapedreradisco.it. Populaire disco met openluchtgedeelte.

Informatie

Associazione Turistica Pro Loco: Via Ciutadella de Menorca 14, 09170 Oristano, tel. 0783 706 21.
Sardegna – Costa del Sinis: www.costadelsinis.it. Zeer informatief toeristisch portaal van dit *Consorzio Turistico*, waarin ook het beheer van het natuurreservaat vertegenwoordigd is; ook in het Engels, inlichtingen alleen online.
Area Marina Protetta Penisola del Sinis – Isola di Mal di Ventre: Corso Italia 108, 09072 Cabras, tel. 800 38 23 32 *(numero verde)*, www.areamarinasinis.it, ma.-vr. 11-13, di., do. ook 15.30-18 uur.

Bijna verdwenen: de *barakkas*, traditionele vissershutten van riet

San Giovanni di Sinis en omgeving ▶ B/C 9

De zuidelijke punt van het schiereiland Sinis versmalt tot een aan de wind blootgestelde landtong. Aan het begin ligt **San Giovanni di Sinis**, een groepje huizen en horecagelegenheden bij de gelijknamige kerk. De traditionele vissershutten van riet *(barakkas)*, die hier vroeger in de duinen stonden, zijn bijna allemaal verdwenen. Langs de kust strekt zich een ongeveer 4 km lang, fijnzandig strand uit, waarop in het noorden de **Spiaggia Funtana Meiga** aansluit. Zelfs in hoogzomer is het nog mogelijk hier een rustig plekje te vinden. Het zuidelijke gedeelte (richting Saracenentoren) is populair bij surfers.

Pal aan de weg staat de **Chiesa di San Giovanni di Sinis** ('s zomers dag. 9-19, 's winters 9-17 uur). Met haar massieve natuurstenen muren, haar sobere en gedrongen voorkomen en haar Byzantijnse vieringkoepel maakt de kerk een onmiskenbaar archaïsche indruk. Inderdaad behoort dit pre-romaanse godshuis tot de oudste van Sardinië. Het verrees omstreeks de 5e eeuw als Byzantijnse centraalbouw met koepel maar werd in de 9e-10e eeuw vergroot tot een driebeukige kerk. In de donkere binnenruimte maken die drie beuken met hun plompe muurpijlers en zware tongewelven indruk.

Onderweg naar Capo San Marco

In enkele minuten lopen of met een pendeltreintje (alleen in het hoogseizoen) bereikt u vanaf de grote parkeerplaats bij San Giovanni di Sinis het opgravingsterrein van Tharros. Erboven verheft zich de machtige **Torre di San Giovanni di Sinis**. Vanaf deze hooggelegen, oude Saracenentoren, die met twee andere de kust van het schiereiland Sinis bewaakte, hebt u een prachtig uitzicht.

Een onverharde weg brengt u nog 1,5 km verder op de landtong tot de vuurtoren (militair terrein) op **Capo San Marco**. Onderweg passeert u een Fenicisch-Punische necropolis en een vervalle nuraghe, op de plek waar vermoedelijk ook een Punische acropolis lag.

Tharros ▶ B/C 9

's Zomers dag. 9-19, 's winters 9-17 uur, € 5, rondleidingen (alleen 's middags) door de Cooperativa Penisola del Sinis, tel. 0783 37 00 19, www. penisoladelsinis.it

De ruïnes van Tharros, in de oudheid een van de belangrijkste steden op Sardinië, kijken uit over de Golfo di Oristano. De bloeiende havenstad werd in de 8e eeuw v.Chr. door de Feniciërs gesticht als handelskolonie en vervolgens onder de Puniërs enorm uitgebreid. Tharros bestond voort in de Romeinse tijd totdat in de late oudheid een geleidelijk verval inzette. De ligging op het onbeschermde schiereiland werd steeds onveiliger en uiteindelijk trokken de inwoners in 1070 landinwaarts om daar Oristano te stichten. De ruïnes vielen ten prooi aan een niet meer te stuiten verval, terwijl de haven en delen van de stad wegzonken in zee.

Opgravingen

Nog voor u het opgravingsterrein betreedt, ziet u direct tegenover de ingang geweldige muren uit de Punische tijd. Het zijn resten van een verdedigingsmuur die Tharros moest beschermen tegen aanvallen vanuit het westen. Met zwart basalt geplaveide straten doorkruisen de ruïnestad. De vroegere hoofdstraat loopt omhoog naar de heuvel **Su Murru Mannu** (De Grote Muur), de plek van een nederzetting uit de nuraghetijd. Nu zijn er nog resten te zien van een Fenicisch-Punische **tophet**

Betoverend in de avondzon: de opgravingen van het antieke Tharros

(vanaf de 7e eeuw v.Chr.). Op deze cultusplaats trachtte men de goden door het brengen van brandoffers gunstig te stemmen. Er zijn wel zo'n vijfduizend urnen en talloze steles gevonden. Vroeger dachten archeologen dat iedere eerstgeborene aan de goden werd geofferd, maar tegenwoordig nemen zij aan dat het in de meeste gevallen ging om doodgeborenen en dieroffers. De enorme gestapelde verdedigingsmuren in het noorden werden door de Puniërs gebouwd om een aanval vanaf de landzijde af te weren.

Nadat de Romeinen Sardinië van de door hen gehate Puniërs hadden overgenomen, hielden ze verrassend genoeg vast aan een groot aantal Punische tradities, bijvoorbeeld ook aan de Punische manier van bouwen. Daarom is het vaak moeilijk vast te stellen uit welke periode een gebouw dateert. Dat geldt met name voor de gewone woonhuizen, maar zelfs de architectuur van religieuze gebouwen toont vaak een verbluffende continuïteit (zie ook blz. 128). Een uitzondering is de grote Punische tempel (4e eeuw v.Chr.) in het centrum van de stad. Zijn basis is uit de rotsachtige ondergrond gehouwen en in de zijkanten zijn Dorische halfzuilen gebeiteld. Met dit godshuis maakten de Romeinen later korte metten: ze braken het tot op de naakte rotsbodem af en gebruikten de blokken steen om een paar meter verderop een nieuwe tempel neer te zetten.

Tot de belangrijke openbare gebouwen van Tharros behoren ook twee thermencomplexen. Beide kregen toen het christendomk zijn intrede had gedaan een andere bestemming: het ene werd een doopkapel (baptisterium) met kerk, het andere een klooster. Het populairste foto-onderwerp zijn twee hoge zuilen bij de zee. Pas bij goed kijken ziet u dat het betonnen reconstructies zijn, alleen het kapiteel op een van de twee is echt oud.

Ipogeo di San Salvatore ▶ C 9

Een heel aparte sfeer treft u aan in het kleine pelgrimsoord Ipogeo di San Salvatore, dat ligt weggedoken in het vlakke land ten westen van de Stagno di Cabras. Een vierkant van eenvoudige, meest uit een verdieping bestaande pelgrimshuisjes *(cumbessias)* omgeeft als een beschermend kordon de **Chiesa di San Salvatore**, die in de 17e eeuw werd gebouwd over een onderaardse cultusruimte uit de voorchristelijke tijd (hypogeum).

Info en festiviteiten

Fiesta di San Salvatore: 1e weekend van sept. De vrouwen van Cabras zouden ooit blootsvoets 12 km hebben gelopen met een houten beeld van de Verlosser uit de bedevaartskerk om het uit handen van piraten te houden. Aan deze gebeurtenis herinnert de **Corsa degli Scalzi** (Loop van de Blootvoetigen) van veel mannen uit Cabras, die in witte gewaden deze processie overdoen. Op zaterdag trekt de optocht met het christusbeeld van Cabras naar de Chiesa di San Salvatore, en op zondag weer terug.

Rond de Monte Ferru

Santa Cristina ▶ D 8

Een bezoek aan het bronnenheiligdom van Santa Cristina kan uitstekend worden gecombineerd met een picknick (zie blz. 154).

Parco Archeologico del Nuraghe Losa ▶ D 8

Ten westen van de SS31 ter hoogte van de aftakking naar Nuoro; goed aangegeven afrit; Coop Paleotur, tel. 0785 523 02, www.nuraghelosa.net, dag. 9 uur tot een uur voor zonsondergang, € 5   ▷ blz. 157

Op ontdekkingsreis

Santa Cristina – afdaling in het bronnenheiligdom

De perfecte constructie, de voortreffelijke conservering en de astronomische oriëntatie maken het tempelgebied van Santa Cristina tot het indrukwekkendste heiligdom in zijn soort. Te midden van oeroude, knoestige olijfbomen ligt de bronnentempel uit de nuraghetijd – door andere gebouwen omgeven – vlak bij het bedevaartskerkje waaraan het zijn naam dankt.

Kaart: ▶ D 8
Ligging: ten oosten van de SS131 Carlo Felice ter hoogte van km 115 (noordoostelijk van Oristano, 5 km ten zuiden van Paulilatino). Afrit vanuit beide richtingen aangegeven.

Area Archeologica di Santa Cristina: Archeotour, tel. 0785 554 38, www.archeotour.net, dag. 8.30 uur tot het donker wordt, € 5 (ticket geldt ook voor het Museo Archeologico etnografico Palazzo Atzori in Paulilatino, http://museoatzori.altervista.org).

Voorbij de kassa (*biglietteria*) met café en snackbar belandt u op het uitgestrekte, omheinde terrein en gaat allereerst linksaf naar de **bronnentempel** 1. U ziet het bouwwerk pas wanneer u er vlak voor staat, want zoals bijna alle van de meer dan vijftig bekende bronnentempels uit de nuraghetijd is het een ondergronds bouwwerk. Een ovale muur schermt het heiligdom, dat zich op de bodem bevindt, van de buitenwereld af.

Wat gebeurde er op 23 september in het jaar 1000 v.Chr.?

Een ongewoon hete en droge zomer heeft velden en weiden verdord. Een drukkende hitte ligt over de hoogvlakte, geen wolk tekent zich af tegen de vaalblauwe hemel. In de schaduwen van knoestige olijfbomen dommelen schapen. In de verte waakt een machtige nuraghe over de tempel en de heilige grond, waar sinds een paar dagen een bedrijvige drukte heerst. Van heinde en verre zijn de gelovigen naar het heiligdom van het water gekomen om een oeroud ritueel te vieren, de equinox. Twee keer per jaar, aan het begin van de lente en aan het begin van de herfst, overschrijdt de zon de hemelevenaar en duurt de dag even lang als de nacht. Nu zal dan eindelijk de herfst beginnen – en zal er regen komen.

Vol verwachting dromt het gewone volk samen om de buitenmuur die de tempel omgeeft, maar er is bijna niets zichtbaar van het diep in de aarde verborgen heiligdom. Plotseling komt er beweging in de menigte. De stamhoofden, die daarnet nog in een halve cirkel bijeen zaten, komen overeind. Ze zetten bronzen votiefgaven neer op de stenen platformpjes voor de bovenste treden van de trap die afdaalt naar het allerheiligste. De spanning stijgt en eindelijk is het zover: zodra de zon haar hoogste stand bereikt, beschijnen haar stralen de heilige bron. Plechtig schrijden stamhoofden en priesters de 25 treden af van de trap die naar de bronnenzaal voert. In een cirkelvormig bekken verzamelt zich daar het van levensbelang zijnde water. Niets van dit alles is zichtbaar voor het volk. In het verborgene diep onder de grond voltrekken zich de oude rituelen van de watercultus en wordt de band met de goden hernieuwd. Zo vertellen het de oeroude verhalen.

Fascinerende, uitgekiende architectuur

Toen het rond 1000 v.Chr. gebouwde heiligdom in de 19e eeuw herontdekt werd, wekten de perfecte constructie en de voortreffelijke conservering ervan groot enthousiasme. Het bouwwerk bestaat uit zeer precies uitgehouwen basaltblokken. De zijwanden van de trapeziumvormige trap bestaan uit lichtjes ten opzichte van elkaar uitstekende lagen stenen en vormen zo een elegant zaagtandprofiel. Wie de trap afdaalt, wordt op magische wijze de diepte ingetrokken en heeft tegelijkertijd het gevoel te zweven, een optische illusie die doet denken aan tekeningen van M.C. Escher. Dit effect ontstaat door de omgekeerde, naar het plafond opstijgende trap, die vanuit de mythische oergrond naar de hemel lijkt te voeren – een symbool van transcendentie (het overstijgen van de gewone werkelijkheid).

De bronnenzaal met het op 7 m diepte gelegen waterbekken versmalt naar boven toe en wordt afgesloten door een koepel, waarvan alleen de twee bovenste stenen iets boven de aarde uitsteken; door een kleine opening in het midden valt daglicht binnen.

De astronomische oriëntatie van de tempel getuigt van kennis van de he-

Naar de hemel opstijgende trap

melmechanica. Bij de nachtevening (equinox) aan het begin van de lente (21 maart) en de herfst (23 september) vallen de zonnestralen om 12 uur 's middags parallel aan de trap op de bron. Wanneer echter de maan haar maximale declinatie (afstand tot de hemelevenaar) heeft bereikt en in het hoogste punt (het zenit) van de sterrenhemel staat, valt het maanlicht loodrecht door de opening in de koepel op de bron. Santa Cristina was meer dan een cultusplek: het was een observatorium, dat de ontwikkeling van een op de bewegingen van zon en maan gebaseerde kalender mogelijk maakte.

Enkele raadsels blijven

In het zicht van de bronnentempel liggen fundamenten van kleinere **hutten** 2, die zich door hun hoefijzervormige grondplan onderscheiden van de karakteristieke ronde hutten uit de nuraghetijd. De openingen ervan lagen in de richting van het heiligdom. Of het de woningen van priesters, onderkomens voor pelgrims of verkoopstalletjes voor devotionalia – zoals bronzen beeldjes – waren, daarover kan alleen maar worden gespeculeerd. In de nabijheid van de tempel staat ook een grote **hut voor bijeenkomsten** 3 met een rond de binnenmuur lopend zitplatform, zoals dat ook te zien is bij grote nuraghi (bijvoorbeeld Su Nuraxi).

Santa Cristina – een christelijk bedevaartsoord

Vanaf de tempelzone keert u terug naar de *biglietteria*. Hier vlakbij staat het eenvoudige, door pelgrimshuisjes (*muristenes*) omringde bedevaartskerkje **Santa Cristina** 4. Al voor de 13e eeuw wordt melding gemaakt van het bestaan van een christelijk godshuis op deze plek. Het is zeker geen toeval dat de kerk vlak bij het nuraghische bronnenheiligdom verrees – de spirituele kracht van deze heilige plaats bleef ongebroken. Op feestdagen komt het bedevaartsoord tot leven, wanneer de families uit de omliggende dorpen hier bij elkaar komen. Bijvoorbeeld op de tweede zondag in mei, als het feest van de heilige Christina gevierd wordt, of op de vierde zondag in oktober, die gewijd is aan de aartsengel Rafaël.

Moesten pelgrims vroeger noodgedwongen overnachten in de *muristenes* – op een ervan staat het jaartal 1730 – omdat de terugreis naar huis te ver was, nu zijn de grappige huisjes vooral bij jonge bezoekers erg populair.

Nuraghe en huttendorp

Vanaf de pelgrimshuisjes voert een pad naar een goedbewaarde, 6 m hoge **nuraghe** 5. Ervoor liggen de fundamenten van een **huttendorp** 6 uit de nuraghetijd (rond grondplan), waar later door de Romeinen rechthoekige huizen overheen zijn gebouwd.

Midden op de hoogvlakte van Abbasanta verheft zich dit imposante, uit roodbruine basaltblokken opgetrokken nuraghebastion. De oorspronkelijk vrijstaande, nu nog 13 m hoge **centrale toren** (begonnen eind 14e eeuw v.Chr.) werd door het aanbouwen van drie kleinere zijtorens uitgebreid tot een massief drichoekig bastion. Het indrukwekkende kraaggewelf op de benedenverdieping van de hoofdtoren is volledig intact. Drie spits toelopende muurnissen dienden misschien voor de opslag van grote wapens zoals lansen. Langs de wenteltrap in de muur bereikt u de relatief kleine bovenverdieping, waarvan de uit ringen van elkaar overkragende stenen opgebouwde koepel maar deels behouden is. Een trap, waarvan de aanzet nog zichtbaar is, leidde naar het verdwenen dak van de toren. Een aantal kraagstenen die dit dakterras ondersteunden en dienstdeden als borstwering, liggen nu op een rij in de weide.

Voor de hoofdingang staat een grote **ronde hut**. De bijzondere ligging en grootte, maar ook de vensteropeningen en spits toelopende muurnissen doen vermoeden dat hij diende voor bijeenkomsten van de clan. De achteruitgang ligt niet in een rechte lijn met de hoofdingang van de nuraghe, wat zeker bewust gedaan is – potentiële aanvallers konden zo niet direct door de hut naar het bastion doorstoten. Van het vroegere **huttendorp** werden tot nu toe slechts een paar ronde hutten opgegraven.

Loopt u rechts om het bastion heen, dan ziet u een in de hoogte aangebrachte zijingang, die toegang gaf tot een van de zijtorens. Veiligheid ging voor alles! Vanuit de zijtoren kon via een trap de hoofdtoren worden bereikt.

Voor het bastion ligt een lagere, met twee torens versterkte **muur**, waarvan de schietgaten uit met zorg bewerkte stenen bestaan. Bovendien omsluit een **buitenste verdedigingsmuur** in een wijde boog het complex. Hij wordt onderbroken door dubbele poorten, die naar binnen en naar buiten uitspringen en dus goed te verdedigen waren. Gebouwd werd deze muur pas in de 6e eeuw v.Chr., dus in de Punische tijd.

Santu Lussurgiu ▶ D 8

Ingebed in een wijde, groene dalkom ligt Santu Lussurgiu (2500 inw.) te midden van prachtige eikenwouden tegen de oostflank van de Monte Ferru. Vanuit dit op 500 m hoogte gelegen bergdorp reikt de blik ver over de Altopiano di Abbasanta. Dicht tegen elkaar staan de huizen in het oude centrum langs steile, geplaveide stegen. Vroeger was Santu Lussurgiu een vakantieoord voor goed gesitueerde families uit de lagergelegen plaatsen. Uit die tijd stammen enkele van de mooiste huizen in de oude stad.

Museo della tecnologica contadina

Via Deodato Meloni 1, tel. 0783 55 06 17, www.museotecnologiacontadina.it, juli-aug. di., do.-za. 10-12.30, wo. 17-19.30, zo. 10-12.30, 17-19.30 uur, anders vaak alleen op afspraak, € 3
Een bezoekje waard is dit museum, dat is ondergebracht in een 18e-eeuws herenhuis. Werktuigen en gebruiksvoorwerpen illustreren het boerenleven in voorbije tijden.

Overnachten en eten

Stijlvol – **Antica Dimora del Gruccione**: Via Michele Obino 31, tel. 0783 55 20 35, www.anticadimora.com, 2 pk € 90, halfpension € 75 per persoon. Driesterren-*albergo diffuso*. Prachtige pa-

Tip

Sa Carrela 'e Nanti

De *Lussurgesi*, zoals de inwoners van Santu Lussurgiu genoemd worden, staan op heel Sardinië bekend om hun waardevolle fokpaarden, zwartbruine angloarabieren, een kruising tussen Engelse en Arabische volbloeds. Ruitersport en zadelmakerij spelen een belangrijke rol. Zadels, hoofdstellen, teugels en complete ruiteruitrustingen worden hier nog ambachtelijk vervaardigd. Het grootste jaarlijkse evenement zijn de waaghalzige paardenrennen Sa Carrela 'e Nanti, die met carnaval worden gehouden. Bont gekostumeerde en gemaskerde ruiters stuiven daarbij twee aan twee in een tot 70 km per uur snelle galop door de Via Roma. Het spektakel wordt begeleid door de *cantigos in carrela,* Sardijnse herderskoren.

triciërswoning met bekoorlijke binnenplaats en aangrenzend huis in het oude centrum. Zeer smaakvol met antiek ingerichte kamers, uitstekende regionale keuken (op verzoek ook vegetarisch).
Met charme – **Sas Benas:** Piazza San Giovanni, tel. 0783 55 03 79, www.sasbenas.it, 2 pk € 80-100, halfpension € 55-80 per persoon, di.-zo. 13-14.30 en vanaf 20 uur, € 10, menu € 30. Nog zo'n betoverende driesterren *albergo diffuso* in de oude stad, bestaand uit een hoofdwoning met gewelven en diverse huizen in de buurt, alle smaakvol gerestaureerd. Uitstekende lokale keuken in de oude gewelfzaal, grote keus aan gerechten.

Winkelen

Handgemaakte messen – Hoog aangeschreven op heel Sardinië staan de handgemaakte messen met een heft van ramshoorn, waarvan vroeger iedere Sard er een op zak had. Maar liefst twee messenmakers in het stadje vervaardigen *sas resolzas* nog geheel volgens de oude ambachtelijke traditie: **Vittorio Mura & Figli,** Viale Azuni 29 (de doorgaande weg aan de rand van Santu Lussurgiu richting Bonarcado), tel. 0783 55 07 26, ma.-vr. 10-13, 16-19 uur. U kunt hier niet alleen messen kopen, maar ook een blik in de werkplaats werpen. Tweede adres: **Fratelli Salaris,** Viale Azuni 253, tel. 0783 55 02 87, www.salariscoltelli.it. Men maakt hier ook paardenbitten.
Grappa – **Distillerie Lussurgesi:** Via delle Sorgenti 14, tel. 0783 55 20 37, www.abbardente.it. Uitstekende grappa, in eiken vaten gerijpt of gearomatiseerd met wilde venkel. Lekker: bonbons met grappavulling.
Paardenartikelen – **Selleria Spanu:** Via dei Monti Lussurgesi 5, tel. 0783 55 08 94, www.selleriaspanu.it, ma.-vr. 9-12, 16-19 uur.
Zoetigheid – **Dolci Sardi Giuseppina & Antonella Ardu:** Via Santa Maria 42, tel. 0783 55 11 80 en **Panificio Franco Pasquini:** Via Roma/Via Erta sa Mandra, tel. 0783 55 11 35.

Info en festiviteiten

Pro Loco: Via Santa Maria 40, tel. 0783 55 10 34.
Comune di Santu Lussurgiu, Viale Azuni, tel. 0783 55 19, www.comunesantulussurgiu.it, www.comunas.it/santulussurgiu.

Festa di San Lussorio: 21 aug. Het feest van de patroonheilige wordt opgeluisterd met muziek en dans van de lokale folkloregroep *Ammentos Lussurzesos*.

San Leonardo de Siete Fuentes ▶ D 8

Vanuit Santu Lussurgiu slingert de weg zich omhoog naar de Monte Ferru. Een afslag voert naar het romantische vakantieplaatsje San Leonardo de Siete Fuentes. Volgt u het weggetje verder, dan komt u uit bij de archeologische zone van Tamuli (zie hiernaast).

Zeven bronnen wellen op in San Leonardo, een idyllische groep huizen in een bosrijke omgeving, waar mensen de zomerhitte kunnen ontvluchten. Parkeren kunt u het best langs de doorgaande weg, de Via Macomer, waarvan de Via del Castano aftakt (wegwijzer: *sorgenti* = bronnen) en tussen huizen omhoogklimt. Boven bij de splitsing gaat u links naar de bronnen, waarvan het koele water uit de bergen vooral op hete dagen verfrissend is. Het water staat zo goed bekend, dat het wordt gebotteld en op het hele eiland wordt verkocht. Aan de voet van de bronnen ligt het **Parco della Fiera** met picknicktafels en schaduw biedende bomen.

De romaanse **Chiesa di San Leonardo** is al wat resteert van een middeleeuws klooster met hospitaal. Typisch Pisaanse rondboogfriezen sieren het sobere, uit tracliet opgetrokken kerkje, waarvan het interieur volledig kaal is. In de 13e eeuw werd het klooster door de Pisanen overgedragen aan de johannieters of hospitaalridders (vanaf 1530 bekend als de Maltezer Orde). Diverse Maltezer kruisen herinneren aan de orde, die hier – nabij de geneeskrachtige bronnen – overeenkomstig haar doelstelling (het verplegen van pelgrims) een hospitaal liet bouwen.

Het ingetogen plaatsje komt tot leven als op de eerste zondag in juni de **Cavallinfiera** (www.cavallinfiera.it) wordt gehouden. Deze grootste paardenbeurs van Sardinië valt samen met de feestdag van de heilige Leonardus op 2 juni.

Eten en drinken

Behaaglijk – **Le Sorgenti:** Via dei Pisani, tel. 0783 55 02 26, www.ristorante lesorgenti.it, do.-di. 9-23 uur, € 15. Van buiten onopvallend restaurant en pizzeria met behaaglijke eetzaal en goede keuken; sappige steaks.

Sas Perdas Marmuradas de Tamuli ▶ D 7

Vanaf de weg van San Leonardo de Siete Fuentes naar Macomer na 8 km linksaf een smal weggetje in. Na 1 km bij splitsting rechts aanhouden, zo'n 2 km verder is links de parkeerplaats; Area Archeologica di Tamuli: tel. 34 79 48 13 37, www.esedra escursioni.it, dag. van 9.30 uur tot een halfuur voor de schemering, € 3,50

Op een schrale hoogvlakte ten westen van Macomer liggen de nuraghe en de gigantengraven van Tamuli. Maar niet hierdoor is de archeologische site uniek, maar door de zes **baityloi** (It. *betili*) uit de nuraghetijd. Deze cultische, ongeveer 1,5 m hoge gedenkstenen werden als menhirs rechtopgezet. Een religieuze oerhandeling: het oprichten van liggende, 'dode' stenen om ze zo leven in te blazen. Opmerkelijk bij de *Perdas Marmuradas* (Onbeweeglijke Stenen) is de ontwikkeling naar antropomorfe gestalten, want hier begint de menselijke figuur herkenbaar te worden. Drie mannelijke en drie vrouwelijke baityloi bewaken zwijgend het grafcomplex.

Op de Monte Ferru

▶ C/D 8

Grillige, door erosie blootgelegde vulkaankraters en kale rotsen bepalen het beeld rond de top van de Monte Ferru (of Montiferru). Weids is het uitzicht van hieraf over een groot deel van Sardinië. Terwijl de lagergelegen hellingen van de berg bebost zijn, domineert hogerop dicht struikgewas, dat geleidelijk wordt herbebost met steeneiken en dennen.

Op de Monte Ferru werden in de jaren 90 vale gieren (*grifoni*) uitgezet, maar deze zijn inmiddels naar het bergland van Montresta getrokken en cirkelen hier nog maar zelden rond.

Castello di Montiferru

De weg daalt slingerend af naar Cuglieri. Bij een afslag staat een kleine wegwijzer: Castello di Montiferru. Ongeveer 50 m hiervoorbij is er een bescheiden parkeermogelijkheid langs de kant van de weg. Als u het weggetje van de wegwijzer afdaalt en meteen daarna een trapstraat links omhoog volgt, bereikt u na circa 10 minuten het Castello di Montiferru, ook wel Casteddu Etzu (Oud Kasteel) genoemd. De burchtruine staat vrij op een rots met een weids uitzicht over de beboste westflank van de Monte Ferru. De blikt reikt voorbij Cuglieri naar de noordwestkust, op heldere dagen tot aan **Capo Caccia** (▶ A 5) bij Alghero.

Bosa ☀ ▶ C 7

Diep ingesneden tussen het ontoegankelijke bergland van Montresta en de schrale hoogvlakte van de Planargia stroomt de Temo in zijn laatste kilometers traag door een breed dal naar de zee. Op het vruchtbare land langs de met riet begroeide oevers gedijen citrus- en olijfbomen en wijnranken. De ligging van Bosa (8000 inw.) aan de Temo is grandioos: dicht op elkaar scharen de hoge, in warme okertinten geschilderde huizen van de oude stad zich langs de noordoever, met er hoog bovenuit de machtige burchtruïne van het Castello Malaspina.

Langs de Corso Vittorio Emanuele II

Een fraaie boogbrug (1871) overspant de **Temo**, waar bontgekleurde vissersbootjes op het water deinen terwijl de vissers op de oever hun netten boeten. De Temo is de enige bevaarbare rivier op Sardinië, althans de benedenloop ervan. Meteen achter de brug begint de wirwar van straatjes van de **oude stad**, Sa Costa genaamd. Degelijke palazzi uit de 18e en de 19e eeuw met prachtige portalen en smeedijzeren balkons flankeren de **Corso Vittorio Emanuele II**, de hoofdstraat van het *centro storico*. De mooie natuurstenen façades doen denken aan bontzandsteen, maar ze zijn opgetrokken uit roodachtig trachiet. Op sommige huizen zijn nog data-aanduidingen uit de jaren 50 van de vorige eeuw te zien, toen overal overvloedig met DDT werd gespoten om de malaria op Sardinië uit te roeien.

Museo Casa Deriu [1]

Corso Vittorio Emanuele II 59, tel. 0785 37 70 43, di.-zo. 10-13, 16-18 uur, € 4,50

Het Casa Deriu biedt onderdak aan wisselende kunstexposities, kunstnijverheid, een volledig ingerichte stadswoning uit de 19e eeuw en een permanente tentoonstelling van werken van Melkiorre Melis. Melis (1889-1982) was een in Bosa geboren schilder, illustrator en en keramist, die in de jaren 20 werd beïnvloed door het futurisme.

Bosa

Bezienswaardigheden
1. Museo Casa Deriu
2. Castello Malaspina
3. San Pietro extramuros
4. Museo delle Conce

Overnachten
1. Corte Fiorita
2. Vecchia Bosa
3. Bainas

Eten en drinken
1. La Margherita
2. Borgo San Ignazio
3. Caffè Chelo

Winkelen
1. Il Vecchio Mulino
2. Coop. Sa Pigulosa
3. Battista Columbu

Actief
1. Diving Malesh
2. Esedra Escursioni

Uitgaan
1. Birreria alle Corte dei Malaspina

Centro storico

Smalle, gepleisterde straatjes, waar weinig zon doordringt, klimmen omhoog tussen de hoge palazzi van de oude stad. Afbrokkelende gevels, leegstaande gebouwen, dan weer opgepoetste en in vrolijke kleuren geschilderde huizen – het *centro storico* van Bosa is zichtbaar aan een ommekeer bezig. Veel inwoners hebben hun bouwvallige onderkomen allang verruild voor een huis in de nieuwe stad, terwijl nieuwelingen juist vallen voor de charme van het oude centrum en hier hun droom van wonen in het zuiden hebben verwezenlijkt.

Castello Malaspina 2

Tel. 340 39 55 048, http://nuke. castellodibosa.it, dag. apr.-juni 10-19, juli-aug. 10-19.30, sept. 10-18, okt. 10-17, nov.-mrt. 10-13 uur, maar half nov.-half mrt. alleen za. en zon- en feestdagen, € 4

Vanaf het Castello Malaspina kijkt u uit over Bosa en het brede dal van de Temo

De klim omhoog door de steegjes en over trapstraatjes naar het imposante Castello Malaspina (ook Castello di Serravalle genaamd) is alleen al zeer de moeite waard om het steeds weidser wordende uitzicht over de daken van Bosa. Uiteindelijk hebt u het hele dal van de Temo in beeld en kunt u stroomafwaarts kijken tot aan de monding van de rivier in zee.

Het is dan ook wel logisch dat toen de adellijke familie Malaspina uit Genua een kasteel wilde bouwen om de omgeving te domineren, koos voor deze verheven plek. Met de bouw van de krijgshaftige burcht werd begonnen in 1112; in de beschutting ervan ontstond vervolgens het middeleeuwse Bosa. Binnen de zware vestingmuren vindt u de kapel **Nostra Signora di sos Regnos**

Bosa

di.-vr. 9.30-12.30, za. 9.30-12.30, 16-18, zo. 16-19, sept.-okt. di.-za. 9.30-12.30, zo. 15-17 uur, € 2. Let op: de kerk is momenteel gesloten wegens instortingsgevaar

Blikt u vanaf de burcht stroomafwaarts, dan ziet u aan de overkant van de Temo de kerk San Pietro extramuros. Buiten de muren (*extra muros*), dus aan de overkant van de versterkte oude stad, verheft zich dit vroegromaanse godshuis met zijn massieve klokkentoren. De kerk staat op de plek van het Bosa uit de oudheid, waar ook het middeleeuwse Bosa had moeten verrijzen. Maar de tijden veranderden, en hooggelegen burchten werden belangrijk voor de verdediging van het territorium. Met de bouw van het Castello Malaspina verplaatste de hele stad zich naar de andere oever, alleen de San Pietro bleef achter op zijn oude standplaats – maar nu *extra muros*.

Uit de oudste bouwfase, in de jaren 1062-1073, stamt het zeer sobere, met een balkenplafond overdekte schip met zijn imposante vierhoekige pijlers, die zonder basis of kapiteel door eenvoudige bogen met elkaar zijn verbonden. Aan het einde van de 13e eeuw, lieten cisterciënzers de façade onder invloed van de Bourgondische gotiek opnieuw vormgeven.

Sas Conzas

Museo delle Conce: Via Sas Conzas 13, tel. 0785 37 70 43, dag. 10-13, 15-17 uur, € 3

Hoge herenhuizen rijzen op langs de mooie, met palmen begroeide kustpromenade **Lungo Temo** aan de kant van de oude stad. Op de andere rivieroever strekt zich de vroegere **leerlooierswijk** Sas Conzas uit. Al voor de 17e eeuw wordt melding gemaakt van het bestaan van looierijen, maar zijn bloeitijd beleefde het ambacht hier in de 19e eeuw, toen er bijna dertig bedrij-

Altos met waardevolle fresco's uit de 14e en de 15e eeuw.

Op de linkeroever

San Pietro extramuros [3]

Tel. 34 03 95 50 48, http://nuke.castellodibosa.it, apr.-juni di.-za. 9.30-12.30, zo. 15.30-18.30, juli-aug.

ven actief waren. Vanuit Bosa Marina werd het leer naar Genua en Frankrijk verscheept. Nergens op Sardinië waren de omstandigheden voor de leerlooierij zo ideaal als in Bosa, want er was volop water voorhanden uit de nooit droogvallende Temo. De looierij was wel een vuile, stinkende bedrijfstak. Sinds de laatste in 1962 moest sluiten, zijn de looiershuizen – ondanks hun status van nationaal monument – aan verval onderhevig. Een gerenoveerd looiershuis biedt onderdak aan het **Museo delle Conce** 4 . Machines, oude werktuigen en foto's geven een beeld van de vroegere bedrijvigheid.

Bosa Marina ▶ C 7

Ruim 2 km verderop mondt de Temo uit in zee. Hier ligt het weinig aantrekkelijke vakantieplaatsje Bosa Marina met zijn vissershaventje en zandstrand. De riviermonding wordt bewaakt door een oude **Saracenentoren** op het schiereiland Isola Rossa. De in de stijl van de Cataluaanse gotiek gebouwde kerk **Santa Maria del Mare** is het vertrekpunt van de feestelijke scheepsprocessie ter ere van deze beschermheilige van de vissers. Vanaf het station rijdt in juli en augustus de Trenino Verde via Tresnuraghes naar Macomer en terug.

Overnachten

Goede sfeer – **Corte Fiorita** 1 : Via Lungo Temo Alcide De Gasperi 45, tel. 0785 37 70 58, www.hotel-bosa.it, 2 pk € 95-130. Driesterren-*albergo diffuso* bestaand uit diverse met zorg gerenoveerde huizen in de oude stad.
Centraal – **Vecchia Bosa** 2 : Via Bonaria 23, tel. 0785 37 70 35, www.vecchia bosa.com, 2 pk € 60-75. B&B in smaakvol gerenoveerd huis in het centrum.

Bioboerderij – **Bainas** 3 : Via San Pietro, tel. 0785 37 31 29, www.agriturismo bainasbosa.com, 2 pk € 60-70, halfpension € 47-55 per persoon. Vriendelijke bioagriturismo in olijfgaard, vrij eenvoudige kamers, maar prima keuken.

Eten en drinken

Populair – **La Margherita** 1 : Via Parpaglia 1, tel. 0785 37 37 23, mei-okt. dag. 19.30-23, nov.-apr. do.-di. 19.30-23 uur, € 10. Pizza, pasta, vis – alles even smaakvol. Het kan 's avonds druk zijn.
Specialiteiten – **Borgo San Ignazio** 2 : Via S. Ignazio 33, tel. 0785 37 41 29, 12.30-15 en vanaf 19.30 uur, € 11. Kleine zaak met regionale keuken.
Met terras – **Caffè Chelo** 3 : Corso Vittorio Emanuele II 71. Het terras biedt uitzicht op de Piazza Costituzione en de bedrijvige drukte die zich daar afspeelt. Onweerstaanbaar lekker zijn de versgebakken *formacelle*, kleine naar citrus geurende pasteitjes met ricottavulling, van de lunchroom.

Winkelen

Delicatessen en nog meer – **Il Vecchio Mulino** 1 : Via Solferino (zijstraatje van de Corso Vittorio Emanuele II tussen huisnummers 39 en 41), tel. 0785 37 20 54, juli-sept. 9.30-13, 17-23 uur. Nette verkoopruimte voor lokale producten in een voormalige olijfoliemolen.
Coöperatie – **Coop. Sa Pigulosa** 2 : Corso Garibaldi, tel. 0785 37 45 63. Wie door de straatjes slentert, ziet in de deuropeningen van de huizen steeds weer vrouwen die geduldig aan het kantklossen of haken zijn. Enkele van hen hebben zich aaneengesloten tot deze coöperatie.
Lekkere malvasia – **Battista Columbu** 3 : Viale Marconi 1, tel. 0785 60 58 27,

www.mal vasiacolumbu.com. Uitstekende D.O.C. Malvasia di Bosa Riserva van druiven uit eigen wijngaarden.

Actief

Boottocht op de Temo – **Diving Malesh** **1**: Nautica Pinna, Bosa Marina, tel. 328 491 55 01, 9.30-13, 15.30-19 uur. Kalmpjes aan boord van de *Galleggerò sempre comunque* over de Temo varen is een relaxte ervaring. In alle rust kunt u de rivier en het voorbijtrekkende landschap op u laten inwerken. De boottochten (*gite sul fiume*) beginnen aan de kade bij de monding van de Temo in Bosa Marina en duren 1 à 2 uur. Het is mogelijk ondertussen van boord te gaan voor een rondleiding door de Chiesa di San Pietro extramuros. Ook worden er minicruises (*mini crociere*) langs de kust aangeboden.

Excursies – **Esedra Escursioni** **2**: in het station van de smalspoortrein FdS, Trenino Verde Point, Viale Colombo 34, hoofdkantoor Corso Umberto I 20, Macomer, tel. 0785 74 30 44, www.esedraescursioni.it. Natuur- en archeologische excursies onder deskundige leiding, te voet of per jeep. Bijzonder: vale gieren in de vrije natuur observeren (halfdaagse tocht € 40 per persoon). Prachtig is de halfdaagse wandeling met gids langs de kust van Spiaggia di Managu naar Cala Fenuggiu (€ 40 per persoon). Grillig gevormde tufsteenformaties, een gevarieerde flora en een weids uitzicht over zee staan garant voor unieke kleurcontrasten.

Uitgaan

Een biertje aan de Corso – **Birreria alle Corte dei Malaspina** **1**: Corso Vittorio Emanuele II 39, zo. gesl. Genieten van een lekker biertje in een leuke sfeer.

Info en festiviteiten

Pro Loco: Via Azuni 5/hoek Via F. Ciusa Romagna, tel. 0785 37 61 07, www.bosaonline.com, www.bosa.it.

Festiviteiten

Karrasegare – Carnevale di Bosa: de week voorafgaand aan Aswoensdag. Traditionele maskers en kostuums.
Fiesta dei SS. Pietro e Paolo: 29 juni. Scheepsprocessie naar de Chiesa di San Pietro extramuros, daar groot feest.
Sagra di Santa Maria del Mare: 1e zo. in aug. Vissersfeest ter ere van hun patroonheilige. Schilderachtige processie met versierde boten, die vanuit Bosa Marina stroomopwaarts naar de dom vam Bosa varen, aansluitend processie door de straten.
Nostra Signora di Regnos Altos: 2e weekend van sept. Groot feest in het oude centrum van Bosa met muziek en dans; hoogtepunt is een fakkelprocessie van de dom naar de kasteelkapel.

Vervoer

Auto: het *centro storico* is verboden voor auto's, waardoor u dus erbuiten moet parkeren. Parkeerplaatsen aan de rand van de leerlooierswijk, waar een voetgangersbrug (Ponte Pedonale) de Temo oversteekt. Meer parkeerplaatsen aan de zuidkant van de oude Temobrug (Ponte Vecchio). Van daaraf bereikt u ook de Chiesa di San Pietro extramuros door eerst de Via Sant'Antonio en dan de Via San Petro ongeveer 2 km in oostelijke richting te volgen voorbij twee andere kerken.
Bus: alle bussen vertrekken vanaf de Piazza Angelico Zannetti. Er gaan **ARST**-bussen naar Oristano (via Cuglieri); tickets in bar Mouse. De **FdS**-bussen rijden naar Bosa Marina, Alghero en Macomer; tickets in bar Blu Ice, Via Azuni 19 (zo'n 200 m verderop).

IN EEN OOGOPSLAG

Alghero, Sassari en het noordwesten

Hoogtepunten ✸

Alghero: met zijn sfeervolle, Spaans aandoende *centro storico* en zijn prachtige ligging aan de Riviera del Corallo behoort Klein Barcelona, zoals Alghero ook wel genoemd wordt, tot de mooiste steden van Sardinië. De enorme bastions langs de zee nodigen uit tot een mooie wandeling. Zie blz. 169.

Castelsardo: schilderachtig troont dit stadje op een steile, door de zee omgeven rots. In de beschutting van de burcht ligt het doolhofachtige oude centrum met zijn dicht opeengepakte natuurstenen huizen, onderbroken door boogjes, smalle geplaveide steegjes en trapstraatjes. Zie blz. 207.

Op ontdekkingsreis

Edel vocht in eiken vaten – wijn proeven bij Sella & Mosca: tijdens een rondleiding over dit wijngoed komt u veel interessants te weten over de wijnbouw. Zie blz. 178.

Bezoek aan de jonge steentijd: Sant' Andria Priu behoort tot de indrukwekkendste necropolissen van Sardinië. Zie blz. 190.

Wereldrechter en dertien apostelen – Santissima Trinità di Saccargia: de kerk van Saccargia is een van de mooiste Pisaans-romaanse kerken op Sardinië. Zie blz. 202.

Bij de mandenvlechtsters van Castelsardo: tijdens een wandeling door de steegjes van de oude stad kunt u de vrouwen aan het werk zien. Zie blz. 212.

Bezienswaardigheden

Nuraghe Santu Antine: deze vesting uit de bronstijd behoort tot de geweldigste prehistorische bouwwerken in het westelijke Middellandse Zeegebied. Zie blz. 189.

Monte d'Accoddi: deze van trappen voorziene altaarberg is uniek in het Middellandse Zeegebied. Het kolossale megalithische bouwwerk doet denken aan de tempeltorens (ziggoerats) in Mesopotamië. Zie blz. 198.

Actief

Wandeling naar Punta Giglio: mooie paden voeren door een licht pijnboombos naar de steile klippen van Punta Giglio, waar het genieten is van een grandioos uitzicht op de kust. Zie blz. 181.

Over de SS292 naar Monteleone Rocca Doria: met fantastische uitzichten rijdt u over avontuurlijke haarspeldbochten vanuit Alghero de bergen in. Zie blz. 186.

Sfeervol genieten

San Pietro di Sorres: deze romaanse kerk laat in zichzelf gekeerde en naar een mystieke oerervaring zoekende gelovigen tot rust komen en het geraas van de wereld vergeten. Zie blz. 194.

Fainè in Sassari: een soort pannenkoek van kikkererwtenmeel, die in een houtoven wordt gebakken. Soms belegd als een pizza, maar veel vaker enkel bestrooid met zout, versgemalen zwarte peper en venkelzaadjes is deze snack een ware delicatesse! Zie blz. 204.

Uitgaan

PocoLoco in Alghero: in dit populaire, sober ingerichte jazzcafé zijn op woensdag jamsessies en in het weekend vaak liveconcerten. Zie blz. 177.

Klein Barcelona en Neptunusgrot

Het noordwesten van Sardinië is rijk aan landschappelijke contrasten. Weids en door de wind gegeseld is de laagvlakte van de Nurra, verlaten en bosrijk het vulkanische bergland rond Villanova Monteleone. Fascinerend zijn de tafelbergen en vulkaankegels van de Meilogu, grillig de steile rotsflanken van de ook door vulkanisme gevormde Anglona met haar zacht glooiende hoogvlakten.

De westkust is van een adembenemende schoonheid. Grandioos is de panoramarit hoog boven de zee van Bosa naar Alghero, nauwelijks minder indrukwekkend de Riviera del Corallo (Koraalkust) tussen Alghero en Argentiera. Prachtige zandstranden, de steile klippen bij Capo Caccia en de schitterende baai Porto Conte dragen bij aan de aantrekkingskracht van het natuurpark van Porto Conte. Uitgeroepen tot nationaal park is het voormalige gevangeniseiland Asinara, voor de noordwestpunt van Sardinië, dat tijdens een bootexcursie kan worden bezocht.

Ook met cultuurschatten is de regio, die ongeveer de huidige provincie Sassari omvat, rijk gezegend. Betoverende Pisaans-romaanse kerken getuigen van de bloei in de middeleeuwen, toen monniken naar het eiland werden gehaald om kloosters te stichten. Historische steden als Alghero, Sassari en Castelsardo met hun schilderachtige *centri storici*, die tegenwoordig drommen toeristen trekken, begonnen juist in die periode op te bloeien.

Fascinerend zijn de talrijke getuigenissen uit het prehistorische verleden, waaronder imposante nuraghi uit de bronstijd, de unieke trappentempel Monte d'Accoddi en kunstige rotskamergraven uit de jonge steentijd. Met Sassari bezit de regio een levendige, expansieve universiteitsstad met een gezond geestelijk klimaat.

INFO

Toeristische informatie

Toeristische informatie over de regio geven de toeristenbureaus in de grotere plaatsen; voor Alghero zie blz. 177.
Provincia di Sassari: Piazza D'Italia 31, 07100 Sassari, tel. 079 20 69 802, www.provincia.sassari.it.

Heenreis en vervoer

Vliegtuig: rechtstreekse vluchten (onder meer Ryanair) vanuit Nederland en België naar de internationale luchthaven Alghero-Fertilia (www.aeroportodialghero.it).
Auto: de SS131 voert vanuit het zuiden naar Sassari en Porto Torres. Goede wegen ook van Sassari/Porto Torres naar Alghero en vanaf de SS131 over de SS672 in de richting van Perfugas. Alle andere wegen zijn in mindere of meerdere mate bochtenrijk.
Trein: de Italiaanse spoorwegen rijden tussen Chilivani (centraal overstapstation) en Sassari/Porto Torres; smalspoortrein van de FdS van Alghero naar Sassari, en onregelmatig verder door de Anglona naar Tempio.
Bus: ARST en FdS verbinden veel plaatsen met Sassari en andere steden.
Boot: van Porto Torres veerboten naar Genua, sporadisch ook naar Frankrijk.

Alghero ✻ ▶ B 5

Met zijn sfeervolle, Spaans aandoende *centro storico* behoort Alghero (44.000 inw.) tot de mooiste steden van Sardinië. Aan drie kanten omgeven door water, dikke vestingmuren en stoere verdedigingstorens staan de huizen van het oude centrum dicht opeengedrongen op een klein schiereiland. Overdag is het hier een drukte van belang, als de winkels open zijn en groepen toeristen door de smalle straatjes schuifelen. Wie echter een zijstraatje inslaat, vindt nog stille hoekjes, waar ongestoord van de romantiek van de stad kan worden genoten. Zijn echte betovering geeft Alghero pas na zonsondergang prijs, wanneer straatlantaarns de smalle, door hoge huizen geflankeerde straatjes verlichten. Voor de *passeggiata*, de avondwandeling, ontmoet men elkaar dan rond de Piazza Sulis en langs de Lungomare Dante. In de zomermaanden wordt de sfeer nog verhoogd door een nachtelijke markt, de *mercatino notturno*. Jong en oud flaneren rond, men knoopt een praatje aan, maakt een grapje en ondanks het late uur zijn ook de *bambini* steevast van de partij.

Geschiedenis

Barcelonetta of Klein Barcelona, zoals Alghero ook wel wordt aangeduid, was lange tijd een Catalaans bolwerk. Zelfs nu nog spreekt bijna een kwart van de *Algheresi* een Catalaans dialect uit de 14e eeuw. Vandaar dat de straatnaambordjes in het verkeersluwe *centro storico* tweetalig zijn. De geschiedenis van de stad gaat evenwel verder terug. Zij werd in 1102 gesticht door de Doria, de machtige adellijke familie uit Genua die in de middeleeuwen heerste over het noordwesten van Sardinië. Haar naam dankt de stad vermoedelijk aan het veelvuldig aanspoelen van algen aan de kust: s'Alighera (een samenvoeging van *alga* en *èra*) betekent niets anders dan Algenoord.

In 1353 versloegen de Aragonezen tijdens een grote zeeslag in de baai Porto Conte de Genuese admiraal Antonio Grimaldi. Het jaar erop verhief koning Peter IV van Aragon Alghero tot Catalaanse stad. De autochtone bevolking werd gedeporteerd en de stad werd uitsluitend bevolkt met Catalaanse kolonisten. Aansluitend werd Alghero uitgebreid tot een vestingstad – een bolwerk dat zowel de Sarden als aanvallers van zee moest kunnen weerstaan. Ingesnoerd tussen machtige vestingmuren ontwikkelde de stad zich noodgedwongen op een klein oppervlak. Nu bepalen de smalle, soms door steunbogen overspannen straatjes juist de charme van Alghero. Terwijl de stadsmuren aan de landzijde in de 19e eeuw op twee torens na werden afgebroken, zijn de bastions langs de zee goed behouden en een geliefde promenade.

Stranden bij Alghero

De stad heeft zich allang in alle richtingen uitgebreid. Ten noorden van de oude stad en de haven begint het 1 km lange, fijnzandige stadsstrand **Lido d'Alghero** (Spiaggia di San Giovanni); hier liggen de meeste appartementen en hotels. Langs de kustpromenade **Lungomare Dante**, ten zuiden van het centrum, zijn eveneens hotels te vinden, maar de kust is hier rotsachtig en de zee niet erg schoon.

Tot de mooiste stranden in de nabije omgeving behoren de op het Lido aansluitende en door pijnbomen en macchia afgeschermde **Spiaggia di Maria Pia** (parallel aan de Viale Primo Maggio), de stranden **Le Bombarde** en **Lazzaretto** ten westen van Fertilia (afslag

vanaf de SS127bis), de hoefijzervormige **Cala di Porticciolo** noordelijk van Porto Conte (afslag vanaf de SP55bis) en de **Spiaggia di Poglina** (ook Spiaggia della Speranza), 8 km ten zuiden van de stad aan de SP105 naar Bosa.

Vanaf de haven de oude stad in

Het beste startpunt voor een rondgang door het verkeersluwe oude centrum is de haven 1, waar ook de bo-

Alghero

Bezienswaardigheden
1. Haven
2. Bastione della Maddalena
3. Palazzo de Ferrera
4. Cattedrale di Santa Maria
5. Museo diocesano d'Arte Sacra
6. Palazzo Machin
7. Teatro Civico
8. Chiesa di San Francesco
9. Aquarium Mare Nostrum
10. Torre di Sulis
11. Museo Territorio

Overnachten
1. Dei Pini
2. La Playa

3. Villa Loreto
4. Nidi della Poiana
5. Villa Piras
6. La Tana di Cagliostro
7. Podere Monte Sixeri
8. Calik

Eten en drinken
1. Al Tuguri
2. La Lepanto
3. Macchiavello
4. Maristella
5. Al Vecchio Mulino

Winkelen
1. Bon Bons
2. Enodolciara
3. Sella & Mosca

Actief
1. Navisarda en Attilio Regolo
2. Mountain Bike Porto Conte Escursioni
3. Cicloexpress
4. Sardinian Discovery
5. Ocean Tribe
6. Wind Sardinya Sail
7. Capo Galera

Uitgaan
1. PocoLoco
2. Baraonda
3. Art Cafe Il Vecchio
4. King's Pub
5. Il Ruscello

---

ten naar Capo Caccia en de Grotta di Nettuno vertrekken. Hier verheffen zich de machtige muren van het **Bastione della Maddalena** 2, een onderdeel van de oude stadsmuur. Een kleine poort geeft toegang tot de oude stad en komt uit op de Piazza Civica, de pronkkamer van Alghero met het **Palazzo de Ferrera** 3 (Palazzo d'Albis, midden 15e eeuw). Deze voormalige residentie van de stadscommandant was het zenuwcentrum van de macht: als vestingstad was het Catalaanse Alghero bijna vierhonderd jaar onderworpen aan een militaire bevelhebber. Met zijn boogvensters is het palazzo een mooi voorbeeld van Catalaanse gotiek.

Cattedrale di Santa Maria 4

Piazza Duomo, www.algheroweb.net/cattedrale.php, ma.-di., do.-za. apr.-mei, sept.-okt. 10.30-13, 16-18.30, juni-aug. 10.30-13, 19-21.30; toren: juli-sept. di., do., za. 19-21.30 uur; kathedraal € 3, combikaartje met toren en Museo diocesano € 5

Verder over de Piazza Civica, voorbij de Porta a Mare, komt u bij de Cattedrale Santa Maria en wrijft zich verbaasd in de ogen. Een porticus met Dorische zuilen, waarachter men eerder een theater zou vermoeden, vormt de ingang van de kathedraal (1862). De neoklassieke entree van de kerk moest iets bijzonders worden, maar het resultaat is niet erg origineel. Het interieur biedt een bonte mengeling van stijlen, van Catalaanse gotiek tot classicisme, in een niet organisch ingedeelde binnenruimte. Echt heel bijzonder aan de dom is eigenlijk alleen de achthoekige **klokkentoren** aan het noordelijke uiteinde van de Via Principe Umberto met zijn fraaie laatgotische portaal in Catalaanse stijl (vanaf 1552). Beklimming van de toren is zeker de moeite waard, want het uitzicht boven is geweldig.

Museo diocesano d'Arte Sacra 5

Piazza Duomo 1, tel. 079 973 30 41, jan.-mrt. vr.-zo. 10.30-13, 16.30-19, apr.-juni, sept.-okt. do.-di. 10.30-13,

17-20, juli-aug. ma.-za. 10.30-13, 18-21, dec. do.-di. 11-13, 16-19 uur, € 3,50, combikaartje met toren en kathedraal € 5

In het voormalige Oratorio di Nostra Signora del Rosario naast de kathedraal is nu dit museum ondergebracht met een collectie religieuze kunst.

Langs de Via Carlo Alberto

De hoofdstraat van het oude centrum is de Via Carlo Alberto met haar talloze winkels. Al meteen bij de eerste huizen (komend van de Piazza Civica) loont het de moeite de blik van de etalages omhoog te laten glijden. Kunstige gotische vensteromlijstingen sieren de façades. U ziet hier en daar vensters met zogenaamd blind maaswerk, dat wil zeggen dat het bovenste derde deel is gesloten met een 'gordijn' van steen. Het eerste straatje rechtsaf (Via Roma), leidt naar de klokkentoren van de kathedraal.

Palazzo Machin en Teatro Civico

Palazzo Machin: Via Principe Umberto, www.algheroweb.net/palazzi.php; Teatro Civico: Piazza del Teatro 1, tel. 347 830 36 58

Een paar passen verderop door de Via Principe Umberto staat rechts het **Palazzo Machin** 6 (voorheen Palazzo Tibau). Dit mooie stadspaleis werd in de tweede helft van de 16e eeuw gebouwd in opdracht van een welgestelde koopman uit Catalonië. De façade toont een geslaagde versmelting van Catalaanse gotiek en renaissance. Het renaissanceportaal is typerend voor de tijd waarin het paleis werd gebouwd. Het wordt ingesloten door pilasters die een met wapens, lauwerkrans en leeuwen gedecoreerde architraaf ondersteunen. Verder naar boven is de façade nog middeleeuws. Hier zijn overigens mooie laatgotische vensters in Catalaanse stijl te zien.

Net voorbij het paleis ligt de Piazza del Teatro met het neoklassieke **Teatro Civico** 7 uit 1862.

Chiesa di San Francesco 8

Via Carlo Alberto 46/Via A. Machin, www.algheroweb.net/francesco.php, dag. 7.30-12, 17-20.30 uur

Uw weg vervolgend, komt u uit bij de Via Gilbert Ferret. Hierdoor loopt u terug naar de Via Carlo Alberto. Daar aangekomen bent u vlak bij de Chiesa di San Francesco (zie ook Favoriet blz. 174) in het hart van het *centro storico*.

Het portaal met zijn tweelingzuilen in laatrenaissancestijl werd later in de oorspronkelijke façade ingebouwd. Tegen het fries boven de ingang zijn acht

De uitstraling van Klein Barcelona trekt veel toeristen naar Alghero

putti zichtbaar, die de symbolen van Jezus' lijdensweg dragen.

Het interieur laat een harmonieus samengaan zien van Catalaanse gotiek en late renaissance. Enigszins eigenaardig is het romaans aandoende, wat zware ruimtegevoel, dat door het beige natuursteen wordt versterkt. Nog gotisch zijn de zijbeuken met hun fraaie kapitelen, terwijl het schip, nadat het was ingestort, vanaf 1593 in renaissancestijl werd herbouwd en overdekt met een tongewelf. Bij de voorste zuil links staat een aangrijpend houten beeld (17e eeuw) dat de Geseling van Christus voorstelt. Een hoog kruisribgewelf overspant het koor, de *capilla mayor* uit de Catalaanse gotiek. Ongebruikelijk zijn de van elkaar verschillende bogen van het vrouwenkoor aan de noordkant.

In zuidelijke richting voert de Via Carlo Alberto langs de jezuïetenkerk **San Michele** in barokstijl met een majolicakoepel naar de Piazza Sulis.

Aquarium Mare Nostrum 9

Via XX Settembre 1, tel. 079 97 83 33, nov.-mei za. 15-20, zon- en feestdagen 10-13, 15-20, juni, okt. dag. 10-13, 16-21, juli, sept. dag. 10-13, 17-23, aug. dag. 10-13, 17-0.30 uur, € 8

Vlak bij de Piazza Sulis vindt u het aquarium. U ziet hier de onderwaterfauna van Sardinië en andere mediterrane regio's in helaas te krappe bassins.

Favoriet

Stil en sfeervol

Een oase van stilte – dat is de met bloemen versierde kruisgang van de **Chiesa di San Francesco** 8. De 22 zuilen stammen nog uit de tijd dat het klooster werd gesticht (14e eeuw), de bovenverdieping werd in de 19e eeuw toegevoegd. In de zomer wordt de binnenplaats gebruikt voor sfeervolle openluchtconcerten (dag. 7.30-12, 17-20.30 uur; zie ook blz. 172).

Torre di Sulis [10]

Piazza Sulis, www.algheroweb.net/torri.php

Aan het plein verheft zich de machtige Torre di Sulis (voorheen Torre dello Sperone). De toren en het plein danken hun naam aan Vincenzo Sulis (1758-1834), een politiek agitator die hier van 1799 tot 1821 gevangen zat op verdenking van samenzwering tegen het Huis Savoye. De fraaie promenade op de hoge vestingmuren die Alghero aan de zeekant omgeven, loopt tot de haven.

Museo Territorio [11]

Piazza Porta Terra, tel. 079 973 40 45, apr.-juni, sept. 9-13, 16.30-20.30, juli-aug. 9-13, 18-23 uur, okt.-mrt. ma.-za. 9.30-13, wo. en vr. ook 16-18 uur, € 2,50

Ter afsluiting zou u nog een bezoek kunnen brengen aan het Museo Territorio (Museo Virtuale) in de Torre di San Giovanni. Hier staat een grote maquette van de oude stad en kunt u een virtuele reis maken door Alghero's geschiedenis. Ook komt u er interessante dingen te weten over het stadswapen.

Overnachten

Droomstrand – **Dei Pini** [1]: Località Le Bombarde (ten westen van Fertilia), tel. 079 93 01 57, www.hoteldeipini.it, 2 pk € 125-360. Groot, goed verzorgd viersterrenhotel in een pijnboombos aan de prachtige Spiaggia di Bombarde; vrij kleine, maar goed uitgeruste kamers.

Nabij het strand – **La Playa** [2]: Via Pantelleria 14, tel. 079 95 03 69, www.laplayahotelalghero.it, 2 pk € 90-140. Groot maar aantrekkelijk driesterrenhotel met kleine tuin, slechts 100 m van het Lido. Aardige, goed uitgeruste kamers met balkon.

Kloostersfeer – **San Francesco** [8]: Via A. Machin 2, tel. 079 98 03 30, www.sanfrancescohotel.com, 2 pk € 96-120. Populaire driesterrenherberg in het oude franciscanenklooster in het oude centrum; tijdig reserveren. Nette, eenvoudige kamers; er wordt ontbeten op de bovenverdieping van de sfeervolle kruisgang (zie ook Favoriet blz. 174). Let op: ook hotelgasten mogen niet met de auto in het oude centrum; reken op een paar honderd meter met bagage.

Landhuis – **Villa Loreto** [3]: aan de SP42 (Strada dei Due Mari 77), tel. 079 98 51 17, www.villaloreto.com, 2 pk € 75-120. Mooi driesterrenhotel in landhuisstijl, omgeven door een grote tuin; vriendelijk ingerichte kamers. Goed restaurant.

Olijfgaarden – **Nidi della Poiana** [4]: Località Salondra 50, tel. 079 97 68 94, www.alghero-bed-and-breakfast.com, 2 pk € 80-120. Minihotel in landelijke omgeving te midden van olijfgaarden, 10 minuten rijden van Alghero. Vijf verschillend ingerichte kamers, deels met antiek meubilair.

Nabij de kustpromenade – **Villa Piras** [5]: Viale della Resistenza 10, tel. 079 97 83 69, www.hotel-villapiras-alghero.it, 2 pk € 70-115. Klein driesterrenhotel aan de zuidkant van Alghero. Verzorgde kamers met balkon, met bijbehorende restaurant-pizzeria.

B&B nabij de oude stad – **La Tana di Cagliostro** [6]: Via Frasso 74, tel. 32 89 07 58 54, www.latanadicagliostro.com, 2 pk € 60-90. B&B met felgekleurde, maar verder onberispelijke kamers.

Landgoed – **Podere Monte Sixeri** [7]: 10 km buiten het centrum in de richting van Santa Maria La Palma, tel. 34 08 56 20 70, www.residenzedicam pagna.com, appartement € 81-266 per week. Het oude landgoed San Giuliano van de bekende olijfolieproducent is nu een uiterst smaakvol vakantiecomplex met appartementen en villa's.

Camping – Laguna Blu (**Calik**) [8]: SS127 ter hoogte van km 33,2, tel. 079 93 01 11, www.campinglagunablu.com,

Eten en drinken

Klein maar fijn – Al Tuguri [1]: Via Maiorca 113, tel. 079 97 67 72, www.altuguri.it, ma.-za. 12.30-14, 19.30-22 uur, € 20. Voortreffelijke eetgelegenheid, reserveren aanbevolen. Exquise Sardijnse keuken, goede wijnkaart.

Catalaanse keuken – La Lepanto [2]: Via Carlo Alberto 135, tel. 079 97 91 16, www.lalepanto.com, mrt.-15 jan. wo.-ma. 12.30-15, 19.30-23, mei-sept. dag. 12.30-15, 19.30-23 uur, € 18. Vis en zeevruchten; beschaafde pianomuziek.

Bij de stadsmuur – Macchiavello [3]: Via Cavour 7/Bastioni Marco Polo 57, tel. 079 98 06 28, www.osteriamacchiavello.it, apr.-okt. 12-14.45, 19-23.30 uur, € 14. Langgerekte ruimte met twee ingangen, aan de kant van de stadsmuur tafeltjes buiten. Goede Sardijnse vleesgerechten, gegrilde vis.

Goed en goedkoop – Maristella [4]: Via Fratelli Kennedy 9, tel. 079 97 81 72, dec.-okt. ma.-za. 12-14.30, 20-22.30, zo. 12-14.30 uur, € 12. Kleine, goedkope trattoria even buiten het oude centrum. Veel *Algheresi*, goede lokale keuken.

Onder de gewelven – Al Vecchio Mulino [5]: Via Don Deroma 3, tel. 079 97 72 54, www.alvecchiomulinoalghero.com, dag. 19-23.30, zo. ook 12-14.30 uur, buiten het hoogseizoen di. gesl., 1-15 nov., 1-15 jan. gesl., € 11. Leuke trattoria met goedkope Sardijnse keuken.

Winkelen

Catalaanse zoetigheden – Bon Bons [1]: Via Einaudi 21 (ten zuidoosten van de oude stad), tel. 079 97 81 71, http://dolcitipicisardi.it. *Dolci* naar Catalaanse traditie, maar ook Sardijnse klassiekers.

De beste olijfolie – Enodolciaria [2]: Via Simon 24. Hier koopt u de uitstekende olijfolie uit de omgeving van Alghero, maar ook wijn, likeur, pasta, honing en *dolci*.

Wijn – Sella & Mosca [3]: zie blz. 178.

Actief

Bootexcursies – Navisarda [1]: ticketkiosk aan de voet van het Bastione della Maddalena, tel. 079 97 89 61, www.navisarda.it. Met een vloot van vijf boten onderhoudt men in juni-sept. elk uur en in apr.-mei en okt. diverse keren per dag excursies naar de Neptunusgrot. Vertrek vanuit de haven, duur met bezoek aan de grot zo'n 2,5 uur, € 16 (daarnaast toegang grot € 13). Bij ruwe zee vaart men niet. Bijzonder is ook een dagexcursie met lunch aan boord, waarbij de hele kust ten westen van Alghero wordt afgevaren (Punta Giglio, Porto Conte, Capo Caccia). **Attilio Regolo** [1]: ticketkiosk vlak bij Navisarda, tel. 36 83 53 68 24, www.grottedinettuno.it, € 15 voor Neptunusgrot.

Mountainbike – Mountain Bike Porto Conte Escursioni [2]: Via Catalogna 28, tel. 079 95 29 92, www.mtbportoconte.it. Diverse georganiseerde mountainbiketours, ook verhuur van city- en mountainbikes en scooters.

Fietsen en meer – Cicloexpress [3]: bij de haven aan de Lungomare Barcellona (parallel aan de Via Garibaldi), tel. 079 98 69 50, www.cicloexpress.com. Verhuur van fietsen, tandems, scooters.

Excursies – Sardinian Discovery [4]: Via Ruota 2, tel. 33 88 30 13 11, www.sardiniandiscovery.com. Georganiseerde jeepsafari's en wandeltochten.

Watersport – Ocean Tribe [5]: Camping La Mariposa (tussen het Lido en

het pijnboombos Maria Pia), tel. 34 72 22 75 13, www.oceantribe.it. Surfen, peddelsurfen en kajakken.
Zeiljacht – **Wind Sardinya Sail** 6: Via Machin 9, tel. 079 97 00 68, www.windsardinyasail.com. U kunt een zeiljacht met of zonder bemanning charteren.
Duiken – **Capo Galera** 7: Località Capo Galera (achter Spiaggia Lazzaretto), tel. 079 94 21 10, www.capogalera.com. Eenzaam op een schiereiland gelegen *diving centre*, ook fantastische zeilcruises met een tweemaster.

Uitgaan

Jazz – **PocoLoco** 1: Via Gramsci 8, tel. 079 97 31 034, www.pocolocoalghero.it, hele jaar open, dag. vanaf 19 uur ('s zomers vanaf 20 uur). Groot, sober ingericht jazzcafé, op woensdag jamsessies, in het weekend vaak liveconcerten.
Incrowd – **Baraonda** 2: Via Principe Umberto 75. Hotspot waar vaak buiten meer te beleven is dan binnen.
Livemuziek – **Art Cafe Il Vecchio** 3: Via XX Settembre 2/4. Gerenommeerde bar, 's zomers ook livemuziek.
Bij de stadsmuur – **King's Pub** 4: Via Cavour 123/Bastioni Marco Polo. Zitplaatsen op de stadsmuur, soms livemuziek.
Disco – **Il Ruscello** 5: Località Angeli Custodi 57 (8 km buiren Alghero aan de weg naar Sassari), tel. 079 95 31 68, half juli-half aug. dag., juni, sept. vr.-za., okt.-mei za. Grote disco met twee dansvloeren en loungeruimte in de openlucht. Latino en house, ook livemuziek, soms gast-dj's zoals Gigi D'Agostino.

Info en festiviteiten

www.algheroweb.net: uitvoerige informatie over alle bezienswaardigheden van Alghero en omgeving.

www.visit-alghero.com: website van het Consorzio Turistico met veel links.
Ufficio Informazioni Turistiche: Piazza Porta Terra 9, tel. 079 97 90 54, www.alghero-turismo.it, ma.-za. 8-20, zo. 10-13, 17-20 uur.

Festiviteiten

Su Desclavament: avond van Goede Vrijdag. Tegen 20 uur trekt de Processione del Discendimento van de Chiesa della Misericordia naar de dom, waar de kruisafneming *(discendimento)* plaatsvindt. Omstreeks ▷ blz. 181

Koraal uit Alghero

De oorsprong van het stadswapen is Catalaans, maar in het midden prijkt een koraaltak. De reden: koning Peter IV van Aragon verleende in 1372 alle *Algheresi* die zich met de koraalvisserij bezighielden, belastingvrijstelling. De bewerking van koraal heeft daarom in Alghero een lange traditie; in veel winkels worden sieraden van koraal aangeboden. Inderdaad liggen voor de kust van Alghero, tussen Capo dell'Argentiera en de Torre Poglina, de enige koraalbanken van Sardinië. Niet voor niets heet dit gedeelte van de kust **Riviera del Corallo.** Helaas hebben de gevoelige koraalbanken erg geleden onder roofbouw en daarom is de koraalvisserij al sinds jaren sterk gekrompen. Bijzonder gewild is het in de Middellandse Zee voorkomende bloedkoraal, dat wordt aangetroffen tot een diepte van 280 m. Door de beschermingsmaatregelen komt nu bijna alle koraal uit Azië. Het is een bedreigde en door de Conventie van Washington (1975) beschermde diersoort, en de handel erin is grotendeels verboden, zeker als het om levend koraal gaat. Maar eigenlijk moet niemand dood koraal kopen, waarvandaan dan ook.

Op ontdekkingsreis

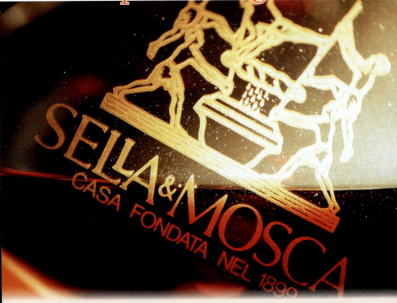

Edel vocht in eiken vaten – wijn proeven bij Sella & Mosca

Al millennialang wordt op Sardinië wijn verbouwd. Iedere veroveraar bracht wel een nieuwe druivensoort mee naar het eiland. Zo verschillend hun herkomst is, zo divers smaken de wijnen. Tijdens een rondleiding over het gerenommeerde wijngoed Sella & Mosca komt u veel interessants te weten over de wijnbouw en kunt u aansluitend wijn proeven.

Kaart: ▶ B 5
Informatie: Tenuta Sella & Mosca, Località I Piani, Alghero, tel. 079 99 77 00, www.sellaemosca.it; juni-sept. ma.-za. 17.30 uur rondleiding (60 min.), anders op afspraak (ma.-vr.); wijnproeverij (30 min.) op afspraak; enoteca (wijnverkoop): juni-sept. ma.-za. 9-20, aug. ook zo. 9-13, 16-20, okt.-mei 8.30-17.30 uur.
Route: met de auto over de SP42 in noordelijke richting en bij km 20-21 rechtsaf.

Strak in het gelid staan de wijnstokken op het meer dan 600 ha metende wijngoed Sella & Mosca ten noorden van Alghero. Het bekende wijnhuis kan terugblikken op ruim een eeuw historie.

Het wijngoed met zijn moderne productiemethoden behoort tegenwoordig tot de grootste van Sardinië en staat garant voor topkwaliteit.

Uitsluitend inheemse wijnen, hoofdzakelijk uit de traditioneel rond Alghero en in de Sulcis aangeplante druivensoorten, worden op de vette, rode en bruine aarde van de Nurra verbouwd. Tot aan de horizon reiken de wijngaarden op het vlakke en zonovergoten aangeslibde land. Om de kwetsbare druiven tegen de verschroeiende zon te beschermen, worden ze gekweekt volgens de hoge pergolamethode. Daarbij beschutten de bladeren de wijnstok en tegelijkertijd beschermt de optimale ventilatie de druiven tegen rotten.

Kwaliteitsgarantie

Het wijngoed kan tijdens een rondleiding worden bezocht. Ter introductie wordt een korte film vertoond over de geschiedenis ervan en over de verbouwde druivensoorten. Daarna voert de rondgang naar de in 1903 gebouwde **historische wijnbottelarij** in het oude landhuis. Tot in de jaren 70 van de vorige eeuw werden hier de druiven geperst en de wijn gemaakt, nu rijpen hier de rode topwijnen in eikenhouten vaten (barriques). Aansluitend komt u in de wijnkelder **Marchese di Villamarina**, waar de cabernet sauvignon eerst anderhalf jaar op vat rijpt en daarna nog een keer zo lang op fles blijft liggen. Naast deze sfeervolle oude gebouwen staan tussen de wijnhellingen de moderne **vinificatiecomplexen**.

De rondleiding brengt u vervolgens naar het kleine **museum**, waar de bedrijfsgeschiedenis wordt geïllustreerd met oude foto's, oude wijnpersen en andere werktuigen. Het andere deel van het museum is gewijd aan de necropolis Anghelu Ruju, die ruim een eeuw geleden op het wijngoed werd ontdekt. Explicatieborden, foto's en archeologische vondsten geven inzicht in deze begraafplaats uit de jonge steentijd en de bijbehorende Oziericultuur.

Ter afsluiting wordt een glas **torbato brut** aangeboden – een verfrissende *spumante*, gemaakt van een oude mediterrane druivensoort die werd meegebracht door de Feniciërs.

Beroemd: de cannonau

De eerste plaats onder de druivensoorten wordt ingenomen door de **cannonau**, de meest voorkomende rode wijn op Sardinië. Hij is vol van smaak, robijnrood van kleur en heeft een uitgebalanceerd bouquet met fruitige tonen van rijpe pruimen en bramen, met daarbij een hint van vanille en viooltjes. In Europa wordt deze wijn op 378.000 ha verbouwd, waarvan 250.000 ha in Spanje, waar de cannonaudruif (Spaans: *garnacha*) oorspronkelijk vandaan komt, en 14.000 ha op Sardinië.

Sella & Mosca creëert ook opmerkelijke **cuvées** van cannonau en internationale druivensoorten zoals de **Marchese di Villamarina**. Zoet en portachtig is daarentegen de dessertwijn **Anghelu Ruju** (Rode Engel). Beroemd om hun cannonau zijn ook de wijncooperaties in Oliena, Dorgali en Jerzu.

'Jonge spruit': de vermentino

Tot de jongste druivensoorten die op Sardinië werden geïntroduceerd, behoort de **vermentino**. Met zijn fruittonen van rijpe appel, aroma'a van mimosabloesem, uitgebalanceerde zuren en complexe afdronk geldt hij als de beste witte wijn van Sardinië. Ook de vermentino komt oorspronkelijk, zoals veel druiven, van het Iberisch schiereiland. In het Sardijnse Gallura vindt hij op de graniethoudende grond een ideale voedingsbodem, hoewel de vermentino geen bijzondere eisen stelt aan bodemgesteldheid en microklimaat. De teelt van deze druif heeft zich dankzij haar hoge opbrengst en gemakkelijke karakter over heel Sardinië uitgebreid.

Als enige wijn op Sardinië is het de **Vermentino di Gallura** in 1996 gelukt het predikaat DOCG (*Denominazione di Origine Controllata e Garantita*) binnen te halen, de hoogste kwaliteitsaanduiding voor Italiaanse wijnen. De drie belangrijkste producenten zijn de Gallurische wijncoöperaties Monti, Tempio en Berchidda. Ook Sella & Mosca bezit voor het produceren van de DOCG-wijn een wijngaard in Gallura. Vermentino heeft een aandeel van ruim 5% in de totale wijnproductie en van ruim 40% in de productie van DOC-wijnen op Sardinië.

Oeroud: de vernaccia

De wijnbouw heeft op Sardinië een lange traditie. De Feniciërs brachten al de oeroude druivensoorten **nuragus, carignano** en **vernaccia** mee naar het eiland. De witte vernaccia wordt uitsluitend verbouwd in het benedendal van de Tirso (provincie Oristano). De naam *vernaculus* stamt uit het Latijn en betekent letterlijk 'inheemse, in het bijzonder Romeinse wijnrank'. Dit verklaart waarom de vernaccia in heel Italië wijdverbreid is en diverse lokale wijnsoorten aanduidt. De Sardijnse **vernaccia** moet op zijn minst drie tot vier jaar rijpen in kastanje- of eikenhouten vaten om zijn op sherry lijkende, amandelachtige smaak te ontwikkelen. Topkwaliteit biedt vooral de DOC **Vernaccia di Oristano,** die een alcoholpercentage heeft van minstens 15% en als aperitief of dessertwijn wordt gedronken. De schrijver Giuseppe Dessì (1909-1977) schreef over de vernaccia: 'Sinds eeuwen is de vernaccia Sardijns en "spreekt Sardisch"... Vernaccia drinkend hebben wij Sarden malaria en wanbestuur bestreden. Zonder vernaccia had geen Sard kunnen overleven.'

Beschermd: moscato, malvasia en monica

Onder de Romeinen werd de **moscato** geïntroduceerd en in de Byzantijnse tijd de **malvasia**, een in het hele Middellandse Zeegebied voorkomende, maar tamelijk uiteenlopende witte wijn. Zijn belangrijkste productiegebied op Sardinië ligt in de Campidano en tegen de heuvels van de Planargia langs de benedenloop van de Temo. Middeleeuwse monniken legden op hun beurt wijngaarden aan rond hun kloosters en brachten de druivensoort **monica** mee. In het beroemde wetboek *Carta de Logu* van Eleonora van Arborea (1392) zijn veel bepalingen te vinden ter bescherming van de wijngaarden en de wijnhandel.

Uitmuntend: 28 Sardijnse wijnen

In 1924 ontstond in Monserrato de eerste Sardijnse wijncoöperatie *(cantina sociale),* en sindsdien zijn er vele gevolgd. Vooral de *cantine sociali* van de bergdorpen genieten een zeer goede reputatie en produceren wijnen van uitstekende kwaliteit. In 1971 kreeg de Vernaccia di Oristano als eerste Sardijnse wijn het felbegeerde predikaat 'gecontroleerde herkomstbenaming' ofwel in het Italiaans DOC (*Denominazione di Origine Controllata*); sindsdien zijn er nog 27 wijnen gevolgd.

21.30 uur wordt de doodskist met het lichaam van Christus teruggebracht naar de Misericordiakerk. De treurende gelovigen dragen rode lampjes en ook de straatlantaarns zijn met rood omhuld. Aangrijpende rouwplechtigheid.
Nostra Signora della Mercede: 1e week van aug. Feest van de stadspatroon met grote processie.
Ferragosto algherese: 15 aug. Zomerfeest met vuurwerk en veel kraampjes aan de haven.

Vervoer
Luchthaven: internationale luchthaven Alghero-Fertilia, tel. 079 93 52 82, www.aeroportodialghero.it. Van hieraf geregelde busverbindingen met Alghero (FdS) en Sassari (ARST).
Bus: terminal aan de Via Catalogna (bij de Giardino Pubblico, vlak bij de haven), tel. 079 95 01 79. ARST-bussen naar onder meer Porto Torres, FdS-bussen naar Porto Conte, Capo Caccia, Sella & Mosca (Necropoli di Anghelo Ruju), Bosa en Sassari (tel. 800 86 50 42).
Smalspoortrein: FdS-station aan de Via Don Minzoni, tel. 079 95 07 85, iedere dag veel treinen naar Sassari.

Aan de baai Porto Conte

Een prachtig kustlandschap opent zich ten westen van Alghero. Als een ronde binnenzee toont zich de schitterende, ver het land indringende en met zandstranden omzoomde baai Porto Conte. Tussen de **steile kalkstenen kliffen** van Capo Caccia en Punta Giglio opent de baai zich naar de zee. Enkel drie Saracenentorens bewaken deze ultieme natuurlijke haven van Sardinië, die diverse keren in de geschiedenis grote vloten heeft zien binnenvaren. In 1353 versloegen de Aragonezen hier de Genuese admiraal Antonio Grimaldi. Dit hele gebied, met inbegrip van het noordelijker gelegen Lago Baratz, het enige zoetwatermeer van Sardinië, maakt met 60 km kustlijn deel uit van het natuurreservaat **Parco Naturale Regionale di Porto Conte.**

Wandeling naar Punta Giglio ▶ B 5

Lengte: 9 km, moeilijkheidsgraad: eenvoudig, duur: ongeveer 3 uur, nauwelijks schaduw, geen horeca

Noordwestelijk van Alghero leidt een doodlopende weg in zuidelijke richting naar de Torre Nuova (El Faro), een oude Saracenentoren. Zo'n 500 m ervoor ligt een parkeerplaats waar de wandeling naar Punta Giglio begint. Naast het parkwachtershuisje staat een bord met informatie over het natuurpark Porto

Wandeling naar Punta Giglio

Conte, dat deel uitmaakt van het Europese netwerk van beschermde natuurgebieden Natura 2000. U loopt door de poort en wandelt over de *Sentiero principale*, een steenslagpad, in het pijnboombos omhoog. Volg na enkele minuten het hoofdpad als het naar links buigt en houd daarna bij een splitsing links aan. Het pad loopt lichtjes stijgend door het bos en splitst zich uiteindelijk voor een houten bord met het opschrift *Foreste Parco Conte Località Punta Giglio*.

U verlaat hier het hoofdpad en buigt af naar links de *Sentiero verde* in. Dit smalle 'Groene pad' slingert zich omhoog door een parkachtig bosgebied. Het kalksteenplateau is begroeid met pijnbomen, cipressen en Fenicische jeneverbes (*Juniperus phoenicea*). Een botanische bijzonderheid is de op de kalkgrond van het noordwesten van Sardinië voorkomende, maar elders op het eiland vrij zeldzame Europese dwergpalm (*Chamaerops humilis*). U houdt bij een **splitsing** rechts aan en wandelt geleidelijk om de Monte Rudedu heen. Heel verrassend opent zich in het bos een mooi **uitzicht** naar het oosten, over de baai heen naar Alghero. Vijf minuten later komt u uit bij een breed dwarspad en buigt naar rechts. Korte tijd later is het weer genieten van een prachtig uitzicht, dit keer op Punta Giglio en de aan de overkant van de Porto Conte liggende Capo Caccia.

U bereikt uiteindelijk weer de brede *Sentiero principale,* die u naar links inslaat. Op dit vlakke stuk komt u voorbij een brede aftakking naar rechts (de latere terugweg!) en passeert kort daarna twee stenen hekpalen. Daarna splits het pad zich maar komt bij een vervallen **kazerne** weer bij elkaar. Meeuwengekrijs kondigt de nabije kust aan. Het pad eindigt bij een voormalige geschutstelling met ruïnes van gebouwen tussen de macchia. Steil storten de klippen van **Punta Giglio** zich in zee.

Om terug te keren gaat u weer de plek waar u van rechts bent gekomen over het hoofdpad, houd daar links aan en wandel nu de stenige *Sentiero giallo* af. Het pad daalt geleidelijk af naar de kust en stijgt daarna weer tot het pad van de heenweg. Van daaraf loopt u in enkele minuten terug naar het **informatiebord** op de parkeerplaats.

Informatie

Parco Naturale Regionale di Porto Conte: Casa Gioiosa, ex Colonia Penale, Località Tramariglio, n. civ. 44, tel. 079 94 50 05, www.parcodiportoconte.it. Op de website vindt u kaartjes, wandeltips, flora en fauna en informatie over begeleide excursies.
Area marina protetta Capo Caccia – Isola Piana: www.ampcapocaccia.it. Informatie over het zeereservaat.

Naar de Grotta di Nettuno ▶ A 5

Als u om de Porto Conte heenrijdt, voorbij de afslag naar Santa Maria la Palma, bereikt u **Tramariglio**, een voormalige strafkolonie waar nu het beheer van het natuurpark onderdak heeft gevonden in de vroegere gevangenis. De strafkolonie met gevangenis met hoefijzervormig grondplan, ziekenhuis en bijgebouwen werd in 1939-1941 opgebouwd ter ontginning van de moerassig geworden Nurra, waar de gevangenen overdag op de velden moesten werken.

Hierna passeert de weg de afslag naar de baai Cala Dragunara. Meteen leidt rechts een panoramaweg tot bij de klif-rand, de **Belvedere la Forada**. De kust is hier van een wilde schoonheid, steil rijzen de rotswanden op uit zee. Voor de kust ligt het rotseiland Foradada. De weg eindigt bij de parkeer-

Aan de baai Porto Conte

In de rotsen uitgehouwen: de Escala del Cabirol leidt naar de Neptunusgrot

plaats voor de 168 m hoge **Capo Caccia**, die wordt gekroond door een (niet toegankelijke) vuurtoren. Bijna loodrecht storten de kliffen op de landpunt zich in zee. Hier nestelen meeuwen, slechtvalken en zelfs een enkele vale gier. Vroeger struinde er ook wild rond op de landtong, en daaraan dankt Capo Caccia (Jachtkaap) zijn naam.

Grotta di Nettuno

Tel. 079 54 65 40, trappenpad van parkeerplaats tot ingang ruim 15 min. lopen, rondleiding apr.-okt. elk uur 9-19, nov.-mrt. 10-15 uur, € 13

De in 1954 in de steile rotsen uitgehouwen **Escala del Cabirol** (Catalaans voor Reeboktrap), daalt in 654 treden af naar de **Neptunusgrot**. De ingang van de Grotta di Nettuno ligt bijna op zeespiegelhoogte, waar ook de excursieboten aanleggen, en is – ook via de trap – alleen bij een kalme zee toegankelijk. Rond een onderaards meer groeperen zich de betoverende **druipsteenlandschappen** van de 500 m diepe grot.

Al in de 19e eeuw trok de grot, die toen nog alleen per boot bereikbaar was, veel illustere bezoekers, onder wie koning Karel Albert. Van de in die tijd gebruikte fakkels zijn nog zwarte roetsporen zichtbaar op het druipsteen. Het kwam geregeld voor dat bezoekers dagenlang vastzaten in het wonderlijke stenen rijk van Neptunus, omdat de boot wegens ruwe zee niet meer kon terugvaren. Vandaag de dag is de grot een enorme publiekstrekker en de meertalige massarondleidingen zullen niet iedereen aanspreken. Tip: meteen 's ochtends aan de eerste rondleiding deelnemen, dan kunt u nog iets van de betovering ervaren. Alternatief: meegaan met een excursieboot (zie blz. 176).

Omgeving van Porto Ferro ▶ B 5

Ten noorden van de Porto Conte liggen langs de westkust prachtige stranden. Geurige macchia omgeeft de kleine **Cala di Porticciolo**. En iets noordelijker bewaken twee Saracenentorens de halvemaanvormige baai van **Porto Ferro**. Het uitgestrekte, grofzandige strand wordt onderbroken door rode trachietrotsen en geflankeerd door duinen, waarachter pijnbomen en jeneverbesstruiken gedijen. Aan de noordkant van het strand is naakt zwemmen en zonnebaden toegestaan. Parkeer bij voorkeur op de met borden aangegeven parkeerplaats; er zijn paden naar het strand.

Iets landinwaarts ligt het ooit met de open zee verbonden **Lago Baratz**. Dit enige natuurlijke zoetwatermeer op Sardinië is een soortenrijke, beschermde biotoop. Eromheen lopen mooie wandelpaden (**info**: Centro per l'educazione ambientale e la sostenibilità, CEAS, Via dei Fenicotteri 25, Località Lago Baratz, www.ceasbaratz.it).

Argentiera ▶ A 4
Alleen van buiten te bezichtigen

In een mooi kustlandschap ligt deze verlaten 'zilverstad' Argentiera, een spookstad met morbide charme. Al in de oudheid won men hier zilver (Latijn: *argentum*). In de 19e eeuw ging men over tot de industriële winning van zilver, lood en zink. Er kwamen houten gebouwen, een grote ertswasserij, kleine mijnbouwershuisjes en een goederenhaventje. In 1838 bezocht Honoré de Balzac Argentiera tijdens zijn rondreis langs mijnen op Sardinië. In 1963 werd de mijn gesloten, waarna het verval intrad. Eind jaren 60 wilde een vastgoedonderneming er een toeristisch project van maken, met illegaal toegevoegde gebouwen. Dit ging mis en het verval ging nog jarenlang door, totdat nu met overheidsgeld de restauratie is begonnen. Bij de ruïnes staan een paar zomerhuisjes, en 's zomers is aan het strand de **snackbar Il Veliero** (Via Villasalto) in bedrijf.

Overnachten

Camping – **Campeggio Villaggio Torre del Porticciolo**: Località Torre del Porticciolo, tel. 079 91 90 07, www.tor redelporticciolo.it. Mooie, uitgestrekte camping met alle voorzieningen, ook vakantiebungalows. Restaurant, bar en supermarkt. Tennis, paardrijden en zeilen mogelijk.

Het bergland van Montresta

Tussen Bosa en Alghero strekt zich het verlaten trachietbergland van Montresta uit. Open kurkeikbossen en uitgestrekte veeweiden bedekken de hellingen, waar de *maestrale* vaak ongenadig waait.

Panoramarit van Bosa naar Alghero ▶ C 7- B 5

De enige nederzetting in het bergachtige binnenland is het dorpje **Montresta** (550 inw.). Prachtig is de panoramarit over de kustweg SP49, die vanuit Bosa langs de trapsgewijs afdalende rand van het gebergte en hoog boven de zee naar Alghero voert. De beste tijd hiervoor is de late namiddag, als het licht op zijn mooist is en de kleuren intenser stralen. Na iedere bocht openen zich nieuwe vergezichten op de grillig verweerde en door de wind uitgeholde trachietrotsen, die oranjerood tot diepbruin kleuren. Voeg daaraan toe het intense groen van de natuur en het blauw van de zee – de uitzichten zijn overweldigend, en u moet zeker af en toe even stoppen bij een parkeerhaven om er in alle rust van te genieten.

Dan hebt u ook de gelegenheid geduldig naar **vale gieren** (*grifoni*) uit te kijken. Majestueus draaien deze grote vogels, wier vleugels een spanwijdte kunnen hebben van bijna 3 m, hoog in de lucht hun cirkels. Met spiedende blik zijn ze op zoek naar aas, hun voornaamste voedsel. De sociale vale gieren leven als broedkolonie van ongeveer 100 vogels op de kliffen van Capo Marárgiu, waar ze niet gestoord worden. Het is hun laatste toevluchtsoord op Sardinië. Stroperij is echter een ernstig probleem. Daarnaast werkt de moderne landbouw ook niet bepaald mee, want doordat het vee steeds vaker op stal staat en de weideomstandigheden verbeterd zijn, vinden de gieren steeds minder kadavers. Deskundig geleide excursies om de vale gieren te observeren worden georganiseerd door Esedra Escursioni (zie Bosa, blz. 165).

Uitstapje naar de kust

De weg van Bosa naar Alghero loopt grotendeels hoog boven de steile kust. Alleen aan het begin en aan het einde is er de mogelijkheid voor een uitstapje naar de kust. Ter hoogte van km 3,5 leidt een afslag naar de betaalde (camper)parkeerplaats **S'Abba Druche** aan een zandstrand (restaurant-bar). En ter hoogte van km 7 kunt u afslaan naar de wilde rotskust bij de **Torre Argentina**, waar eveneens camperplaatsen en een restaurant-bar (Tentizzos) te vinden zijn. Dichter bij Alghero ligt de Spiaggia di Poglina (zie hierna).

Parco Archeologico Nuraghe Appiu

Tel. 33 81 58 67 52, www.laborintus. info, di.-zo. apr.-mei 10-18, juni-aug. 10-19, sept.-mrt. 9.30-17.30 uur, € 2,50
Ongeveer halverwege tussen Bosa en Alghero takt zich een smal weggetje af dat zich steil omhoogslingert naar de hoogvlakte. Hier ligt op een indrukwekkende locatie aan de breukrand het **Parco Archeologico Nuraghe Appiu**. Op het uitgestrekte terrein zijn tal van bouwwerken uit de nuraghetijd te zien, met behalve diverse nuraghi een huttendorp, gigantengraven en steencirkels.

Spiaggia di Poglina

Als u over de kustweg verder rijdt in de richting van Alghero, bereikt u aan het einde van het panoramagedeelte de Spiaggia di Poglina. Dit mooie strand aan de Cala Speranza beschikt over douches, toiletten en schaduwrijke picknickplaatsen; betaald parkeren.

Eten en drinken

Sea food – **La Speranza:** aan de Spiaggia di Poglina, tel. 079 91 70 10, apr.-okt. dag. 12.30-14.30, 19.30-22.30, buiten het hoogseizoen do.-di. 12.30-14.30, 19.30-22.30 uur, € 8. Strandtent met lekkere pasta's, vis en schelp-en schaaldieren.

Alghero, Sassari en het noordwesten

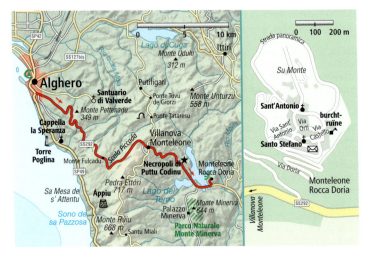

Van Alghero naar Monteleone Rocca Doria

Over de SS292 naar Monteleone Rocca Doria
▶ B 5/C 6

Route: 25 km, duur: 2 à 3 uur met bezichtiging van Monteleone Rocca Doria

Geweldig is ook de **panoramarit** over de SS292 van Alghero naar Villanova Monteleone en van daar verder naar Monteleone Rocca Doria. Met fantastische uitzichten stijgt de **Scala Piccada** (Steile Trap) in avontuurlijke haarspeldbochten omhoog de bergen in. Na iedere bocht worden de vergezichten mooier, todat uiteindelijk bij de **Cantoniera Scala Piccada** het hele noordwesten van Sardinië aan uw voeten ligt.

Kort voorbij **Villanova Monteleone** (▶ C 6, 2400 inw.) bereikt u de **Necropoli di Puttu Codinu** (tel. 347 441 90 10, 338 158 67 52, di.-zo. 8.30-12.30, 15.30-19.30, 's winters 13.30-17.30 uur, € 4) met zijn negen grafkamers, uitgehouwen in het kalksteen. De ingangen waren ooit afgesloten met zware stenen platen, die op hun plek werden gehouden door ertussen geklemde palen. Sleuven rond de buitenrand van de ingang zorgden ervoor dat water langs de zij- en voorkant kon wegstromen. De grafkamers zelf bestaan telkens uit een voorhal, een hoofdvertrek en hierop aansluitende nevenvertrekken.

Verder rijdend over de SS292 komt u terecht in het indrukwekkende landschap rond het **Lago del Temo**, een stuwmeer dat wordt beheerst door de imposante tafelberg Monte Minerva en het kalksteenblok van Monteleone Rocca Doria.

Een aftakking van de SS292 klimt in scherpe bochten steil omhoog naar **Monteleone Rocca Doria.** U kunt het best meteen als u de plaats binnenrijdt parkeren, tussen het postkantoor en de kerk. Als een adelaarsnest troont het dorp op een natuurlijk rotsbastion, dat ruim 400 m boven het stuwmeer uittorent. Het is duidelijk waar de naam van de plaats vandaan komt: 'Bergleeuw

Doriarotsburcht' werd in de 13e eeuw als vesting gesticht door de machtige Doria uit Genua. In die tijd veroverde deze adellijke familie het oude judicaat Torres in het noordwesten van Sardinië. Het nieuw veroverde gebied werd onmiddellijk met krijgshaftige burchten beveiligd. Daarna verschenen echter met de Aragonezen nieuwe heren en was het oorlog. Drie jaar lang (1433-1436) werd Monteleone Rocca Doria door Aragonese troepen belegerd. Letterlijk uitgehongerd zag Nicoloso Doria zich uiteindelijk gedwongen te capituleren; hij werd weggevoerd naar Castelsardo en daar in de kerker gegooid. De trotse Doriavesting werd na de inname geslecht en de inwoners moesten gedwongen verhuizen naar het nabijgelegen Villanova (Nieuwe Stad) Monteleone. Pas honderd jaar later gaf keizer Karel V toestemming voor de wederopbouw van Monteleone Rocca Doria. Waarom hij dat deed? Uitgerekend een Doria, de beroemde Andrea (1466-1560), was als admiraal in dienst van de keizer.

Van die bewogen tijden is vandaag niets meer te bespeuren, vreedzaam dommelt het dromerige dorpje met zijn circa 125 inwoners voor zich uit. De huidige parochiekerk **Santo Stefano** was oorspronkelijk de burchtkapel van de Doria. Hun wapendier, een leeuw, staat voor het portaal. Rechts van de ingang is een gestileerde hand herkenbaar, ook dit is een heraldisch symbool van de Doria. Van binnen is de kerk opgedeeld in twee beuken met gescheiden apsissen, een merkwaardige bouwconstructie. Het linker schip is de oude Doriakapel (1250-1270). Pas tijdens de wederopbouw onder keizer Karel V werd het rechter schip toegevoegd. Van buiten zijn de apsissen met mooie rondboogfriezen versierd. Tegen de zuidelijke zijmuur bevindt zich een zonnewijzer zonder wijzer – de tijd lijkt hier werkelijk tot stilstand te zijn gekomen...

Rijdt u door het dorp omhoog, dan begint bij de kruising onder de kerk **Sant'Antonio** een bewegwijzerde *strada panoramica,* die met mooie uitzichten rond de heuvel **Su Monte** voert. Terug in Monteleone leidt de Via Castello naar de **burchtruïne.** Buiten wat fundamenten en gewelfresten is er niet veel overgebleven van de eens zo machtige vesting.

Informatie

Comune di Monteleone Rocca Doria: Via S. Antonio 1, tel. 079 92 51 17, www.comune.monteleoneroccadoria.ss.it.

Monte Minerva ▶ C 6

Met steile flanken verheft de tafelberg Monte Minerva zich boven zijn omgeving. De open hoogvlakte, de **Planu 'e Pischina,** is in de natte seizoenen bedekt met ondiep water. Wilde ezels struinen hier vrij rond en roofvogels draaien in de lucht hun rondjes. De stilte hierboven, op ruim 600 m boven de zeespiegel, is uniek en de uitzichten vanaf de breukranden zijn schitterend, het zicht reikt tot ver over Noord-Sardinië. Monte Minerva is een natuurpark, op het bord op de parkeerplaats voor het Palazzo Minerva staan enkele wandelroutes aangegeven. Vanaf hier klimt de weg onverhard tegen de bergflank op en voert door diverse ijzeren poorten naar de hoogvlakte.

In de Meilogu

Ongelofelijk indrukwekkend is het vulkaanlandschap van de Meilogu. Brede dalbekkens, steil oprijzende tafelbergen en geïsoleerde vulkaankegels wisselen elkaar af.

Favoriet

De tijd stond stil...

De tijd lijkt stil te staan in **Padria** (▶ C 6), een karakteristiek boerendorp in het Sardijnse binnenland. Het vriendelijke, slaperige oord wordt omgeven door drie kegelvormige heuvels waarop in de Romeinse tijd de belangrijke nederzetting Gurulis Vetus lag.

Op een van de heuvels, de Colla di San Paolo, zijn nog ruïnes uit de oudheid en muurresten van een burcht uit de late middeleeuwen te zien. Ook de parochiekerk in de dorpskern herbergt enkele verrassingen (zie blz. 189).

In de Meilogu

Padria ▶ C 6

Dit vriendelijke boerendorp (700 inw.) ligt in een vruchtbaar landschap (zie blz. 188). Lokale *picapedras* (steenhouwers) zijn de makers van de kalkstenen bovendorpels die menige huisfaçade sieren en die gedecoreerd zijn met motieven uit de Catalaanse school.

Parochiekerk Santa Giulia

Aan de hoofdstraat Via Nazionale (SS292)

De echte bezienswaardigheid is evenwel de parochiekerk Santa Giulia. Het huidige godshuis werd vanaf het einde van de 15e eeuw in Catalaans-gotische stijl gebouwd en in 1520 gewijd. De mooie façade bevat een met lelies versierd portaal. Binnen vallen vooral de kapitelen op, met fraaie voorstellingen van engelen, dieren en muzikanten met hun instrumenten.

Ongebruikelijk is de oriëntatie van de kerk naar het westen, want net als de tempels uit de oudheid zijn christelijke kerken normaal gesproken met het altaar naar het oosten – naar de opgaande zon – gericht. Blijkbaar speelde dat bij de bouw geen rol en ging het erom de façade met het hoofdportaal een representatieve plek aan het centrale plein te geven, ook was dat een duidelijke breuk met de traditie. Het bijzondere hieraan is overigens dat in de bodem fundamenten van eerdere bouwwerken werden blootgelegd die wel op het oosten waren georiënteerd.

Museo Civico Archeologico

Via Nazionale, direct naast de kerk, tel. 079 80 70 18, di. en zo. 9-13, wo., vr. en za. 15.30-19.30 uur, € 1

De rijke archeologische vondsten die in Padria bij opgravingen aan het licht kwamen, worden in het Museo Civico Archeologico tentoongesteld. Erg interessant zijn Romeinse cultusvoorwerpen van terracotta met voorstellingen van dieren en mensen.

Informatie

Comune di Padria: Piazza del Comune 1, tel. 079 80 70 18, www.comune.padria.ss.it.

Sant'Andria Priu ▶ D 6

Deze dodenstad ligt hemelsbreed 9 km ten oosten van de SS131 ter hoogte van Bonorva (zie blz. 190).

Valle dei Nuraghi ▶ D 6

Nuraghe Santu Antine

Cooperativa La Pintadera: tel. 079 84 74 81, www.nuraghesantuantine.it, dag. 9-20 uur, € 6 (7-18 jaar € 4, jonger dan 7 jaar gratis); de opgegraven voorwerpen en een verhelderende maquette van een nuraghe zijn ondergebracht in het Museo della Valle dei Nuraghi del Logudoro-Meilogu, Via Carlo Felice, Torralba (momenteel wegens renovatie gesl.)

Valle dei Nuraghi, Dal van de Nuraghi, is de naam van een uitgestrekte, door vulkaankegels en tafelbergen overschaduwde lagvlakte in de Meilogu. Hier staan tal van nuraghi, waaronder de belangrijke Nuraghe Santu Antine. Sa Domu de su Re, Huis van de Koning, zo wordt de enorme vesting ook genoemd. Daarmee wordt vermoedelijk de Romeinse keizer Constantijn de Grote bedoeld, die als heilige in het Sardijns Santu Antine heet. Want zo'n imposante nuraghe moet wel een belangrijke machtszetel zijn geweest, wat maakt het dan uit dat de datering er een paar duizend jaar naast zit. Hij behoort zonder meer tot ▷ blz. 193

Op ontdekkingsreis

Bezoek aan de jonge steentijd – Sant'Andria Priu

De paleisgraven van Sant'Andria Priu behoren tot de indrukwekkendste necropolissen van Sardinië. De doden moesten zich in het hiernamaals thuis voelen. Dus hakte men voor hen woonhuizen uit in de rotsen en voorzag hen van de eerste levensbehoeften. Over het dodenrijk waakte de stiergod.

Kaart: ▶ D 6
Route: op de SS131 de afrit Bonorva nemen, na deze plaats 6 km richting Bono, dan rechtsaf naar de kerk Santa Lucia, daarna nog 500 m doorrijden tot u links het omheinde terrein met de rotsgraven hebt bereikt; of vanaf de Nuraghe Santu Antine ongeveer 9 km richting Bono, bij een dwarsstraat rechts richting Bonorva en na 3 km scherp linksaf naar de kerk Santa Lucia, daarna nog 500 m doorrijden.
Let op: zaklantaarn meenemen!
Openingstijden en prijzen: juni-sept. dag. 9.30-13, 14.30-19.30 uur, tel. 348 564 26 11, € 6 (7-18 jaar € 4, jonger dan 7 jaar gratis).

In een steile rotswand van roodachtig trachiet bevindt zich de dodenstad van Sant'Andria Priu. Deze maakt deel uit van de meer dan duizend rotskamergraven die de neolithische Oziericultuur (3500-2800 v.Chr.) heeft nagelaten. Met primitieve werktuigen van steen en obsidiaan werden de holen kunstig in de rotsen uitgehouwen. Vaak bestaan ze uit slechts een kamer, maar zogeheten paleisgraven zoals Sant'Andria Priu bestaan uit diverse met elkaar verbonden vertrekken. *Domus de janas* (spreek uit: *dzjanas*) heten deze rotskamergraven tegenwoordig in het Sardinjs, letterlijk Feeënhuizen, van het Sardische *domu,* huis, en *jana,* fee, met wie vermoedelijk de Romeinse godin Diana bedoeld werd.

Van grote betekenis: een thuis in het hiernamaals

De paleisgraven zijn de oudste monumenten op Sardinië en hoewel bijna alle sporen van de woonhuizen uit die tijd allang verdwenen zijn, geven deze rotsgraven naast aanwijzingen over de dodencultus en de voorstelling van het hiernamaals ook een verhelderende voorstelling van de toenmalige huizenvormen.

Enkele grafkamers zijn een getrouwe kopie van de huiselijke omgeving in die tijd. Dit kwam voort uit de wens de woningen van de mensen te imiteren, zodat de doden zich in het hiernamaals thuis zouden voelen. In de vloeren van de voorhallen van Sant'Andria Priu zijn dikwijls kleine, schaal- en halfbolvormige uitsparingen aangebracht. Het waren kommen voor spijs- en drankoffers, het mocht de doden tenslotte aan niets ontbreken. Grotere ronde uitsparingen symboliseerden stookplaatsen en bronnen, zodat de overledenen werkelijk aan niets gebrek hadden.

Uit de wereld der levenden I

Het **kamergraf** (Tomba a Camera, graf 8) is een getrouwe kopie van een langhuis met een zadeldak. Het plafond is als vlak reliëf uit de rots gehouwen en imiteert een houten dak met nokbalken, dat op twee steunpilaren rust. Tot in de details zijn de in het midden licht doorbuigende daksparren uitgewerkt. Deze en andere details in belangrijke grafcomplexen (bijvoorbeeld Puttu Codinu, zie blz. 186) leidden tot de conclusie dat de langhuizen uit de Ozieri-cultuur van hout waren (misschien met een stenen fundering). Houten hoekbalken droegen zowel de zijwanden als de dakconstructie. Twee grote steunbalken stutten de nok van het dak.

Magische schijndeuren

Het zogeheten **hoofdmansgraf** (Tomba del Capo, graf 6) is met ongeveer 250 m² de grootste prehistorische grafkamer op Sardinië. U treedt er binnen via een halfronde voorhal, waarop twee door zuilen ondersteunde hoofdvertrekken en veel nevenvertrekken aansluiten. Met zorg is het halfronde plafond van de voorhal versierd met een straal-

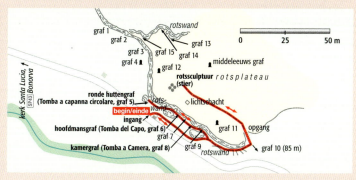

Het kamergraf

Uit de wereld der levenden II

Links van het hoofdmansgraf ligt het **rondehuttengraf** (Tomba a capanna circolare, graf 5). Zijn cirkelvormige hoofdvertrek imiteert een andere, vermoedelijk veel voorkomende soort van behuizing, zoals die ook nog in de nuraghetijd gebruikelijk was: de ronde hut. Deze was gemakkelijker te bouwen dan de kostbare constructie van een langhuis (zie de tekst onder Uit de wereld der levenden I) en bestaat tot op de dag van vandaag in de vorm van de Sardijnse herdershut.

Over allen waakt de stiergod

Een grote, vierpotige **rotssculptuur** op het plateau ertegenover waakt over de necropolis (zie foto op blz. 190). Er is veel te zeggen voor de veronderstelling dat deze monumentale sculptuur ooit een **stier** voorstelde, waarvan de vroege christenen de kop afhakten om zijn betoverende kracht te verbreken. Inderdaad was de stiercultus als uitdrukking van kracht, mannelijke macht en viriliteit in de Ozghericultuur wijd verbreid. In veel *domus de janas* zijn gestileerde stierenkoppen of het stierenhoornsymbool als vlak reliëf en in kleur op de wanden aangebracht. Maar plastische voorstellingen zijn daarentegen tot nu toe onbekend, misschien dus met uitzondering van deze raadselachtige viervoeter.

In bijna alle mediterrane culturen duikt de stier op in sagen en cultische voorstellingen. Als incarnatie van Zeus voerde de stier Europa weg over zee. Zijn symboliek is echter tweeslachtig. Enerzijds imponeert hij en wordt hij als verwekkende natuurkracht vereerd, anderzijds boezemt zijn onbehouwen dierlijke natuur ook vrees in. Veel rituelen hebben daarom betrekking op het overwinnen van de stier, waaronder het Spaanse stierengevecht.

vormig patroon dat een dakbalkenconstructie imiteert. Tegenover de ingang van het achterste vertrek is een in vlak reliëf uitgevoerde schijndeur herkenbaar. Zulke schijndeuren stonden symbool voor de magische drempel tussen het aardse leven en het hiernamaals. Vaak waakt de stiergod in de vorm van een gestileerde stierenhoorn boven het deurkozijn.

Vroege christenen maakten van het hoofdmansgraf een rotskerk. Daartoe werd in het achterste hoofdvertrek een kleine apsis uitgehouwen en werd in het plafond een loodrechte, 3 m hoge lichtschacht aangebracht. Tegen de wanden zijn resten van karakteristieke schilderingen te zien, de oudste uit de vroegchristelijke tijd.

Sant'Andria Priu werd dus nog tot lang na het verdwijnen van de Ozghericultuur ervaren als een plek vol geheimzinnige magie, zoals de transformatie van het hoofdmansgraf in een christelijke kerk aantoont. Ook vonden er nog begrafenissen plaats. Daarvan getuigen de grote, rechthoekige graven uit de vroegchristelijke tijd in de vloer, die ooit waren afgesloten met een deksteen.

de geweldigste prehistorische bouwwerken in het westelijke Middellandse Zeegebied. Met zijn 17,5 m hoge, tot aan de aanzet van de tweede verdieping behouden hoofdtoren is hij nu tevens de hoogste nuraghe op Sardinië. Door de toevoeging van drie hoektorens, die door een cyclopische ringmuur met elkaar verbonden zijn, werd de nuraghe uitgebreid tot een onneembare vesting. Fier verheft hij zich met zijn donkere muurmassa boven de vlakte.

Het fascinerendst aan deze nurागहेburcht is zijn in de wijde omtrek zichtbare uitstraling van macht, terwijl hij toch – strategisch niet handig – in een vlakte staat. Al qua uiterlijk moest het bastion indruk maken en vijanden afschrikken. Zo werd het terrein rond de nuraghe bedekt met witachtige kalksplit om de donkere muurmassa nog indrukwekkender te doen lijken. De schoonheid en ruimheid van het complex werden nog versterkt door de doordachte bouwwijze. Met zijn talrijke vertrekken, trappen en gangen was de nuraghe Santu Antine een bijna als een labyrint aangelegde vesting vol krijgstechnische snufjes. Esthetische en functionele volmaaktheid zijn hier op unieke wijze met elkaar verbonden.

Door de hoofdingang, die links door een ruime wachtpostnis werd beveiligd, bereikt u de bijna 100 m² metende binnenplaats. Van hieraf konden via gangen of trappen alle delen van de vesting snel worden bereikt. Een **bron** zorgde voor de watervoorziening. Bijzonder indrukwekkend is het zicht vanaf de binnenplaats op de **hoofdtoren**, het oudste bouwdeel van de vesting (16e eeuw v.Chr.). De toren was oorspronkelijk vrijstaand en werd pas later door de bouw van de drie **hoekto-**

Monument uit de bronstijd: de Nuraghe Santu Antine in de Valle dei Nuraghi

rens, die door weergangen met elkaar waren verbonden, tot een bastion uitgebreid. Ongehinderde bewegingsvrijheid binnen de muren was daarbij een eerste vereiste, iedere nauwe doorgang diende te worden vermeden. Bijzonder imposant is de cyclopische bouwwijze van de twee verdiepingen tellende, naar boven spits toelopende **weergangen**, die een vergelijking met de Myceense en Hettitische architectuur met glans kunnen doorstaan.

San Pietro di Sorres ▶ D 6

Vrijstaand op een lage heuvel verheft zich de Chiesa di San Pietro di Sorres, misschien wel de mooiste kerk op Sardinië in Pisaans-romaanse stijl. Op 11e-eeuwse fundamenten werd de driebeukige basiliek in het laatste kwart van de 12e eeuw als bisschopszetel van het bisdom Meilogu gebouwd. Na de opheffing van dit bisdom in 1503 deed de kerk voortaan dienst als stal, terwijl het bisschoppelijk paleis (op de plek van het tegenwoordige klooster) bijna volledig werd afgebroken; de stenen werden gebruikt voor de bouw van woonhuizen in de omliggende dorpen. Aan het einde van de 19e eeuw werd de kerk gerestaureerd. In 1950 arriveerden de benedictijnen, die het godshuis opnieuw inwijdden en het huidige, in 1955 geopende klooster bouwden.

De façade

De beste tijd voor een bezoek is de namiddag, omdat de prachtige façade dan door de zon wordt beschenen. Ze is onderverdeeld in drie rijen blinde bogen, waarvan de boogvelden naar Romeinse en laatantieke voorbeelden zijn opgevuld met kleurige ronde en ruitvormige figuren. Als voorbeeld hiervoor diende de dom van Pisa, waarbij voor het eerst was teruggegrepen naar voorbeelden uit de oudheid en tegelijkertijd islamitische stijlinvloeden zichtbaar waren. Geïnspireerd door de moorse bouwkunst zijn de tweekleurige horizontale banden tegen de wanden, hier van wit kalksteen en zwart basalt, maar ook de hoefijzervormige bogen boven het tweelingvenster in het midden en de abstract-geometrische gevelversieringen. Slechts één christelijk symbool is zichtbaar tegen de façade, namelijk het Griekse (en niet Latijnse) kruis. Een interessant detail van moorse herkomst is ook een blad in de vorm van een roofvogelsnavel bij het achterste venster boven de linker zijbeuk.

Het interieur

Wie het schemerige interieur binnentreedt, wordt overweldigd door een verheven ruimtegevoel. De smalle, albastachtige vensters laten maar weinig licht door, zodat de binnenruimte donker is en de ogen enige tijd nodig hebben om te wennen aan het halfduister. Het ten diepste romaanse bouwwerk laat in zichzelf gekeerde en naar een mystieke oerervaring zoekende gelovigen tot rust komen en het geraas van de wereld vergeten. De basiliek wordt volledig overspannen door kruisgewelven, in deze periode op Sardinië uniek. De zebra-achtige, zwart-wit gestreepte kruispijlers met Pisaanse halfkapitelen met acanthusmotief zetten zich voort in de gordelbogen van de kruisgewelven. Bijzonder zijn de donkere gewelfvelden, die de 'hemel' van de kerk verduisterd doen lijken.

Van Sant'Andria Priu naar Alghero ▶ D 6-B 5

Landschappelijk zeer aantrekkelijk is het vervolg van de rit via Thiesi en Ittiri naar Alghero. Tot Ittiri voert de route met grandioze uitzichten over steile tafelbergen van kalksteen en trachiet langs het in een verlaten omgeving gelegen **Lago Bidighinzu** (▶ D 6). Daarna openen zich diepe kloven voordat het landschap lieflijker wordt. Olijfgaarden, sappige weiden en fruitboomgaarden bedekken de hellingen.

De noordwestpunt van Sardinië

Penisola di Stintino ▶ B 3

De noordwestpunt van Sardinië wordt gevormd door het schiereiland Stintino. Meteen aan het begin ervan strekt zich langs de beschutte oostzijde het lange zandstrand **Le Saline** uit. Naar het noorden toe wordt de vlakke, overwegend schrale landtong steeds smaller tot zij, onderbroken door een lagune, het havenplaatsje en populaire vakantieoord **Stintino** (1600 inw.) bereikt. Het ontstond pas in 1885, toen van het voor de kust liggende eiland Asinara een strafkolonie werd gemaakt, waardoor de 45 daar wonende families moesten verhuizen. Tussen twee smalle zee-inhammen, waar fraaie jachten en ook nog een enkele vissersboot voor anker gaan, ligt de oude dorpskern.

Tussen Stintino en **Capo del Falcone**, het uiterste puntje van het schiereiland, liggen tal van vakantienederzettingen, en het verkeer is overeenkomstig. Bijna 40.000 Italianen brengen hier elk jaar hun vakantie door. De paradijselijke stranden en het heldere, alle kleuren blauw vertonende zeewater zijn hier de grote attracties, eerst en vooral de in de zomer compleet overlopen **Spiaggia della Pelosa**. Vanaf het witte zandstrand, dat heel langzaam in zee afloopt, hebt u een prachtig uitzicht op de eilanden Pelosa, Piana en Asinara. Let op: overal langs de kustweg is het betaald parkeren.

Overnachten

Aan de jachthaven – **Lina:** Via Lepanto 30, Stintino, tel. 079 52 30 71, www.lina hotel.it, 2 pk € 65-96. Klein tweesterrenhotel aan de Porto Minori; keurige kamers.
Aan de oude haven – **Porto Vecchio:** Via Tonnara 69, Stintino, tel. 079 52 32 12, www.bbstintino.com, 2 pk € 55-110. Kleine B&B met 3 kamers.

Eten en drinken

Regionale keuken – **Agriturismo Depalmas:** Località Preddu Nieddu (2 km van Stintino in westelijke richting), tel. 079 52 31 29, www.agriturismode palmas.com, apr.-sept. 12-15, 19.30-23 uur, menu € 32. Een vast menu met voedzame Sardijnse gerechten.
Met terras – **Silvestrino:** Via Sassari 14, Stintino, tel. 079 52 30 07, mrt.-apr. en okt. vr.-wo. 12.30-14.30, 19.30-22.30, mei-sept. dag. 12.30-14.30, 19.30-22.30 uur, € 10. Goede viskaart, aangevuld met vleesgerechten. U kunt hier ook buiten eten.

Actief

Boottochten naar Isola Asinara en excursies – diverse bureautjes bieden een tocht in alle varianten (van een halve of een hele dag) aan naar Isola Asinara (zie blz. 196). Er is volop keus: of u boekt alleen een boottocht (zo'n € 30), een boottocht met lunch (zo'n € 40) of een boottocht inclusief boemeltreintje, bus, fiets/mountainbike, ezelrit, wandeltocht of jeepsafari op het eiland, ook begeleid. **Centro Nautico Isola d'Ercole**, Porticciolo Ancora Club, rechts aan de SP34 van Stintino naar het strand La Pelosa, tel. 33 57 86 40 46, www.gom monistintinoasinara.it. Zeiltocht met schipper naar Asinara halve dag € 30-40, hele dag € 55-65. De zeilboot kan ook volledig worden gecharterd (vanaf € 180 per halve dag). Ook overtocht met de taxiboot of motorboot. Verhuur van rubberboten met motor. **La Nassa,** Via Sassari 39, Stintino, tel. 079 52 00 60, www.agenzialanassa.it, vanaf € 18; **Stintours,** Lungomare Colombo 13, tel. 079 52 31 60; **Mare & Natura,** Via Sassari 77, tel. 079 52 00 97, www.marenatura.it.

Windsurfen – **Windsurfing Center Stintino:** Via dei Mille 7, Stintino, tel. 079 52 70 06, www.windsurfingcenter.it.

Duiken – **Asinara Diving Center:** Porto dell'Ancora, Stintino, tel. 079 52 70 00, www.asinaradivingcenter.it.

Informatie

Comune di Stintino: Via Torre Falcone 26, www.comune.stintino.ss.it.
Pro Loco: Via Sassari 123, tel. 079 52 00 81.
Bus: ARST-bussen naar Porto Torres en Sassari (tot 6 keer per dag).

Isola Asinara ▶ B 2

Tegenover de uiterste noordwestpunt van Sardinië ligt **Isola Asinara.** Ook al doet de naam anders vermoeden, het eiland is niet vernoemd naar de koppige viervoeters die er vrij rondlopen (*asino* = ezel). Van de rond driehonderd wilde ezels is een derde albino met een witte vacht. Met 408 m is de **Punta della Scomunica** de hoogste top. Wie van hieraf het langgerekte eiland overziet, begrijpt misschien waar de naam dan wel vandaan komt: de grillige vorm van het eiland wordt in het Italiaans *sinuosa* (bochtig, kronkelig) genoemd.

Na een lange strijd werd Isola Asinara in 1997 tot nationaal park uitgeroepen en de ruim honderd jaar oude gevangenis gesloten. De voorgeschiedenis: in 1885 werd het eiland een strafkolonie (*colonia penale*). Met zijn in de jaren 70 gebouwde, zwaar beveiligde vleugel voor topcriminelen, maffiosi en terroristen stond het gevangeniseiland bekend als ontsnappingsproof. De sterke stromingen maakten iedere vluchtpoging over zee onmogelijk.

Op het afgeschermde eiland kon de natuur zich echter geenszins ongestoord ontwikkelen. Dichte bossen en macchia waren de opzichters een doorn in het oog, gecontroleerde branden hielden de vegetatie laag en zorgden voor een schralere begroeiing. Sinds 1999 is het eiland op enkele beschermde gebieden na vrij toegankelijk.

Het voormalige strafkamp, de kleine nederzetting **Cala d'Oliva** in het noorden, is nu opgepoetst en kan worden bezichtigd. Eveneens toegankelijk is de vroegere zwaar beveiligde gevangenis in **Fornelli.**

Informatie

Parco Nazionale dell'Asinara – Area Marina Protetta: Via Josto 7, Porto Torres, tel. 079 50 33 88, www.parcoasinara.org. **Excursieboten** vertrekken vanuit Stintino en Porto Torres (zie blz. 195). Ze leggen aan in de Porticciolo Fornelli. **Op het eiland** worden toeristen rondgereden in een **boemeltreintje** (*trenino turistico*), dat gelijktijdig met de bootexcursie kan worden geboekt – een twijfelachtig genoegen. Omdat u vanuit het haventje te voet niet ver komt en alleen de schrale zuidkant van Isola Asinara ziet, is het misschien een goed idee een mountainbike mee te nemen (te huur bijvoorbeeld bij La Nassa – zie hiervoor), of deel te nemen aan een jeepsafari.

Van Porto Torres naar Sassari

Porto Torres ▶ C 4

Om de haven- en industriestad Porto Torres (22.000 inw.) met haar olieraffinaderijen, petrochemie en kolencentrale kunt u het best met een grote boog heenrijden, tenzij u geïnteresseerd bent in Romeinen en romaans. De in 46 gestichte Colonia Iulia Turris Libisonis was een belangrijke exporthaven voor Rome. Uit de Romeinse tijd stammen de ruïnes en de tussen het station en de haven gelegen **zona archeologica,** waaronder thermen en het zogenoemde Palazzo del Re Barbaro.

In de middeleeuwen was Porto Torres de hoofdstad van het judicaat Torres, tot deze in de 12e eeuw landinwaarts werd verplaatst naar Ardara en later naar Sassari. Van 489 tot 1441 was Porto Torres bovendien een bischopszetel, totdat deze eveneens naar Sassari werd verplaatst.

Antiquarium Turritano

Via Ponte Romano 92, tel. 079 51 41 89, di.-zo. 9-20 uur, € 3; rondleidingen: Coop L'ibis, www.ibiscoop.com
De vondsten uit de *zona archeologica* zijn hier te zien.

Basilica San Gavino

Via Monte Angellu, ma.-za. 9-13, 15-19, zo. 11-13, 15-19 uur
Tijdens de middeleeuwse bloeitijd van Porto Torres werd de eerste steen gelegd voor de oudste en grootste Pisaansromaanse kerk van Sardinië, de **Basilica San Gavino.** Reeds in het midden van de 11e eeuw werd met de bouw begonnen. Voor het merendeel hergebruikte Romeinse zuilen scheiden het brede en hoge schip van de smalle zijbeuken. Ongebruikelijk is de dubbele apsis, een aan de oost- en een aan de westzijde. Daarvoor bestond een liturgische reden, die het archaïsche karakter van de kerk onderstreept. De priester staat met het gezicht naar het oosten, naar de opgaande zon. Bij de vroege christenen wendde hij zich echter gelijktijdig naar de gelovigen toe. In heel oude kerken is de apsis daarom aan de westkant gesitueerd. Sinds de 5e eeuw staat de priester echter met de rug naar de gelovigen toe en door deze verandering in de liturgie werd de apsis aan de oostzijde ingevoerd. Inderdaad werden bij opgravingen in de kerk fundamenten aangetroffen van een vroegchristelijke voorganger met de apsis in het westen. Deze traditie wilde men blijkbaar in de nieuwbouw behouden en daarom werd besloten tot de dubbele apsis. De sarcofagen in de crypte stammen uit de Romeinse tijd. Voor de oostelijke apsis ziet u 17e-eeuwse houten beelden van de heiligen Gavinus, Protus en Januarius.

Overnachten

Bij de haven – **Elisa:** Via Mare 6, tel. 079 51 32 60, www.hotelelisaportotorres.com, 2 pk € 82-88. Verzorgd driesterrenhotel, onberispelijke kamers.

Eten en drinken

Familiebedrijf – **Cristallo:** Piazza XX Settembre 14, tel. 079 51 49 09, di.-zo. (in het hoogseizoen dag.) 12.30-14.30, 20-23.30 uur. Grote, beetje kale eetruimte, maar smakelijke visspecialiteiten (grote visschotel € 40).

Actief

Bootexcursies naar Isola Asinara – onder meer **MS Rais del Golfo:** tel. 079 51

60 05; **Le Ginestre:** tel. 079 51 34 93; **3 Fratelli:** tel. 079 23 22 40 (voor mogelijkheden zie Stintino, blz. 195).

Info en festiviteiten

Ufficio Turismo: Piazza Garibaldi 17, tel. 079 500 87 11, ma.-vr. 9-13, 15-19 uur.
La Festha Manna: 3 mei. www.festhamanna.it. Processie ter ere van de patroonheilige van de Basilica San Gavino naar de Chiesa di Balai Vicino.
Boot: de meeste veerboten leggen aan bij de terminal in de *porto industriale*, ten westen van de stad. Veel verbindingen met Genua met Moby Lines, Tirrenia en Grandi Navi Veloci.
Trein: FS-treinen naar Sassari (tot 10 keer per dag), daar veel aansluitingen.
Bus: centraal busstation aan de Piazza Cristoforo Colombo. ARST-bussen naar Sassari (10 keer per dag) en Alghero (6 keer per dag). Digitur-bussen naar Bosa (1 keer per dag).

Monte d'Accoddi ▶ C 4

Ten westen van de SS131 ter hoogte van km 222,3 tussen Sassari en Porto Torres; mei-sept. dag. 9-20.30, okt.-apr. dag. 9-16.30 uur, € 3; rondleidingen (op afspraak ook in het Engels of Duits): Cooperativa Thellus, Via Attilio Deffenu 23, Sassari, tel. 079 201 60 99, 328 483 99 95

Uniek in het Middellandse Zeegebied is de van trappen voorziene altaarberg Monte d'Accoddi. Dit kolossale megalithische bouwwerk met zijn buitenmuur uit kalksteenblokken doet denken aan de tempeltorens (ziggurats) in Mesopotamië. De traptempel is een schepping uit de tijd van de belangrijke neolithische Oziericultuur (3500-2700 v.Chr.). Vandaag de dag bereikt het bouwwerk nog een hoogte van 8 m op een oppervlak van 37,5 bij 30,5 m. Op het plateau staan de muurresten van het eigenlijke tempelgebied. Zoals bij een ziggoerat klimt een lange oprit tegen de altaarberg omhoog. Links ervan verhief zich een 4,5 m hoge menhir als een stenen wachter bij de cultusplek, rechts stonden twee op dolmens lijkende offertafels. De grootste ervan overdekt een karst-spleet, waarin men misschien het offerbloed liet wegvloeien – de cultus van de moedergodin *(dea madre)* was in de Oziericultuur wijdverbreid.

Het binnenste van de altaarberg herbergt een raadselachtige, bloedrood geschilderde wand. Vermoedelijk maakte ze deel uit van een ouder bouwwerk (rond 3200 v.Chr.), dat uit een kleinere traptempel met een rood altaarpodium bestond. Nadat deze door een brand was verwoest, vulde men hem op met puin en aarde om de nu zichtbare, ooit 9 m hoge traptempel te bouwen.

Ongeveer 300 m voor de altaarberg staan twee menhirs, de een van wit kalksteen met een uitholling, de ander van rood zandsteen. Misschien symboliseren de verschillende kleuren van deze cultusstenen een mannelijke en een vrouwelijke godheid, de stiergod van de herders en de moedergodin van de boeren; beiden werden in de Oziericultuur vereerd. Maar aan welke godheid was de altaarberg nu gewijd? Ziggoerats waren zonnetempels, maar ze komen alleen voor in Mesopotamië, en niet in het Middellandse Zeegebied. Waren de bouwers van Monte d'Accoddi misschien afkomstig uit het tweestromenland? Archeologische aanwijzingen hiervoor zijn er niet. Werd op de altaarberg een zonnecultus gecelebreerd, wellicht in verbinding met de patriarchale stiercultus? Daarvoor zou een 1,4 m grote, met inkervingen bezaaide stenen kogel een bewijs kunnen zijn.

Sassari

Representatief voor Sassari: de Piazza d'Italia met het monument voor Victor Emanuel II

Sassari ▶ C 4/5

Met 128.000 inwoners is Sassari (klemtoon op de eerste 'a') de op een na grootste stad van Sardinië, de metropool in het noorden van het eiland en de hoofdstad van de gelijknamige provincie. Omgeven door groene olijfgaarden, weiden en akkers ligt de stad zo'n 10 km van de noordkust verwijderd. Anders dan de voormalige residentiestad Cagliari is Sassari, dat pas in de middeleeuwen werd gesticht, altijd een stad van burgers geweest. Het ooit vervallen oude centrum met zijn doolhofachtige wirwar van steegjes is inmiddels grotendeels gesaneerd en verdient een rondgang. De hoofdas is de Corso Vittorio Emanuele II en de monumentale Piazza d'Italia in het verlengde ervan.

Zo'n 15 km ten zuidoosten van de stad ligt de voormalige abdijkerk **Santissima Trinità di Scarggia**, die absoluut een bezoek waard is (zie blz. 202).

Geschiedenis

Sassari werd gesticht door inwoners van Porto Torres, die vanwege de veelvuldige piratenaanvallen landinwaarts trokken. Omstreeks 1250 werd de huidige oude stad al omgeven door een stadsmuur met 37 torens en 4 poorten. Gesteund door Genua riep Sassari zich naar Italiaans voorbeeld in 1294 uit tot onafhankelijke stadsrepubliek met een eigen burgerlijke rechtsorde. Het door door landbouw, nijverheid en handel welvarende Sassari overtroefde na

Sassari

Bezienswaardigheden
1. Piazza Castello
2. Palazzo della Provincia
3. Palazzo Giordano
4. Museu Nazionale G. A. Sanna
5. Palazzo d'Ursini
6. Palazzo Ducale
7. Duomo San Nicola

Overnachten
1. Leonardo da Vinci
2. La Serra sui Tetti
3. Capo di Sopra

Eten en drinken
1. Da Gesuino
2. Il Castello
3. Liberty
4. Zio Martino
5. La Fainè da Sassu
6. Pizzeria Little da Manuel
7. Fainè Da Benito

Winkelen
1. Artigianato Sardo

Uitgaan
1. Sergeant One

---

enige tijd Porto Torres, de oude hoofdstad van het judicaat Torres. De rechter van Torres verplaatste zijn zetel naar Sassari, gevolgd door de aartsbisschop.

Het toegenomen zelfbewustzijn van de stad leidde in de loop van de geschiedenis steeds tot conflicten met vreemde overheersers; volksopstanden waren het gevolg. Tegen de achtergrond van de Franse Revolutie huldigde men in 1795-1796 Giovanni Maria Angioy in Sassari als Sardijns vrijheidsstrijder, maar zijn opstand tegen de heerschappij van Piemonte werd neergeslagen.

Van de Piazza Castello naar de Via Roma

Een goed vertrekpunt is de **Piazza Castello** 1 aan de rand van het oude centrum. Alleen nog de naam herinnert aan de oude Aragonese burcht die hier sinds de 14e eeuw stond. Als symbool van de gehate Spaanse overheersing werd ze in 1877 met de grond gelijkgemaakt om plaats te maken voor een Italiaanse kazerne. Via een bogengalerij bereikt u de **Piazza d'Italia** (1872). Dit representatieve plein van exact 100 bij 100 m met het monument voor koning Victor Emanuel II wordt omzoomd door prachtige gebouwen uit de tweede helft van de 19e eeuw. Aan de noordoostkant verheft zich het **Palazzo della Provincia** 2 (Palazzo del Governo), een monumentaal neoklassiek bouwwerk waarin het trotse zelfbewustzijn van Sassari tot uitdrukking komt. Neogotisch is het **Palazzo Giordano** 3 (tegenwoordig Banco di Napoli).

Museu Nazionale G. A. Sanna 4

Via Roma 64, tel. 079 27 22 03, www.museosannasassari.it, di.-za. 9-20, zo. 14-20 uur, € 4

Dit museum bezit na het museum in Cagliari de belangrijkste archeologische collectie op Sardinië.

Naar de Piazza Tola

Vanaf de Piazza Castello bereikt u via de **Piazza Azuni**, met het monument voor de jurist en historicus Alberto Azuni (1749-1827), de **Corso Vittorio Emanuele II**. Eerder heette de Corso eenvoudigweg *platha de cotinas* (geplaveide straat). Tot de opmerkelijkste laatgotische panden uit de 15e eeuw behoren nr. 23 en nr. 42. Rechtsaf door de Via C. Battisti komt u op de **Piazza Tola**, van oudsher het marktplein (ma.-vr. 's ochtends; overwegend kleding en huishoudelijke artikelen). Opmerkelijk is hier het mooie **Palazzo d'Ursini** 5 in renaissancestijl; boven het portaal prijkt het jaartal 1577.

Naar de Piazza Duomo

Terug op de Corso Vittorio Emanuele II voert het eerste straatje links (Via A. Canapolo) u langs laatgotische palazzi (let op de fraaie vensters links) naar het **Palazzo Ducale** 6, tegenwoordig stadhuis. Het paleis werd in 1775-1805 gebouwd in opdracht van de hertog van Asinara en is sinds 1900 de zetel van het stadsbestuur. Het imposante gebouw is een duidelijke uitdrukking van de macht en geldingsdrang van de Sardijnse feodale heren van vroeger. Tegenover het paleis staat het voormalige koetshuis.

Duomo San Nicola 7

Dag. 9-12, 16-19 uur

Het zijn slechts een paar stappen naar de **Duomo San Nicola**. De romaanse kerk uit de 13e eeuw onderging in de baroktijd aanzienlijke wijzigingen. Rond 1700, kort voor het einde van de Spaanse feodale heerschappij over Sardinië, kreeg het godshuis een overdadige barokfaçade in Spaanse koloniale stijl. Met haar met krullen versierde friezen, ranken, bloemen, *putti* en fantasiefiguren doet zij denken aan een steen geworden suikertaart. Als heraldisch symbool van het judicaat Torres en het bisdom Sassari is ▷ blz. 204

Op ontdekkingsreis

Wereldrechter en dertien apostelen – Santissima Trinità di Saccargia

Eenzaam staat de voormalige abdijkerk van Saccargia in het uitgestrekte dal van de Riu Murroni. Het opvallendste uiterlijke kenmerk zijn de horizontale, zwart-witte banden van kalksteen en basalt in de muren.

Kaart: ▶ D 5
Route vanuit Sassari: ongeveer 15 km ten zuidoosten van de stad; zo'n 12 km over de SS131, dan links afbuigen naar de SS597 richting Olbia; na ruim 2 km ligt de kerk rechts van de weg.
Openingstijden en entree: dag. 9-18.30 uur, € 3.

De stichting van de abdij gaat terug tot het jaar 1112, toen het vruchtbare dal met zijn weiden, wijngaarden en bossen aan de orde van de camaldulenzers werd geschonken. Zij breidden de bestaande, lage en onopgesmukte kerk uit en lieten bovendien de gedurfde, 41 m hoge **klokkentoren** [1] bouwen. In 1116 werd de kerk gewijd en in de jaren 1180-1200 werd de mooie voorhal er tegenaan gebouwd, waardoor echter het onderste deel van de Pisaans-romaanse façade aan het oog werd onttrokken. Om onbekende redenen werd het klooster van Saccargia in 1384 door de camaldulenzers verlaten. De kerk viel daarna in een soort Doornroosjesslaap, waaruit ze pas ontwaakte aan het einde van de 19e eeuw nadat er een ingrijpende restauratie had plaatsgevonden.

Monsters, koeien en 13 apostelen

Daarbij werd het dak van de voorhal verlaagd om meer van de façade zichtbaar te maken. Ze wordt geleed door typisch Pisaanse blinde arcaden; met kleurig inlegwerk versierde cirkels en ruiten verlevendigen de boogvelden.

De **voorhal** 2 wordt gesteund door pijlers en zuilen. Op de kapitelen aan weerszijden van de toegangsboog staan monsterlijke wezens afgebeeld die aan vleermuizen doen denken. Volgens de middeleeuwse opvatting dienden ze om boze geesten van het betreden van de kerk te weerhouden. Het kapiteel van de linker hoekpijler toont vreedzaam rustende koeien, die blijkbaar betrekking hebben op de naam Saccargia (het Sardijnse *sa acca argia* betekent 'de bonte koe'). De naam van de kerk luidt dus voluit Heiligste Drievuldigheid van de Bonte Koe. Op de sierfriezen rond de bogen zijn levendige jachtscènes en plantenornamenten te zien.

Bij het betreden van de kerk ziet u meteen rechts de nog behouden **originele kapitelen** 3 uit de voorhal.

Scènes uit Jezus' leven

Het interieur van de kerk met haar vlakke balkenplafond is sober op de grote **fresco's in de centrale apsis** 4 na. Deze apsisfresco's dateren vermoedelijk van de 13e eeuw en zijn op Sardinië uniek. Ze worden toegeschreven aan een onbekende Pisaanse meester en behoren tot de waardevolste romaanse muurschilderingen die in Italië bewaard zijn gebleven.

Bovenaan in de **apsiskoepel** is de zegenende Christus afgebeeld als wereldrechter. In de **middelste zone** staan de biddende maagd Maria en de apostelen – het zijn er hier dertien! – op een rij. Als dertiende apostel is vermoedelijk Sint-Paulus afgebeeld.

De **benedenste frescocyclus** bestaat uit zes taferelen. Deze fresco's zijn minder vlak dan hun Byzantijnse voorgangers en tonen al een pril begin van het gebruik van perspectief. Links is een (deels beschadigd) typisch kloostertafereel te zien. De overige vijf tonen scènes uit het leven van Jezus. Het Laatste Avondmaal is levendig en vol spanning. De met plavuizen beklede vloer, het naar voren geklapte tafelblad en de achter elkaar opgestelde figuren moeten worden gezien als een poging om de ruimte diepte te geven, precies zoals de zuilen door het geschilderde marmerpatroon zo echt mogelijk moesten lijken. De volgende scènes tonen het verraad van Judas, de kruisiging en de graflegging. Helemaal rechts is Jezus' hellevaart afgebeeld, een thema dat in de Byzantijnse kunst vaak voorkomt in plaats van de hemelvaart. Verbazingwekkend genoeg treedt Jezus het draakachtige wezen dat Satan voorstelt niet met het kruis, maar met een schriftrol in de hand tegemoet. Onderaan worden de apsisfresco's afgesloten met een geschilderd gordijn.

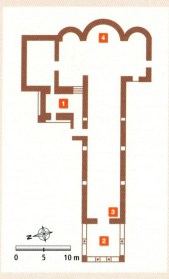

Tip

Lekker tussendoortje

De keuken van Sassari is bekend om een bijzondere specialiteit: *fainè*, een soort pannenkoek van kikkererwtenmeel, die in een houtoven wordt gebakken. Soms belegd als een pizza, maar veel vaker enkel bestrooid met zout, versgemalen zwarte peper en venkelzaadjes is deze snack een ware delicatesse! Het recept stamt van origine uit Genua (*farinata*). Diverse bakkerijen en pizzeria's in de binnenstad zijn in de *fainè* gespecialiseerd.

La Fainè da Sassu 5 : Via Usai 17, tel. 079 23 64 02, sept.-mei do.-di. vanaf 19 uur, € 4,50. Bar-café.

Pizzeria Little da Manuel 6 : Piazza Università 1/A (aan de zuidkant van het oude centrum), tel. 079 23 12 11, ma.-za. 19-23 uur, € 5. Alleen takeaway.

Fainè Da Benito 7 : Via Sant'Apollinare 37/A, tel. 34 72 91 58 68, ma.-za. 19-22.30 uur, € 6. Van buiten onopvallend restaurantje met de lekkerste *fainè* van de stad.

---

nisch geheel ontstaan. Ongebruikelijk is de Byzantijns aandoende, maar in werkelijkheid laat-Catalaans-gotische vieringkoepel met 16 tweelingvensters.

Overnachten

Nabij het oude centrum – **Leonardo da Vinci** 1 : Via Roma 79, tel. 079 28 07 44, www.leonardodavincihotel.it, 2 pk € 85. Een van de grote driesterrenhotels van Sassari.

Met veel sfeer – **La Serra sui Tetti** 2 : Via al Carmine 18, tel. 335 615 15 81, www.laserrasuitetti.it, 2 pk € 70. Stijlvolle, zeer vriendelijk gerunde B&B met smaakvol ingerichte kamers.

Midden in de oude stad – **Capo di Sopra** 3 : Corso Vittorio Emanuele II 24, tel. 079 202 80 95, www.capodisopra.com, 2 pk € 70. B&B in palazzo uit de vroege 19e eeuw met keurige kamers.

Eten en drinken

Specialiteiten – **Da Gesuino** 1 : Via Torres 17/G, tel. 079 27 33 92, ma.-za. 12-15, 20-23 uur, € 12. Populaire trattoria met traditionele Sassaresische keuken, ook pizza's.

Hoog niveau – **Il Castello** 2 : Piazza Castello 6/7, tel. 079 201 24 58, do.-di. (in het hoogseizoen dag.) 12.45-15 en vanaf 20 uur, € 12. Diverse keren onderscheiden restaurant met uitstekende regionale keuken.

Vis en zeevruchten – **Liberty** 3 : Piazza N. Sauro, tel. 079 23 63 61, www.ristoranteliberty.com, ma.-za. 13-15, 20-24 uur, € 11. Veelvuldig onderscheiden restaurant in neoklassiek palazzo, stijlvolle ambiance. Moderne en creatieve keuken met het accent op vis en zeevruchten.

Familiebedrijf – **Zio Martino** 4 : Via G. Marghirotti 32, tel. 079 259 10 81, www.

---

boven het hoofdportaal een toren afgebeeld. In het middelste veld van de façade staan beelden van de heiligen Gavinus, Protus en Januarius, terwijl de nis in het fronton erboven een beeld bevat van de heilige Nicolaas van Bari. Boven iedereen uit torent God de Vader. Als patroonheilige van de stad was de keus op Sint-Nicolaas gevallen omdat vissers en zeelieden hem vereerden als beschermer – belangrijk voor een handelsstad als Sassari, die was aangewezen op uitvoer over zee.

Het interieur van de dom werd vanaf 1480 getransformeerd tot een centraalbouw met schip en transept, en in de 17e eeuw in een barok jasje gestoken. Daarbij is een koel, enigszins onorga-

trattoriaziomartino.it, di.-do. 12.30-15.30, vr.-za. 20-24 uur, € 11. vriendelijke trattoria met lekkere Sassaresische gerechten, zoals speenvarken met mirte en sappig gesmoord geitenvlees, maar ook paarden- en ezelsvlees.
Lekker tussendoortje – **Fainè**: 5 – 7: zie blz. 204.

Winkelen

Sardijnse kunstnijverheid – **Artigianato Sardo** 1: Via Matteotti 24/A, tel. 079 21 06 54. Grote keus aan typisch Sardijnse kunstnijverheidsproducten.

Uitgaan

Disco en pub – **Sergeant One** 1: Via Giorgio Asproni 20, tel. 079 282 80 55. Soms livemuziek.

Info en festiviteiten

Pro Loco: Via Camillo Benso Conte di Cavour 65, tel. 34 86 85 91 57, www.prolocosassari.it. **Ufficio Provenciale del Turismo:** Via Archivolto del Carmine, tel. 079 206 98 32, www.comune.sassari.it.

Festiviteiten
Cavalcata Sarda: voorlaatste zondag in mei. 's Ochtends wordt de grootste optocht van Sardinië gehouden, met folkloregroepen van het hele eiland, paarden en versierde ossenkarren. 's Middags zijn er traditionele ruitertoernooien en 's avonds muziek en dans op de Piazza d'Italia.
Faradda di li Candelieri: 14 aug.: deze avondprocessie vindt haar oorsprong in een gelofte uit 1528 teneinde Sassari te bevrijden van de pest. Negen reusachtige houten kandelaars, die de traditionele gilden van de stad representeren, worden door dragers *(candelieri)* vanaf de Piazza d'Italia over de Corso Vittorio Emanuele II naar de kerk Santa Maria di Betlem gedragen. De processie wordt begeleid door tal van muzikanten.

Vervoer
Auto: de verkeerssituatie in de nieuwbouwwijken en industriegebieden rond het oude centrum is onoverzichtelijk. U kunt het best de richting van het station (Stazione FS) aanhouden, waar u ook gemakkelijk kunt parkeren. De oude binnenstad dient u met de auto te mijden en te voet te verkennen.
Trein: station aan de Piazza della Stazione. **FS-treinen**, tel. 079 89 20 21, naar Porto Torres, Olbia, Oristano en Cagliari. **FdS-treinen** (smalspoor), tel. 800 46 02 20, naar Alghero.
Bus: ATP-stadsbussen vertrekken bij de Giardino Pubblico vlak bij de Emiciclo Garibaldi; daar is ook een ticket- en infokiosk, veel buslijnen, tel. 079 263 80 47, www.atpsassari.it. De **langeafstandsbussen** vertrekken vanaf het busstation tussen het station en de Piazza Santa Maria. **ARST:** tal van verbindingen, onder meer naar Alghero, Castelsardo, Nuoro, tel. 800 86 50 42; **FdS:** eveneens tal van bussen, onder meer naar Bosa, Tempio en Cagliari, tel. 079 24 13 01.

Logudoro ▶ D/E 5

Ten zuidoosten van Sassari strekt zich de Logudoro uit, een in de middeleeuwen bloeiende en vruchtbare landstreek met prachtige kerken in Pisaansromaanse stijl. Het is het historische kerngebied van het judicaat Torres, waarvan de hoofdstad aanvankelijk Porto Torres was. De naam Logudoro wordt vaak ten onrechte vertaald als 'Goudland', want het is een samenstelling van *lógu* (het Latijnse *locus,* plaats), waarmee het judicaat bedoeld wordt, en *'e tòrres* (van Torres). Tegenwoordig behoort de historische streek tot *il Sassarese*, de regio rond Sassari, maar de oude naam is blijven voortbestaan.

Overnachten

Stijlvol in het groen – **Funtanarena:** Via S'Istradoneddu 8-10, Codrongianos, 2 pk € 90-110. Voormalig landhuis in parkachtige omgeving aan de westrand van Codrongianos. Drie sterren, stijlvol ingerichte kamers en mooi terras.

Chiesa di Santa Maria del Regno ▶ D 5

Ardara, zo. meestal geopend; rondleidingen tel. 079 40 00 69

Op het eerste gezicht herinnert in het 800 zielen tellende dorp **Ardara** niets aan het glorierijke verleden. De plaats leek een glanzende toekomst beschoren toen ze aan het begin van de 12e eeuw opklom tot hoofdstad van het judicaat Torres.

Aan de dorpsrand staat de Chiesa di Santa Maria del Regno. De zwarte dom, zoals ze ook wordt genoemd, was de paleiskapel van het judicaat. De in 1107 gewijde kerk toont Lombardische invloeden op de Pisaans-romaanse stijl: massief-compacte in plaats van speelse vormen en het grotendeels afzien van versieringselementen tegen de façade zorgen voor een wat plompe, bijna duistere uitstraling. Het bruin-zwarte basalt van de muren beklemtoont de strengheid van het gebouw. Die strenge indruk is ook bepalend voor het interieur met zijn zwarte wanden. Zware zuilen, met een grotere diameter dan de met plantenornamenten gedecoreerde kapitelen, scheiden het schip van de zijbeuken. Alle aandacht wordt getrokken door het reusachtige gotische **altaarstuk** (1515). Dit werk van Giovanni Muru, een door de Catalaanse gotiek beïnvloede Sard, is met zijn 31 kleurige taferelen een van de belangrijkste gotische schilderstukken op Sardinië. Tot de waardevolle stukken in de kerk behoort ook de uit hout gesneden **preekstoel** (16e-17e eeuw).

Sant'Antioco di Bisarcio ▶ E 5

www.bisarcio.comune.ozieri.ss.it, 's zomers di.-zo. 9.30-13, 15-19, 's winters di.-zo. 10-13, 14-17 uur, € 1,50

Ongelofelijk apart is de eenzame, bijna spookachtig overkomende kerk Sant'Antioco di Bisarcio. Ze verheft zich vrijstaand op een natuurlijke verhoging met een weids uitzicht over de Logudoro en was tot 1503 de bisschopskerk van het bisdom Bisarcio (het huidige bisdom Ozieri). Het driebeukige godshuis werd in 1150-1160 opgetrokken uit roodachtig trachiet. Bijzonder beeldend zijn de decoraties tegen de **façade** met plant- en diermotieven en mensenhoofden. De **apsis** wordt op klassiek Pisaanse wijze geleed door een blinde arcade met trapsgewijze ruiten in de boogvelden.

De uit twee verdiepingen bestaande **voorhal** (1170-1190) bedekt de oorspronkelijke, Pisaanse voorgevel volledig. De nieuwe, rijk gedecoreerde façade toont een harmonieuze versmelting van Pisaanse en Bourgondische stijlelementen. Vroeggotische invloeden zijn onmiskenbaar aanwezig. De uit Bourgondië afkomstige beeldhouwers hebben levendige figuratieve voorstellingen geschapen, vooral de duivelse grimassen vertonende mensenhoofden, de engelen- en heiligenfiguren en het slechts fragmentarisch behouden landelijke tafereel met een ploegende boer en weidedieren. Pisaans zijn de minder plastische plantenmotieven en geometrische patronen. De linkerkant van de façade werd na instorting als gladde wand herbouwd.

Vanaf de open **benedenverdieping** met zes kruisribgewelven bereikt u via een trap de **bovenverdieping** met haar drie vertrekken. Ongebruikelijk voor een kerk is de **schouw** in het eerste vertrek met een rookvangkap in de vorm van een bisschopsmijter. Het middelste vertrek bevat een altaar. Door het tweelingvenster in de oude façade kon de priester het hoofdaltaar in de kerk zien. De spits van de klokkentoren werd ooit door blikseminslag verwoest, de toren kan desondanks worden beklommen.

Castelsardo en omgeving

De zachte heuvels en diep ingesneden dalen van de **Anglona** strekken zich uit van Sassari tot aan de rivier **Coghinas**, die de natuurlijke begrenzing vormt met het erachter oprijzende granieten bergland van Gallura. In het noorden reikt de Anglona tot de Golfo dell'Asinara, in het zuiden stroomt de Riu Altana door een breed dal naar de Coghinas. De Anglona is een fascinerend sedimentair terrassenlandschap van roestbruin trachiet, lichtgrijze tufsteen en witachtige kalksteen. Tegen steile bergflanken treden de vulkaanrotsen en sedimentgesteenten aan het licht.

Net als de naburige Logudoro is de Anglona op cultureel gebied rijk gezegend met wonderschone romaanse kerken, die in de middeleeuwen door monniken ver buiten de bewoonde wereld werden gebouwd. De meeste kloosters zijn allang verlaten en vervallen, enkel de voormalige abdijkerken herinneren aan hun lang voorbije bloeiperiode. Uit de prehistorie stammen de talrijke holengraven *(domus de janas)* en de vele getuigen van de nuraghecultuur. Het culturele hart van de Anglona is het idyllische Castelsardo aan de noordkust.

Castelsardo ☀ ▶ D 3

Schilderachtig troont Castelsardo (6000 inw.) op een steile trachietrots aan de Golfo dell'Asinara. Het bijna onneembare vestingstadje werd in 1102 gesticht door de Genuese familie Doria onder de naam Castel Genovese. Strategisch gelegen aan de noordkust, hoog boven de zee, stelde het samen met andere vestingen als Alghero en Monteleone Rocca Doria de Genuese heerschappij over Noordwest-Sardinië veilig. De Aragonezen doopten de plaats later om tot Castel Aragonese voordat ze in de 18e eeuw haar huidige naam kreeg. In de beschutting van de burcht ligt de doolhofachtige oude stad, die enkel te voet kan worden verkend. Ruimte was kostbaar op de berg, dus schurken de uit natuursteen opgetrokken huizen dicht tegen elkaar aan, onderbroken door boogjes, smalle geplaveide steegjes en trapstraatjes.

Castelsardo is bij toeristen erg populair en wordt dan ook zeer druk bezocht. In het uitgestrekte nieuwe gedeelte aan de voet van de berg, en vooral langs de westelijke toegangsweg, is het vergeven van de eetzaken en souvenirwinkels. In de oude kern boven op de berg, die voor autoverkeer is afgesloten, gaat het er rustiger aan toe. Hier ziet u nog vrouwen die zittend in de deuropening van hun huis bezig zijn met het vlechten van manden (zie blz. 212).

Van de Piazza del Popolo naar de Via Manganella

Een mooie rondgang door de oude stad begint op de **Piazza del Popolo** 1. Als

Castelsardo

Bezienswaardigheden
1. Piazza del Popolo
2. Palazzo Comunale
3. Palazzo di Nicolò Doria
4. Lu Pulciu
5. Chiesetta del Purgatorio
6. Cattedrale Sant'Antonio Abate
7. Campanile
8. Seminarie (Museum Ampuriense)
9. Bischoppelijk paleis (Museum Ampuriense)
10. Chiesa Santa Maria delle Grazie
11. Castello dei Doria (Museo dell'Intreccio Mediteraneo/Museum voor mediterrane vlechtkunst)

Overnachten
1. Bajaloglia Resort
2. Nadir
3. La Fortezza
4. Casa Doria

Eten en drinken
1. La Guardiola
2. La Rocca'ia

Winkelen
1. Il Padiglione dell'Artigianato

───── Op ontdekkingsreis zie blz. 212

u van hieraf de trapstraat Via Mazzini afdaalt, komt u uit bij het links op de hoek met de Via Vittorio Emanuele gelegen **Palazzo Comunale** 2, het oude raadhuis met zijn loggia (tweede helft 13e eeuw). Hier zetelde de magistraat en was tevens het tolhuis gevestigd. Rechts ertegenover staat het **Palazzo di Nicolò Doria** 3; tegen de muur is het wapen met de adelaar van de familie Doria te zien. Nicolò was de laatste Genuese bevelhebber van het vestingstadje; hij stierf hier in 1448 in Aragonese gevangenschap.

U vervolgt uw weg linksaf door de Via Vittorio Emanuele en bereikt dan rechts onder een boog met tongewelf door, **Lu Pulciu** 4 (16e-17e eeuw) genaamd, de **Piazza La Rosa**. Van daaraf gaat het over trappen (Vicolo Bicocca en in het verlengde daarvan de Vicolo Doria) verder bergafwaarts, tot u op de Via Manganella stuit. Deze voert linksaf naar de **Chiesetta del Purgatorio** 5, het kerkje van het vagevuur.

Cattedrale Sant'Antonio Abate 6

Via Manganella 42

Een paar passen verder staat u voor de kathedraal Sant'Antonio Abate, die zich open en bloot op een terras aan de rand van de rots verheft. Adembenemend is hier het **uitzicht over zee**. In het westen strekt zich de boog van de Golfo dell'Asinara uit, in het noordoosten kunt u bij helder weer Corsica zien liggen. Boven het terras rijst de hoge **campanile** 7 (13e-14e eeuw) op met zijn bontgekleurde majolicakoepel (rond 1600). Oorspronkelijk door de Doria's als vuurtoren gebouwd, werd hij pas later tot klokkentoren getransformeerd.

De kathedraal is gebouwd op de plek van een romaanse voorganger en werd in 1503 tot bisschopszetel van het bisdom Tempio-Ampurias verheven. Tot de weelderige, barokinrichting behoren de uit hout gesneden en vergulde **zijaltaren** (17e-18e eeuw) en de **preekstoel** (1727). Het altaarstuk met de tronende Madonna met musicerende engelen is een werk van de onbekende meester van Castelsardo. Het maakte met vier andere schilderstukken die in de kerk worden bewaard, deel uit van een groot retabel (rond 1500) en behoort tot de hoofdwerken uit de gotische schilderkunst op Sardinië. In de romaanse **crypte** (toegang links van het altaar) zijn nog twee altaarstukken van de meester van Castelsardo te bewon-

deren, de Heilige Drievuldigheid en de aartsengel Michaël. De crypte is een onderdeel van het bisschoppelijk museum (zie hierna).

Museum Ampuriense

Tel. 34 87 36 66 04, www.museum tempioampurias.it, mei-sept. 10-13, 16-20 uur, € 3

Het bisschoppelijk museum is verdeeld over drie locaties: de **crypte van de kathedraal** (zie blz. 208), het een paar stappen hogerop gelegen voormalige **seminarie** 8 (Via Seminario) en het oude **bisschoppelijk paleis** 9 (ingang aan de Via Marconi; expositie 'Hekserij en heilige inquisitie') bij het kasteel.

De klim naar het kasteel

Vanaf de kathedraal klimt de Via Seminario langs de klokkentoren trapsgewijs omhoog. Als u bij de eerste splitsing rechts aanhoudt en dan meteen links verder omhoogklimt over de trappen van de Via Seminario komt u uit bij een dwarsstraat. Rechtsaf voert deze naar de Piazza Misericordia met de **Chiesa Santa Maria delle Grazie** 10. Hier begint elk jaar op de maandag van de Goede Week het beroemde Festa di Lunissanti.

Terug op de Via Seminario vervolgt u uw weg over de Via Vittorio Emanuele. De Via Marconi brengt u uiteindelijk naar de ingang van de burcht, het **Castello dei Doria** 11. Een bezoek is niet alleen de moeite waard om het **museum voor mediterrane vlechtkunst** (zie blz. 212), maar ook om de prachtige **uitzichten** vanaf de imposante vestingmuren. U bent nu weer vlak bij het startpunt van de wandeling, de Piazza del Popolo.

Overnachten

Comfort – **Bajaloglia Resort** 1: Località Bajaloglia (ten westen van de jachthaven), tel. 079 47 43 40, www.bajalogliaresort.it, 2 pk € 129-237. Erg mooi en comfortabel viersterrenhotel

met uitzichtrijke ligging. Wellnessmogelijkheden, moderne kamers.
Bij de jachthaven – Nadir 2: Via Colle di Frigiano 1, tel. 079 47 02 97, www.hotelnadir.it, 2 pk € 82-160. Schuin tegenover de jachthaven gelegen viersterrenhotel met aantrekkelijke, in pasteltinten uitgevoerde kamers.
Voorstadje – La Fortezza 3: Via Lombardia (hoek Via Marche), Lu Bagnu (westelijk voorstadje), tel. 079 47 43 68, www.bblafortezza.com, 2 pk € 56-80. Eenvoudige B&B met goede kamers.
In de oude stad – Casa Doria 4: Via Garibaldi 10, tel. 349 355 78 82, www.casadoria.it, 2 pk € 57-82. B&B midden in het oude centrum. Vriendelijke kamers (twee met gemeenschappelijke badkamer), nette ontbijt- en gemeenschappelijke ruimte.

Eten en drinken

Onder de gewelven – La Guardiola 1: Piazza Bastione 4, tel. 079 47 07 55, di.-zo. (mei-sept. dag.) 12.30-15.30, 20-22.30 uur, € 18. Aan de rand van de oude stad gelegen restaurant met vooral vis, zeevruchten en pasta. Men eet ofwel op het terras of in de gewelfzaal.
Vis – La Rocca'ia 2: Via Sedini (aan de oostrand van Castelsardo), tel. 079 47 01 64, mrt.-dec. vr.-wo. 12-14.30, 19.45-24, mei-sept. dag. 12-14.30, 19.45-24 uur, € 11. Uitzichtrijk terras, goede visspecialiteiten.

Winkelen

Kunstnijverheid– Il Padiglione dell'Artigianato 1: Via Sedini, tel. 079 47 03 66, www.sardartis.it/il-padiglione-dell-artigianato-a-castelsardo.php. Grote verkoopruimte met reusachtig aanbod waar u heerlijk kunt rondsnuffelen.

Info en festiviteiten

Ufficio Turismo: Palazzo Eleonora d'Arborea, Via Bastione, tel. 079 47 02 20, ma.-vr. 9-14, 16-18 uur, www.castelsardoturismo.it. Bij het toeristenbureau is gratis multimediale informatie in meer talen te verkrijgen. Bovendien zijn er **audioguides** met ingebouwde gps te leen voor een stadswandeling.

Festiviteiten
Festa di Lunissanti: ma. in de Goede Week. Na de vroegmis van 7 uur vormt zich een processie achter de in de kerk Santa Maria delle Grazie bewaarde *Cristu Nieddu* (Zwarte Christus), een crucifix uit de 14e eeuw. Gehuld in witte gewaden en met puntmutskappen op heffen de mannen van de Broederschap van het Heilige Kruis *(Confraternita di Santa Croce)* meerstemmige Sardijnse koorgezangen aan. Met de attributen en symbolen van Christus' lijden trekt de processie door de oude stad. Vroeger ging men te voet helemaal naar de op 10 km afstand gelegen kerk Nostra Signora di Tergu, nu wordt deze route gemotoriseerd afgelegd. Daar volgt dan een kerkdienst. Na het invallen van de duisternis begint het derde en indrukwekkendste deel van de processie. Vanaf de kathedraal van Castelsardo trekt de stoet door het met fakkels verlichte oude centrum terug naar de Santa Maria delle Grazie.

Vervoer
Auto: de beste parkeermogelijkheid biedt de Lungomare bij de jachthaven aan de westrand van Castelsardo. Komt u te voet uit deze richting, dan kunt u de naar het centrum klimmende Via Nazionale in de scherpe bocht naar rechts verruilen voor een voetpad dat langs de kliffen omhoogklimt naar het terras voor de kathedraal.
Bus: centrale halte aan de Piazza Pia-

Castelsardo en omgeving

nedda. ARST-bussen naar Sassari en Santa Teresa (diverse keren per dag).

Roccia dell'Elefante ▶ D 4

Volgt u vanuit Castelsardo de SS134 in de richting van Sedini, dan passeert u kort na het oversteken van de SS200 de links van de weg gelegen Roccia dell'Elefante. Een gril van de natuur heeft hier uit een trachietrots een metershoge olifant gehouwen. Het beeld moet mensen al in de jonge steentijd hebben gefascineerd, ook al hadden ze nog nooit een olifant gezien, want in de rots zijn grafkamers aangetroffen. Deze *domus de janas* met gestileerde stierenhoornreliefs stammen uit de Oziericultuur.

Chiesa di Nostra Signora di Tergu ▶ D 4/5

In de nabije omgeving van het dorpje Tergu ligt de betoverende romaanse kerk Nostra Signora di Tergu, het doel van de Lunissantiprocessie van Castelsardo. Het uit roodachtig trachiet opgetrokken godshuis, dat uit het eerste kwart van de 13e eeuw dateert, werd gebouwd als abdijkerk bij een intussen vervallen benedictijnenklooster. De rechthoekige façade wordt verlevendigd door rijen blinde bogen, zuiltjes, figuren van ingelegde tegeltjes en een rond venster (een duidelijke voorloper van de roosvensters uit de gotiek) van wit kalksteen.

Einddoel van uitstapjes en pelgimages: de voormalige abdijkerk Nostra Signora di Tergu

Op ontdekkingsreis

Bij de mandenvlechtsters van Castelsardo

Castelsardo is beroemd om de ambachtelijke vervaardiging van manden. Naar oeroude traditie worden fleurige manden gevlochten en voorzien van diverse motieven. Tijdens een rondwandeling door de kronkelige straatjes van het oude centrum kunt u de mandenvlechtsters aan het werk zien en in de oude Doriaburcht het museum voor vlechtkunst bezoeken.

Kaart: ▶ D 3
Plattegrond: zie blz. 208
Tip: parkeer de auto in het nieuwe gedeelte en volg de doorgaande weg – Via Roma vanuit het westen of Via Sedini vanuit het oosten – tot de centrale Piazza La Pianedda.
Museo dell'Intreccio Mediterraneo: in het Castello dei Doria, Via Marconi, www.castelsardoturismo.it/it/museo-dell-intreccio-mediterraneo, tel. 079 47 13 80, okt.-feb. di.-zo. 9.30-13, 15-17.30, mrt. di.-zo. 9.30-13, 15-18.30, apr. dag. 9.30-13, 15-19.30, mei dag. 9.30-13, 15-20.30, juni, sept. dag. 9.30-13, 15-21, juli-aug. dag. 9-24 uur, € 3

Vanaf de door enige cafés en souvenirwinkels omzoomde Piazza La Pianedda neemt u de Via Trieste, die al snel in trappen overgaat, en klimt u (dwarsstraten passerend) de treden omhoog. Voor een muur buigt de straat naar rechts en stijgt omhoog naar de Via Nazionale. U volgt de straat 50 m naar links (bergaf) en slaat dan scherp rechtsaf de Via Sottu la Polta in. Deze steile geplaveide straat klimt in een scherpe bocht naar de Lugetta, een terras waar een onder keizer Karel V gebouwde toren van de stadsmuur stond. Hier komt u in de oude stad met haar steegjes.

Fleurige motieven en oeroude techniek

U hoeft niet lang te zoeken – al in de eerste deuropeningen zitten vrouwen bontgekleurde manden en allerlei andere voorwerpen te vlechten. Wat tegenwoordig kunstnijverheid is, diende vroeger gewoon voor dagelijks gebruik: manden in allerlei soorten en maten voor het huishouden, broodvormen, zeven, graantrechters en nog veel meer.

Afhankelijk van de streek worden voor het vlechten van manden verschillende plantaardige vezels gebruikt, in de Anglona rond Castelsardo vooral rietgras, bies en stro. In recentere tijden kwam daar nog het geïmporteerde raffia bij, dat bestaat uit de elastische maar scheurvrije bast van de uit Afrika en Madagaskar afkomstige raffiapalm.

De vlechtkunst is arbeidsintensief, dus hangt aan de producten een prijskaartje. Een ervaren mandenvlechtster heeft voor een mandje (*cestino*) met een diameter van 25 cm ongeveer 4 à 5 uur nodig. Het werk is een vrouwenaangelegenheid; alleen de fuiken voor de visvangst worden door mannen vervaardigd.

Karakteristiek voor de vlechtkunst van Castelsardo zijn de geometrische motieven, veel zeldzamer zijn figuratieve afbeeldingen. Voor het invlechten van de figuren worden gekleurde vezels gebruikt. Platte manden met lage randen werden in de traditionele keuken gebruikt voor het bereiden van platbrood. En de zogeheten *coffinus* waren mandjes met een deksel, bedoeld voor het bewaren en meenemen van *dolci* en andere eetwaren. Bij de tegenwoordige productie is de gebruikswaarde van de manden echter ondergeschikt geworden aan hun decoratieve functie. De manden worden op Sardinië ook als wanddecoratie gebruikt – in plaats van een schilderij.

Het mandenvlechten is net als pottenbakken een oeroud ambacht. Volgens een legende leerden de inwoners van Castelsardo het handwerk van monniken uit het Antoniusklooster in Egypte, die in de 7e of 8e eeuw naar Sardinië kwamen. Op de vlechtkunst rustte zodoende vanaf het begin de zegen van de heilige Antonius van Egypte (Sant'Antonio Abate). In het lied *Perantunadda* wordt de herinnering aan de stichter van het christelijke monnikendom levend gehouden.

Vlechtkunst in de oude burcht

De diverse vlechttechnieken en tal van voorbeelden van vlechtkunst uit Sardinië en het Middellandse Zeegebied zijn te zien in het **museum voor mediterrane vlechtkunst**, dat is ondergebracht in het **Castello dei Doria** 11. De rondgang voert door negen zalen die over twee verdiepingen zijn verdeeld. Die op de benedenverdieping documenteren vooral de vlechttechniek, terwijl op de bovenverdieping het vlechtwerk uit de verschillende landen en regio's te vinden is. Huishouden, veeteelt, landbouw, visserij – overal waren vroeger gevlochten voorwerpen nodig. Pronkstuk van de expositie is een rieten vissersboot uit de Stagno di Cabras. Vroeger mochten vissers daar alleen met zulke rieten eenpersoonsbootjes uit vissen gaan, omdat het water privébezit was (zie blz. 147).

IN EEN OOGOPSLAG

Olbia en het noordoosten

Hoogtepunten ✷

Costa Smeralda: dit mondaine vakantieparadijs aan de Smaragdkust is met zijn luxehotels en droomvilla's in neo-Sardijnse stijl een speelterrein voor de *rich and beautiful*. Gelukkig zijn de paradijselijke baaien met stranden van een Caribische schoonheid voor iedereen toegankelijk. Zie blz. 220.

Capo Testa: grillige, wild door elkaar gesmeten granietrotsen stapelen zich op bij Capo Testa. Weer en wind hebben fantastische vormen uitgesleten in het oergesteente, dat met zijn warme okertinten prachtig contrasteert met de turquoise zee. Zie blz. 238.

Op ontdekkingsreis

Stenen die geschiedenis schrijven – onderweg in Gallura: landschap en architectuur zijn in Gallura een harmonieus huwelijk aangegaan. Vanaf de stranden aan de kust tot de hoogste bergpieken kenmerkt graniet in al zijn verschijningsvormen het landschap. Bouwwerken uit vijf millennia laten zien hoe veelzijdig het als bouwmateriaal werd aangewend. Zie blz. 224.

Bezienswaardigheden

Tempio Pausania: eenmaal gewend aan de felle kleurcontrasten aan de kust, moeten de ogen eerst even omschakelen als u in dit charmante granietstadje in het binnenland van Gallura aankomt. Het sfeervolle *centro storico* met zijn geplaveide straatjes is helemaal opgetrokken uit ongepleisterde grijze granietblokken. Zie blz. 239.

Actief

Bootexcursies in het nationaal park: vanuit drie havens – Palau, La Maddalena en Cannigione – vertrekken excursieboten. Op het programma staan meestal een zwempauze in een afgelegen, paradijselijke baai en een lunch aan boord met pasta, vis en zeevruchten. Zie blz. 229.

Rondwandeling tegen de Monte Limbara: gemakkelijk begaanbare bospaden lopen in alle richtingen tegen de hellingen van de Monte Limbara met zijn grillige, als door een kunstenaar gemodelleerde granietrotsen. Zie blz. 243.

Sfeervol genieten

Petra Segreta Resort in San Pantaleo: Achter deze naam gaat een schitterend complex van rustieke, in landhuisstijl ingerichte vakantiehuisjes schuil in een prachtig landschap met weids uitzicht. Bovendien kan worden genoten van topgastronomie in het bijbehorende restaurant. Zie blz. 222.

Uitgaan

Phi Beach aan de Costa Smeralda: strandclub in Porto Cervo met loungemuziek, live performances en fashion events. Relaxen in grote deckchairs, de perfecte plek voor een sundowner met uitzicht op zee... of blootvoets dansen op het strand – alles kan. Zie blz. 222.

Als door een kunstenaar gemodelleerd

Slechts weinig stukken kust in Europa kunnen het opnemen tegen de grandioze schoonheid van Gallura in het noordoosten van Sardinië. Turquoise baaien, een kristalheldere zee, Caribisch aandoende stranden, twee beschutte archipels en grillige, als door een kunstenaar gemodelleerde granietrotsen dragen bij aan de veelzijdige aantrekkingskracht van deze regio. Geen wonder dus dat dit indrukwekkende natuurdecor vanaf de jaren 60 van de vorige eeuw een speelterrein voor de *rich and beautiful* werd.

Het binnenland van Gallura is authentiek en tijdloos, van de drukte aan de kusten is hier niets te merken. Grillig getande bergkammen, lichtdoorlatende kurkeikenbossen, schrale veeweiden en verstrooide boerderijen – onkararakteristiek voor Sardinië – kenmerken de dunbevolkte streek. Een tijdloze indruk maken de dorpen van grijs graniet, waar bezoekers vriendelijk ontvangen worden.

Het noordoosten van Sardinië valt samen met het historische judicaat Gallura. De streek zou haar naam te danken hebben aan een haan (*gallo*). En dus verhief de Pisaanse familie Visconti, die in de middeleeuwen over Gallura heerste, hem tot wapendier. Nog steeds siert de

INFO

Toeristische informatie
Toeristische informatie over de regio is verkrijgbaar bij de toeristenbureaus in de grote plaatsen.
Officiële website van het Assessorato del Turismo van de provincie Olbia-Tempio, ook in Engels en Duits: www.olbiatempioturismo.it.

Heenreis en vervoer
Vliegtuig: internationale luchthaven Olbia-Costa Smeralda (www.geasar.it) met rechtstreekse vluchten naar Amsterdam (Transavia) en Brussel (Brussels Airlines).
Boot: Olbia en Golfo Aranci zijn de grote veerhavens voor verbindingen met het Italiaanse vasteland (Genua, Livorno, Civitavecchia, Fiumicino). Vanuit Palau pendelen veerboten naar La Maddalena en vanuit Santa Teresa di Gallura vertrekken veerboten naar Bonifacio op Corsica.
Auto: vanuit het zuiden voert de vierbaansnelweg SS131 D.C.N., een aftakking van de SS131, tot Olbia (let op: veel snelheidscontroles en hoge boetes). Alle andere wegen zijn in mindere of meerdere mate bochtenrijk. In de zomer is het op de SS125 van Olbia via Arzachena naar Palau erg druk, evenals op de wegen langs de Costa Smeralda en de SS133bis van Palau naar Santa Teresa.
Trein: de Italiaanse spoorwegen (FS) rijden van Chilivani (overstapstation nabij Ozieri) via Monti en Olbia tot Golfo Aranci. Landschappelijk mooi is de rit met de Trenino Verde (smalspoortrein) dwars door Gallura.
Bus: langeafstandsbussen van het staatsbedrijf ARST (www.arst.sardegna.it) en de private busmaatschappij Turmo Travel (www.turmotravel.it). In Olbia zelf rijden de oranje stadsbussen van ASPO (www.aspoolbia.it).

haan het wapen van de provincie Olbia-Tempio, waarin Gallura in 2005 opging. Het berust echter op een vergissing, want de naam is afgeleid van *gallul* (dat vermoedelijk 'stenig' of 'rotsig' betekent, maar ook 'bergland'). Op het granieten oergesteente van de Gallurische bergen gedijen de wijnstokken van de gewaardeerde DOCG-wijn Vermentino di Gallura, die door diverse wijncoöperaties in de bergdorpen geproduceerd wordt. Tot een hoogte van 1362 m verheft zich het massief van de Monte Limbara (▶ F 4), waar ook 's zomers frisse berglucht kan worden ingeademd en het uitzicht op heldere dagen tot aan Corsica reikt. Heel Noord-Sardinië heeft de wandelaar hier aan de voeten liggen.

De vrijstaande, uit blokken graniet opgetrokken boerenhuizen, *stazzi* genaamd (enkelvoud *stazzo*, van het Latijnse *statio*, verblijfplaats), zijn hier gebracht door Corsicaanse immigranten. Zij brachten ook hun taal mee, want in grote delen van Gallura wordt sinds het einde van de middeleeuwen geen Sardisch maar Gallurisch gesproken, een dialect van het Corsicaans.

Olbia ▶ G 3/4

Olbia is de op drie na grootste stad van Sardinië (56.000 inw.) en met veerhaven, vliegveld en station een belangrijk verkeersknooppunt, dat ook veel bedrijven heeft aangetrokken. De bedrijvige haven- en industriestad is sinds de jaren 60 van de vorige eeuw enorm gegroeid en wordt 's zomers overbelast door het enorme verkeersaanbod.

In het oude centrum

De hoofdas is de verkeersluwe, door winkels geflankeerde **Corso Umberto**. Hij begint direct bij de havenpier Molo Brin, waar 's zomers ook openluchtevenementen plaatsvinden, en loopt door tot aan het station. Meteen aan het begin staat het **stadhuis**, een mooi gebouw uit de vroege 20e eeuw. Volgt u de Corso verder, dan zijn niet ver van de **Piazza Regina Margherita** sporen van cisternes uit de oudheid en van de Romeinse stadsmuur te zien.

Museo Archeologico di Olbia
Isola di Peddona – Porto Vecchio, tel. 0789 282 90, www.olbiaturismo.it/Museo-1.html, wo.-zo. 10-13, 17-20 uur, gratis

De gevarieerde vondsten uit prehistorie en oudheid die in de oude stad (voor het laatst bij de bouw van de in 2003 geopende verkeerstunnel) aan het licht kwamen, waaronder Romeinse schepen, zijn hier te zien.

Buiten de oude stad

Basilica minore di San Simplicio
Via Fausto Noce 8, hoek Via San Simplicio, www.olbiaturismo.it/San_Simplicio.html, dag. 7.30-13, 15.30-20 uur

Buiten het oude centrum verheft zich de **Basilica di San Simplicio** (tot 1533 kathedraal), het enige echt bezienswaardige bouwwerk in Olbia. De driebeukige, uit blokken graniet opgetrokken kerk werd eind 11e-begin 12e eeuw gebouwd in Pisaans-romaanse stijl. Ze is gewijd aan de heilige Simplicius, een vroegchristelijke bisschop van Olbia en martelaar onder keizer Diocletianus. Op het linker fresco in de apsis is de heilige, die vereerd wordt als schutspatroon van Olbia en Gallura, afgebeeld. In de zijwanden zijn Romeinse mijlpalen herkenbaar die bij de bouw van de kerk werden hergebruikt.

Een eersteklas lekkernij: de langoestsalade in het sterrenrestaurant Gallura

Pozzo Sarcro Sa Testa

Route: de stad uit over de Via dei Lidi, voorbij het industriegebied tot een rotonde. Daar verwijst een bord naar de Pozzo Sacro, www.olbia turismo.it/Pozzo_Sacro.html

Een veel ouder heiligdom valt te ontdekken aan de rand van de stad: de nuraghische heilige bron Sa Testa (dag. 9-20 uur, € 2,50). Net als bij andere bronnentempels daalt een zich versmallende trap af naar de bron; een omgekeerde trap klimt naar het plafond omhoog. De bronnenschacht is gebouwd in de vorm van een kraaggewelf. Een smal kanaal, dat bij de bovenste trede van het bronnenheiligdom begint, steekt het ronde, geplaveide voorplein met zitplaatsen eromheen over. Misschien werd het heilige water hierin gegoten zodat de verzamelde gelovigen aan de ritus konden deelnemen.

Overnachten

Centraal – **Terranova**: Via Garibaldi 3, tel. 0789 223 95, www.hotelterranova. it, € 47-85. Vriendelijk driesterrenhotel op rustige locatie in de oude stad. Eigen parkeerplaats voor gasten.

Verzorgd – **Cavour**: Via Cavour 22, tel. 0789 20 40 33, www.hotelcavourolbia. it, € 75-90. Driesterrenhotel in gerestaureerd oud pand; moderne kamers, wifi beschikbaar.

Eten en drinken

Vis – **Gallura**: Corso Umberto 145, tel. 0789 246 48, 15-30 okt., 20 dec.-6 jan. gesl., daarbuiten 13-14.30, 20-22.30 uur, € 16, menu vanaf € 60. Uitstekend visrestaurant in het gelijknamige hotel, één Michelinster en nog een heleboel andere onderscheidingen. Reserveren is verstandig want het aantal plaatsen is beperkt.

Populair – **Gattopardo**: Via Elena Regina 79, tel. 0789 216 14, 12.30-14.30, 19.30-24 uur, di. gesl. (behalve juliaug.), € 20. Bij de *Olbiesi* erg populaire zaak; het kan er erg rumoerig zijn.

Garnalen & Co. – **Il Gambero**: Via La Marmora 6, tel. 0789 238 74, di.-zo.

12.30-14.30, 19.30-22.30 uur, € 20. Lekker: garnalen en andere zeevruchten; ook gegrilde vis.
Gezellig – **Da Paolo:** Via Cavour 18, tel. 0789 216 75, ma.-za. 12-15, 19-23 uur, € 9. Nette zaak, vooral vis.

Winkelen

Wijn – **Enoteca Vignando:** Corso Umberto 2 (tegenover het stadhuis), tel. 0789 216 53. Groot assortiment wijnen uit Sardinië en van het vasteland, verzorgde ambiance.
Sardijnse kunstnijverheid – **Centro dell'Artigianato:** aan de SS125 tussen de afslag naar het vliegveld en de rotonde richting San Teodoro, tel. 0789 669 33, www.sardartis.it. Grote keus aan keramiek, vlecht- en weefwerk, sieraden, houtsnijwerk en ook antiek.

Uitgaan

Cool – **Mama Beach:** Località Pittulongu, tel. 34 04 87 79 64, www.mamabeach.com. Dance, Dinner en Fashion Club direct aan Olbia's huisstrand. Ook livemuziek, zo. avond latin.

Info en festiviteiten

Informazioni Turistiche Comune di Olbia: Via Dante/Corso Umberto I, hoek Molo Brin, tel. 0789 522 06, 33 49 80 98 02, www.olbiaturismo.it, ma.-vr. 8-14, 15-18, juni-sept. dag. 9-21 uur.

Festiviteiten

Festa Patronale di San Simplicio/Festa Manna de Mesu Maju: 15 mei. Groot stadsfeest met processie in traditionele klederdracht ter ere van de beschermheilige van de stad; ook concerten, mosselen eten en nog veel meer.

Vervoer

Auto: de verkeerssituatie in de buurt van de havenpier is enigszins onoverzichtelijk; let goed op de borden. Wie Olbia wil bezoeken, kan het best bij het inrijden van de stad de borden *centro* volgen en aan de Viale Umberto bij de haven parkeren.
Bus: oranje **ASPO-stadsbussen**, tel. 0789 55 38 00, www.aspoolbia.it. Bussen van het centrum naar het vliegveld, de haven, het stadsstrand Pittilongu en de omgeving van Olbia.
Langeafstandsbussen: ARST (tal van bestemmingen, info tel. 800 86 50 42, www.arst.sardegna.it), centraal busstation aan de Corso Vittorio Veneto, zo'n 300 m van de Piazza Margherita, tickets ertegenover in Bar della Caccia, hoek Via Fiume; **Turmo Travel** (veel bussen naar Sassari en Cagliari, tel. 0789 214 87, www.turmo travel.it).
Vliegveld: internationale luchthaven Olbia-Costa Smeralda, info tel. 0789 56 34 44, www.geasar.it. Busstation voor de aankomsthal (tickets in de bus), ernaast zit het gebouw met de autoverhuurbedrijven.
Trein: station aan de Via G. Pala (niet ver van de Piazza Margherita), treinen naar Cagliari, Sassari, Porto Torres, Golfo Aranci en alle in de buurt gelegen stations; www.trenitalia.it.
Boot: Stazione Marittima, Banchina Isola Bianca, tel. 0789 288 88, www.olbiagolfoaranci.it. Vanaf dit punt vertrekken alle veerboten. Verkoop van kaartjes (veerboot en bus) en informatie. Bushalte direct ervoor. **Corsica e Sardinia Ferries,** tel. 0586 88 13 80, www.corsicaferries.it, dag. 8.30-12 uur; **Moby Lines,** info tel. 199 30 30 40, www.moby.it, ma.-vr. 7.30-12.30, 16-22, za.-zo. 18-22 uur; **Tirrenia,** info tel. 199 12 31 99, www.tirrenia.it, dag. 7.15-13.20, 16.45-22.50, op feestdagen alleen 17.15-22.50 uur.

Langs de Costa Smeralda ✹

Zo'n 55 kilometer lang is het gedeelte van de kust dat zich officieel Costa Smeralda mag noemen (vroeger heette deze omgeving Monti di Mola) en dat aan de strenge verplichtingen van het gelijknamige consortium is onderworpen. Even buiten de Costa Smeralda, bijvoorbeeld bij Baja Sardinia, is de kust nauwelijks minder mooi (en zijn de prijzen niet heel veel lager), maar de *rich and beautiful* worden toch hoofdzakelijk aangetrokken door de kust met de beroemde naam. Alle stranden zijn er openbaar en over deels onverharde wegen bereikbaar. Tot de mooiste behoort de 600 m lange **Cala Liscia Ruja**, 2 à 3 km ten noorden van Portisco (2 km lang weggetje vanaf de afslag), en de **Cala di Volpe** aan het begin van het schiereiland Capriccioli.

Informatie

Consorzio Costa Smeralda: Piazzetta del Cervo, Casa 1/a, Porto Cervo, tel. 0789 93 50 00, www.consorziocosta smeralda.com. **Kampeerders let op:** aan de Costa Smeralda zijn caravans en campers binnen de bebouwde kom verboden.

Porto Cervo ▶ H 2

Celebs, luxejachten en onbetaalbare auto's – *la vita è bella* in de hoofdstad van de Costa Smeralda. Porto Cervo is een trefpunt voor oud en nieuw geld. Dat wil zeggen: in de zomer, want in de wintermaanden heerst hier een gapende leegte. Ronde bogen, rode dakpannen en pastelkleurige muren bepalen het schilderachtige aanzien van de huizen rond de autovrije **Piazzetta** – ook Piazza genoemd – tegenover de **Porto Vecchio**, de oude haven. Luxeboetieks wachten even hard op vermogende cliëntèle als enkele cafés, waar u de duurste, maar misschien ook wel de lekkerste koffie van Sardinië kunt drinken. Het harmonieuze geheel van de bebouwing is te danken aan het ontwerp van de Italiaanse sterarchitect Luigi Vietti. Van de Piazzetta voert een houten brug naar de oude haven, waar de excursieboten aanleggen.

In de tegenovergestelde richting ligt de nieuwe jachthaven met zijn 650 ligplaatsen. Erboven verheft zich de kerk **Stella Maris** (Sterre der Zee), die in 1968 naar ontwerp van Michele Busiri Vici werd gebouwd met typisch Sardijnse elementen. Het dak van de voorhal wordt gedragen door grote monolieten van graniet, die aan menhirs doen denken. Buiten staat het bisschopsbeeld van de beeldhouwer Pinuccio Sciola (zie blz. 106), die de prelaat maar gedeeltelijk uit het steen heeft uitgehouwen. De kerktoren herinnert met zijn majolicakoepel aan de bont betegelde voorbeelden in Alghero. Het interieur van de kleine kerk maakt indruk door de bezielde, rust uitstralende architectuur. Het schilderij van de Mater Dolorosa (Onze-Lieve-Vrouw van Smarten), een werk van El Greco (eind 17e eeuw), is een geschenk van de familie Thyssen.

Overnachten

James Bond achterna – **Cala di Volpe:** Località Cala di Volpe, tel. 0789 97 61 11, www.caladivolpe.com, 2 pk € 318-1568. In het voetspoor van geheim agent 007 kunt u zich naar het vijfsterrenhotel Cala di Volpe begeven. Deze legendarische luxeherberg werd aan het begin van de jaren 60 in de stijl van een ridderburcht ontworpen door Jacques

Couëlle en ligt aan de wijde baai Cala di Volpe. Architectonisch was het hotel richtinggevend voor de neo-Sardijnse bouwstijl, zoals die aan de Costa Smeralda tot ontwikkeling kwam en later veelvuldig werd nagevolgd.
Met bloemen versierd – Balocco: tel. 0789 915 55, www.hotelbalocco.it, 2 pk € 188-225. Verzorgd viersterrenhotel met uitzicht op de jachthaven.
Boven de jachthaven – Cervo Dormiglione: Via del Boma 1, tel. 0789 911 51, www.ilcervodormiglione.com, € 140-195. Keurige B&B met liefdevol aangelegde tuin, 3 gastenkamers.
Betaalbare luxe – Il Piccolo Golf: Località Cala di Volpe, tel. 0789 965 20, www.ilpiccologolf.com, 2 pk € 69-119. Net en rustig gelegen driesterrenhotel.
Voordelig – Villa Sopravento: Via Golfo Pero, tel. 0789 947 17, 2 pk € 70-165. Tweesterrenhotel met tuin.

Eten en drinken

Groen terras – Gianni Pedrinelli: Località Piccolo Pevero, Porto Cervo, tel. 0789 924 36, www.giannipedrinelli.it, mrt.-okt. 12-15, 19-2 uur, vanaf € 13. Sardijnse en internationale keuken.
Populair – Il Pomodoro: Piazza Cervo, Porto Cervo, tel. 0789 93 16 26, 15. mrt.-okt. 12.30-14.30, 19.30-23 uur, vanaf € 11. Restaurant-pizzeria met beschaafde prijzen, bediening soms wat traag.

Actief

Golf – Pevero Golf Club: tel. 0789 95 80 00, www.golfclubpevero.com; hele jaar geopende 18-holesbaan, 9-holes greenfee € 40-70, 18-holesbaan € 60-120. Golfen op het schiereiland Capriccioli met paradijselijk uitzicht op zee.

Tip voor zon- en zeeaanbidders: de Spiaggia Capriccioli aan de Costa Smeralda

Uitgaan

Cocktailbar – **Il Portico:** Piazzetta, Porto Cervo, tel. 0789 93 11 11.
Exclusief – **Billionaire:** Via Rocce sul Pevero, tel. 0789 941 92, www.billionairelife.com, 22-4 uur. Deze mondaine club met disco en restaurant doet zijn naam eer aan – € 100 entree of zelfs meer is hier normaal.
VIP-disco's – **Sopravento Club:** tel. 0789 947 17, hele jaar geopend; **Sottovento Club:** tel. 0789 924 43, www.sottoventoclub.it, alleen 's zomers, entree vanaf € 30. Deze twee VIP-disco's liggen aan de weg naar Porto Cervo. De portiers zien er sterk uit.
Cool – **Phi Beach:** aan het strand van Forte Cappellini (bij Baja Sardinia), tel. 34 52 88 42 54, www.phibeach.com, voor de jetset: helikoptercoördinaten 41° 08' 28,99'' E 09°. Loungemuziek, live performances, fashion events – de perfecte plek voor een sundowner. Relaxen in grote deckchairs of blootsvoets dansen op het strand – alles kan in Phi Beach. Er is ook een restaurant.

Informatie

Verkeer: wie vanuit zuidelijke richting Porto Cervo komt binnenrijden, ziet meteen een grote parkeerplaats, van waaraf de Piazzetta en de haven te voet bereikbaar zijn. Wie van de andere kant komt aanrijden, kan het best voor de kerk Stella Maris parkeren.

San Pantaleo ▶ G 3

In het bergachtige achterland van de Costa Smeralda ligt dit bergdorpje aan de voet van de getande granieten kam van de Punta Cugnana (650 m). Het ingetogen plaatsje dankt zijn populariteit vooral aan de prachtige ligging. Het grandioze bergdecor van grillig verweerde rotsen vol *tafoni* (door erosie gevormde uithollingen) doet een mens bijna vergeten dat de zee maar een paar kilometer ver is.

Overnachten

Fantastisch – **Petra Segreta Resort & Spa:** Via Maddalena 5, www.petrasegretaresort.com, tel. 335 706 11 21, 2 pk € 277-588. Betoverend, 5 ha groot viersterrencomplex in prachtig landschap met weids uitzicht. Huisjes met smaakvol ingerichte, royale kamers en veranda. Uitstekend restaurant.
Rustiek – **Ca' La Somara:** Località Sarra Balestra, tel. 0789 989 69, www.calasomara.it, 2 pk € 74-182. Charmante agriturismo in groene omgeving.
Smaakvol – **Papillo Resort Borgo Antico:** Via La Petra Sarda, tel. 0789 654 00, www.papillohotelsandresortsborgoantico.hotelsinsardinia.it, 2 pk € 150-665. Klein viersterrencomplex in Sardijnse stijl in de dorpskern. Vrij eenvoudige kamers.
Uitnodigend – **San Pantaleo:** Via Zara 39, tel. 0789 652 60, www.hotelsanpantaleo.it, 2 pk € 84-160. Driesterrenhotel in Sardijnse stijl.

Eten en drinken

Exquise – **Balbacana:** Via Pompei, tel. 0789 652 83, www.balbacana.it, mei-sept. 12.30-14, 19.30-22 uur, € 25. Sfeervolle ambiance met binnenplaats en rustiek-elegante, over diverse verdiepingen verdeelde eetzalen. Artistiek vormgegeven gerechten. Echt een gastronomische belevenis!
Drukbezocht – **Da Nico:** Via Zara 35, tel. 0789 654 76, di.-zo. 10-15 en vanaf 19 uur, € 12. Restaurant-pizzeria, druk, onberispelijke keuken.

Arzachena ▶ G 3

Anders dan de kunstmatige vakantieplaatsen aan de kust is Arzachena (13.000 inw.) een uit de kluiten gewassen stadje met goede winkelmogelijkheden, maar zonder bijzondere bezienswaardigheden. De pastelkleurige huizen liggen verspreid tegen een granithelling. In de omgeving zijn archeologische monumenten te vinden. Het symbool van Arzachena is de **Roccia del Fungo**, een rots die door erosie de vorm van een paddenstoel kreeg.

Overnachten

Betoverend – **Tenuta Pilastru:** 5 km ten noordwesten van Arzachena, www.tenutapilastru.it, 2 pk € 76-176, halfpension € 60-114 per persoon. Groot driesterrencomplex in een prachtig landschap aan de weg van Arzachena naar Bassacutena. Smaakvol ingerichte stenen huisjes in traditionele stijl met alle comfort. Uitstekend restaurant.
Prima keuken – **Agriturismo Cudacciolu:** Località Cudacciolu, tel. 0789 812 07, www.agriturismocudacciolu.it, halfpension € 47-65 per persoon. Goed bereikbare, maar absoluut rustig gelegen boerderij op ruim 100 ha land. Gezellige kamers in rustiek-Sardijnse stijl. Uitstekende Gallurische keuken, huisgemaakte pasta, ook vegetarisch menu.
B&B – **La Mesenda:** Località Malchittu, tel. 0789 819 50, www.lamesenda.com, 2 pk € 60-90. Smaakvol gerenoveerde agriturismo. Gezellige kamers met eigen ingang, mooi tuinterras, rustige ligging aan voetpad naar de tempel.
Sympathiek – **Villa Li Cuponi:** Località Uddastro (6 km buiten Arzachena aan de weg naar Luogosanto), tel. 0789 807 88, www.villalicuponi.it, 2 pk € 60-90. Mooie B&B met vriendelijke kamers in een groene omgeving.

Eten en drinken

Levendig – **Casa Mia:** Viale Costa Smeralda, tel. 0789 827 90, www.hotelcasamia.it, in het hoogseizoen dag., daarbuiten di.-zo. 19.30-23.30 uur, € 9.
Steaks & pizza – **The Road House:** 2 km ten noorden van Arzachena aan de SS125, tel. 0789 821 95, € 13. Flinke steaks, maar ook goede pizza's.

Winkelen

Veel goede wijnen – **Enoteca Demuro:** Via Costa Smeralda (bij het binnenrijden van Arzachena vanuit het zuiden meteen linksaf), tel. 0789 84 40 97.

Informatie

Ufficio Turismo: Piazza Risorgimento, tel. 0789 84 40 55, www.arzachenacostasmeralda.it, ma.-za. 9-13, 15-18 uur.
Bus: ARST naar Olbia, Palau, Baja Sardinia, Porto Cervo en Tempio. **Turmo Travel** juni-half sept. naar Olbia/vliegveld, Palau, Santa Teresa.
Trein: FdS-station van de Trenino Verde ten westen van de plaats.

Palau ▶ G 2

De pas in 1875 ontstane, inmiddels door vakantiecomplexen sterk uitgegroeide plaats is niet zozeer de reden dat bezoekers naar hier komen. Palau (4500 inw.) is veel bekender door de attracties in de omgeving: de **Berenkaap** (zie blz. 230) en de prachtige kusten. Naast de bedrijvige veerhaven, waar de veerboten naar La Maddalena aanleggen, ligt de **jachthaven** (Marina/Porto turistico). Hier vertrekken excursieboten voor een rondvaart door de prachtige de Maddalena-archipel. ▷ blz. 228

Op ontdekkingsreis

Stenen die geschiedenis schrijven – onderweg in Gallura

Van de stranden tot de hoogste bergtoppen kenmerkt graniet het Gallurische landschap. Ook als bouwmateriaal wordt het al sinds mensenheugenis gebruikt. De harmonieuze manier van bouwen in overeenstemming met de natuur, zoals die aan de Costa Smeralda en ook elders werd nagestreefd, vond haar voorbeeld in de stenen getuigen van vroeger.

Kaart: ▶ F/G 3

Route: vertrekpunt van deze tour is de bewegwijzerde parkeerplaats van de Coop Lithos langs de SS125 aan de zuidrand van Arzachena; volg de wegwijzers naar Luogosanto, afslagen voeren telkens naar de bezienswaardigheden; behalve de Malchittutempel en het Castello di Balaiana liggen ze allemaal direct naast een parkeerterrein.
Info: Centro informazioni/Coop Lithos, tel. 335 127 68 49 31, tickets Tempio di Malchittu (dag. 9-20 uur) en Coddu Vecchiu (dag. 9-19 uur), per bezienswaardigheid € 2,50, korting bij bezichtiging van meer bezienswaardigheden;
Geseco Srl: tel. 393 914 79 98, tickets La Prisgiona, eind mrt.-eind okt. dag. 9-20 uur;
Lithos snc: Viale Costa Smeralda 41, 07021 Arzachena, tel. 335 127 68 49; tickets Li Muri, 's zomers dag. 9-13, 16-20 uur.

Al in de prehistorie benutten mensen de schelpvormige uithollingen *(conchi)* in de tafonirotsen die overal in het landschap te zien zijn, op zeer uiteenlopende manieren. De *Roccia del Fungo* (Paddenstoelenrots) van Arzachena laat het zien: hij diende als schuilplaats maar ook als graf. Vaak werden *conchi* met eenvoudige stenen muurtjes gestut en deden ze dienst als onderkomen voor dieren.

Griekse inspiratie

In een indrukwekkend landschap ligt oostelijk van Arzachena de **Tempio di Malchittu** op een klein bergzadel tussen rotspunten. Vanaf een grote, goedbewaarde nuraghische ronde hut klimt u de laatste meters over rotsen naar de tempel omhoog. Het rond 1500 v.Chr. gedateerde bouwwerk is met zijn muren van zonder cement op elkaar gestapelde stenen bijna volledig bewaard gebleven, alleen het houten puntdak moet u erbij denken. Voor de ingang ligt een klein voorplein, dat wordt omsloten door de naar voren doorgetrokken zijwanden (zogeheten anten). In de binnenruimte van de tempel lopen langs beide zijden stenen zitverhogingen. Hier namen blijkbaar de gelovigen plaats voor de gemeenschappelijke eredienst.

De Malchittutempel was zeker geen bronnenheiligdom, zoals eigenlijk voor de nuraghetijd karakteristiek is. Het grondplan doet veel meer denken aan het rechthoekige Griekse megaron, dat de kern van de tempels uit de oudheid vormt. Waar de bronnentempels een autonome architectonische schepping van de nuraghecultuur zijn, zo is deze megarontempel vermoedelijk onder Griekse invloed – handelscontacten waren er immers genoeg – op Sardinië verrezen. Er zijn slechts een paar voorbeelden van dit bijzondere type nuraghische tempelarchitectuur bekend, waaronder Serra Orrios en Su Romanzesu. De tempel werd bewaakt door een nuraghe, die tegen de helling voor de ingang stond. Sinds het instorten ervan getuigt enkel nog een grote berg keien van de toren.

Waar reuzen aan het werk waren

Verlaat u Arzachena daarentegen in westelijke richting over de weg naar Luogosanto, dan voert een bewegwijzerde afslag naar links u naar de parkeerplaats en de kassa bij het gigantengraf Coddu Vecchiu en het 500 m verderop gelegen nuraghecomplex La Prisgiona.

Reuzen met bovenmenselijke krachten zouden, zo vertelt de legende, de nuraghi hebben gebouwd en in de gigantengraven hun laatste rustplaats hebben gevonden. Het waren natuurlijk puur de afmetingen van deze indrukwekkende gemeenschappelijke graven, die (net zoals bij de hunebedden) aan reuzen deden denken. Op Sardinië zijn er ruim 500 van deze gigantengraven, waarvan de grootste wel 30 m lang zijn. De **Tomba di Coddu Vecchiu** heeft een ruim 10 m lange grafkamer, die teruggaat op een ouder ganggraf uit de 18e-16e eeuw v.Chr. Aan de voorkant werden in de nuraghetijd (16e-12e eeuw v.Chr.) verticale stenen platen opgesteld in een flauwe boog. Op het aldus gecreëerde voorplein konden de mensen samenkomen voor de dodencultus. Erg indrukwekkend is de middelste, 4 m hoge portaalstele met haar zorgvuldig in hoogreliëf uitgehakte rand. Een kleine, maar 60 cm hoge opening onderaan vormde de enige toegang tot de ooit volledig met aarde bedekte grafkamer, waar de stoffelijke resten van de overledenen begraven werden.

Aan de rand van een vruchtbaar dal ligt het nuraghebastion **La Prisgiona** met eromheen een rondehuttendorp en werkplaatsen. Het was de belangrijkste nuraghische nederzetting in het noordoosten van Sardinië – een streek waar de sporen van de nuraghecultuur niet heel talrijk zijn. De muren zijn opgetrokken uit deels bewerkte blokken steen. Een beschermingsmuur omgaf de centrale nuraghe samen met de vergaderhal en de bron, waar nog steeds, op een diepte van 7 m, water in staat.

Terug op de weg naar Luogosanto rijdt u 2,4 km door, alvorens u rechts afslaat. Bij een splitsing voert de weg links naar de necropolis van Li Muri, en rechtdoor naar het gigantengraf Li Lolghi.

Begraafplaats uit de jonge steentijd

Het grafveld van **Li Muri** (Necropoli di Li Muri, *li muri* = de muren) bestaat uit diverse rechthoekige stenen kisten. Het waren de luxueuze individuele graven van hooggeplaatste personen, die hier gehurkt begraven werden. Oorspronkelijk waren de graven bedekt met opgeworpen aarde en dus niet zichtbaar zoals nu. Een kring van kleine, verticale stenen platen omgaf iedere grafheuvel. Ernaast stond als grafsteen telkens een menhir – deze zijn in de loop van de tijd allemaal omgevallen.

Kleine stenen kisten naast de graven dienden voor offergaven. In de graven werden kiezelstenen met rode oker aangetroffen. Misschien dienden ze voor het beschilderen van de doden, want rood was ook al in de jonge steentijd de kleur van het bloed, en dus van het leven en van de wedergeboorte. Tot de voor deze tijd waardevolle grafgiften behoorden onder meer ook stenen werktuigen en sieraden.

Dit type graven, dat in Gallura op meer plaatsen ontdekt werd en ook op Corsica voorkomt, heeft zijn naam gegeven aan de neolithische Arzachena-cultuur (3500-2700 v. Chr.), een onderdeel van de ook elders op Sardinië voorkomende Oziericultuur.

Grandioos uitzicht

Verder rijdend over de weg richting Luogosanto stuit u rechts op een parkeerplaats met een bord dat verwijst naar het Castello di Balaiana. Langs een picknickplaats voert een trapsgewijs aangelegd, uit ongeveer vijfhonderd granieten stenen bestaand pad steil tegen de helling omhoog. U loopt hier tussen de tafonirotsen door terwijl u wordt omringd door het dicht groen. De klim eindigt na een kwartier bij het **Castello di Balaiana**, dat in de middeleeuwen door de Pisanen werd gebouwd ter versterking van Gallura. De burchtruïne troont op een heuvel die een grandioos uitzicht biedt dat reikt tot aan de kust.

Iets lager staat de voormalige burchtkapel **San Leonardo** (Chiesa di San Leonardo). Tijdloos als de rots waarop het gebouwd is, zo komt dit eenvoudige, bijna vensterloze kerkje met zijn kleine apsis over. Zware stenen platen rusten op het dak. Beide bouwwerken zijn opgetrokken uit granieten blokken, die zonder cement, maar alleen met leem met elkaar verbonden zijn. De reden: in een granietlandschap zoals hier komen wel leem en kleiaarde voor, maar geen kalk, die voor het maken van specie noodzakelijk is. Vanaf de middeleeuwen tot in de 19e eeuw was daarom de aanwending van leem bij het optrekken van muren gebruikelijk.

Herinnering aan een machtige familie

Weer verder in de richting van Luogosanto passeert u een bewegwijzerde afslag naar rechts naar het Castello di Baldu. Als u hier afslaat, ziet u meteen rechts in een bosje de **Madonna dei Bambini**. De altijd met bloemen ver-

sierde Maria-afbeelding staat in een tafoni (uitholling in een rots).

Na 2,6 km eindigt de weg bij een grote parkeerplaats. Een kort voetpad voert naar de romantische, tussen de bomen verstopte ruïne van het **Castello di Baldu**. Lu Palazzu di Baldu, zoals het in het Gallurisch heet, is grotendeels opgetrokken uit met leem aan elkaar gemetselde blokken graniet. Een kring van gebouwen, waarvan alleen nog maar fundamenten over zijn, omgaf een grote, vijfhoekige binnenplaats. De vloeren bestonden deels uit aangestampte leem.

Beschermend verheft zich een vierkante verdedigingstoren, die nog tot een hoogte van ruim 10 m behouden is, boven de burcht die om een machtig rotsblok werd heengebouwd. De zorgvuldig bewerkte blokken graniet en de sobere elegantie van het bouwwerk doen vermoeden dat het een belangrijke woonplaats en bestuurszetel was. De naam Baldu herinnert aan rechter Ubaldo, een telg uit de machtige Pisaanse familie Visconti, die in de 13e eeuw over Gallura heerste.

Bij de burcht hoorde ook een kleine nederzetting, die echter al tegen het einde van de 14e eeuw niet meer bestond. Behouden zijn evenwel de voormalige burchtkapel Chiesa di Santo Stefano en de ronde bakoven, onmisbaar voor het vervaardigen van dakpannen en gebruikskeramiek van klei.

Kluizenarij op de heilige rots

De rit voert u nu naar **Luogosanto** blz. 244. De plaatsnaam betekent 'heilige plaats'. Het charmante bergdorpje is helemaal van grijs graniet, maar veel groen en bloemen fleuren het straatbeeld op. Bij de kruising meteen bij de ingang van het dorp buigt u af naar links en bereikt na 1,2 km een parkeerplaats; rechts staan picknicktafels onder bomen. Van hier zijn het maar een paar stappen naar de 12e-eeuwse kluizenarij **San Trano** (Eremo di San Trano). Het kerkje duikt bijna bescherming zoekend weg tussen machtige, grillig gevormde granietrotsen.

Een heilige rots, die waarschijnlijk al in de prehistorie vereerd werd, is het spirituele middelpunt van het kleine godshuis. In een tafoni, die eruitziet als een klein grotheiligdom, staat het aan de 4e-eeuwse kluizenaar en martelaar gewijde rotsaltaar.

Overnachten

Modern – **La Roccia:** Via dei Mille 15, tel. 0789 70 95 28, www.hotellaroccia.com, 2 pk € 58-114. Niet ver van de haven, maar rustig gelegen driesterrenhotel met keurige kamers.
Camping – **Baia Saraceno:** Località Punta Nera (oostrand), tel. 0789 70 94 03, www.baiasaraceno.com, mrt.-okt. Mooie camping met grote rotsen met *tafoni* aan een schitterende kust. Ook bungalows, restaurant-pizzeria.

Eten en drinken

Fijne vis – **Mare Mosso:** Via Capo d'Orso 1, tel. 0789 70 60 60, hoogseizoen dag., anders di.-zo. 12-14.30, 19.30-23 uur, € 16. Uitstekende gerechten, vooral vis en zeevruchten. Goede streekwijnen voor redelijke prijs, attente bediening.
Vis – **Trattoria Da Robertino:** Via Nazionale 20, tel. 0789 70 96 10, feb.-nov. di.-zo. 13-14.30, 20-23 uur, 15 juni-15 sept. ook ma., € 14. Uitstekende visgerechten in een sobere ambiance.

Actief

Bootexcursies – **Petag:** Piazza del Molo 4, www.petag.it, tel. 33 96 96 99 22, 33 35 08 68 80. Excursies naar de Maddalena-archipel, lunch aan boord en zwempauze op een prachtige locatie.
Elena Tour: tel. 38 03 03 26 64, www.elenatour.it. Vertrek 10.30 uur voor het *Stazione Marittima*.

Uitgaan

Havensfeer – **Guido's Bar:** Piazza del Molo. 's Avonds het trefpunt voor iedereen, met uitzicht op de haven.

Informatie

Azienda Autonoma di Soggiorno e Turismo: Via Nazionale 107, www.palau.it.
Orsus: Via Nazionale 2, tel. 0789 77 10 00, www.orsus.it. Bootexcursies, accommodatie, ticketverkoop (ook voor de Trenino Verde, zie hieronder).
Veerhaven, Molo Commerciale: ongeveer ieder halfuur autoveerboot naar La Maddalena (vaartijd zo'n 20 min.) met de rederijen **Saremar** (tel. 0789 70 92 70, www.saremar.it), **Enermar** (tel. 0789 70 84 84, www.enermar.it) en **Delcomar** (tel. 0781 85 71 23, www.delcomar.it). Actuele dienstregeling en tickets (auto plus chauffeur ongeveer € 30) bij de balies aan de haven. In het hoogseizoen soms wachttijden.
Bussen vanaf de haven: ARST naar Santa Teresa, Tempio, Olbia (veerhaven en vliegveld) via Arzachena, Cannigione, San Pantaleo. **Turmo Travel** naar Santa Teresa, Arzachena, Olbia/vliegveld.
FdS-station aan de haven: tel. 0789 70 95 02 (ma.-za. 8.30-12 uur). Palau is het eindpunt van de smalspoortrein die vanuit Tempio dwars door Gallura rijdt. Geen reguliere spoorwegverbinding, maar de toeristische **Trenino Verde** (www.treninoverde.com) rijdt vanaf eind juni tot begin september diverse keren per week. Retourticket Palau–Tempio ongeveer € 16.

Maddalena-archipel ▶ G 1/2

Met haar talloze, licht gebogen baaien, omlijst door geelachtig tot rozerood oplichtende granietrotsen, en de voor de kust gelegen eilanden is de Gallurische noordoostkust van een overweldigende schoonheid. Alleen blootgesteld aan zon, wind en golven behoort het eilandenparadijs tot het mooiste dat de Middellandse Zee te bieden heeft. Bijna verblindend zijn de kleurcontrasten. Turquoise, smaragdgroen en azuurblauw schittert de zee, langzaam lopen de stranden af in het kristalheldere water. Waar het nog ondiep is leven bonte zeeanemonen, zeesterren en rood koraal, en zwemmen vissen rond in de zeegrasweiden. Door de Straat van Bonifacio, de zeestraat tussen Sardinië en Corsica, trekken scholen tonijnen en dolfijnen.

De Maddalena-archipel bestaat uit ongeveer zestig eilanden en in zee liggende rotsen. Geologisch zijn het de hoogste, maar net boven de zeespiegel uitstekende toppen van een ondergelopen landbrug die miljoenen jaren geleden Sardinië met Corsica verbond. In 1997 werd de gehele archipel met enkele naburige eilanden tot nationaal park uitgeroepen: rond 20.000 ha (een kwart daarvan land) met een kustlengte van in totaal 180 km. Voor de eilanden en de zee eromheen gelden sindsdien strenge beschermingsmaatregelen. Alleen de twee grootste, door een brug met elkaar verbonden eilanden, Maddalena en Caprera, zijn het hele jaar door bewoond en kunnen met de auto verkend worden.

Bootexcursies in het nationaal park

Parco Nazionale Arcipelago La Maddalena: Via Giulio Cesare 7, La Maddalena, tel. 0789 790 21, www.lamaddalenapark.it, www.parks.it/parco.nazionale.arcip.maddalena

Het is een bijzondere belevenis de sprookjesachtige eilandenwereld vanaf het water te observeren. Vanuit drie havens – Palau, La Maddalena en Cannigione – vaart 's zomers iedere dag een ware armada aan excursieboten uit, van verbouwde vissersboten tot moderne catamarans en luxueuze zeiljachten. Op het programma van de minicruises staat doorgaans een zwempauze in een afgelegen, paradijselijke baai, een fotostop bij het roze koraalstrand van Budelli en een lunch aan boord met pasta, vis en zeevruchten... een topdag is dus gegarandeerd. Het is wel zo handig om de excursie de avond ervoor te boeken. De ticketkiosken aan de havens zijn in de regel vanaf 17 uur open. Excursies van een hele dag vertrekken op zijn laatst om 10 uur. Afhankelijk van het seizoen liggen de prijzen tussen € 30 en € 80.

Isola Maddalena ▶ G 1/2

Het eiland Maddalena is door een geregelde veerbootverbonding met Palau verbonden met Sardinië. Het eilandhoofdstadje **La Maddalena** (13.000 inw.), is een vriendelijk en levendig havenplaatsje met een Noord-Italiaanse flair. Vanuit de veerhaven (Banchina Commerciale) zijn het maar een paar stappen naar de met graniet geplaveide, tegen de hellingen omhooglopende straatjes in het sfeervolle **oude centrum** en naar de aangrenzende vissers- en jachthaven aan ▷ blz. 232

Niet zomaar activiteiten ondernemen in het nationaal park

Wie wil zeilen, voor anker wil gaan of met een rubberboot mensen wil vervoeren, heeft daarvoor een betaalde vergunning nodig van de parkadministratie. Dat geldt eveneens voor vissen en duiken. De regels ter bescherming van het park worden streng gehandhaafd en door tal van patrouilleboten gecontroleerd; op overtredingen staan strenge straffen.

Favoriet

Op bezoek bij Bruintje Beer

Tot de mooiste uitzichten langs de kusten van Sardinië behoort zeker dat vanaf **Capo d'Orso** (▶ G 3), de Berenkaap. Vanaf de parkeerplaats wandelt u in nog geen kwartier over een voetpad langs fantastisch gevormde tafonirotsen omhoog naar de top. Hier waakt bij een oude militaire uitkijkpost de Roccia dell'Orso (Berenrots), een kolossaal, grillig verweerd rotsblok, met strakke blik over de Maddalena-archipel en de zeestraat van Bonifacio. Let op: het officiële pad naar de top mag niet worden verlaten, rondklauteren op de Berenrots is verboden!
(Route: vanuit Palau in oostelijke richting ongeveer 3 km de borden Capo d'Orso/Roccia dell'Orso volgen; parkeerplaats € 2, toegang € 2.)

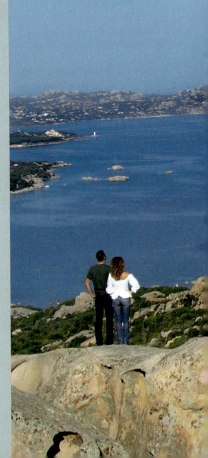

de **Cala Gavetta**. De met palmbomen beplante kustpromenade, *palazzi* met smeedijzeren balkons en talloze terrasjes en winkeltjes verleiden tot rondslenteren. Hier is niets te bespeuren van de lelijke grote complexen die La Maddalena omgeven.

Uit vrees voor Frankrijk, dat immers met Corsica in het zicht ligt, bouwde de jonge Italiaanse staat op Maddalena – evenals op Caprera, Capo d'Orso en op Punta Sardegna (Fortezza di Monte Altura, zie blz. 235) – indrukwekkende militaire **verdedigingswerken**, die tot op de dag van vandaag meer of minder goed behouden zijn. Om ze perfect te camoufleren werd voor de bouw het lokale graniet gebruikt zodat ze deel lijken uit te maken van de rotsen. Na de Tweede Wereldoorlog stationeerden de Amerikanen voor Maddalena hun Zesde Vloot en lagen er atoomonderzeeërs voor het eiland Santo Stefano. Pas in 2008 vertrok de vloot met in haar kielzog bijna 2000 Amerikaanse militairen.

Panoramaweg

Over de bewegwijzerde, ongeveer 20 km lange *strada panoramica* kunt u het hele eiland op een comfortabele manier rondrijden. U verlaat daarvoor La Maddalena in noordoostelijke richting en bereikt de **Cala Spalmatore**, het populairste strand van Maddalena. Voorbij dit strand voert de weg langs nog meer stranden; een doodlopend weggetje leidt naar het witte zandstrand aan de **Baia Trinità**. In de late lente worden de duinen hier gekleurd door een prachtig, vaalviolet tapijt van bloeiende zeevioliere. De weg stijgt vervolgens naar het hoogste punt van het eiland, de door een militair radiostation gekroonde **Guardia Vecchia**. Het bouwwerk gaat terug tot de 19e-eeuwse vesting San Vittorio, de zeshoekige toren was bedoeld om de kust van Maddalena met kanonvuur te kunnen verdedigen. Vanaf dit punt kunt u genieten van een weids uitzicht over het eiland, de archipel en de Gallurische kust. Met veel bochten daalt de weg hierna af naar de mooie baai **Cala Nido d'Aquila** en voert dan via de oude haven terug naar de veerhaven.

Overnachten

Vriendelijk – **Villa del Parco**: Via Don Vico (1 km buiten het centrum), tel. 0789 72 00 26, www.villadelparco.com, € 65-150. Driesterrenhotel met fleurige, goed uitgeruste kamers op een rustige locatie.

Aan zee – **Nido d'Aquila**: Via Nido d'Aquila (2 km buiten de stad), tel. 0789 72 21 30, www.hotelnidodaquila.it, 2 pk € 80-140. Fraai aan de rotskust gelegen driesterrenhotel, met een goed restaurant.

Modern – **La Conchiglia**: Via Indipendenza 3, tel. 0789 72 80 90, www.hotellaconchiglialmd.com, 2 pk € 65-125. Dit driesterrenhotel ligt op slechts 500 m van het oude centrum.

Eten en drinken

Authentiek – **Osteria Enoteca da Liò**: Corso Vittorio Emanuele 2, tel. 0789 73 75 07, okt.-apr. di.-zo. 12.30-15.30, 19.45-22.30 uur, € 12. Gunstig geprijsde vis en zeevruchten.

Grillspecialiteiten – **La Locanda del Mirto**: Località Punta della Gatta (ligt afgelegen in het noorden van het eiland), tel. 0789 73 90 56, apr.-okt. dag. anders zo.-di. 12-14.30, 18-22.30 uur, € 25 (speenvarken). Hoogstaande grillkeuken, vooral vlees maar ook visgerechten. U kunt eten op de veranda of in de wei.

Maddalena-archipel

Actief

Bootexcursies – **Consorzio Flotta del Parco:** Cala Gavetta Via Ammiraglio Mirabello, tel. 0789 73 53 19, www.flottadelparco.com.

Uitgaan

Stranddisco – **Spalm Beach:** Località Cala Spalmatore (aan de *strada panoramica*), tel. 0789 73 77 40, 's zomers dagelijks geopend.

Info en festiviteiten

Ufficio Turismo: Piazza Barone des Geneys, tel. 0789 73 63 21, juni-sept. ma., wo. 8-14, 15-18, di., do.-vr. 8-14 uur.
Pro Loco: Via Principe di Napoli 16, tel. 0789 73 91 65.
Internet: www.lamaddalena.it.
Festa Santa Maria Maddalena: 21 en 22 juli. Grote processie met folkloristisch feest.
Bus: Turmo Travel (www.gruppo turmotravel.com) rijdt 's zomers bijna ieder uur vanaf de haven (Via Amendola) naar Caprera; ook rijden de bussen van deze onderneming de panoramaweg.

Isola Caprera ▶ G 2

Via een brug is Maddalena verbonden met dit vrijwel onbewoonde **geiteneiland** (*capra* = geit). Op het groene, met macchia en schaduwrijke pijnboombossen begroeide Caprera ademt u gezonde lucht in, het eiland is gemaakt voor een fietstocht. Ook korte wandelingen door de ongerepte natuur zijn mogelijk. Een wandelpad leidt bijvoorbeeld naar Caprera's hoogste top, de **Monte Teialone** (212 m), waar u van een prachtig panorama kunt genieten.

Niet minder mooi is het uitzicht vanaf de **bergvestingen** op de Poggio Rasu en de Monte Arbuticci.

Casa Garibaldi

Tel. 0789 72 71 62, www.compendio garibaldino.it, di.-zo. 9-20 uur, rondleiding alleen in het Italiaans, € 6
Aan Caprera is een beroemde Italiaanse naam verbonden: Giuseppe Garibaldi. Zijn voormalige landgoed is voor Italianen met nationaliteitsgevoel een gewijde plaats – in drommen stromen de bezoekers toe om dit nationaal monument te bezichtigen. Casa Garibaldi is het drukstbezochte museum van Sardinië. Het hoofdgebouw, het **Casa Bianca**, is een typisch 19e-eeuws landhuis, omgeven door een liefdevol verzorgde groente- en fruittuin. Binnen zijn naast origineel meubilair ook tal van herinneringsstukken te zien.

Stagnali

In het zuiden van Caprera ligt de voormalige militaire nederzetting Stagnali. Tegenwoordig is in de gebouwen een interessant museum ondergebracht (zie hierna).

Actief

Geologie – **Museo geo-mineralogico naturalistico:** Località Stagnali, www.associazionecesaraccio.it, juni-sept. dag. 9.30-13, 15-19 uur, € 2,50. Veel gesteentemonsters, fossielen en andere interessante natuurhistorische vondsten uit de omgeving. Pronkstuk is een enorm, 150 kg wegend kwartskristal.
Paardrijden – **Centro Equituristico Cavalla Marsala:** Località Stagnali, tel. 347 235 90 64. Goed getrainde paarden.
Zeilen – **Centro Velico Caprera:** Località Punta Coda Caprera, www.centrovelicocaprera.it. Zeilschool.

Vanuit de haven van Palau vertrekken excursieboten naar de Maddalena-archipel

Aan de noordpunt

Porto Rafael ▶ G 2

Route: westelijk van Palau de bewegwijzerde afslag Fortezza Monte Altura/Porto Rafael nemen. De weg voert voorbij de vesting over de heuvel en splitst zich daarna: rechts gaat u naar Porto Rafael

In 1958 vond Rafael Neville, graaf van Berlanga de Duero, zijn paradijs bij Punta Sardegna: een toen nog onbewoond, ver in zee stekend schiereiland met een fantastisch uitzicht op de eilanden van de Maddalena-archipel. Hier stichtte deze kunstenaar, architect en projectontwikkelaar Porto Rafael, een groen, open villadorp in mediterrane stijl met piazza en jachthaven.

Het hart van het inmiddels uitgestrekte Porto Rafael is de **Piazza della Chiesa** met de kerk Santa Rita. Van hieraf zijn het maar een paar stappen naar de **Piazzetta Rafael Neville,** die aan een kleine baai ligt. Hier staat het voormalige woonhuis van de in 1996 overleden architect.

Punta Sardegna ▶ G 2

Route: houd bij de splitsing bij de Piazza della Chiesa rechts aan en rijdt door tot een kruising. Direct ervoor ligt links een parkeerplaats

Steek vanaf de parkeerplaats de kruising rechtdoor over en loop het omhooglopende straatje in. Op het hoogste punt (direct voorbij een gebouw) klimt een trapstraat links naar een oude militaire uitkijkpost. Vanaf dit punt is het uitzicht op de Maddalena-archipel werkelijk om in te lijsten.

Fortezza di Monte Altura ▶ G 2

Rondleidingen beginnen telkens kwart over het hele uur, apr.-mei 9-12, 15-18, juni-aug. 9-12, 17-20 uur, sept.-mrt. alleen op afspraak (tel. 329 604 13 73, 349 872 63 12), € 4

Op het hoogste punt van het schiereiland ligt de in 1889-1891 uit blokken graniet opgetrokken Fortezza di Monte Altura (zie ook blz. 232). Bezichtiging van deze enorme vesting met zijn imposante oprit, die steil naar de geschutstelling omhooggaat, is alleen al de moeite waard om het prachtige uitzicht. Met een door ezels bediende takel kon men munitie naar boven hijsen.

Porto Puddu en Porto Liscia ▶ F/G 2

Bijna eindeloos lijken de beide paradijselijke, lichtgekleurde stranden die uitkijken op de turquoise gekleurde baaien van Porto Puddu (ook Porto Pollo genaamd) en Porto Liscia. Een zanderige dam, waarover het schiereiland **Gabbiani** kan worden bereikt, onderbreekt de baaien. Dankzij de krachtige maestrale, die bijna altijd waait, en het ondiepe water geniet **Porto Puddu** internationale bekendheid bij surfers. Een deel van het strand is afgezet voor zwemmers en zonnebaders.

Overnachten

Trefpunt voor surfers – **Windsurf Village/Residence Baia dei Delfini:** Località Porto Pollo, tel. 0789 70 40 75, www.windsurfvillage.it, half apr.-eind okt. appartement € 380-1725 per week. Alles draait hier om surfen!
Vakantiedorp – **Le Dune:** Località Porto Pollo, tel. 0789 70 40 13, www.hotelle dune.it, 2 pk (alleen halfpension) in driesterrenhotel € 150-200 per persoon, appartementen vanaf € 250 plus bijkomende kosten. Dit uitgestrekte complex ligt in de duinen op slechts een paar passen van het strand.
Camping – **Villagio turistico & camping Isola dei Gabbiani:** Località Porto Pollo, tel. 0789 70 40 19, www.isoladeigabbiani.it, half mrt.-begin nov. Mooie camping op het schiereiland Gabbiani. Ook eenvoudige bungalows te huur, € 45-266 per dag (2-4 personen).

Eten en drinken

Terras met uitzicht op zee – **Le Dune:** zie hierboven, € 16. Prachtig uitzicht, vriendelijke bediening, goede keuken.
Voor wie erbij wil horen – **Il Beachbar:** Località Porto Pollo, tel. 0789 70 40 75, apr.-okt., vanaf 9 uur 's ochtends, € 11. Bij Windsurf Village horende restaurant-bar direct aan het strand.

Actief

Surfen – **Windsurf Village:** zie hiervoor. Surfschool, catamaran- en mountainbikeverhuur.
Duiken – **Nautilus Diving Center c/o Windsurf Village:** Località Porto Pollo, tel. 0789 70 40 75, www.windsurfvillage.it.
Scooter & MTB – **Dodo's rental:** Località Porto Pollo, tel. 33 41 48 49 50, www.dodosrental.com, mountainbike € 35 per dag, scooter vanaf € 45 per dag

Santa Teresa di Gallura ▶ F 2

Het in 1808 door Victor Emanuel I, koning van Sardinië, gestichte en naar zijn Oostenrijkse gemalin genoemde Santa

Teresa di Gallura (4000 inw.) was tot in de jaren 60 van de vorige eeuw een ingetogen havenstadje. Het schaakbordachtige stratenpatroon komt voort uit een ontwerp van de koning zelf, die hier – op de uiterste noordpunt van Sardinië – vanwege de nabijheid van Corsica en om militair-strategische redenen een haven liet aanleggen. Waar de koning destijds nog geen idee van had, was het enorme toeristische potentieel van de plek: de door grillig gevormde granietrotsen omlijste droomstranden aan een turquoise gekleurde zee, met het op slechts 12 km afstand liggende buureiland Corsica prominent in zicht. Van ingetogenheid is daarom tegenwoordig niet veel meer te bespeuren, want Santa Teresa heeft zich ontwikkeld tot een druk en populair vakantieoord. Er is meer gebouwd dan in de meeste andere vakantieregio's op Sardinië, en in alle richtingen hebben zich vakantiecomplexen van het landschap meester gemaakt. Gelukkig zijn ze voor het merendeel architectonisch behoedzaam geïntegreerd en aantrekkelijk uitgevoerd in neo-Sardijnse stijl.

Centrum en stranden

Het stadscentrum verheft zich iets boven de zee. De Piazza San Vittorio is vooral een verkeersknooppunt, de naburige **Piazza Vittorio Emanuele I** daarentegen een geliefd trefpunt voor de avondlijke *passeggiata*. Van hier bent u in een paar stappen op de **Piazza Libertà**, het uitzichtterras van Santa Teresa. Hier hebt u een goed zicht op de **Torre Longosardo**, een oude Saracenentoren op een klif, die de nauwe, fjordachtige haventoegang bewaakt.

In slechts enkele minuten bent u op **Rena Bianca**, het paradijselijke, 300 m lange stadsstrand met zijn zeer fijne zand. 's Zomers wordt het totaal overlopen. Tot de droomstranden in de nabijheid behoren de **Spiaggia La Marmorata** (ten oosten van de stad; van Marazzino in de richting van La Ficaccia, bij de kruising rechts, dan nog 2 km en kort voor Marmorata Village rechts naar het strand), de **Spiaggia Santa Reparata** (over de Via Tibula ongeveer 3 km in de richting van Capo Testa; het strand ligt links op de dam naar het schiereiland) en **Rena Maiore** (8 km van Santa Teresa over de SP90 naar het zuiden).

Overnachten

Rustig gelegen – **B&B La casa sulle Bocche:** Via Romagna 8, tel. 39 27 65 96 81, www.lacasasullebocche.it, 2 pk € 80-120. Mooie kamers met balkon met uitzicht over zee naar Corsica.
Met uitzicht – **Hotel da Cecco:** Via Po 3, tel. 0789 75 42 20, www.hoteldacecco.com, 2 pk € 66-110. Driesterrenhotel met mooi uitzicht over de stad, de haventoegang en de zee.
Centraal en rustig – **Hotel Marinaro:** Via G. M. Angioy 48, tel. 0789 75 41 12, www.hotelmarinaro.it, 2 pk € 60-140. Sympathiek driesterrenhotel.
Knus – **La Chicca di Francesca:** Via Basilicata 4, tel. 0789 75 46 91, www.lachiccadifrancesca.com, 2 pk € 55-110. Rustig gelegen, nette villa met liefdevol aangelegd tuintje.
Droomstrand – **Camping La Liccia:** Località La Liccia, 7 km ten zuiden van Santa Teresa di Gallura langs de SP90 (kort voor Rena Maiore), tel. 0789 75 51 90, www.campinglaliccia.com. Mooie camping boven het heerlijke zandstrand Rena Maiore.

Eten en drinken

Topkeuken – **S'Andira:** Località Santa Reparata, Via Orsa Minore 1 (ten zuiden van de weg naar Capo Testa), tel. 0789

75 42 73, www.sandira.it, mei-sept. 12.30-15.30, 19.30-23.30 uur, driegangenmenu € 40. Dit toprestaurant van de familie Reimbelli, dat al doordrong tot veel culinaire gidsen, kan terugblikken op een 35-jarige traditie.

Vis en zeevruchten – **Da Thomas:** Via Valle d'Aosta 22, tel. 0789 75 51 33, 12-15, 19-23 uur, € 12. Culinair de nummer één in Santa Teresa, in het hoogseizoen is reserveren verstandig.

Perfecte bediening – **La Lampara:** Via Perini 6, tel. 0789 74 10 93, mrt.-nov. wo.-zo. 12-15 en vanaf 18 uur, vanaf € 10. Vis en zeevruchten, vers en lekker klaargemaakt. Bovendien attente bediening.

Vis en pizza – **La Luna nel Pozzo:** Viale Aldo Moro, tel. 0789 74 90 14, in het seizoen dag. 10-15 en vanaf 18.30 uur, daarbuiten do.-di., vanaf € 15. Naast visspecialiteiten worden hier ook lekkere pizza's geserveerd.

Lekkere pasta – **Papè Satan:** Via la Marmora 24, tel. 0789 75 50 48, 15 mei-1 okt. 12-15, 19-24 uur, € 8. Pizzeria met binnenplaats, ook grote keus aan lekkere pastagerechten. Altijd druk, het kan even duren voor het eten arriveert.

Winkelen

Kunstnijverheid – in veel winkels rond de Piazza Vittorio Emanuele I en in de Via XX Settembre.

Actief

Bootexcursies – **Consorzio delle Bocche:** Piazza Vittorio Emanuele, tel. 0789 75 51 12, www.consorziobocche.com. Excursies naar de Maddalena-archipel met drie verschillende boten; lunch aan boord.

Bootverhuur – **Capo Testa Yachting:** Porto Turistico, tel. 0789 74 10 60, www.capotestayachting.com.

Watersporten – **Nautica Rena di Ponente:** Località Capo Testa, tel. 34 80 33 31 66. Surfen, zeilen – hier kan alles.

Duiken – **Diving Santa Teresa Gallura:** Via del Porto 51, tel. 0789 75 41 73, www.divingsantateresa.com.

Zeevissen – **Centro di Pesca BlueFin Sportfishing Team:** in de Porto Turistico, tel. 800 17 89 88, www.sportfishing.it.

Paardrijden – **Centro Ippico:** Località La Testa (meteen aan de dorpsrand vanaf Santa Teresa), tel. 33 82 39 26 02, www.sardinienreiter.de. Paardrijexcursies, ook op pony's.

Uitgaan

Bekend – **Estasi's** (ook: **Extasy's**) **Disco:** wegwijzer langs de weg naar Palau, tel. 392 054 19 00, € 15-20. Ruime en verzorgde disco met openluchtgedeelte en restaurant, gratis toegang voor restaurantgasten.

Chic – **Montandon:** Via Amsicora 7. Cocktailbar in smaakvol gerestaureerd pand.

Info en festiviteiten

Ufficio Turismo & Spettacolo: Piazza Vittorio Emanuele 24, tel. 0789 75 41 27, www.comunesantateresagallura.it, juni-sept. dag. 9-13, 16.30-20, okt.-mei ma.-vr. 9-14, 15-18, za.-zo. 9-14 uur, in het hoogseizoen ook dependance in het **Stazione Marittima**, tel. 0789 75 51 13.

Festiviteiten

Sagra del Pesce: 10 juli. Vissersfeest aan de haven – een culinair gebeuren.

Musica sulle Bocche: laatste week van aug., www.musicasullebocche.it. Eilandoverstijgend jazzfestival, dat Santa Teresa samen met het Corsicaanse Bonifacio organiseert.

Vervoer

Let op: In het hoogseizoen heerst vaak verkeerschaos. Het centrum en alle toegangswegen naar de stranden en naar Capo Testa zijn van mei tot sept. voor campers afgesloten. Deze moeten parkeren op het grote plein bij het postkantoor (Via E. d'Arborea/Via Berlinguer).
Boot: diverse keren per dag autoveerboot naar Bonifacio (Corsica). Overtocht ongeveer 1 uur, ongeveer € 25 per persoon (retour), tickets bij de Stazione Marittima. Rederijen: **Saremar**, tel. 0789 75 41 56, www.saremar.it, en **Moby Lines**, tel. 0789 75 14 49, www.moby.it.
Bus: busstation bij de kruising Via E. d'Arborea/Via Berlinguer (bij het postkantoor), gratis info tel. 800 855042. Bussen van **ARST** naar Olbia (centrum en haven), Sassari, Castelsardo en Porto Torres, tel. 0789 55 30 00. Bussen van **Turmo Travel** naar Olbia/vliegveld en Cagliari, tel. 0789 214 87. Bussen van **Digitour** naar Alghero/vliegveld, tel. 0789 26 20 39. **Sardabus** (Nicos Travel) naar Tempio, tel. 0789 68 43 78. Bovendien in het seizoen pendelbussen van de Piazza San Vittorio naar de stranden.

Capo Testa  ▶ F 2

Route: Santa Teresa di Gallura uitrijden over de Via Tibula. Deze weg (SP90) steeds blijven volgen, over de dam het schiereiland op, tot de grote parkeerplaats waar de weg ophoudt

Grillige, wild door elkaar gesmeten granietrotsen stapelen zich op bij Capo Testa. Weer en wind hebben fantastische vormen uitgesleten in het oergesteente, dat met zijn warme okertinten prachtig contrasteert met de turquoise zee. Een zanderige dam, ook **Spiagge di Due Mari** (Stranden van de Twee Zeeën) genoemd, verbindt het schiereiland met Sardinië. Aan de zuidkant van deze landengte ligt het populaire strand **Rena di Ponente**, aan de noordkant de niet minder geliefde **Baia di Santa Reparata** ofwel **Spiaggia di Santa Reparata**. Beide baaien trekken veel surfers.

Wie langs de kust naar de landpunt **Punta Acuta** aan het einde van de baai loopt, ziet naast door de natuur gevormde rotsen ook bewerkte blokken graniet. Ze zijn afkomstig uit de Romeinse steengroeve Tibula, die in de middeleeuwen nog door de Pisanen werd gebruikt. Zowel de granieten zuilen van het Pantheon als delen van de zuilengalerijen van de dom van Pisa zouden hier zijn uitgehakt.

Valle della Luna

De weg naar Capo Testa eindigt bij een grote parkeerplaats voor de vuurtorens op de kaap. Hekken en borden geven nog aan dat het hier vroeger militair terrein was. Paden slingeren zich kris kras door de lage macchia en tussen rot-

Weer en wind hebben aan de rotskust van Capo Testa hun sporen nagelaten

sen door. Geen enkel bord wijst de weg naar het beroemde Valle della Luna, dat daarom niet gemakkelijk te vinden is. Door fantastische rotsformaties omgeven opent dit brede, met gras begroeide **Maandal** zich naar twee baaien toe. Is het dal overdag al fascinerend, op maanverlichte nachten is het vol magie en lijkt het tot leven te komen, wanneer de rotsen zich in het bleke licht in allerlei figuren veranderen en sprookjesachtige fabelwezens de wildernis bevolken.

Het binnenland van Gallura

Tempio Pausania ▶ F 4

Eenmaal gewend aan de felle kleurcontrasten aan de kust, moeten de ogen in Tempio (14.000 inw.) eerst even omschakelen. De turquoise zee en de witte stranden zijn hier ver weg. De grootste plaats in het Gallurische binnenland ligt op 600 m hoogte op een groen plateau in de uitlopers van de Monte Limbara, waarvan de granieten pieken in de verte zichtbaar zijn. Evenals bij andere plaatsen in het binnenland is het oude centrum met zijn geplaveide straatjes helemaal opgetrokken uit ongepleisterde grijze granietblokken.

Rond de Via Roma

Hoofdas is de door statige herenhuizen en mooie winkels geflankeerde Via Roma, die langs de belangrijkste pleinen van de stad loopt. De ruime **Piazza Gallura** wordt gedomineerd door het stadhuis en is ook het podium voor openluchtevenementen. Op een steenworp afstand ligt de **Piazza San Pietro**, waar zich de gelijknamige kathedraal met haar opvallende, door pilasters gelede dubbelfaçadet. In het interieur in barok-classicistische stijl is enkel het uit hout gesneden koorgestoelte (14e-15e eeuw) interessant. Tegenover de kathedraal staat het door zijn eenvoud

Tip

Mode uit het eikenbos

De haute couture weet steeds weer te verrassen met ongewone materialen, maar zelden heeft iemand in de modewereld zoveel opzien gebaard als Anna Grindi, toen zij met haar collectie van kurk op de proppen kwam. Na ettelijke pogingen was deze Sardijnse modeontwerpster erin geslaagd van kurk een flexibel, op stof lijkend materiaal te maken.
Dit natuurproduct uit een grondstof die steeds weer opnieuw aangroeit, voelt bijna aan als zijde en verdient op zijn minst het predikaat origineel. Helaas was er de laatste tijd sprake van gebreken in de kwaliteit en daarom is een aankoop voorlopig nog niet aan te raden.
De kurkcollectie van Anna Grindi is in haar atelier Suberis – Latijn voor 'van kurkeik' – in het oude centrum van Tempio te bewonderen (Via Roma 36, bij de kathedraal, tel. 079 63 18 64, 9-13, 16-20 uur).

---

indruk makende **Oratorio del Rosario**, een van origine romaans kerkje dat zijn huidige vorm (portaal in Aragonese stijl en barok altaar) in de 17e eeuw kreeg.

Aan de rand van de stad

De grootste trots van de *Tempiesi* zijn de aan de rand van de stad opwellende **minerale bronnen**. Waar de oude stad ophoudt maakt de wirwar van steegjes plaats voor de drukke Largo Alcide de Gasperi. Hier begint de door bankjes en oude steeneiken geflankeerde **Viale Fonte Nuova**, waar zich in de vroege avond jong en oud naartoe begeeft voor de *passeggiata*. Uit enkele bronnen stroomt kalmpjes het water van de **Fonte Nuova**. Nog meer gewaardeerd wordt de **Fonte Rinaggiu**. Om er te komen volgt u de Viale San Lorenzo, slaat op de rotonde aan het eind ervan rechtsaf en volgt dan in een bocht naar links de Via delle Fonti tot bij een oude granieten poort. De bron welt op in een klein bos, dat 's zomers en in het weekend veel bezoekers trekt om te picknicken en het mineraalwater in grote jerrycans mee naar huis te nemen. Het zou een geneeskrachtige werking hebben tegen allerlei kwalen, hetgeen Tempio zijn faam als kuuroord heeft opgeleverd. Geneeskrachtig of niet, het smaakt in ieder geval heerlijk fris.

Museo storico del sughero

Via San Francesco 3, Calangianus, tel. 34 63 69 38 59, ma.-vr. 10-13, 15-18, za. 11-13, 15-18 uur, € 4
Tempio en het naburige **Calangianus** (▶ F 3) vormen het centrum van de Sardijnse kurkindustrie. In het industriegebied tussen beide plaatsen en langs de weg in Calangianus liggen enorme stapels schors van de kurkeik klaar voor verdere verwerking. Alles over die industriële verwerking van kurk komt u te weten in dit museum van de kurk, dat is ondergebracht in het fraaie complex van een oud capucijnerklooster. De interesssante expositie biedt een historisch overzicht van de machines, gereedschappen en technieken die sinds de 19e eeuw bij de vervaardiging van kurken werden gebruikt.

Overnachten

Gemoedelijk – **Il Melograno**: Via Vittorio Emanuele 3, Frazione Nuchis, tel.

079 67 40 43, € 82. Ongeveer 6 km buiten Tempio (in de richting van Calangianus) is dit vriendelijk en gemoedelijk gerunde hotel te vinden in het plaatsje Nuchis. Het hotel met goed uitgeruste kamers heeft een eigen restaurant/pizzeria.

Schitterende ligging – **Agriturismo La Cerra:** Località La Cerra, ongeveer 13 km ten noorden van Tempio (op de SS133 afslaan ter hoogte van km 12,5, dan nog 1 km onverharde weg), tel. 34 75 60 64 62, www.agriturismolacerra.it, 2 pk € 60-110, halfpension € 60-70 per persoon. De biologische boerderij van de familie Pesenti biedt een prachtig uitzicht op de Monte Pulchiana, de grootste granieten monoliet van Europa.

Enkele kamers – **B&B Villa Templi:** Via Nino di Gallura 28, tel. 079 63 27 07, 2 pk vanaf € 40. Midden in het oude centrum gelegen B&B; met wifi.

Goedkoop – **Albergo Carmà:** Via Fosse Ardeatine 8, tel. 079 67 06 85, 2 pk € 72, uitsluitend halfpension! Slechts één ster, maar nette kamers.

Eten en drinken

Populair – **Il Giardino:** Via Cavour 1, tel. 079 67 12 47, wo.-ma. 12-14.30, 19-23.30 uur, € 18. Traditionele zaak met binnenplaats, zeer gevarieerde Gallurische keuken.

Stijlvol – **Il Purgatorio:** Via Garibaldi 9, tel. 079 63 40 42, wo.-ma. 12.30-14.30, 20-22.30 uur, € 15. Klein en gemoedelijk.

Vis – **Golden Gate:** Località La Fumosa, Bortigiadas (vanuit Tempio ongeveer 8 km de SS127 in westelijke richting volgen tot km 53,1), tel. 079 62 71 74, www.hotelgoldengate.it, nov. gesl., di.-zo. 12-15 en vanaf 19 uur, € 12. Chef-kok Gigi serveert fantastische vis en zeevruchten, maar ook Gallurische gerechten. Tevens hotel (2 pk € 52).

Familiebedrijf – **Gallurese:** Via Novara 2 (ingang via een zijstraatje van de Corso Matteotti), tel. 079 639 30 12, di.-zo. 12.15-15.30, 19.15-24 uur, € 8. Mamma Rosa en haar zoons serveren in deze drukbezochte trattoria de beste Gallurische keuken. Reserveren is raadzaam.

Winkelen

Wijn – **Cantina sociale Gallura:** Via Val di Cossu 9 (aan de rand van Tempio richting Calangianus), tel. 079 63 12 41, www.cantinagallura.com, ma.-vr. 8-12, 14-18, za. 9-13 uur. De wijncoöperatie van Tempio is bekend vanwege zijn drie vermentinowijnen, waaronder een superiore, maar ook dankzij de *spumante* Moscato di Tempio.

Antiek – **Casa della Nonna:** Zona Industriale (industrieterrein ten oosten van Tempio), tel. 079 67 00 88, www.casadellanonna.it. Enorme verkoopruimte (2000 m²) voor antiek, vooral meubels. Verzending mogelijk!

Messen – **Casa Mundula:** Via Roma 102. Mooie winkel met een ruim assortiment traditionele Sardijnse messen.

Actief

Wandelen – **Monte Limbara:** dit op twee na hoogste bergmassief van Sardinië laat zich over gemakkelijk begaanbare bospaden ontdekken (zie blz. 243).

Info en festiviteiten

Pro Loco: Piazza Gallura 1-2 (aan de kant van het stadhuis), tel. 079 67 99 99, ma.-za. 10.30-13, 16.30-19.30 uur.

Ufficio Turistico: Piazza Mercato 3 (voormalige markthal), tel. 079 639 00

Olbia en het noordoosten

Steeds teruggroeiende grondstof – kurkeiken met afgepelde schors in Gallura

80, www.pausania.net, ma.-vr. 9-13, 16-20, za. 9-13, zo. 9.30-13 uur.
Carnaval: vanaf de donderdag voor vastenavond *(giovedì grasso)* tot en met dinsdag voor Aswoensdag *(martedì grasso)* en nogmaals voor de vele bezoekers op 9 en 10 aug.: Carrasciali Tempiesu, www.carnevaletempiese.com.

Aggius en het Valle della Luna ▶ E 3

Het authentieke bergdorpje **Aggius** (1600 inw.) ligt schilderachtig aan de voet van enorme granietspitsen. Een *strada panoramica,* die begint bij de ingang van de plaats en om de nauwe dorpskern heenrijdt, voert door het door oerkrachten gecreëerde landschap. Halverwege takt zich een weg af naar het **Valle della Luna** (niet te verwarren met het Valle della Luna op Capo Testa). Met grandioze uitzichten slingert deze zich omlaag door dit Maandal, zoals men de fascinerende hoogvlakte met met haar chaotisch door elkaar gegooide tafonirotsen gedoopt heeft.

Museo Etnografico 'Oliva Carta Cannas'

Via Monti di Lizu 6, tel. 079 62 10 29, www.museodiaggius.it/meoc-museo-etnografico-oliva-carta-cannas, mei-half okt. dag. 10-13, 15-19 (15 aug. gesl.), half okt.-dec., feb.-apr. di.-zo. 10-13, 15.30-17.30 uur, € 4

In Aggius verdient het Museo Etnografico 'Oliva Carta Cannas' een bezoek. In een voormalige herenboerderij met compleet ingerichte keuken komt u interessante dingen te weten over het traditionele leven op Sardinië: oude ambachten, huisnijverheid zoals de weverij en ook lokale gebruiken.

Overnachten

Perfect ontspannen – **Agriturismo Il Muto di Gallura:** Località Fragia (vanuit Aggius 1 km in de richting van Tempio), tel. 079 62 05 59, www.mutodigallura.com, 2 pk € 96. Mooie boerderij met smaakvol-rustieke kamers verdeeld over diverse panden. Paardrijexcursies mogelijk. Uitstekende keuken (zie hierna).

Deftig – **Residenza La Vignaredda:** Via Nino di Gallura 14, tel. 079 62 08 18, www.lavignaredda.it, 2 pk € 59-79, vakantiewoning € 75-143 per dag. Statig, prachtig gerestaureerd granieten huis met tuin en open haard.

Eten en drinken

Smakelijk – **Agriturismo Il Muto di Gallura:** zie hiervoor, menu € 20-40. Opperbeste Gallurische keuken, begeleid door eigengemaakte wijn, royale porties. Tip: neem als digestief de Crema di Arance!

Correcte keuken – **Calimero:** Via li Criasgi 1, tel. 079 62 02 97, vanaf € 8. Eenvoudige trattoria met goede pizza's en pastagerechten. Toch ook eens proberen: ezelsvlees!

Winkelen

Tapijten – **ISOLA:** Via Li Criasgi, tel. 079 62 02 99, ma.-za.9-12.30, 15-19.30 uur. De tapijtweverij heeft in Aggius een lange traditie. Oergezellige ontvangstruimte; 's winters knispert het vuur in de open haard.

Informatie

Pro Loco: Largo Andrea Vasa, tel. 079 62 03 06.

Monte Limbara ▶ E/F 4

Zuidelijk van Tempio slingert de SS392 zich, geflankeerd door fraaie pijnbomen, door bosrijk bergland naar het **Lago del Coghinas** en verder naar **Oschiri** (▶ F 4/5) – een landschappelijk aantrekkelijk traject! Ongeveer 6 km buiten Tempio kunt u links afslaan (richting Località Vallicciola). In tal van haarspeldbochten klimt deze weg met een hellingspercentage van 10% tegen de hellingen van de Monte Limbara op en komt na 6 km uit bij het groepje huizen van **Vallicciola** op 1000 m hoogte. Hier is een grote parkeerplaats beschikbaar, ook voor campers, en ernaast zijn onder de hoge bomen picknickplaatsen. Voor de boshuizen aan de Viale dei Martiri Cendio vindt u een bron met goed drinkwater. Iets hoger in het bos kunt u terecht in het hotel-restaurant Vallicciola.

Vallicciola is een goed uitgangspunt voor **wandelingen en fietstochten** op de Monte Limbara, omdat er goed begaanbare bospaden in alle richtingen voeren. Het geweldige granietmassief piekt op de Punta sa Berritta (1362 m) en is het op twee na hoogste gebergte op Sardinië. Tegen de hellingen strekt zich het grootste bosgebied van Noord-Sardinië uit. Tot ongeveer 1000 m gedijen hier soortenrijke gemengde eikenbossen waarin ook pluimessen en de beschermde Sardijnse aalbes (*Ribes sandalioticum*) voorkomen. Daarnaast zijn er ook gemengde aangeplante bossen met exotische naaldbomen. Hoger maken de bomen plaats voor laag struikgewas met onder meer tijm, struikhei en brem, ertussendoor verheffen zich grillig gevormde granietrotsen.

De klim naar Punta sa Berritta

Vanuit Vallicciola klimt een smal weggetje verder omhoog in de richting van de grillig verweerde top, die helaas door een spookachtig woud van zendmasten ontsierd wordt. Borden waarschuwen voor electrosmog (schadelijke elektromagnetische straling), zodat u hier beter uit de buurt kunt blijven. Maar ook iets onder de top kunt u genieten van een geweldig uitzicht over Noord-Sardinië, dat bij helder weer tot Corsica reikt. U kunt hiervoor stoppen bij een uitzichtpunt bij de **Madonna della Neve** (Sneeuwmadonna).

Hier vlakbij staat de kapel **Santa Maria della Neve**, van waaruit u (aanvankelijk nog over een pad) in ongeveer 20 minuten naar het kruis dat de top van de **Punta sa Berritta** (▶ F 4) markeert, kunt klimmen.

Rondwandeling op de Monte Limbara

Lengte: 10 km, duur: 2 uur 30 min., begin: Vallicciola, zie blz. 243

Volg links van de parkeerplaats de steenslagweg het bos in. U passeert uiteindelijk een scherp naar links afbuigende zijweg en bereikt spoedig daarna een **splitsing** voor een stenen muurtje. Houd hier rechts aan en wandel bergop. Ga vervolgens rechtdoor een **kruising** over en verder bergop. Buig na 10 minuten scherp naar rechts een **dwarspad** op. Na 200 m bereikt u een **geasfalteerde weg**, daalt deze enkele stappen naar rechts af en ga dan meteen op de links aftakkende **steenslagweg** verder. Houd bij een **splitsing** links aan. Buig bij de volgende **splitsing** scherp naar links af. Beneden u duikt een klein stuwmeer op. Houd bij de **splitsing** kort voor dit meertje rechts, waarna een flinke klim volgt. Spoedig volgt u het naar rechts afbuigende **hoofdpad**, dat ter hoogte van een **dwarspad** een scherpe bocht naar rechts maakt. Steeds rechtdoor lopend over het hoofdpad keert u terug in Vallicciola.

Overnachten en eten

Gezonde berglucht – **Hotel/Restaurant/Bar Vallicciola**: Località Vallicciola, tel. 079 63 17 36, apr.-begin okt., 2 pk € 120, halfpension € 80 per persoon. Dit zeer rustig gelegen berghotel biedt zijn gasten een uitstekende keuken.

Luogosanto ▶ F 3

Luogosanto (2000 inw.) is een karakteristiek, uit grijs graniet opgetrokken bergdorpje in het Gallurische bergland. De ongepleisterde granieten muren en de met granieten platen geplaveide straten en pleinen, die worden opgefleurd door veel groen en bloemen, geven de plaats een geheel eigen charme. Luogosanto betekent letterlijk 'heilige plaats' en het bergdorpje doet zijn naam zeker eer aan: binnen de gemeentegrenzen zijn maar liefst 23 kerken te vinden.

Rondwandeling op de Monte Limbara

Het binnenland van Gallura

De kale granieten toppen van de Monte Limbara zijn van veraf zichtbaar

Overnachten en eten

Agriturismo – **La Quercia della Gallura:** Località Balajana (enkele kilometers buiten Luogosanto), tel. 34 04 05 14 40, www.laquerciadellagallura.com, 2 pk € 70-100, halfpension € 55-75 per persoon. Mooie ligging in het groen, 's avonds Sardijnse keuken.

Biologische boerderij – **Sole e Terra:** Località Funtana di L'Alzi, 07020 Bassacutena (▶ F 2, 9 km ten noordoosten van Luogosanto), tel. 335 810 60 81, www.soleeterra.it, 2 pk € 70-96, menu € 25. Er wordt vegetarisch gekookt met eigen biologische producten.

Overnachten

Centraal – **San Trano:** Via Cesare Battisti 42, tel. 079 657 30 26, www.hotelsantrano.com, 2 pk € 55-80, half apr.-sept. Vriendelijk driesterrenhotel aan de rand van het oude centrum.

Studio – **Stazzi La China:** Località La China 87/Balaiana (ca. 6 km ten oosten van Luogosanto, aftakking van de SP14), tel. 335 163 46 27, www.agriturismola china.com, 2 pk € 66-90. Gezellige studio's met kitchenette en terras. Ook wandeltochten en zeilcruises.

Eten en drinken

Veranda – **Ristorante Taverna da Tommy:** Via Colombo 9, tel. 079 65 24 95, € 11. Veel specialiteiten, ook goede pizza's. Vanaf apr. kunt u buiten op de veranda eten.

Winkelen

Pottenbakkers – **Terra, Acqua e Fuoco. Ceramiche di Anna Canu:** Via Vittorio Emanuele 22 (winkel), Località Munttigioni (atelier), tel. 079 65 24 88. Vazen, kruiken, lampen en nog veel meer van

Gallurische klei. Anna en Mauro hebben hun pottenbakkersatelier in een oude boerderij.

Info en festiviteiten

Internet: www.luogosanto.info
Festa di San Trano: 1e zo. in juni. Feest ter ere van de heilige bij de gelijknamige kluizenarij met groot feestmaal voor allen (blz. 227).
Festa Manna di Gallura: 7-9 sept. Groot, traditierijk feest met optocht in klederdracht en traditionele en moderne muziek.

Van Capo Coda Cavallo naar Posada

Capo Coda Cavallo ▶ H 4

In een wijde boog steekt de smalle landtong **Capo Coda Cavallo** (Paardenstaartkaap) bijna 3 km de zee in. Als bijzonder natuurparadijs wordt dit gedeelte van de kust tot de noordelijker gelegen **Capo Ceraso**, met zijn in zee gestrooide rotsblokken, en de voor de kust liggende eilanden **Molara** en **Tavolara** streng beschermd. Schitterende stranden van een Caribische schoonheid, een turquoise zee, overdadig groen, gelig en roodachtig graniet en de witte kalkrotsen van Tavolara die steil oprijzen uit zee – u zult hier nauwelijks genoeg krijgen van dit in één woord betoverende kleurenpalet. Water en land gaan hier een unieke synthese aan waarvan nauwelijks een mooier voorbeeld denkbaar is.

Die overweldigende schoonheid is te danken aan een uiterst rijke flora en fauna, zowel te water als te land. Langs de kust broeden de zeldzame koraalmeeuwen, sterns en stormvogels, in de zeegrasweiden onder water leven zeeslakken, krabben en mosselen. Onder de hier gesignaleerde zeezoogdieren zijn dolfijnen, tuimelaars en soms zelfs potvissen.

Vanaf de SS125 voert een weg over de steeds smaller wordende landtong naar Capo Coda Cavallo. Onderweg takken zich doodlopende weggetjes af die door de macchia naar de stranden en de vakantiecomplexen voeren. Na 5,2 km passeert u links een **uitzichtterras** met prachtig zicht op de paradijselijke natuur. De weg eindigt niet zo ver hiervoorbij bij het vakantiecomplex Villaggio Est; rechts ligt een openbare parkeerplaats.

Overnachten

Camping – **Calacavallo:** Località Capo Coda Cavallo, tel. 0784 83 41 56, www.calacavallo.it, 1 juni-half sept. Driesterrencamping en vakantiedorp op prachtige locatie met restaurant-bar en pizzeria en alle andere voorzieningen.

Isola Tavolara ▶ H 4

Boot: Tavolara traghetti, tel. 339 759 09 74, 349 446 59 93, 's zomers geregeld vanaf 9 uur, terug vanaf 12.30 uur, 's winters dag. om 10, 11, 13, terug 12.30, 16.30 uur, ongeveer € 12

Uit welke richting u de kust ook nadert, het opvallendst is het imposante Isola Tavolara (564 m). Steil rijst de kalkstenen bergrug op uit zee. Het oostelijke gedeelte van het eiland is militair terrein, het westelijke deel kan worden bezocht met excursieboten die vertrekken vanuit Porto San Paolo en in ongeveer 20 minuten de mooie oversteek maken. Bezoekers hebben na aankomst echter alleen maar de keus tussen restaurant of kerkhof, want Tavolara is privé-eigendom en niet toegankelijk.

Eten en drinken

Mooi terras – **Da Tonino Re Di Tavolara:** tel. 0789 585 70, 30. mei-1 okt., 12.30-15.30, 19.30-22 uur, vanaf € 9. Tonino Bertoleoni, die zichzelf de koning van Tavolara noemt, runt dit om zijn smakelijke viskeuken bekende restaurant met zijn mooie terras.

Informatie

Consorzio di Gestione 'Area Marina Protetta di Tavolara-Punta Coda Cavallo': Via Dante 1, Olbia, tel. 0789 20 30 13, www.amptavolara.it.

San Teodoro ▶ H 4

Aan het 3 km lange, langzaam in zee aflopende droomstrand **La Cinta** dankt dit voormalige vissersplaatsje zijn promotie tot toeristisch bolwerk: zand als poedersuiker aan een kristalheldere, van licht turquoise tot diepblauw kleurende zee. Vakantiegangers wacht hier niet alleen een van de mooiste stranden van Sardinië, ja zelfs van heel Europa, maar ook een enorm vrijetijdsaanbod met een zinderend nachtleven. Het oude centrum rond de met palmen beplante **Piazza Mediterraneo** is klein en snel bekeken. In alle richtingen liggen uitgestrekte, maar verzorgde vakantiecomplexen in neo-Sardijnse stijl, voor het merendeel laagbouw bestaand uit maximaal drie verdiepingen.

Stagno di San Teodoro

De natuur in de omgeving heeft het een en ander te bieden. Aan de Stagno di San Teodoro en ook in het moerasland achter de duinen van de Spiaggia La Cinta kunt u flamingo's en andere vogels observeren. De lagune is vanuit San Teodoro te voet bereikbaar door een wandeling van ongeveer een uur in noordelijke richting langs het strand.

Museo delle Civiltà del Mare

Via Niuloni 1, tel. 0784 86 60 10, www.icimar.it; archeologische afdeling ma.-vr. 16-17 uur, gratis, afdeling voor natuur en milieu ma.-vr. 11-13, 16-19 uur, € 2

In dit museum zijn vondsten van onderwaterarcheologen te zien, waaronder de resten van een Romeins schip dat ooit voor de kust zonk. Over de flora en fauna van de Stagno di San Teodoro en van het beschermde natuurgebied Tavolara-Punta Coda Cavallo wordt in de afdeling voor natuur en milieu uitleg gegeven (met aquarium).

Overnachten

Rustige ligging – **Bonsai:** Via Golfo Aranci, tel. 0784 86 50 61, www.hotelbonsai.com, 2 pk € 70-206. Vriendelijk viersterrenhotel aan het strand.

Centraal – **Il Viandante:** Via Cala d'Ambra 8, tel. 0784 86 54 07, www.ilviandantehotel.com, 2 pk € 56-165. Keurig, buitengewoon rustig gelegen driesterrenhotel in het centrum.

In het centrum – **Stella Marina:** Via Sardegna, tel. 0784 86 54 60, www.hotelstellamarina.com, 2 pk € 40-155. Vriendelijke kamers, voor nachtbrakers ideaal gelegen.

Iets verderop – **B&B Francy:** Via li Tiridduli 8, tel. 0784 86 54 39, www.bbfrancy.it, 2 pk € 65-120. Gastvrije B&B met zicht op bergen en zee, op zo'n 10 minuten rijden van San Teodoro. Hartelijke sfeer, heerlijk ontbijt.

Eten en drinken

Aan zee – **La Taverna degli Artisti:** Via del Tirreno 17 (bij het begin van de

Spiaggia La Cinta naast de camping), tel. 0784 86 60 60, www.ristorantelatavenadegliartisti.it, half apr.-sept. 12.30-14.30, 19-23 uur, € 13. Groot, drukbezocht restaurant met terras, goede visgerechten.
Populair – **Alba Chiara:** Via del Tirreno 29, tel. 0784 86 70 39, half mei-sept. 11-14.30, 19-22 uur, € 10. Terras met bloemenranken, grillgerechten en pizza's zoals het hoort.
Uit zee – **Il Giardinaccio:** Via Sardegna 38, tel. 0784 86 56 78, wo.-ma. 12.30-15.30 en vanaf 19.30 uur, € 14. Klein maar fijn, met uitstekende visgerechten.

het centrale plein Largo E. Lussu; eenvoudige en populaire bar, gematigde prijzen.
Disco – **AmbraNight:** aan de Cala d'Ambra, tel. 39 39 99 64 69, www.ambranight.it, in het seizoen dag. 24-5 uur. Voornamelijk jong publiek.
Lounge – **Buddha del Mar:** Via Toscana 8, tel. 34 95 14 07 94, www.buddhadelmar.club, juni-sept. dag. vanaf. 18.30 uur. Elegante openluchtclub met rieten meubilair.
Buiten – **Ripping Club:** Via Sardegna 15, tel. 34 08 37 69 75, www.facebook.com/Rippingclub. Traditionele disco, goede muziek.

Actief

Vogelperspectief – **L'Aviosuperficie San Teodoro:** Località Nuragheddu aan de SS125 ter hoogte van km 293, tel. 0789 253 56, www.santeodoroulm.it. Vanaf de 500 m lange strip aan de Stagno di San Teodoro kunt u een rondvlucht maken met een ultralight en zelfs een Italiaans ULM-brevet halen.
Surfen – **Wet Dreams:** Via Sardegna, tel. 0784 85 20 15, www.wetdreams.it. Windsurfschool met lange traditie, ook aanwezig op de Spiaggia La Cinta.
Duiken – **Atmosphere:** Via Telti 10, tel. 33 96 41 92 80.

Uitgaan

Vineria – **Lu Brutoni:** Via dei Gerani, tel. 33 45 28 26 69, www.vinerialubrutoni.it. Populaire wijnbar met meer dan 150 Sardijnse wijnen, en verder uitstekende streekgerechten.
Exclusief – **Bal Harbour:** Via Stintino, tel. 0784 85 10 52, www.balharbour.it. Populaire strandtent met goed restaurant; tot laat in de nacht chillen.
Trefpunt – **La Posta:** in het centrum bij

Informatie

Ufficio Turistico del Comune di San Teodoro: Piazza Mediterraneo 1, tel. 0784 86 57 67, www.santeodoroturismo.it, www.visitsanteodoro.com, juni-sept. dag 8.30-13, 15.30-24, okt.-mei ma.-za. 9-13, 15-18 uur.
Auto: de SS125 van Olbia langs de kust via San Teodoro naar het zuiden is 's zomers erg druk en het is verstandig om indien mogelijk uit te wijken naar de eraan parallel lopende snelweg SS131 D.C.N. **Let op:** het centrum van San Teodoro is 's zomers van 21-2 uur voor autoverkeer afgesloten.
Bus: ARST naar Olbia en Nuoro, **Deplano** juni-sept. naar het vliegveld van Olbia en naar Nuoro; **Turmo Travel** van Olbia via San Teodoro naar Nuoro, Oristano en Cagliari; halte bij de kruising SS125/Via Sardegna.

Posada ▶ H 5

Schilderachtig ligt het oude centrum van Posada (3000 inw.) met zijn dicht op elkaar gestapelde natuurstenen huizen tegen een steile burchtheuvel, die wordt gekroond door het **Castello della Fava** (zie hieronder). Wie door de kromme steegjes, onder boogjes door en langs smalle trapstraatjes omhoogklimt naar de machtige burcht, kan genieten van een prachtig uitzicht op het plaatsje in het groene en vruchtbare land langs de **Fiume di Posada**. Hier groeien citrusbomen en wijnranken, en worden de velden begrensd door hagen van vijgcactussen. Aan de kust, waar de rivier in zee uitmondt, liggen kilometerslange witte zandstranden.

Centro storico

Een rondwandeling door de oude stad begint aan de **Piazza Belvedere**. Rechtdoor over de Via Nazionale bereikt u de **Piazza dei Poeti**. Tot in de jaren 60 van de vorige eeuw kon hier tijdens het feest van Nostra Signora del Soccorso worden geluisterd naar traditionele Sardijnse gezangen *(canti sardi)* met gitaarbegeleiding. Scherp naar links buigt u de Via Eleonora d'Arborea in, bij de volgende splitsing, onder de **Chiesa della Madonna del Soccorso** (Madonna van de Hulp), gaat u scherp naar rechts. Zoals de naam al aanduidt, moest de aan het begin van de 16e eeuw buiten de stadsmuren gebouwde kerk Posada beschermen tegen pirateninvallen. Door de oude stadspoort *(sa porta)* komt u op de **Piazza Eleonora d'Arborea**, het historische stadsplein *(sa prata)*. Aan het einde ervan kunt u links onder een boog door. Vervolgens klimt links de Via Castello eerst naar de parochiekerk **Sant'Antonio Abate** (12e eeuw) en aansluitend verder omhoog naar het **Castello della Fava** (dag. 9.30-13, 15.30-19.30 uur, tel. 347 480 14 21, € 3).

Overnachten

Midden in het oude centrum – **Sa Rocca**: Piazza Eleonora d'Arborea, tel. 0784 85 41 39, www.hotelsarocca.com, 2 pk zonder ontbijt € 60-70, met ontbijt € 74-84. Dit nette, kleine driesterrenhotel ligt hoog in het *centro storico*; met restaurant-bar. De kamers hebben ofwel zeezicht ofwel uitzicht op de burcht en het oude centrum.
Bezielde rust – **Corallo**: Via Londra 1, Località Montelongu, tel. 0784 81 02 92, www.corallohotelposada.it, 2 pk € 55-95. Sympathiek driesterrenhotel met grote tuin in de nabijheid van het strand. Soms worden ook creatieve workshops aangeboden.
Camping – **Ermosa**: Località Su Tiriarzu, tel. 0784 85 30 10, www.campingermosa.com, half apr.-half okt. Deze mooie tweesterrencamping ligt achter het strand, pijnbomen zorgen voor schaduw.

Eten en drinken

Nette ambiance – **Sa Rocca**: (zie hiervoor), apr.-sept. 19-22.30 uur, € 12. Bar en ristorante-pizzeria met lekkere vleesgerechten en vriendelijke bediening.
Goedkoop – **Carpe Diem**: Via Melchiorre Dore 3, tel. 0784 85 41 27, di.-zo. 12-14.30, 19-22 uur, € 9. Smakelijke, gunstig geprijsde gerechten.

Info en festiviteiten

Ufficio Turistico Comunale: Piazza E. Berlinguer, tel. 0784 85 30 41, www.comune.posada.nu.it.
N. S. del Soccorso: 1e zo. na Pasen. Folkloregroepen nemen deel aan de grote processie.
Parkeren: goede parkeermogelijkheid aan de Piazza Belvedere.
Bus: ARST-bushalte aan de Via Antonio Gramsci (SS125), aan het einde van de Via Nazionale.

IN EEN OOGOPSLAG

Nuoro en het oosten

Hoogtepunt ✺

Gola su Gorropu: met zijn meer dan 300 m hoge rotswanden behoort deze geweldige karstcanyon in de Supramonte tot de grootste bergkloven van Europa. Zie blz. 267.

Op ontdekkingsreis

Het nuraghedorp in de grot – beklimming van de Monte Tiscali: uitsluitend te voet bereikbaar is de kleine nederzetting uit de nuraghetijd die verborgen ligt in een ingestorte karstgrot diep in de Supramonte. Zie blz. 260.

Murales – muurschilderingen in Orgosolo: expressieve muurschilderingen, vaak strijdbaar of ook wel triest beschuldigend, bepalen het straatbeeld in Orgosolo. Kunst dient hier om uitdrukking te geven aan de politieke en sociale vraagstukken die de mensen bezighouden. Zie blz. 284.

Bezienswaardigheden

Moderne kunst op Sardinië: meer dan tweehonderd schilderijen en grafische werken van Sardijnse kunstenaars vormen het hart van de collectie van het MAN in Nuoro. Zie blz. 253.

Carnavalsmaskers: ook al bent u hier niet voor het carnaval – in twee musea in Mamoiada worden de *mamuthones* met hun zwarte, expressieve carnavalsmaskers tentoongesteld. Zie blz. 282.

Actief

Wandeling naar de Cala di Luna: enkel te voet of per boot bereikbaar is deze betoverende Maanbaai. Een smal wandelpad slingert er zich door de macchia naartoe. Zie blz. 264.

Wandeling naar de Gola su Gorropu: een gemakkelijk wandelpad voert door een groen dal naar deze enorme karstkloof, waarvan de wanden meer dan 300 m hoog oprijzen. Zie blz. 268.

Sfeervol genieten

Golgo: de tijd lijkt stil te staan op de uitgestrekte, ruige hoogvlakte Golgo. Spiritueel middelpunt is een door pelgrimshuisjes omringd bedevaartskerkje te midden van oeroude olijfbomen. Niet ver ervandaan schitteren rotspoelen tussen het roodbruine gesteente. Zie blz. 269.

Hotel Nascar in Santa Maria Navarrese: een oud granieten pand, dat voorheen dienstdeed als graanschuur, werd verbouwd tot een klein, intiem boetiekhotel met zeer smaakvol ingerichte kamers. Zie blz. 271.

Uitgaan

Mexicaanse ritmes: Su Recreu is de bekendste bar in Cala Gonone met opzwepende Mexicaanse muziek. Niet te vroeg komen! Zie blz. 267.

Land der barbaren

De Barbagia is het ruige bergland rondom het in het binnenland gelegen Gennargentumassief. De naam zegt al veel: voor de Romeinen bleef de streek tot nog lang na de verovering van het eiland Barbaria, een ongecultiveerd, niet geromaniseerd vreemd land: de Sardijnse bergbewoners lieten zich niet zo snel onderwerpen. In de Barbagia klopt het hart van Sardinië. Hier en in de in het noorden aansluitende Nuorese wordt een archaïsche vorm van Sardisch gesproken, worden de oeroude meerstemmige herdersgezangen in ere gehouden en zijn traditionele gebruiken nog springlevend. Waren in deze ooit arme en geïsoleerde herdersregio eigenrichting en banditisme tot ver in de 20e eeuw nog gewoon, tegenwoordig kunt u genieten van oprechte gastvrijheid, een stevige keuken en een grandioze natuur. De bergdorpen in de Barbagia zijn van een wat stugge charme. Ver uit elkaar gelegen, bewaart ieder dorp zijn eigen tradities, of het nu gaat om de mooie klederdrachten, de culinaire specialiteiten, de vrolijke volksfeesten of de fascinerende carnavalsgebruiken.

Rond Nuoro, **de** hoofdstad van de gelijknamige provincie, ligt de Nuorese, ook wel Barbagia Settentrionale (Noord-Barbagia) genoemd. Naar het noorden toe strekken zich weidse, trapsgewijs oplopende granieten hoogvlakten uit, bedekt met haast eindeloze, in het zonlicht badende kurkeikenbossen en schapenweiden. Grillig gevormde granietrotsen zoals in Gallura komen hier echter nauwelijks voor. Afgezonderd in de eenzaamheid van de bergen liggen Orune, Bitti en nog een handvol herdersdorpen. In het zuiden, aan de overkant van het dal van de Cedrino, kleven Orgosolo, Oliena en Dorgali tegen de steile karstflanken van de Supramonte.

Nuoro ▶ F/G 7

Nuoro (36.000 inw.) was nog een landelijk bergstadje toen het in 1926 tot hoofdstad van de gelijknamige provincie werd uitgeroepen. De plaats ligt op 500 m hoogte op een plateau aan de voet van de Monte Ortobene. Rond het

INFO

Toeristische informatie

Voor de provincie Nuoro: Ente Provinciale per il Turismo, Piazza Italia 19, 08100 Nuoro, tel. 0784 323 07/300 83, www.provincia.nuoro.it, 's zomers 8.30-13.30, 14.30-19.30, za. 8-20 uur, daarbuiten beperktere openingstijden.

Heenreis en vervoer

Auto: Nuoro ligt aan de SS131 D.C.N. Belangrijkste wegen in de regio: SS125 van Dorgali dwars door de Supramonte naar Ogliastra, SS128 (veel bochten) door de westelijke Barbagia, SS198 (zeer bochtenrijk) door de zuidelijke Barbagia. Snelweg dwars door de regio: SS389.
Trein: smalspoortrein (www.trenino verde.com) door de zuidelijke Barbagia naar Ogliastra. Enkel half juni tot half sept.; tickets in het oude stationsgebouw in Arbatax.
Bus: ARST-bussen (www.arst.sardeg na.it) verbinden Nuoro met de dorpen.

kleine oude centrum is een onoverzichtelijke huizenzee ontstaan met vooral functionele woonblokken. Echte bezienswaardigheden heeft Nuoro niet, en dat was een kleine eeuw geleden niet anders. Toen de Engelse schrijver D.H. Lawrence hier in 1921 op bezoek was, schreef hij: 'In Nuoro is niets te zien: hetgeen, om de waarheid te zeggen, altijd een opluchting is. Bezienswaardigheden zijn ergerlijk vervelend. [...] Gelukkig is de stad die niets te bieden heeft.' (*Sea and Sardinia*, 1921). In ieder geval kan Nuoro zich vandaag beroemen op vier interessante musea.

Belangrijke verzameling moderne kunst

Het **MAN Museo d'Arte Provincia di Nuoro** heeft met meer dan tweehonderd schilderijen en grafische werken van Sardijnse kunstenaars een interessante collectie moderne kunst. De werken documenteren de belangrijkste stromingen in de 20e-eeuwse Sardijnse kunst. Wisselende exposities van moderne kunst op de benedenverdieping completeren de permanente tentoonstelling (Via S. Satta 15, tel. 0784 25 21 10, www.museoman.it, di.-zo. 10-13, 15-19, juli-aug. 10-20 uur, € 3).

Museo Deleddiano

Casa Natale di Grazia Deledda, Via Grazia Deledda 42, tel. 0784 25 80 88, www.isresardegna.it, half mrt.-sept. di.-zo. 9-13, 15-18, okt.-half mrt. di.-zo. 10-13, 15-17 uur, gratis

Grazia Deledda (1871-1936), schrijfster, winnares van de Nobelprijs voor de Literatuur (1926) en de beroemdste dochter van de stad, richtte voor Nuoro in haar verhalen en romans een literair monument op. Haar met origineel meubilair en veel memorabilia ingerichte geboortehuis, waar zij tot 1900 woonde, is nu een museum. Het uit drie verdiepingen bestaande pand geeft een goede indruk van hoe een welgestelde grootgrondbezittersfamilie in de tweede helft van de 19e eeuw woonde.

Museo Nazionale Archeologico di Nuoro

Piazza Asproni/Via Manno 1, tel. 0784 316 88, www.museoarcheologiconuoro.beniculturali.it, di.-za. 9-13, di. en do. ook 15-17 uur, € 2

Het archeologisch museum van Nuoro bezit een kleine maar bezienswaardige collectie. Tot de waardevolle stukken behoren nuraghische bronzen beeldjes, waaronder vondsten uit bronnenheiligdommen zoals de indrukwekkende, bijna expressionistische beeldengroep met offergaven (zaal V, vitrine 1).

Museo Etnografico Sardo

Via A. Mereu 56, tel. 0784 25 70 35, www.isresardegna.it, half mrt.-sept. di.-zo. 9-13, 15-18, okt.-half mrt. di.-zo. 10-13, 15-17 uur, € 3

Dit museum bezit de grootste collectie op het gebied van Sardijnse volkskunde. Het accent ligt op klederdrachten, carnaval in de Barbagia, broodbakkunst, sieraden en muziekinstrumenten.

Overnachten

Kamer met uitzicht – **Sandalia:** Via Einaudi 12-14, tel. 0784 383 53, www.hotelsandalia.com, 2 pk € 97. Aan de rand van de stad gelegen driesterrenhotel. Modern ingerichte kamers, wifi.

Centraal – **Euro:** Via Trieste 62, tel. 0784 34 01, www.eurohotelnuoro.it, 2 pk € 78-90. Comfortabel, groot driesterrenhotel met gratis wifi.
In het groen – **Casa solotti:** Località Monte Ortobene, tel. 0784 339 54, www.casasolotti.it, 2 pk € 52-70. Gezellige B&B in groene omgeving tegen de Monte Ortobene; gratis wifi.

Eten en drinken

Kat en vos – **Il Gatto e la Volpe:** Via San Francesco 8, tel. 0784 25 10 36, 12-15, 19-24 uur, € 14. Nette zaak met goede keuken.
Populair – **Ciusa:** Viale F. Ciusa 55, tel. 0784 25 70 52, di.-zo. 12.45-14.30, 19-22.30 uur, € 13. Bij *Nuoresi* geliefde zaak in een onopvallende omgeving; uitstekende Sardijnse keuken.
Gezellig – **Il Refugio:** Via A. Mereu 28/36, tel. 0784 23 23 55, www.trattoriarifugio.com, do.-di. 12.45-15, 19.45-23.30 uur, € 10. Stevige traditionele vleesgerechten, houtovenpizza's.

Winkelen

Culinaire specialiteiten – **La Tavola degli Antichi:** Via Trieste 70, tel. 0784 23 51 10. Regionale delicatessen.
Kunstnijverheid – **Arte Sarda Fancello:** Via Trieste 64, tel. 0784 355 01. Traditionele winkel met hoogwaardig assortiment.

Info en festiviteiten

Ufficio Informazioni Turistiche, Piazza Italia 7, tel. 0784 23 88 78, ma.-vr. 9-12, 15-17, mei-sept. 9-17 uur.
Punto informa: Corso Garibaldi 155, tel. 0784 387 77, ma.-za. 9-13, 15.30-19 uur.

Festiviteiten

Sagra del Redentore: 29 aug. Vanaf 6 uur processie naar het Christusbeeld en de kapel op de Monte Ortobene, de huisberg van Nuoro; daar heilige mis. Op de zondag voor of na 29 aug. is er feest: vanaf 15.30 uur optocht in klederdracht vanaf de Piazza Italia. 's Avonds muziek, dans, dichtwedstrijd en folklore in het amfitheater van Nuoro (aan de Piazza Veneto).

Vervoer

Bus: ATP-stadsbussen (tel. 0784 351 95, www.atpnuoro.it) met een *linea museale* (1 apr.-30 okt.) vanaf parkeerplaats Sa Terra Mala door de hele stad met veel haltes waar op verzoek wordt gestopt. Station van de **langeafstandsbussen van ARST, FdS** en **Deplano** bij het treinstation.
Trein: station aan de Piazza Berlinguer. Nuoro is het eindstation van de smalspoortrein (FdS) vanuit Macomer (rijdt op werkdagen ongeveer zeven keer per dag), daar aansluiting op de treinen van de staatsspoorwegen (FS) naar Sassari/Olbia en Cagliari.

Ten noorden van Nuoro

Ten noorden van Nuoro liggen twee belangrijke heiligdommen uit de nuraghetijd: Su Tempiesu bij Orune en Su Romanzesu ten noorden van Bitti. Rijdt u over de SS389 nog een stukje verder in de richting van Buddusò, dan rijst rechts van de weg de imposante nuraghe **Loelle** op (G 5; gratis) – de mooie omgeving hier nodigt uit tot een picknick. Het grote herders- en boerendorp **Bitti** (3000 inw.) is tegenwoordig vooral bekend door de Tenores di Bitti (www.tenoresdibitti.com), een van de beste herderskoren van Sardinië. Een weinig roemrijk hoofdstuk uit de lokale geschiedenis behoort vandaag de dag tot het verleden: generaties lang lagen de *Bittesi* overhoop met hun buren uit Orune en waren bloedwraak en ontvoeringen aan de orde van de dag.

Overnachten en eten

Smaakvol landelijk hotel – Su Lithu: Località Sa Pineta, tel. 0784 41 30 12, www. sulithu.it, 2 pk € 110-200, halfpension vanaf € 80 per persoon. Boven Bitti tegen een beboste helling gelegen, stijlvol ingericht viersterrenhotel. Gezellige kamers met vanaf het balkon uitzicht op Bitti. Uitstekend restaurant, halfpension is een aanrader.

Su Tempiesu ▶ G 6/7

Route: in Orune eerst naar het kerkhof, hier links en dan ongeveer 5 km over smalle weggetjes naar het bezoekerscentrum; een 800 m lang natuurleerpad daalt af in het groene dal naar de tempel; Cooperativa L.A.R.Co., tel. 32 87 56 51 48, dag. mei-sept. 9-19, okt.-apr. 9-17 uur, www.sutempiesu.it, € 3

Bijna alle nuraghische bronnentempels liggen diep onder de grond verborgen, zo niet Su Tempiesu. Met zijn unieke architectuur behoort hij tot de mooiste vrijstaande sacrale bouwwerken uit de nuraghetijd. Tegen een steile grashelling verheft zich het kleine bouwwerk met zijn decoratieve driehoekige puntgevel uit zorgvuldig bewerkte blokken trachiet, waaraan alleen de spits ontbreekt. Twee ronde bogen overspannen sierlijk de door de gevel omsloten binnenruimte. De bron stroomt nog steeds en vult de bronkamer met helder water. Het stroomt over de treden en dwars door de voorhal met zijn stenen banken voor de gelovigen.

Su Romanzesu ▶ G 6

Route: vanuit Bitti 8,5 km over de SS389 in de richting van Buddusò, bij km 54,2 de bewegwijzerde afslag naar links nemen; steeds rechtdoor bereikt u na 2,6 km de kassa, tel. 0784 41 43 14, apr.-sept. ma.-za. 9-13, 15-19, zo. 9.30-13, 14.30-19, okt.-mrt. ma.-za. 8.30-13, 14.30-18, zo. 9-17 uur, rondleidingen ongeveer ieder uur, € 3,50

Erg indrukwekkend is ook het uitgestrekte, eveneens uit de nuraghetijd stammende tempelgebied Su Romanzesu, dat verborgen ligt in een prachtige kurkeikenboomgaard. Diverse heiligdommen met ronde hutten erbij liggen verspreid tussen knoestige, bemoste bomen.

Bij het naderen van het tempelareaal komt u eerst bij een grote **hut voor bijeenkomsten,** die was gebouwd als een labyrint. Want deze hut kon men niet rechtstreeks binnengaan, maar men moest eerst door twee ringvormige gangen lopen alvorens de binnenruimte te betreden. De volgende bouwwerken zijn twee **megarontempels** – heiligdommen met een rechthoekig grondplan en aan weerszijden van de ingangsopening naar voren doorgetrokken zijmuren. Vervolgens nadert u het hart van het gewijde gebied. Tussen **ronde hutten** staat nog een rechthoekige tempel.

Daarna komt het **bronnenheiligdom.** Het bronwater stroomt door een kanaal in een groot halfrond bekken, dat, alsof het een klein amfitheater is, wordt omgeven door oplopende rijen zitplaatsen. De gelovigen konden hier plaatsnemen om deel te nemen aan de watercultus; het bekken diende bij rituele wassingen en reinigingsceremonies als bad waarin mensen konden worden ondergedompeld.

Wie erin slaagt de Supramonte te beklimmen, wordt beloond met een geweldig panorama

Door de Supramonte

Oliena ▶ G 7

Met verblindend witte, steile rotsen, die uit de verte bedekt lijken met sneeuw, verheft de Supramonte (letterlijk de Bovenberg) zich in het binnenland achter de Golfo di Orosei. Uitgestrekte, verlaten hoogvlakten, diepe kloven en steil aflopende bergflanken kenmerken dit geweldige karstmassief. De dorpen liggen tussen moestuinen, wijnhellingen en olijfgaarden aan de randen van het gebergte, waar karstbronnen voorkomen; het waterarme binnenland van de Supramonte is onbewoond. Slechts een enkele herdersstal staat eenzaam in dit grandioze natuurdecor, waar schapen en geiten grazen op rotsige velden of in steeneikenbossen. Ook bedreigde diersoorten als de moeflon en de wilde kat en roofvogels hebben hier een toevluchtsoord gevonden.

De Sardijnse Dolomieten (Dolomiti Sardi), zo heeft men de noordelijke steile wand van de Supramonte gedoopt, die afloopt naar het vruchtbare dal van de Riu d'Oliena. Overschaduwd door de hoogste top van het gebergte, de Monte Corrasi (1463 m), strekt het grote dorp **Oliena** (Sardisch Ulìana; 7500 inw.) zich uit tegen de bergflanken. De overwegend grijze, dicht opeengepakte wirwar van huizen heeft de stugge charme die zo karakteristiek is voor veel dorpen in het Sardijnse binnenland. Zoals in alle dorpen in de Nuorese vierde vroeger het banditisme in Oliena hoogtij. Tegenwoordig is de plaatsnaam vooral verbonden met de Nepente di Oliena, een uitstekende cannonau, die al in 1909 door Gabriele D'Annunzio werd geprezen.

Boven Oliena zijn de berghellingen bedekt met prachtige steeneikenbossen. Aan het zuideinde van Oliena loopt een weg in veel bochten omhoog naar het buurtschap **Maccione**. Daar runt de Cooperativa Enis een fraai gelegen herberg met restaurant. Te voet of per jeep kunt u verder omhooggaan naar de rand van de hoogvlakte. Hier hebt u een fraai uitzicht over het dal met Oliena. Niet minder indrukwekkend is het zicht over de karstvlakten van de Supramonte tot aan de hoogste toppen, die te voet over smalle paden en over ongebaand terrein bereikbaar zijn.

Overnachten

Aan de hoofdstraat – **Gikappa:** Corso Martin Luther King 2/4, tel. 0784 28 87 24, www.cikappa.it, 2 pk € 70, halfpension € 55 per persoon. Driesterrenhotel. Zeer schone kamers met grenenhouten meubels; met een bij de bevolking geliefd restaurant/pizzeria (zie hierna).
Eenzaam in het bos – **Monte Maccione:** Località Maccione, tel. 0784 28 83 63, www.coopenis.it, 2 pk € 66-80, halfpension € 55-63 per persoon. Nette driesterrenherberg van de Cooperativa ENIS, met een eenvoudige camping (€ 9 per persoon), waar ook plaats is voor campers. Prachtige ligging in koel steeneikenbos. Incidenteel worden excursies aangeboden. Restaurant (zie hierna), en bar met groot terras.
Centraal – **Santa Maria:** Piazza Santa Maria/hoek Via Grazia Deledda 76, tel. 0784 28 72 78, www.bbsantamaria.it, 2 pk € 50-80. Aardige B&B met gezellige kamers, mooi dakterras.

Eten en drinken

Pizza's en nog veel meer – **Gikappa:** zie hiervoor, ma. gesl. (behalve 's zomers), menu (ook vegetarisch) vanaf € 25. Vooral de pizza's zijn erg in trek, maar ook daarbuiten heeft de keuken een goede reputatie.
Stevige kost – **Monte Maccione:** zie hiervoor, keuken: 12-15, 20-22.30 uur, menu vanaf € 22,50. Stevige Sardijnse bergkeuken, nette eetzaal met terras.
Gezellig – **Masiloghi:** Via Galiani 68, tel. 0784 28 56 96, www.masiloghi.it, okt.-apr. wo.-ma., anders dag. 12-15, 19.30-23.45 uur, € 10. Leuke eetzaal, uitstekende keuken met streekproducten. U kunt ook op het terras eten.

Info en festiviteiten

Pro Loco Oliena: Piazza E. Berlinguer, tel. 346 661 29 92, www.prolocooliena.com.
Sagra di San Lussorio: 21 aug. Processie in klederdracht.
S'Incontru: eerste paasdag. Twee processies vieren de ontmoeting van Maria met de verrezen Christus. De Mariaprocessie begint bij de kerk San Francesco, en gelijktijdig start de Jezusprocessie vanaf de kerk Santa Croce. Beide groepen ontmoeten elkaar op de Piazza Santa Maria. Na de mis worden vreugdeschoten gelost, veel mensen zijn in klederdracht.

Sorgente su Gologone ▶ G 7

www.sorgentisugologone.it, kassa dag. doorlopend bemand, € 3
Rijdt u van Oliena door het groene dal van de Riu d'Oliena in de richting van Dorgali, dan leidt na ongeveer 6 km een afslag naar de Sorgente su Gologone. Vanaf de grote parkeerplaats bereikt u na het passeren van de kassa een met hoge eucalyptusbomen begroeide weide. Dan zijn het nog maar

een paar stappen naar de karstbron Su Gologone, die uit een peilloos diepe rotsspleet opwelt. Turquoisegroen schittert het heldere, ijskoude water in het bronbekken. De intieme oase blijft ook 's zomers verfrissend groen.

Over de bron waakt de kapel **Nostra Signora della Pietà**; vanaf het terras hebt u een mooi uitzicht naar beneden. Met een uitstroom van 300 liter per seconde is Su Gologone de grootste bron van Sardinië. Het water verzamelt zich in het uitgestrekte grottenstelsel van de Supramonte en komt hier aan de oppervlakte.

Overnachten

Gerenommeerd – **Su Gologone**: Località Su Gologone, tel. 0784 28 75 12, www.sugologone.it, 2 pk € 153-210. Dit grote viersterrenhotelcomplex in neo-Sardijnse stijl ligt even voor de bron in het groen. Uitgebreid sportprogramma. In het weekend vaak bruiloften. Zeer goede Sardijnse keuken.
Agriturismo – **Guthiddai**: Località Guthiddai, tel. 0784 28 60 17, www.agriturismoguthiddai.com, 2 pk € 75-90. Mooie, goed onderhouden boerderij even voor hotel Su Gologone. Nette, maar niet overdreven ingerichte kamers. Authentieke landelijke keuken, halfpension aanbevolen (en 's zomers verplicht).

Onderweg naar Dorgali ▶ G/H 7

Op de kruising vlak voor de parkeerplaats bij Su Gologone takt rechts een verharde weg af die spoedig overgaat in een (deels slecht begaanbare) onverharde weg die u het **Valle di Lanaittu** in voert. Het hooggelegen, brede en groene dal ligt ingebed tussen de hellingen van de Supramonte. Houd na ongeveer 3 km bij een splitsing rechts aan en u bereikt meteen na een betonnen brug een roze huis, de zetel van **Lanaitho Servizi** (tel. 0784 28 76 48, kassa dag. 9.30-18 uur, € 4).

Sa Sedda 'e Sos Carros

Diep verstopt tussen de bergwanden van het dal liggen door karst gevormde druipsteengrotten, maar dit is niet de belangrijkste attractie: vanaf het huis loopt u namelijk in enkele minuten naar het nuraghedorp Sa Sedda 'e Sos Carros met zijn zeer bijzondere tempel (rond 1200 v.Chr.). Het ronde gebouw bestaat uit nauwkeurig uitgehakte blokken basalt, die werden aangevoerd van de op 4 km afstand gelegen hoogvlakte Gollei. In het midden van de ruimte staat een groot zandstenen bekken met een zitbank eromheen. Tegen de wand ziet u uit steen gehouwen moeflonkoppen waarin zorgvuldig een gat is geboord. Via een in de muur aangebrachte waterleiding spoot tijdens de watercultus het heilige vocht als uit een fontein uit de moeflonkoppen in het waterbekken.

Lago del Cedrino

De onverharde weg voert daarna verder het **Valle di Lanaittu**, maar hij is in slechte staat. Hij eindigt aan de voet van de **Monte Tiscali**. De nuraghische nederzetting in een ingestorte doline hier in de buurt is echter beter bereikbaar vanuit Dorgali (zie blz. 260). Verder rijdend over de hoofdweg in de richting van Dorgali steekt u het **Lago del Cedrino** over. Het stuwmeer ligt diep ingebed tussen de Supramonte en de roodbruine basaltkolommen van de vulkanische hoogvlakte Gollei. Prachtig is het uitzicht over het smalle meer naar het in de verte oprijzende, sneeuwwitte gebergte.

Actief

Grottentocht en meer – **Società Le Fonti:** kassakiosk en informatie bij de Sorgente Su Gologone, www.sorgentisugologone.it. Er worden verschillende soorten excursies georganiseerd, waarbij u keus hebt uit een kanotocht over de Cedrino, canyoning, een wandeltocht door de Supramonte en tochten langs diverse grotten.

Kanoën – **Cooperativa Ghivine:** Via La Marmora 69/E, tel. 0784 967 21, www.ghivine.com. Een kanotocht op het Lago del Cedrino is een bijzondere belevenis en door de rustige stroming ook ideaal voor beginners. Een tocht van ongeveer anderhalf uur voert naar de bron Su Gologone.

Dorgali ▶ H 7

Als in een reusachtig amfitheater ligt Dorgali (8500 inw.) tegen de hellingen van de Supramonte. Veel toeristen rijden ervoorbij, want twee rondwegen (de *circonvallazione a monte* en de *circonvallazione a valle*) voeren om de plaats heen. Dorgali is een centrum van hoogwaardige kunstnijverheid. Hier zijn nog veel ateliers waar sieraden, keramiek, weef- en smeedwerk in de allerbeste ambachtelijke traditie worden gemaakt en in kleine winkels verkocht. En ook op culinair gebied heeft Dorgali veel te bieden: uitstekende wijnen, zeer goede olijfolie… Als vertrekpunt voor een verkenning van de Supramonte en de Golfo di Orosei is Dorgali door zijn gunstige ligging ideaal.

Parco Museo S'Abba Frisca

Tel. 335 656 90 72, www.sabbafrisca.com, juni-sept. 9-12, 15-19 uur, anders op afspraak, € 6

Vanaf de rondweg aan de bergkant in Dorgali takt een bewegwijzerde weg (met onder meer de aanwijzingen Cartoe, Osal-la) af, die zich na circa 4 km splitst. Rechts leidt een smal weggetje over de bergrug naar Cala Gonone, links bereikt u na ongeveer 1 km het Parco Museo S'Abba Frisca. Dit natuur- en volkskundig museum werd op particulier initiatief aangelegd rond een oude olijfoliemolen bij een bron in een groene omgeving. ▷ blz. 263

Tip

Gouden en zilveren filigraansieraden

Als geen andere plaats op Sardinië is Dorgali bekend om zijn hoogwaardige filigraansieraden van goud (*oro*) en zilver (*argento*), die in kleine goudsmederijen (*laboratorio orafo*) met moeizame handenarbeid worden gemaakt. Heel dunne draden van edelmetaal worden in elkaar gedraaid en opgevuld met gouden of zilveren korreltjes. Na verdere bewerking wordt het sieraad met parels en edelstenen versierd. Diverse goudsmeden aan de Via La Marmora en de Corso Umberto maken filigraansieraden, waaronder ringen, armbanden, kettingen en oorringen.

Enkele adressen: **Artiginato Fancello Pinna**, Via La Marmora 144, tel. 0784 951 25 (ook winkel in Cala Gonone); **Bottega Orafa Il Monile**, Via La Marmora 132; **Alessandra Patteri**, Via La Marmora 131; **Idee preziose:** Corso Umberto 1; **Guskin**, Corso Umberto 3, tel. 0784 945 98; **Esseffe**, Corso Umberto 72 (tegenover het stadhuis).

Op ontdekkingsreis

Het nuraghedorp in de grot – beklimming van de Monte Tiscali

Verborgen in een bergrug diep in de Supramonte ligt een enorme karstgrot. In de beschutting van haar overhangende rotswanden bevinden zich de restanten van twee kleine nederzettingen uit de nuraghetijd. Deze indrukwekkende plek is alleen te voet bereikbaar.

Kaart: ▶ G 7/8
Duur en karakter van de wandeling: circa 4, 5 uur heen en terug. Het is een inspannende tocht, waarbij het laatste stuk over scherpe rotsen voert. Daarij hebt u handen en voeten nodig. Bij vochtig weer is de tocht wegens glibberigheid niet aan te bevelen. Onderweg is er geen horeca beschikbaar, dus eten en water (minstens 1,5 liter per persoon!) meenemen.
Toegang tot de doline: € 5.
Route erheen: vanuit Dorgali rijdt u over de SS125 in zuidelijke richting, voorbij de afslag (tunnel) naar Cala Gonone nog 1 km doorrijden, dan rechts afslaan (wegwijzer Gola Gorropu/Tiscali). Kilometers worden aangegeven vanaf hier: u volgt de bochtenrijke weg bergaf, stuit na 1 km op een dwarsweg en gaat naar links verder bergafwaarts. Nu is het nog 9,5 km. U blijft steeds op de asfaltweg en negeert alle steenslagwegen tot u onder bij de bodem van het dal komt.

Kort voordat u de Riu Flumineddu bereikt, ziet u rechts een met borden aangegeven parkeerterrein.

De klim – niet zonder gevaar

Vanaf de de parkeerplaats legt u lopend de laatste paar meter over de weg af naar de **Ponte sa Barva** en steekt u de Riu Flumineddu over. U loopt een paar passen tegen de helling op en buigt meteen bij de splitsing naar rechts. Volg nu het pad rechtdoor door de macchia en negeer na bijna 10 minuten een aftakking naar links. Een paar minuten later is er weer een aftakking, daar buigt u af naar links. U komt nu op een smal pad, dat zich eerst door het struikgewas slingert en vervolgens tegen de steile rotshelling **Scala de Surtana** omhoogklimt. Let op: bij een splitsing loopt u niet verder rechtdoor (dit pad voert licht bergafwaarts), maar klimt u rechts over rotsen omhoog (35 min.). U hebt nu de dalflank van het Valle di Oddoene beklommen en kunt een laatste blik achterom op het groene dal werpen.

Spoedig komt u uit op een oud kolenbranderspad, dat van links komt en dat u naar rechts (bijna rechtdoor) volgt. Meteen passeert u een naar rechts aftakkend pad. U loopt steeds rechtdoor over een bebost bergzadel genaamd **Surtana**, eerst lichtjes omhoog totdat het pad vlak wordt. Bij een opvallende splitsing houdt u rechts het hoofdpad aan (link verwijst een bord naar de Scala Cucúttos). Enkele minuten later passeert u een **rustplaats** met grote steeneiken in het schaduwrijke bos (45 min.). Hierna loopt u geleidelijk bergafwaarts en ziet u aan de rechterkant nog twee **rustplaatsen.**

Op een open plek met een hoog **steenmannetje** (75 min.) splitst de route zich; een houten bord kondigt hier Tiscali aan. Onder knoestige bomen zou u nu een eerste rustpauze kunnen inlassen. Naar links stijgend gaat de route verder en nadert u spoedig een **rotswand met grotten**. In enkele bochten voert het oude kolenbranderspad verder bergopwaarts. Aan de rand van het pad zijn mooie **lapiaz** te zien – min of meer vlakke en blootliggende kalkstenen rotsplaten, waarin door karst groeven zijn gevormd. Het pad klimt over rotsen omhoog en houdt uiteindelijk op. De met rode pijlen gemarkeerde route voert nu steil over de rotsen omhoog; hier en daar moet u zich met de handen vastgrijpen. **Belangrijk:** onthoud de route goed voor de terugweg, want de markeringen zijn in omgekeerde richting niet altijd goed zichtbaar.

Prachtig uitzicht als beloning

Er is nog een smalle rotsrichel te overwinnen en dan bent u er: over een vlak hellinggedeelte bereikt u de ingang van de ingestorte doline **Sa Curtigia de Tiscali** (2 uur). Enkele treden voeren omlaag in de doline, waar u eerst bij de bewaker van de onderwereld entree moet betalen. Voor een **rondgang** op eigen gelegenheid loopt u langs leuningen van touw tegen de wijzers van de klok in rond de doline. Op het laagste punt onder de overhangende rotswanden zijn tussen de keien **muurresten** te herkennen, die wijzen op vroegere bewoning. Door een enorme **rotspoort** hebt u uitzicht op het Valle di Lanaittu. De rondwandeling voert verder naar een tweede, aanmerkelijk kleinere groep **stenen hutten**, die eveneens beschermd werden door de hoge rotswanden. Wegens het behoud van deze omgeving is picknicken binnen in de doline niet toegestaan.

Via dezelfde route keert u terug naar het vertrekpunt.

Nog steeds in raadsels gehuld

In de karstrug van de 518 m hoge **Monte Tiscali** (de klemtoon ligt op de eer-

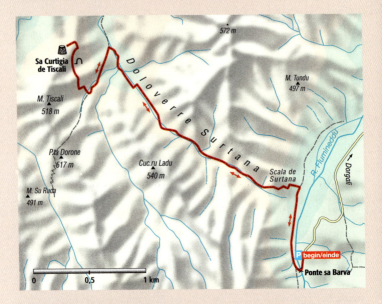

ste lettergreep) is in de prehistorie een enorme druipsteengrot ingestort. Deze ingestorte doline is verbazingwekkend groen (*curtigia* betekent dan ook zoiets als groen land te midden van een kaal rotssteengebied): er gedijen vijgenbomen, pluimessen en en reusachtige terpentijnbomen. In de beschutting van de overhangende rotswanden staan de half vervallen natuurstenen muren van zo'n zestig stenen hutten, verdeeld over twee kleine nederzettingen. De oudste zijn de ronde, iets jonger zijn de hoekige, aan de binnenkant gepleisterde hutten. Voor de watervoorziening dienden kleine cisternen, waarin het neerdruipende water van de stalactieten werd opgevangen. De spaarzame keramiekvondsten stammen uit de late bronstijd (9e en 8e eeuw v.Chr.), de laatste fase dus van de nuraghetijd. Er zijn ook enkele voorwerpen uit de Romeinse periode gevonden.

Wat zou mensen ertoe hebben gebracht zich op een dergelijke afgelegen plek te vestigen? Ging het om een buitenpost van herders, die enkel een deel van het jaar bewoond was? De meeste archeologen neigen naar deze hypothese. Of dienden de nederzettingen misschien als vluchtoord voor de oerbewoners? Beschermd door de doline konden zowel de noordelijke toegang door het Valle di Lanaittu als de oostelijke toegang door het Valle di Oddoene via de Scala de Surtana worden bewaakt. Maar in de tijd dat hier mensen woonden, werd het binnenland van Sardinië niet bedreigd door vijanden van buitenaf – de Romeinen zouden pas 500 jaar later op dit eiland in de Middellandse Zee arriveren. Of was Tiscali een grotheiligdom, dat alleen ter gelegenheid van religieuze feesten bezocht werd? Er zijn echter geen sporen van cultussen of religieuze ceremonies aangetroffen. Al met al blijft het tot op heden een raadsel waarom deze nederzettingen juist hier gelegen waren.

Grotta Ispinigoli

Coop. Atlantika, tel. 0784 932 02, rondleidingen op het hele uur, juli-aug. 9-18, juni en sept. 9-17, apr.-mei en okt. 10-17 uur (niet om 13 en 14 uur), nov.-mrt. gesl., € 7,50

Ongeveer 500 m verder over dit weggetje komt u weer bij een splitsing, rechts naar de afgelegen Spiaggia Cartoe, links naar de Spiaggia Osalla en de Grotta Ispinigoli. Als u hier links aanhoudt, volgt er na een kleine kilometer weer een splitsing. Links aanhoudend bereikt u de **Grotta Ispinigoli**. Als een kolossale steunpilaar verheft zich in deze grot een 38 m hoge zuil van druipsteen, die tot de grootste ter wereld behoort. Een andere stalagmiet is aan een circa 2 m lange, aan het plafond hangende stalactiet vastgegroeid. **Spina in Gola** (Doorn in de Keel), zo wordt de zuil genoemd, en ook de grot heeft deze naam gekregen.

In de jaren 60 van de vorige eeuw werden in een karstkloof in de grot sieraden, maar ook menselijke beenderen aangetroffen. Al spoedig circuleerde de naam **Abisso delle Vergini** (Maagdenkloof). Maagden zouden van hun juwelen in de afgrond zijn gegooid als offer aan de goden, zo werd er gezegd. Maar in feite weet men niet onder welke omstandigheden de vondsten in de grot zijn terechtgekomen. Verhalen over mensenoffers zijn in ieder geval pure speculatie.

Overnachten

Met uitzicht op zee – **Cedrino:** Località Iriai (ten oosten van de brug over het stuwmeer), tel. 0784 92 90 16, www.hotelcedrino.it, 2 pk € 60, halfpension € 50 per persoon. Fraai gelegen driesterrenhotel met geweldig uitzicht op het Lago di Cedrino. Elegant ingerichte kamers.

Gemoedelijk – **S'Adde:** Via Concordia 38, tel. 0784 944 12, www.hotelsadde.it, 2 pk € 70-110, halfpension € 60-80 per persoon. Klein, gemoedelijk gerund hotel; lichte kamers met grenen meubels. Restaurant-pizzeria, buitenterras.

Rustig – **Sant'Elene:** Località Sant'Elene (aan de rondweg aan de dalkant naar het zuiden tot u rechtsaf kunt naar Valle di Oddoene/Gola di Gorropu; na 2 km bereikt u het hotel), tel. 0784 945 72, www.hotelsantelene.net, 2 pk € 60-80. Afgezonderd gelegen tweesterrenhotel tegen de gelijknamige heuvel in het Valle di Oddoene.

Modern en smaakvol – **Kianna:** Via La Marmora 313, tel. 33 83 31 93 08, www.kiannabedandbreakfast.com, 2 pk € 50-76. B&B aan het zuidelijke uiteinde van Dorgali, gratis internet.

Eten en drinken

Traditioneel – **Colibri:** Via Gramsci 14, tel. 34 07 21 15 64, mrt.-apr., 1-15 okt. ma.-za., mei-sept. dag. 12.30-14.30 en vanaf 19.30 uur, € 12. Stevige lokale vleesgerechten.

Vino – **Il Giardino:** Viale Fermi, tel. 0784 942 57, in het seizoen dag., daarbuiten wo.-ma. 12.30-14.30 en vanaf 19 uur, € 10. Aan de *circonvallazione a monte* gelegen, bij de *Dorgalesi* populaire zaak met pizzeria; uitstekende wijnkaart.

Uitzicht – **Sant'Elene:** zie hiervoor, mrt.-apr. en okt. di.-zo., mei-sept. dag. 12.30-15 en vanaf 19.30 uur, € 9. Uitstekend, prachtig gelegen restaurant. Ook pizza, vegetarisch of glutenvrij menu.

Winkelen

Dolci – **Mulas:** Via Galilei 39 (aan de *circonvallazione a valle*), www.mulas-store.com, ma.-za. 7.30-13, 16.30-20, zo. 7.30-13 uur. Heerlijke zoete lekkernijen.

Weefwerk – Il Tappeto: Via Torino 2 (bij de Piazza Giorgio Asproni), tel. 0784 952 02.
Wijn uit Dorgali – Cantina sociale di Dorgali: Via Piemonte 11, tel. 0784 961 43, www.cantinadorgali.com, ma.-vr. 8-13, 15.30-20, za. 8-12 uur. De geroemde wijnen uit Dorgali koopt u hier rechtstreeks van de producent.

Informatie

Pro Loco: Via La Marmora 108 b, ma.-vr. 9-13, 16-19.30 uur, tel. 0784 962 43, www.dorgali.it.
Bus: ongeveer 10 x per dag naar Cala Gonone; haltes aan de Via La Marmora.

Serra Orrios ▶ G 7

Coop. Ghivine, tel. 338 834 16 18, www.ghivine.com, hele jaar rondleidingen om 9, 10, 11 en 12 uur, bovendien jan.-mrt., okt.-dec. 14, 15 en 16, apr.-juni en sept. 15, 16 en 17, juli-aug. 16, 17 en 18 uur, € 5

De ongeveer zeventig ronde hutten van het grote nuraghedorp Serra Orrios, ten noordwesten van Dorgali, zijn gegroepeerd tot wooncomplexen met binnenplaats, stookplaats en bron of cisterne. Naast het dorp liggen twee megarontempels, en in de nabijheid een gigantengraf.

Cala Gonone ▶ H 7

Ten zuiden van Dorgali voert een rit met schitterend uitzicht over de SS125 dwars door de Supramonte naar Baunei (▶ H 9). Pakt u na 1 km de afslag (tunnel) naar Cala Gonone, dan opent het gebergte zich als een natuurlijk amfitheater naar de Golfo di Orosei. De blik glijdt over witte rotsen en donkergroene steeneikenbossen naar Cala Gonone beneden aan zee. Tot in de jaren 60 van de vorige eeuw was het het bescheiden handelshaventje van Dorgali, nu is het een groot en stevig groeiend vakantieoord. Veel horeca is te vinden langs de kustpromenade **Lungomare Palmasera**, die boven de haven begint en eindigt bij de grote parkeerplaats aan de zuidkant van Cala Gonone. Hieraan liggen ook de stranden: de kleine baai naast de haven en de **Spiaggia di Palmasera** nabij de parkeerplaats.

Grotta del Bue Marino

Rondleidingen diverse keren per dag op het hele uur, € 8; meestal combikaartje met de boottocht

In de rotswanden de Supramonte die oprijzen aan de Golfo di Orosei openen zich tal van druipsteengrotten. Alleen per boot toegankelijk is de Grotta del Bue Marino. Vanuit de haven vertrekken excursieboten voor een vaart langs de rotsachtige kliffenkust naar de grot en naar afgelegen baaien met paradijselijke stranden die worden omsloten door hoge kliffen. De boottocht is niet echt goedkoop, maar wel de moeite waard! Omdat de boten meestal doorvaren naar de Cala di Luna (zie hierna), ligt het voor de hand beide attracties in één dagexcursie te bezoeken.

De grot bestaat uit een fossiel, dat wil zeggen droog, noordelijk deel en een actief, over een lengte van 900 m toegankelijk zuidelijk deel. Haar naam dankt de Grotta del Bue Marino aan de monniksrob (*Monachus monachus*, in het Italiaans *bue marino*, zeeos). Tot voor enkele decennia leefde er nog een kleine kolonie van deze bedreigde, langs subtropische kusten levende zeehondensoort in de grot.

Wandeling naar de Cala di Luna

Lengte: 9 km, middelzwaar, duur: bijna 3 uur; aan de Cala di Luna bar-

Door de Supramonte

restaurant Su Neulaggi (tel. 0784 933 92, juni-begin sept. dag. 12-21 uur), terugtocht met de boot, reserveren bij de ticketkiosk aan de haven van Cala Gonone

Enkel te voet of per boot bereikbaar is de Cala di Luna. Het 800 m lange zandstrand van deze Maanbaai ligt aan een lagune, die wordt omgeven door een oleanderbosje.

De wandeling begint boven de haven van Cala Gonone, waar ook een klein strand ligt. Volg van hieraf de **kustpromenade** (Lungomare Palmasera) tot de grote **parkeerplaats** aan de zuidkant van Cala Gonone. Loop vanaf hier over het langgerekte **Spiaggia de Palmasera** verder tot het laatste stuk strand (Spiaggia per cani), totdat rotsen de weg versperren. Neem dan het **trappenpad** dat rechts in de macchia omhoogloopt en ga vervolgens langs een **afrastering** verder. Vervolgens verlaat u de afrastering en volgt u korte tijd het pad over de helling, totdat u rechts over enkele treden naar de kustweg omhoogloopt. Hier gaat u naar links en loopt u langs de weg verder boven de kust van de Golfo di Orosei.

De weg eindigt boven de **Caletta Fuili**, een kiezelbaaitje aan het einde van een rotskloof. U daalt over treden af in deze kloof **Codula Fuili**. U steekt de dalbodem over (links zou u bij de kiezelbaai uitkomen) en vindt aan de overkant het begin van een **wandelpad**. Dit klimt in bochten tegen de steile helling omhoog. Na 5 minuten buigt een onopvallend steil pad naar rechts omhoog, maar houd hier links de hoofdroute aan. Na een kort stukje parallel aan de helling gaat het pad weer omhoog en komt u bij een splitsing. Hier neemt u het rechterpad verder omhoog (het linkerpad voert bergafwaarts naar de **Grotta del Bue Marino**). Nu gaat u aanvankelijk vrij steil verder omhoog tegen de kalkstenen helling.

Wandeling naar de Cala di Luna

Na deze pittige klim voert het pad steeds gestaag klimmend en dalend door de gevarieerde macchia. U ziet onder meer oeroude exemplaren van de Fenicische jeneverbes met hun knoestige, gedraaide stammen. Rotsige en stenige stukken wisselen af met vlakke gedeelten. De kust is uit het zicht verdwenen omdat het pad nu meer landinwaarts loopt. Langs diverse **kolenbrandersterrassen** slingert het zich door de macchia. In een klein dal loopt u rechtdoor voorbij een zijpad links en gaat over rotsen omhoog naar de **Grotta Oddoana**. Deze karstgrot opent zich in de rotswand aan uw rechterhand.

Een steile, rotsachtige afdaling voert de **Codula di Oddoana** in. Beneden negeert u eerst een naar links afbuigend pad (naar de Caletta di Oddoana), buigt iets verderop naar links en loopt verder omhoog. Vanaf de helling van de **Fruncu Nieddu** (Zwarte Heuveltop) werpt u een eerste blik op de Cala di Luna. Het pad buigt rechts het dal in.

Een steile en stenige afdaling brengt u naar de brede, met oleanders begroeide dalbodem van de **Codula di Luna**. Opgestuwd rivierwater heeft hier voor het strand een meertje (*stagno*) met brak (zoutachtig) water gevormd. Op de zandige dalbodem aangekomen loopt u eerst naar links en dan door het uit oleander en zwarte els bestaande kreupelhout. Vervolgens passeert u een houten hek, komt voorbij **bar-restaurant** Neulagi en bereikt het prachtige strand aan de **Cala di Luna**. Het lichte kalksteen, dat qua kleur iets wegheeft van de maan, zou de kloof en de baai hun naam hebben bezorgd. Links opent zich een vijftal grote karstgrotten in de kalkstenen kliffen langs de kust. Rechts ligt de **aanlegsteiger** voor de boot waarmee u de terugreis gaat maken.

Let op: als u de dalbodem in het voorjaar door de hoge waterstand niet kunt oversteken, dient u eerst het dal verder in te lopen om daar een geschikte oversteekplaats te vinden.

Overnachten

Met panorama – **Nuraghe Arvu Resort**: Viale Bue Marino, tel. 0784 92 00 75, www.hotelnuraghearvu.com, 2 pk € 124-388, halfpension € 30 per persoon. Viersterrencomplex in Sardijnse stijl ongeveer 800 m buiten het centrum. Ruime en comfortabele kamers, eigen ingang, terras met uitzicht op zee, wifi. Goed restaurant met grillspecialiteiten; met buitenterras.

Gemoedelijk – **L'Oasi**: Via G. Lorca 13, tel. 0784 931 11, www.loasihotel.it, 2 pk € 78-136, halfpension € 49-80 per persoon. Keurig driesterrencomplex in een groene tuin aan de kliffenkust boven de haven. Restaurant met goede viskeuken.

Agriturismo en camping – **Nuraghe Mannu**: tel. 0784 932 64, www.agriturismonuraghemannu.com, 2 pk € 54-68, halfpension € 45-54 per persoon. Rustig gelegen boerenhuis bij de gelijknamige nuraghe ongeveer 2 km boven Cala Gonone. Uitgebreide Sardijnse keuken. Camping: € 9-12 per persoon.

Camping – **Cala Gonone**: Via Collodi 1, tel. 0784 931 65, www.campingcalagonone.it, € 13-19 per persoon. Mooie viersterrencamping met schaduw biedende pijnbomen, ongeveer 10 minuten lopen van het centrum. Bar-restaurant, tennisbaan.

Eten en drinken

Alle bij Overnachten genoemde locaties hebben ook een restaurant.

Vis volop! – **Il Pescatore**: Via Acqua Dolce 1, tel. 0784 931 74, Pasen-okt. 12-15 en vanaf 19.30 uur, visschotel € 25. Elegant ingericht visrestaurant met uitstekende keuken.

Vis en zeevruchten – **Il Banjo**: Lungomare Palmasera 10, tel. 0784 937 48, Pasen-sept. dag. vanaf 19.30 uur, € 12. Gemoedelijke sfeer, attente bediening, heerlijke schotels met schelp- en schaaldieren.

Pizza – **DueP**: Via Vasco da Gama 7, tel. 0784 931 45, mei-sept. vanaf 19 uur,

€ 10. Goede pizzeria, tevens restaurant; een aanrader is de tiramisu alla mamma. Met schaduwrijk terras.

Winkelen

Supermercato – **Berritta**: Viale Colombo 11. Uitstekend gesorteerde supermarkt van de Sigmaketen met grote keus aan wijn, kaas, worst, verse antipasti en dolci.
Kaarten en boeken – **Cartolibreria/Giornali**: Piazza Andrea Doria 2. Wandelkaarten, fotoboeken, (vak)literatuur, kranten en nog veel meer.
Filigraansieraden – **Artiginato Fancello Pinna**: Via C. Colombo 40, tel. 0784 930 94. Winkel van de bekende goudsmederij uit Dorgali (zie blz. 259).

Actief

Excursieboten – **Nuovo Consorzio Trasporti Marittimi**: ticketkiosk en dienstregeling bij de haven, tel. 0784 933 05, www.calagononecrociere.it, apr.-begin okt. dag. vanaf 9 uur. Indien gesloten: kantoor op Via dei Millelire 14, tel. 0784 933 02. De boten kunnen in het hoogseizoen snel volraken, dus tijdig kaartjes kopen! Aangedaan worden de **Grotta del Bue Marino** (zo'n 5 x per dag; combikaartje met grot ongeveer € 19-22) en de **baaien** aan de zuidkant van de Golfo di Orosei, met name de **Cala di Luna** (ca. 5 x per dag, afhankelijk van het seizoen zo'n € 12-20). Er zijn ook minicruises, naar keuze met lunch aan boord. Ook andere aanbieders hebben kiosken aan de haven.
Watertaxi en meer – **Cielomar**: ticketkiosk nr. 6 aan de haven (apr.-nov.), tel. 0784 92 00 14, www.cielomar.it. Verhuur van rubberboten (met of zonder schipper), afhaalservice langs de kust (na wandel- of klimtocht).
Watersport – **Prima Sardegna**: Lungomare Palmasera 32, tel. 0784 933 67, www.primasardegna.com, dag. 9-13, 16.30-20 uur. Verhuur van kajaks, mountainbikes, rubberboten en meer.
Duiken – **L'Argonauta**: Via dei Lecci 10, tel. 0784 930 46, www.argonauta.it.

Uitgaan

Viva Mexico! – **Su Recreu**: Via Vespucci. Bar-bistro met Mexicaanse muziek, vanaf 23 uur stroomt het vol.

Informatie

www.calagononeonline.com: toegang tot veel informatie (meertalig).
Ufficio informazioni: Viale Bue Marino 1/A (aan het begin van de weg naar de Cala Fuili), tel. 0784 936 96, www.dorgali.it, mei-juni en sept. 9-12, 15-18, juli-aug. 9-19 uur.

Gola su Gorropu ✱ ▶ G 7/8

Zuidwestelijk van Dorgali strekt zich het groene Oddoenedal uit met zijn wijnheuvels, boom- en olijfgaarden en dichte macchia. Hoog tegen de oostelijke dalflank loopt de fantastische uitzichten biedende SS125. Van zo'n prachtig uitzicht valt bijvoorbeeld te genieten vanaf de **Cantoniera Bidiculai** (goede parkeermogelijkheid). Als langs een liniaal getrokken lijkt de tegenoverliggende steile wand, waarin zich de Gola su Gorropu opent. Met haar meer dan 300 m hoge rotswanden behoort ze tot de diepste bergkloven van Europa. Komend vanaf de hoogvlakte van de Supramonte di Urzulei heeft de Riu Flumineddu zich diep ingesneden in het karstgebergte. Van een echt stromende rivier is echter alleen sprake na hevige regenval, want het water stroomt overwegend ondergronds door de spleten en grotten van de Supramonte. Waar de kloof doorbreekt naar het Oddoenedal, komt het onderaardse stroompje tussen rotsen, oleanders en vijgenbomen aan de oppervlakte. Aan de voet van de steile wand stroomt de Flumineddu door een groen beekdal in noordelijke richting naar het Lago del Cedrino (zie blz. 258).

Wandeling naar de Gola su Gorropu

Lengte: 12 km, licht tot middelzwaar, duur: heen en terug 3,5 uur, geen horeca, entree voor de kloof € 5 (de kloof is voor een deel begaanbaar)

De route vanuit Dorgali is dezelfde als die bij de tocht naar de Monte Tiscali (zie blz. 260). Vanaf de parkeerplaats loopt u over de weg het laatste stukje naar de **Ponte sa Barva** en steekt u de brug over de Riu Flumineddu over. U loopt een stukje tegen de helling op en buigt meteen bij de **splitsing** naar links. Nu wandelt u steeds rechtdoor over het **hoofdpad** naar het zuiden, deels ruim boven het water, deels dicht erlangs. Bij een **splitsing** negeert u het pad naar links dat afdaalt naar de riviervlakte Sa Roda en houdt rechts aan. Spoedig passeert u een **houten hek**.

Daarna bereikt u opnieuw een **splitsing** (15 min.) en hier houdt u links aan; rechts ziet u een **rangerhut**. Langs de kant van de weg welt water op uit een **bron** (25 min.); kort na de bron negeert u een aftakking naar rechts. En iets later negeert u ook een pad dat naar links afdaalt in het beekdal. Daarna komt u langs een tweede **bron** (1 uur).

Iets later doemt links van het pad een enorme **steeneik** op. Tien minuten later steekt u een **puingeul** over en klimt dan tamelijk steil over rotsen naar de **ingang van de Gola su Gorropu** (1 uur en 45 min.). Als u entree betaalt, kunt u een stukje in de enorme rotskloof doordringen, maar reusachtige rotsblokken en poelen dwingen al vrij snel tot omkeren. De terugtocht verloopt langs dezelfde route.

Naar de hoogvlakte Golgo ▶ G 8-H 9

Supramonte di Urzulei en Supramonte di Baunei

Bij de pas **Genna Silana** (1017 m) verlaat de SS125 het Oddoenedal en loopt verder door het verlaten gebergte. Na 5,5 km takt bij de **Genna Cruxi** (Genna

Wandeling naar de Gola su Gorropu

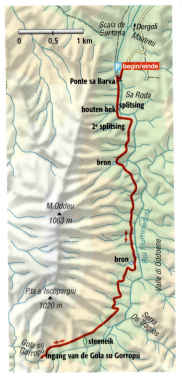

Door de Supramonte

Afdaling in de Gola su Gorropu, met haar 300 m hoge rotswanden een van de grootste bergkloven van Europa

Croce) rechts een weggetje af, waarover u de imposante hoogvlakte **Supramonte di Urzulei** kunt bereiken. Eerst volgt u de steile bergflank; de blik vanuit vogelperspectief in het dal van Urzulei is grandioos. Het weggetje brengt u vervolgens naar de **Planu Campu Oddeu** (Veld van God), een verlaten karsthoogvlakte. Bij een brede splitsing kunt u rechts naar de bovenloop van de Riu Flumineddu en links naar de herdersnederzetting Cuile Televai en verder naar de riviervlakte Fennau.

Kort na de Genna Cruxi passeert de SS125 de afslag naar Urzulei. Dan loopt de weg door de **Mare d'Urzulei**, een uitgestrekte moerassige hoogvlakte. Bij km 172 takt zich een 13 km lang, doodlopend weggetje af naar de bovenloop van de **Codula di Luna**, waar het eindigt in het kleine bos van Teletottes.

De SS125 gaat verder door lange tunnels naar **Baunei** (4000 inw.). Als een adelaarsnest kleven de huizen van dit bergdorp tegen de zuidflank van de Supramonte met een fantastisch zicht op Ogliastra. Een bewegwijzerde afslag voert vanuit de plaats in steile bochten omhoog naar de **Supramonte di Baunei** (boven is de zijweg rechts naar de **belvedère** de moeite waard om het al genoemde uitzicht op Ogliastra) en vervolgens verder door steeneikenbos.

Golgo

Na ongeveer 9 km bereikt u de uitgestrekte, ruige hoogvlakte Golgo. Haar spirituele middelpunt is de stille **Chiesa San Pietro di Golgo** (zie blz. 273).

Niet ver hiervandaan, maar verborgen in de dichte macchia ligt **Su Sterru**, ook wel Voragine di Golgo genoemd. Deze 270 m diepe karstkloof opent zich plotseling in de bodem en is uit veiligheidsoverwegingen omheind. Door het enorme gat stroomt het water dat zich

De beroemde rode rotsen van Capo Bellavista bij Arbatax

op de hoogvlakte verzamelt, het uitgestrekte grottenstelsel van de Supramonte in. Vlakbij vindt u **As Piscinas**, kleine poeltjes verspreid in de macchia, die schitteren tussen rotsblokken van roodbruin basalt. Een pad voert van hier naar de parkeerplaats bij snackbar **Su Porteddu**. Hier begint het wandelpad naar de **Cala Goloritzè** (3 uur in totaal), een van die heerlijke zandbaaien aan de Golfo di Orosei. Ook de **Cala Sisine** is vanaf Golgo bereikbaar; de weg begint vlak bij het kerkje. Het eerste stuk van de 14 km is nog te berijden.

Overnachten, eten, actief

Uitgebreid aanbod – **Cooperativa Goloritzé**: berghut (*rifugio*) vlak bij het kerkje, tel. 36 87 02 89 80, www.coopgoloritze.com. Zeer ordentelijk gerunde berghut), kamers met balkon, ook plaatsen voor tenten. Restaurant met terras, zeer smakelijke, stevige herderskeuken. De coöperatie organiseert ook een- en meerdaagse trektochten en jeepsafari's.

Authentiek – **Cooperativa turistica Golgo**: bij de kruising op de hoogvlakte Golgo naar links, tel. 337 81 18 28, www.golgotrekking.com, mei-okt. Rustieke ruimte met terras, lekker eten. Ook deze coöperatie organiseert meerdaagse trektochten.

Snackbar en infopunt – **Su Porteddu**: bij de kruising op de hoogvlakte Golgo naar rechts, langs As Piscinas naar de parkeerplaats aan het begin van het wandelpad naar de **Cala Goloritzè**, tel.

32 07 48 11 58, Pasen-okt. 7-21 uur. Prima snackbar waar u heerlijk buiten kunt zitten. Smakelijke kleine gerechten als gegrilde groente, ricotta, salades. Informatie voor wandeltochten, kaarten, wifi. Rugzakkers kunnen een keer overnachten; warme douche/wc.

Informatie

www.visitbaunei.it: alles over Baunei en omgeving (Altopiano di Baunei, Golgo) en Santa Maria Navarrese.
Su Porteddu: zie hiervoor.

Ogliastra ▶ G/H 9/10

Ten zuiden van de Supramonte opent zich de uitgestrekte, vruchtbare kustvlakte van **Ogliastra** met haar veelkleurige lappendeken van akkers en boom-, olijf- en wijngaarden. **Tortolì** (11.000 inw.) is met het naburige havenplaatsje **Arbatax** (2500 inw.) het levendige hart en verkeersknooppunt van de vlakte (toeristische informatie: Sardinian Tourist Services, Via Mandrolisai 1, www.sardiniantouristservices.com). Hier strekt zich ook de **Stagno di Tortolì** uit, een grote en visrijke lagune. De meeste plaatsen in Ogliastra liggen echter tegen de berghellingen die achter de kust oprijzen. Dat komt doordat de kustvlakte vroeger moerassig was en daarom werd gevreesd als broeinest van malaria. Beroemd is Ogliastra om de rotsen van roodachtig granietporfier, die verspreid in de vlakte en aan de kust bij Capo Bellavista bij Arbatax oprijzen.

Santa Maria Navarrese

Fraai gelegen aan de kust is Santa Maria Navarrese (1600 inw.). Het ingetogen plaatsje ontstond rond de **Chiesetta di Navarra**, een sober, witgekalkt bedevaartskerkje uit de 11e eeuw, dat wordt omgeven door oeroude, knoestige olijfbomen. Volgens de legende werd het gesticht door een dochter van de koning van Navarra, nadat zij voor de kust schipbreuk had geleden en op wonderbaarlijke wijze was gered. Santa Maria Navarrese is een aardig, overzichtelijk vakantieplaatsje met een **jachthaven**, dat als vertrekpunt voor excursies net zo geschikt is als voor een strandvakantie. Direct tegen de plaats aan ligt de door een oude Saracenentoren bewaakte **Spiaggia Centrale**, zuidelijk daarvan begint de 6 km lange, licht gebogen **Spiaggia Tancau**.

Overnachten

Charmant en stijlvol – **Nascar**: Viale Pedras 1 (schuin tegenover de kerk), tel. 0782 61 53 14, www.nascarhotel.eu, 2 pk € 127-200. Met veel smaak werd dit oude granieten pand, oorspronkelijk een graanschuur, omgevormd tot een klein, gemoedelijk gerund viersterrenhotel. De kamers zijn zeer smaakvol ingericht in Sardijnse stijl. Het restaurant is een aanrader (zie hierna).
Fleurig – **Nicoletta**: Via Lungomare, tel. 0782 61 40 45, www.hotelnicoletta.info, 2 pk € 76-134. Vriendelijk driesterrenhotel midden in de plaats, zowel van buiten als van binnen uitgevoerd in aangenaam krachtige pasteltinten.
Goedkoop – **Ostello Bellavista**: tel. 0782 61 40 39, www.ostelloinogliastra.com, 2 pk € 50-100. De naam zegt het al: het hotel ligt wat hoger tegen een helling met prachtig uitzicht op zee. De kamers zijn schoon en doelmatig ingericht en deels met balkon. Goed restaurant.
Camping – **Mare Blu**: Località Tancau, tel. 0782 61 50 41, www.mareblucamping.it. Driesterrencamping in het schaduwrijke pijnboombos direct achter de Spiaggia Tancau. ▷ blz. 274

Favoriet

Spiritueel plekje

De tijd lijkt stil te staan in de indrukwekkende eenzaamheid van de hoogvlakte van Golgo. Paarden, ezels, geiten en wilde zwijnen struinen hier vrij rond, beschermde diersoorten zoals de Eleonora's valk vinden hier een toevluchtsoord, in het voorjaar bloeien wilde perenbomen. Het sobere bedevaartskerkje **Chiesa San Pietro di Golgo** (▶ H 8, rond 1800; zie blz. 269) op de ruige hoogvlakte wordt omgeven door *cumbessias*, traditionele pelgrimsonderkomens die nog steeds worden gebruikt wanneer mensen van wijd en zijd hier op feestdagen bijeenkomen. Een keer per jaar komt het complex tot leven als de *Baunesi* op 29 juni het Festa di San Pietro vieren. Voor de toegangspoort staat een kleine menhir met menselijke gelaatstrekken, een hint naar een prehistorische cultusplaats. Ook het door stenen gemarkeerde graf rechts stamt uit prehistorische tijden. Schuin tegenover staan reusachtige, oeroude olijfbomen – een plek om van te dromen!

Leuke bar; supermarkt in de buurt. In het weekend wel geluidsoverlast van de disco op de naastgelegen camping.

Eten en drinken

Regionale keuken – **Nascar:** in het gelijknamige hotel (zie hiervoor), apr.-okt. 13-14.30, 19.30-22.30 uur, € 15, op wo. alleen kleine gerechten (salades). Aantrekkelijke eetzaal; er worden uitstekende, karakteristieke gerechten uit Ogliastra geserveerd.
Panorama – **Belvedere Sa Cadrea:** Via Perda Longa 23 (deze straat begint op de grote kruising bij ristorante-pizzeria Il Pozzo), tel. 0782 61 51 12, juni-sept. 12-24 uur, grillschotel € 16. Bar-trattoria met geweldig uitzicht over de plaats en de haven naar de zee.
Pizza – **Il Pozzo:** Via Plammas 7, tel. 0782 61 50 39, 12-15.30, 19-23 uur, ma. middag gesl. (behalve in het hoogseizoen), € 13. Restaurant-pizzeria met terras, lekkere pastagerechten en een grote keus aan pizza's.

Actief

Bootexcursies – **Nuovo Consorzio Marittimo Ogliastra:** tickets aan de haven, tel. 0782 62 80 24 en 33 11 52 39 63 (Engels), www.mareogliastra.com. Bootexcursies naar baaien en druipsteengrotten aan de Golfo di Orosei, bijvoorbeeld Cala Mariolu en Grotta del Fico, € 35 plus € 8 voor het bezichtigen van de grot. Vertrek meestal om 9 uur.

Informatie

www.visitbaunei.it: informatie over Baunei en Santa Maria Navarrese.
www.turinforma.it: informatie over heel Ogliastra (meertalig).

Turinforma: Piazza Principessa di Navarra 19, mei-okt. ma.-za. 9-13, 16-20 uur, tel. 0782 61 53 30 en 0782 61 40 37.

Barbagia en Gennargentu

Laconi ▶ E 10

Tegen de bosrijke hellingen van de Sarcidano, een vrijwel onbewoonde karsthoogvlakte, ligt Laconi (2100 inw.). De kleine plaats was eeuwenlang de residentie van de graven van Laconi, een van origine Catalaanse adellijke familie uit het geslacht Aymerich.

Museo della Statuaria Preistorica in Sardegna (Menhirmuseum)

Piazza Marconi 10, tel. 0782 86 62 16, www.menhirmuseum.it, di.-zo. juni-sept. 10-13, 15.30-19, okt.-mei 10-13, 15-18 uur, € 5

In het centrum verheft zich tegenover het stadhuis het neoklassieke Palazzo Aymerich (1846). Het biedt onderdak aan het Menhirmuseum, waar in elf zalen een unieke collectie van ongeveer veertig menhirs uit de omgeving wordt gepresenteerd. Ze illustreren de geleidelijke ontwikkeling van onbewerkte rechtopstaande stenen via menhirs met neus en ogen naar mensvormige menhirstandbeelden van beide seksen. Nergens op Sardinië is deze ontwikkeling naar antropomorfe sculpturen zo goed te volgen als hier.

Parco di Laconi

Dag. 8-16 uur

Naast het Palazzo Aymerich klimt u door steegjes naar de kerk Sant'Ignazio de Laconi. Ervoor gaat u rechts de Via San Martino in en tegenover het Museo etnografico (nr. 12) bereikt u onder een boog door de Via S. Satta. Schuin

Tip

Witte lekkernij – de echte torrone uit Tonara

Achter de toonbank in haar winkeltje aan de Via Roma 6 staat Antonietta Marotta. In de vitrines liggen de doosjes *torrone* opgestapeld. Uitsluitend hazelnoten, walnoten of amandelen, met daaraan toegevoegd Sardijnse honing en eiwit zijn de ingrediënten voor deze zoete lekkernij. Naar oude ambachtelijke traditie worden in de bijbehorende werkplaats, waarin nieuwsgierige bezoekers best een kijkje mogen nemen, om de paar maanden de koperen ketels op het vuur gezet. Dan is het weer zover, de ingrediënten worden volgens overgeleverd familierecept net zo lang door elkaar geroerd tot de witte massa de juiste consistentie heeft (**Torronificio Marotta**, Via Roma 6, vlak bij het postkantoor aan de uitvalsweg naar de Arcu de Tascussi, tel. 0784 638 24; borden verwijzen in Tonara naar meer torroneproducenten).

---

rechts voert de Via Su Acili naar de ingang van het kasteelpark, het **Parco di Laconi** met het Castello Aymerich (zie blz. 277). Zelfs op hete zomerdagen is het park met zijn deels exotische vegetatie een koele en schaduw biedende oase. Aantrekkelijke wandelpaden lopen onder hoge bomen, een waterval stort zich over rotsen naar beneden, vijvers en kabbelende stroompjes verbergen zich in het dichte groen.

Overnachten

Centraal – **Antico Borgo**: Via Sant'Ambrogio 5, tel. 0782 86 90 47, www.anticoborgoweb.it, 2 pk € 70. Stijlvol gerestaureerd palazzo met smaakvol ingerichte kamers (B&B) midden in het oude centrum.
Landelijk – **Genna 'e corte**: Località Stunnu, 9 km ten noordwesten van Laconi (vanaf de SS128 aan de noordkant van Laconi links de Via Verdi in, na 120 m licht links houden, dan steeds rechtdoor, na 6,1 km naar links afbuigen, na nog eens 3,5 km weer naar links afbuigen en dan nog 500 m doorrijden naar de agriturismo), tel. 0782 86 91 35, www.gennaecorte.it, 2 pk € 70, halfpension € 60 per persoon. Agriturismo in groene omgeving, mooie kamers en moderne eetruimte, uitstekende Sardijnse keuken met huisgemaakte pasta en producten van eigen boerderij.
Gemoedelijk – **Sardegna**: Corso Garibaldi 107, tel. 0782 86 90 33, www.albergosardegna.it, 2 pk € 60-70, halfpension € 50 per persoon. Traditierijk, gemoedelijk gerund driesterrenhotel met wifi. Comfortable kamers met mooi uitzicht.

Eten en drinken

Traditioneel – **Sardegna**: zie hiervoor, 13-14.30, 20-21.30 uur, € 9. Landelijk-Sardijnse keuken met traditionele gerechten uit de streek.
Pizza – **Su Stunnu**: Via Giovanni XXIII 2, tel. 0782 86 98 18, vr.-wo. vanaf 19.30 uur, € 7. Bij de *Laconesi* populaire pizzeria met talloze speciale soorten.

Informatie

Pro Loco di Laconi: Via Garibaldi 94, tel. 349 301 57 40, www.prolocolaconi.it en www.comune.laconi.or.it.

▷ blz. 278

Favoriet

Verstopt in het Parco di Laconi

Romantisch ligt de ruïne van het oude **Castello Aymerich** aan de rand van het idyllische slotpark van Laconi (▶ F 9, dag. 8-16 uur, zie blz. 275). Door de Catalaans-gotische boogvensters valt de blik op het grote paleis uit de 15e eeuw.

Aritzo ▶ F 9

In het bergland van de Barbagia ligt, omgeven door bronnenrijke loofbossen met eiken, tamme kastanjes en hazelnootstruiken, Aritzo (1300 inw.). De traditionele vakantieplaats van de *Cagliaritani* is tegenwoordig vooral een populair vertrekpunt voor bergtochten.

Museo etnografico

Via Marconi 1, tel. 0784 62 98 01, di.-zo. juni-sept. 10-13, 16-19, okt.-mei 9-13, 15-18 uur, € 3,50

Het vervaardigen van gebruiksvoorwerpen en meubels uit kastanje- en notenhout heeft hier, net als in de andere bergdorpen van de Barbagia, een lange traditie. In dit kleine museum zijn dergelijke voorwerpen te zien, zoals ze vooral in de wintermaanden gemaakt werden. Beroemd zijn de houten kisten, die zijn versierd met ornamentele patronen en een gestileerd vogelmotief: twee naar elkaar toegekeerde hoppen (Sardijns *sas pubùsas*), die gemakkelijk te herkennen zijn aan hun karakteristieke kuif.

Monte Texile

Niet ver van Aritzo rijst de opvallende rotstoren van de Monte Texile op. Hij is te bereiken over een gemakkelijke weg, die 1,2 km ten westen van de afslag naar Gadoni aan de SS295 begint en in 25 minuten naar de voet van de Monte Texile voert. Via een rotsspleet kunt u de laatste meters naar de top klimmen. Het panorama omvat de bosrijke Barbagia Belvi; in het zuidoosten is de kloof van de Flumendosa herkenbaar.

Overnachten en eten

Comfort – **Sa Muvara**: Località Funtana Rubia, Via Kennedy 33, tel. 0784 62 93 36, www.samuvarahotel.com, 2 pk € 140, halfpension € 95-115 per persoon. Groot, aantrekkelijk vormgegeven vier-sterrencomplex met wellnessgedeelte en zwembad, vriendelijke kamers. In de grote maar gezellige eetzaal wordt heerlijke regionale keuken geserveerd, waaronder ook verse bergforel en paddenstoelengerechten.

Origineel – **Aradoni**: Località Aradoni, tel. 0784 62 97 86, www.aradoni.it, 2 pk € 90, halfpension € 60 per persoon. Deze fraai in het bos gelegen agriturismo biedt zes oergezellige ronde hutten, elk voor 2 personen, gebouwd op de wijze van de traditionele *pinnettas* en ingericht met kastanjehouten meubels en open haard. Het restaurant is ook in een behaaglijke *pinnetta* ondergebracht en heeft heerlijke streekgerechten op het menu.

Info en festiviteiten

Sagra delle Castagne e delle Nocciole: laatste weekend van okt. Groot kastanje- en hazelnotenfeest met jaarmarkt, folklore en muziek dat tienduizenden bezoekers trekt; de geur van versgeroosterde kastanjes hangt in de lucht. Het hoogtepunt is zondag. Dan is de hoofdstraat voor verkeer afgesloten en het domein van de feestgangers.

Punta La Marmora ▶ F/G 9

In het hart van de Barbagia verheft zich met het **Massiccio del Gennargentu** het hoogste gebergte van Sardinië. Aan het in het zonlicht zilverig oplichtende leisteen zou de Gennargentu, letterlijk de Zilverpas, zijn naam danken. In het bergmassief hebben zich diepe dalen gekerfd, de top wordt gevormd door

De Gennargentu – een wereld op zich

een 5 km lange kam, waaruit de **Punta La Marmora** (1834 m) iets omhoogsteekt. Door kaalslag in de ooit dichte bossen en overbegrazing heeft de wind tegenwoordig vrij spel en kan ongehinderd over de boomloze vlakten waaien. Bij helder weer kunnen wandelaars echter rekenen op grandioze vergezichten waarbij een groot deel van het eiland kan worden overzien.

Desulo en omgeving ▶ F 9

Aan de voet van de Gennargentu ligt Desulo (2500 inw.). Net als Aritzo is het een populair vertrekpunt voor bergwandelingen. Ten noorden van het bergdorp ligt de pashoogte Arcu de Tascussi (1245 m), waar de doodlopende weg naar de toppen van de Gennargentu zich in oostelijke richting aftakt. De weg splitst zich na 4,5 km bij de grote parkeerplaats bij agriturismo Su Filariu: naar rechts voert het smalle weggetje nog 1,7 km in haarspeldbochten omhoog om te eindigen bij de **Rifugio Sa Crista**, een bemande berghut met overnachtingsmogelijkheid (onregelmatig geopend, tel. 338 630 21 71). Een gemarkeerd wandelpad – aanvullende routebeschrijving en wandelkaart raadzaam – voert vanaf hier in ruim 2 uur naar de Punta La Marmora.

Tonara ▶ F 9

Het door kastanjewouden omgeven bergdorp Tonara (2100 inw.) is op heel Sardinië beroemd om zijn *torrone*, heerlijke honingnoga. Diverse bakkerijen produceren hem nog steeds volgens overgeleverde familierecepten (zie blz. 275). Bekend op het eiland is Tonara ook om zijn bellen voor weidedieren *(campanacci)*, die al eeuwenlang volgens ambachtelijke traditie worden gemaakt. In tegenstelling tot gegoten klokken worden deze bellen uit blik gesmeed. Het maken van zo'n bel is een bewerkelijk proces dat veel stappen

Het carnaval van Mamoiada is een van de bekendste folkloristische evenementen op Sardinië

vergt. Heel belangrijk is de nauwkeurige stemming van de bel, want de herders herkennen hun dieren aan de verschillende toonhoogtes van de bellen. Een van de drie nog bestaande bellenmakers is te vinden in de Via Giovanni XXIII 4/6: **Ditta Sulis Carlo** (tel. 0784 638 45, www.campanacci.it).

Overnachten

Centraal – **Belvedere:** Via Monsignor Tore 39, tel. 0784 61 00 54, www.hotel belvederetonara.it, 2 pk € 70-80, halfpension € 55-65 per persoon. Van buiten onopvallend hotel met vriendelijk ingerichte kamers. Voor de naburige, oudere dependance aan de Via Belvedere 24 (slechts 2 sterren) met eenvoudige kamers wordt geen individuele boeking geaccepteerd. Het gemoedelijke restaurant (dag. vanaf 20 uur, € 13) serveert smakelijke streekgerechten.

Eten en drinken

Gezellig – **Locanda del Muggianeddu:** Via Monsignor Tore 10, tel. 0784 638 85, mrt.-apr. di.-zo., mei-sept. dag. 12.30-14.30, 19.30-21.30 uur, € 8,50. Kleine trattoria met authentieke bergkeuken.

Info en festiviteiten

Pro Loco: Viale della Regione 2, tel. 0784 638 23, www.comunetonara.gov.it.
Sagra del Torrone: Pasen. Culinair feest waar onder meer het maken van *torrone* gedemonstreerd wordt.

Fonni ▶ F 8

Alle huizen zijn van graniet in het oude centrum van Fonni (4300 inw.), het hoogstgelegen bergdorp van Sardinië (1000 m). De Sarden komen hier vooral 's winters naartoe: als er namelijk in de hogere delen van de Gennargentu sneeuw ligt, kan er op enkele pistes op de Bruncu Spina en de Monte Spada worden geskied. In het groene seizoen is Fonni een goed startpunt voor tochten door de prachtige bergwereld.

Overnachten en eten

In stijl – **Sa Orte:** Via Roma 14, tel. 0784 580 20, www.hotelsaorte.it, 2 pk € 80. Stijlvol gerestaureerd palazzo van graniet (3 sterren) in het oude centrum met smaakvol, modern ingerichte kamers. Gemoedelijk gerund, bovendien met het uitstekende restaurant **Il Pergolato**.

Actief

Excursies – **Andelas:** Corso Carlo Alberto, tel. 0784 576 04, www.andelas.it. Begeleide tochten, of te voet, of per jeep of quad, of te paard.

Info en festiviteiten

Palio di Fonni: 1e zo. in aug. Groot ruiterfeest met paarenrennen.
Carnevale Fonnesi: carnaval. Met zwartgemaakte gezichten, in donkere mantels gekleed en met bellen behangen jagen Sos Buttudus met zwepen en kettingen op het in geitenvellen gehulde dierachtige wezen S'Urthu.

Parco Nazionale del Golfo di Orosei e del Gennargentu ▶ F/G 7-10

www.parcogennargentu.it
Dit rond 74.000 ha grote nationaal

park, dat reikt van de toppen van de Gennargentu via de Supramonte tot aan de kust langs de Golfo di Orosei, bestaat sinds 1998 weliswaar op papier – praktische gevolgen zijn daar tot dusverre op nationaal niveau nog niet aan verbonden. Toch zijn er gelukkig veel plaatselijke beschermingsmaatregelen genomen, want de gemeenten zijn allang doordrongen van de waarde van de schitterende natuur. Met of zonder statuut van nationaal park – deze authentieke landschappen met hun soortenrijke planten- en dierenwereld zijn een unieke natuuroase.

Mamoiada ▶ F 8

Tussen wijnhellingen en eikenbossen ligt in een open heuvellandschap Mamoiada (2500 inw.). Bekend is het dorp vooral door de bijzonder authentieke carnavalsgebruiken. De *mamuthones* (schrikbeelden), angstaanjagende mens-dierwezens met expressieve, zwarte houten maskers, gehuld in schapenvellen en met bellen behangen, trekken met carnaval lawaai makend door het dorp. Ze worden in toom gehouden door de *issohadores* (touwvangers), edele, in het rood geklede herdersfiguren. Symbolisch wordt zo de verhouding tussen de herders en hun weidedieren uitgebeeld.

Museo delle Maschere Mediterranee
Piazza Europa 15, tel. 0784 56 90 18, www.museodellemaschere.it, juni-sept. dag., anders di.-zo. 9-13, 15-19 uur, € 4

In dit maskermuseum worden de traditionele carnavalsmaskers uit Mamoiada en andere bergdorpen in de Barbagia tentoongesteld. Er zijn ook maskers te zien uit andere Europese landen met soortgelijke tradities.

Overnachten

Charmant- **Sa Rosada:** Piazza Europa 2, tel. 0784 567 13, 2 pk € 50. Keurige kleine *albergo* met restaurant in het centrum; stijlvol ingerichte kamers.

Eten en drinken

Modern – **La Campagnola:** Via S. Satta, tel. 0784 560 75, di.-zo. 12.45-15, 19.30-22.45 uur, € 12. In een elegant-moderne ambiance worden smakelijke gerechten en houtovenpizza's geserveerd.

Info en festiviteiten

www.mamoiada.org, www.luigiladu.it: veel informatie.
Pro Loco: Via Sardegna 13, tel. 0784 56 90 32, www.mamuthonesmamoiada.it, wo. 17.30-20 uur.
Carnevale Mamoiadino: de gemaskerde optochten beginnen op 16-17 januari ter ere van het feest van Sant'Antonio Abate en bereiken hun hoogtepunt met carnaval. Veel foto's en informatie (ook in het Engels) op www.mamuthones.it.

Orgosolo ▶ G 8

Orgosolo (4400 inw.) staat voor de Sardijnse herderssamenleving. Ooit was het een van de beruchtste bandietendorpen van de Barbagia, waar bloedwraak, roofovervallen en veediefstallen tot in de jaren 60 deel uitmaakten van het sombere dagelijks leven. Totdat in 1969 de dorpsgemeenschap zich voor het eerst verenigde, namelijk in de gemeenschappelijke strijd om het behoud van de Pratobello, een groene, met knoestige eiken begroeide hoogvlakte. Uitgerekend dit mooie weide-

Barbagia en Gennargentu

Tip

Il maestro delle maschere – de meester van de maskers

Naar oude modellen vervaardigt **Ruggero Mameli** de beroemde, uiterst expressieve carnavalsmaskers waarom Mamoiada zo beroemd is. In zijn **atelier** kunt u hem met dit houtsnijwerk aan het werk zien. Rond acht uur werk gaan er zitten in één houten masker van hoge kwaliteit. Er hangt dan ook een prijskaartje aan. Vooral als het gemaakt is van het harde hout van de wilde perenboom; goedkoper zijn maskers van het zachtere kastanjehout. Traditioneel worden de maskers als ze klaar zijn, zwart geverfd. Ruggero Mameli's waardevolle privéverzameling van ongeveer 200 carnavalsmaskers uit de regio wordt in zijn kleine **Museo Maschere Mameli** tentoongesteld. Hier vindt u ook een verkoopruimte (atelier: Mamoiada, Via A. Crisponi 19, tel. 0784 562 22; Museo Maschere Mameli: Mamoiada, Corso Vittorio Emanuele III, dag., www.mascheremameli.com).

en bosgebied zou moeten wijken voor een militair oefenterrein van de NAVO. Het vreedzame protest van de *Orgolesi*, hun burgerlijke ongehoorzaamheid met blokkades, versterkte het gemeenschapsgevoel. In datzelfde jaar verschenen ook de eerste *murales* op de huizenfaçades. Politieke en sociale vraagstukken vonden hier een uitdrukking. Lang duurde het niet voordat de eerste toeristenbussen Orgosolo binnenreden, op zoek naar een beetje sensatie in het legendarische bandietennest. De *Orgolesi* lijken de dagelijkse toestroom van toeristen, die foto's schietend door de hoofdstraat slenteren, gelaten over zich heen te laten komen. Want: uiterlijk 's avonds keert de rust weer.

Overnachten

Gemoedelijk – **Sa 'e Jana**: Via E. Lussu, tel. 0784 40 24 37, http://web.tiscali.it/saejana, 2 pk € 76-86 met ontbijt. In nieuwbouwgedeelte gelegen, ruime albergo (2 sterren). Enkele kamers hebben een groot balkon met uitzicht op de Supramonte. Het restaurant biedt goede lokale gerechten.

Eten en drinken

Lunch met herders – **Il Portico**: Via Giovanni XXIII 34, tel. 0784 40 29 29, www.barbagia2000.it, 12-15, 19-23 uur, € 8. Verzorgde zaak met prima lokale keuken, ook pizza's. Op verzoek wordt ook in de omgeving van Orgosolo een rustieke herderslunch (*pranzo con i pastori*) georganiseerd.

Winkelen

Foto's en nog meer – **Fotostudio Kikinu**: Corso Repubblica 290, tel. 0784 40 23 69. Hier zijn mooie fotoboeken en foto's te vinden van de *murales* – én een dvd van de bekroonde film *Banditi a Orgosolo* van Vittorio de Seta (1961).

Actief

Excursies – **Sandalion Servizi Turistici**: Via A. Diaz 8, tel. 0784 40 32 98, www.supramonte.com. Jeepsafari's, wandeltochten, muralesrondleidingen en lunchen bij herders (*pranzo con i pastori*).

Op ontdekkingsreis

Murales – muurschilderingen in Orgosolo

Vaak strijdbaar of ook wel triest beschuldigend – murales bepalen het straatbeeld in Orgosolo. Er zijn op Sardinië wel meer dorpen met beschilderde huizen, maar in Orgosolo zijn de muurschilderingen meer dan alleen maar decoratie: ze zijn een stil protest tegen iedere vorm van onrecht. Kunst dient hier om uitdrukking te geven aan de politieke en sociale vraagstukken die de mensen bezighouden.

Kaart: ▶ G 8
Route: de meeste *murales* zijn te zien langs de Corso Repubblica en de zijstraten ervan. Een goed vertrekpunt is de Piazza Caduti in Guerra.

Tip: met Google Street View kan een virtuele rondgang door Orgosolo worden gemaakt en kunt u de *murales* op uw gemak bekijken. Een groot aantal foto's is te zien op www.facebook.com/muralesdisardegna, en meer dan 240 foto's zijn te zien op www.lifelog.it/extra/muralesorgosolo.

Het begon in Orgosolo allemaal op 25 april 1975, de dertigste verjaardag van de bevrijding van Italië en de val van het fascisme. De initiatiefnemer van het muralisme was de uit Siena afkomstige en in Orgosolo lesgevende tekenleraar en kunstenaar Francesco Del Casino. Met de hulp van zijn leerlingen begon hij naar Latijns-Amerikaans voorbeeld *murales* met revolutionaire politieke boodschappen op de muren van huizen te schilderen. Del Casino woonde bijna twintig jaar in Orgosolo voor hij terugkeerde naar zijn geboortestreek Toscane. Zijn talrijke muurschilderingen behoren tot de artistiek waardevolste in Orgosolo; ze laten stilistische invloeden zien van Picasso en de kubisten. Ook de *Orgolesi* zelf grepen naar de penselen. En er kwamen buitenlandse kunstenaars en intellectuelen naar Orgosolo om er werken te scheppen.

De beeldtaal van de *murales* is zo divers als hun makers – vaak afficheachtig en fel van kleur, maar dan ineens kan er een geraffineerde, illusionistische schildering tussen zitten. Er duiken bekende gezichten op, dikwijls in de vorm van een karikatuur. Veel van de wandschilderingen zijn voorzien van tekst in het Italiaans of Sardijns. Ook al spreken sommige afbeeldingen duidelijk voor zich, toch zijn deze commentaren voor het begrijpen van de *murales* noodzakelijk.

Kritiek in het klein en in het groot

Het scala aan thema's is breed. Ging het aanvankelijk om de onderdrukking van de *Orgosolesi* en van alle Sarden door de ordetroepen van de staat, om kolonialisme en bevrijdingsstrijd in de breedste zin van het woord, al spoedig breidde het stille protest zich uit. Sardijnse kwesties als inperking van weiderechten, bosbrandgevaar, waterschaarste, mislukte ontwikkelingspolitiek en militaire aanwezigheid op het eiland vonden evenzeer uitdrukking als de internationale politiek. Er werd geprotesteerd tegen de wapenwedloop, oorlog, honger, onrecht, fascisme, kapitalisme, corruptie en staatswillekeur. Pinochets militaire dictatuur in Chili werd net zo gehekeld als de oorlog in Vietnam, het bloedige neerslaan van de Chinese opstand op het Plein van de Hemelse Vrede of de apartheid in Zuid-Afrika. Vanaf het einde van de jaren 90 nam het politieke karakter van de muurschilderingen geleidelijk af en traden er folkloristische motieven op de voorgrond.

Bert Brecht, Desmond Tutu en Francesco Ignazio Mannu

De huizen aan de Piazza Caduti in Guerra worden al meteen gesierd door diverse interessante *murales*. Van Francesco Del Casino is de **afbeelding van de herder** 1 aan de zuidkant met een citaat van Bertolt Brecht: 'Ongelukkig het land dat helden nodig heeft.' Ook de afbeelding ertegenover van een **zwarte vrouw met kind achter prikkeldraad** 2 is van Del Casino. Het citaat is afkomstig van Desmond Tutu, de vroegere Anglicaanse aartsbisschop van Zuid-Afrika: 'Toen de eerste missionarissen naar Afrika kwamen, hadden wij het land en zij de Bijbel. Toen sloten we onze ogen en baden. Toen we ze weer openden, hadden wij de Bijbel in de hand en zij het land.'

Volgt u de Corso Repubblica in westelijke richting, dan kijkt vanaf het hoekhuis links (ter hoogte van de Via Angioy) een **heer met Sardijnse vlag achter kantelen** 3 de toeschouwer vol vertrouwen aan. De tekst *'Custa populos...'* is een couplet uit een Sardijnse hymne van de verlichte jurist Francesco Ignazio Mannu (1758-1839): 'Dit volk is er nu mee bezig het misbruik uit te roeien – weg met het onrecht, weg met de tirannie...'

Amerikaanse militaire aanwezigheid

Volgt u de Corso verder dan ziet u tegen hetzelfde huis een protest tegen de Amerikaanse militaire aanwezigheid op Sardinië. Een **NAVO-bommenwerper** giert over de hoofden van mensen heen 4 (Del Casino): *'La bomba americana...'* 'De Amerikaanse bom stijgt op van Perdasdefogu [militair steunpunt op Sardinië] en treft in zijn vlucht een duif. Als er een oorlog uitbreekt, zal elke lieflijke plek op het eiland veranderen in een een graf.' En iets verder: '180.000 ha land onder militaire slavernij.'

Rassenideologie anno 1900

Een paar passen verder, tegenover Charlie Chaplins Hitlerparodie, is een **Sard met geboeide handen** 5 te zien. Geciteerd wordt uit het boek *La delinquenza in Sardegna* (1897) van Alfredo Niceforo, die daarin aantoont dat de Sarden al aan de hand van lichamelijke kenmerken te herkennen zijn als een crimineel ras. 'De verschillende schedelvormen uit deze "criminele regio" komen allemaal voor onder de wildste en primitiefste volkeren. Een ervan is vooral in Midden-Sardinië te vinden: het gaat om de *parallelepipedoides variabilis sardiniensis*.'

Laocoöngroep

Verder lopend over de Corso ziet u meteen voorbij de naar links afslaande Via Spano een van de weinige overgebleven natuurstenen huizen. Tegen de afbrokkelende façade is de **Laocoöngroep** 6 te herkennen, ernaast staat de 'slang van het kapitalisme' op het punt een mens te wurgen (Del Casino; zie afbeelding op blz. 284). Ironisch luidt het: 'Leve de vijfpartijenregering die ons werk, gerechtigheid en vrijheid geeft.' De achtergrond: de aan het begin van de jaren 80 gevormde vijfpartijencoalitie bleef alleen in het zadel omdat de (communistische) oppositie werd geplaagd door vermoeidheidsverschijnselen.

Kogelgaten in het stadhuis

Het volgende gebouw is het voormalige **stadhuis** 7. De inslagen bij deur en ramen spreken een duidelijke taal.

Linksonder becommentarieert een citaat (1922) van de politicus **Emilio Lussu**, medeoprichter van de Partito Sardo d'Azione (Sardijnse Actiepartij) en moedig strijder in de Eerste Wereldoorlog, het beeld: 'Niet voor een stukje verre grens hebben wij onze jeugd eraan gegeven, maar voor een hoger ideaal van vrijheid en gerechtigheid.'

Rechts heeft zich een mensenmenigte verzameld achter een vaandel met RINASCITA (wedergeboorte); een spandoek van de demonstranten eist: 'Sardinië moet een wedergeboorte doormaken, geen militaire bases.' Verder naar boven zijn pamfletten te zien met de tekst: *'Concimi non proiettili'* – 'Mest, geen projectielen'.

Rechts staat Emilio Lussu afgebeeld onder een **Pratobellotafereel** met de tekst van het telegram dat hij de Orgosolesi tijdens de gebeurtenissen stuurde: 'Wat de veeteelt en landbouw van Orgosolo op de Pratobello overkomt, is een kolonialistische provocatie. Een dergelijke willekeur doet denken aan de fascistische tijd. Daarom ben ik in alle opzichten solidair met de herders en boeren uit Orgosolo, die niet hebben opgegeven. Als mijn gezondheid het toeliet, zou ik nu in hun midden zijn. Juli 1969'.

Jacht op groot wild met buit

Tegenover de parochiekerk San Salvatore is boven de ingang van een souvenirwinkel de **Caccia grossa a Orgosolo** 8 afgebeeld. Deze 'jacht op groot wild' verwijst naar een jacht op bandieten in 1899 in de omgeving van Murguliai. Trots poseren de gendarmes voor een door hen gedode Sard als voor een vette jachtbuit.

Guernica en Chief Seattle

Tegen Fotostudio Kikinu 9 zijn afbeeldingen van 9/11 en van **de val van Saddam Hussein** te zien: 'Hoeveel bloed

van onschuldigen voor het einde van een tiran?' Aan Picasso's beroemde schilderij herinnert de onderste afbeelding, dat **Guernica** toont op 18 juli 1936 tijdens de Spaanse Burgeroorlog.

Boven illustreert Del Casino de woorden uit de beroemde rede over het beschermen van de aarde die Chief **Seattle**, het opperhoofd van de Duwamish, in 1855 voor de Amerikaanse president hield: 'Pas als de laatste boom is geveld, de laatste rivier vergiftigd en de laatste vis gevangen, zullen jullie merken dat je geld niet kunt eten.'

Droogte en gebrek

Een paar huizen verder maakt een tafereel dat **rampzalige droogte** 10 uitbeeldt, indruk: 'De God die wij hebben, is wreed en slecht. Hij laat zich er niet toe bewegen ons water te sturen, we smeken zelfs niet eenmaal om vlees' (zie afbeelding op blz. 57).

De gevel van het huis op nummer 216 toont een **herder met de dierenschedel in de hand en rode vlag en geit** 11 (Del Casino): 'Gaan we weg of blijven we? Maar is dat wel het probleem? Herders en arbeiders gezamenlijk tegen boeren en grootgrondbezitters. Gemeenteverordeningen.' In de berggemeenten in de omgeving is het gebruikelijk dat men de gemeenschappelijke weidegronden in het voorjaar laat rusten, zodat het gras zich kan herstellen. Enkele herders hielden zich na een slecht jaar niet aan deze oeroude regel. Vanuit hun standpunt bekeken, hadden ze geen andere keus, want waar hadden ze anders hun dieren moeten weiden?

Ware socialisten

Vanaf het huis op nummer 125 kijken de **eerzame socialisten van de oude garde** 12 op u neer. Een vrouw blikt naar hen op: 'Dit zijn ware socialisten.' Het kind op haar arm wijst naar de tegenwoordige corrupte politici en vraagt: 'En die?'

De vloek van de mijn

Na het huis op nummer 101 becommentarieert een schildering het **zware werk in de mijnen** 13 met de uitspraak van een mijnwerker: 'Als ik geweten had waaruit het leven in de mijn bestaat, was ik liever honderd jaar ondergedoken dan dit werk te gaan doen.'

Toeristische woordenlijst

Uitspraakregels

Over het algemeen wordt het Italiaans zo uitgesproken als het wordt geschreven. Als er twee **klinkers** achter elkaar staan, dan worden ze beide uitgesproken (bijv. Europa). De **klemtoon** ligt gewoonlijk op de voorlaatste lettergreep. Als de klemtoon op de laatste lettergreep ligt, wordt dat in het Italiaans meestal met een accent aangegeven (bijv. città).

Medeklinkers

c	voor a, o, u als k, bijv. conto; voor e, i als tsj, bijv. cinque
ch	als k, bijv. chiuso
ci	voor a, o, u als tsj, bijv. doccia
g	voor e, i als dzj, bijv. Germania
gi	als dzj, bijv. spiaggia
gl	als lj, bijv. taglia
gn	als nj, bijv. bagno
h	wordt niet uitgesproken
sc	voor a, o, u als sk, bijv. scusi; voor e, i als sj, bijv. scelta
sch	als sk, bijv. schiena
sci	als sj, bijv. scienza
z	deels als dz, bijv. zero; deels als ts, bijv. zitto

Algemeen

goedendag	buongiorno
goedemiddag/-avond	buonasera
goedenacht	buonanotte
tot ziens	arrivederci
pardon	scusi
hallo/dag	ciao
alstublieft	prego/per favore
dank u	grazie
ja/nee	si/no
Wat zegt u?	come?/prego?

Onderweg

halte	fermata
bus/auto	autobus/macchina
afrit/afslag	uscita
tankstation	stazione di servizio
rechts/links	a destra/a sinistra
rechtdoor	diritto
informatie	informazione
telefoon	telefono
postkantoor	posta
station/luchthaven	stazione/aeroporto
alle richtingen	tutte le direzioni
eenrichtingsweg	senso unico
ingang	entrata
geopend	aperto/-a
gesloten	chiuso/-a
kerk/museum	chiesa/museo
strand	spiaggia
brug	ponte
plein	piazza
verboden	divieto
snelweg	autostrada

Tijd

uur/dag	ora/giorno
week	settimana
maand	mese
jaar	anno
vandaag/gisteren	oggi/ieri
morgen	domani
's morgens	di mattina
's avonds	di sera
om 12 uur	a mezzogiorno
vroeg/laat	presto/tardi
maandag	lunedì
dinsdag	martedì
woensdag	mercoledì
donderdag	giovedì
vrijdag	venerdì
zaterdag	sabato
zondag	domenica

Noodgevallen

help!	aiuto!
politie	polizia
arts	medico
tandarts	dentista
apotheek	farmacia
ziekenhuis	ospedale
ongeluk	incidente
pijn	male, dolore
panne	guasto

Overnachten

hotel	albergo
pension	pensione
eenpersoonskamer	camera singola
tweepersoonskamer	camera doppia
met/zonder badkamer	con/senza bagno
toilet	bagno, gabinetto
douche	doccia
met ontbijt	con prima colazione
halfpension	mezza pensione
bagage	bagagli
rekening	conto

Winkelen

winkel/markt	negozio/mercato
creditcard	carta di credito
geld	soldi
geldautomaat	bancomat
bakker	panificio
banketbakker	pasticceria
slager	macelleria
kruidenier	alimentari
duur	caro/-a
goedkoop	a buon mercato
maat	taglia
betalen	pagare

Getallen

1	uno	17	diciassette
2	due	18	diciotto
3	tre	19	diciannove
4	quattro	20	venti
5	cinque	21	ventuno
6	sei	30	trenta
7	sette	40	quaranta
8	otto	50	cinquanta
9	nove	60	sessanta
10	dieci	70	settanta
11	undici	80	ottanta
12	dodici	90	novanta
13	tredici	100	cento
14	quattordici	150	centocinquanta
15	quindici	200	duecento
16	sedici	1000	mille

De belangrijkste zinnen

Algemeen

Spreekt u … Nederlands/Engels?	Parla … olandese/inglese?
Ik begrijp het niet.	Non capisco.
Ik spreek geen Italiaans.	Non parlo italiano.
Ik heet …	Mi chiamo …
Hoe heet jij/u?	Come ti chiami/si chiama?
Hoe gaat het met jou/u?	Come stai/sta?
Goed, dank u.	Grazie, bene.
Hoe laat is het?	Che ora è?

Onderweg

Hoe kom ik in …?	Come faccio ad arrivare a …?
Waar is …?	Scusi, dov'è …?
Kunt u me wijzen waar … is?	Mi potrebbe indicare …, per favore?

Noodgevallen

Kunt u me alsublieft helpen?	Mi può aiutare, per favore?
Ik heb een arts nodig.	Ho bisogno di un medico.
Het doet hier pijn.	Mi fa male qui.

Overnachten

Hebt u een kamer vrij?	C'è una camera libera?
Hoeveel kost deze kamer per nacht?	Quanto costa la camera per notte?
Ik heb een kamer gereserveerd.	Ho prenotato una camera.

Winkelen

Hoeveel kost …?	Quanto costa …?
Ik zoek …	Ho bisogno di …
Wanneer opent/sluit …?	Quando apre/chiude …?

Culinaire woordenlijst

Bereidingswijzen

affogato	gestoomd
al forno	uit de oven
alla griglia	gegrild
amabile/dolce	zoet
arrostato/-a	geroosterd
arrosto/-a	gebraden
bollito/-a	gekookt
caldo/-a	warm
con/senza	met/zonder
formaggio	kaas
freddo/-a	koud
fritto/-a	gefrituurd
gratinato/-a	gegratineerd
stufato/-a	gestoofd

Voorgerechten en soepen

alici	in zuur ingelegde ansjovis
antipasti	voorgerechten
antipasti misti	schotel met diverse hapjes en vleeswaren
antipasti del mare	schotel met stukjes vis en zeevruchten
cannellini	witte bonen
cozze ripiene	gevulde mosselen
fagiolini bianchi	witte bonen
insalata di polpo	inktvissalade
melanzane alla griglia	gegrilde aubergine
minestrone	groentesoep
pane carasau	flinterdun, ongerezen en krokant brood
prosciutto	ham
salame di cinghiale	salami van wild zwijn
verdure grigliate	gegrilde groente
vitello tonnato	kalfsvlees in plakjes met tonijnsaus
zucchine alla griglia	gegrilde courgette
zuppa di pesce	vissoep

Pasta en co

cannelloni	gevulde deegrolletjes
colunzones/ culurgiones	Sardijnse ravioli
fettuccine/tagliatelle	platte lintpasta
gnocchi	gekookte balletjes van aardappel en bloem
malloreddus	Sardijnse gnocchi
paglia e fieno	mix van groene en gele tagliatelle
pasta fresca (fatta in casa)	verse pasta (huisgemaakt)
pasta ripiena	gevulde pasta, vaak met spinazie en ricotta
risotto ai funghi	paddenstoelenrisotto
risotto alla marinara	risotto met zeevruchten

Vis en zeevruchten

anguilla	paling, aal
aragosta	langoest, hoornkreeft
cozze	mosselen
gamberetto	garnaal
gambero	grote garnaal, gamba
orata	goudbrasem
ostriche	oesters
pesce persico	rivierbaars
salmone	zalm
seppia	zeekat (soort inktvis)
sogliola	tong
trota	forel

Vlees en gevogelte

agnello	lam
anatra	eend
arrosto	braadstuk
brasato	stoofvlees
capra/capretto	geit/jonge geit
carne	vlees
cinghiale	wild zwijn
coniglio	konijn
faraona	parelhoen
lepre	haas
maiale	varken
manzo	rund
pernice	patrijs
pollo	kip
porcheddu	aan het spit geroosterd speenvarken
quaglia	kwartel
salumi	vleeswaren

spezzatino	stoofpot	cantuccini	amandelkoekjesk
tacchino	kalkoen	cassata	laagjestaart met cake, ricotta en marsepein
vitello	kalf		
		dolci sardi	zoete Sardijnse lekkernijen

Groenten en bijgerechten

asparagi selvatici	groene wilde asperges	fico	vijg
bietola	snijbiet	fragola	aardbei
carciofi	artisjokken	frutta	fruit
carota	wortel	gelato	ijs
cavolfiore	bloemkool	lampone	framboos
ceci	kikkererwten	macedonia	verse fruitsalade
cipolla	ui	mela	appel
fagioli/fave	bonen	melone	meloen
finocchio	venkel	panna cotta	roompuddinkje met chocolade-, karamel- of vruchtensaus
funghi porcini	eekhoorntjesbrood		
insalata mista	gemengde salade		
melanzana	aubergine	sebàda/seàda	gefrituurde deegtasjes met ricottavulling
pane	brood		
patata	aardappel		
pisello	doperwt	## Dranken	
polenta	maispap		
pomodoro	tomaat	acqua (minerale)	(mineraal)water
porro	prei	frizzante/gassata	met prik
riso	rijst	naturale	zonder prik
sedano	selderij	caffè	espresso
spinaci	spinazie	latte	melk
zucca	pompoen	liquore	likeur
		mirto	mirtelikeur

Nagerechten en fruit

		spumante	mousserende wijn
albicocca	abrikoos	succo	sap
anguria	watermeloen	tè	thee
		vino rosso/bianco	rode/witte wijn

In een restaurant

Ik wil graag een tafeltje reserveren.	Vorrei prenotare un tavolo.	dagmenu	menù del giorno
De kaart, alstublieft.	Il menù, per favore.	borden en bestek	coperto
wijnkaart	lista dei vini	servet	tovagliolo
Mag ik de rekening?	Il conto, per favore?	mes	coltello
voorgerecht	antipasto	vork	forchetta
pasta, risotto, gnocchi	primo piatto	lepel	cucchiaio
soep	minestra/zuppa	glas	bicchiere
hoofdgerecht	secondo piatto	fles	bottiglia
nagerecht	dessert/dolce	zout/peper	sale/pepe
bijgerecht	contorno	suiker/zoetje	zucchero/saccarina
		ober/serveerster	cameriere/cameriera

Register

aardbeibomen 53
actieve vakantie 31
Aga Khan IV, Karim 77
Aggius 242
agriturismo 27
Alghero 47, 169, 185, 194
– Aquarium Mare Nostrum 173
– Bastione della Maddalena 171
– Cattedrale di Santa Maria 171
– Chiesa di San Francesco 172, 174
– Lido d'Alghero (Spiaggia di San Giovanni) 169
– Lungomare Dante 169
– Museo diocesano d'Arte Sacra 171
– Museo Territorio 175
– Palazzo de Ferrera 171
– Palazzo Machin 172
– San Michele 173
– Sella & Mosca 178
– Spiaggia di Maria Pia 169
– Teatro Civico 172
– Torre di Sulis 175
– Via Carlo Alberto 172
ambassades 36
Anglona 207
Antiochus van Sulcis (Sant'Antioco Martire) 73
apotheken 36
Appiu, Nuraghe 185
Aragon 45
Arbatax 271
Arborea 47
Arcu de Tascussi 280
Ardara 206
Area Marina Protetta di Capo Carbonara 121
Aritzo 278
Arrubiu, Nuraghe 116
Arzachena 223, 225
Asinara, Isola 196
Baia di Chia 103
Baia di Santa Reparata 238
Barbagia 274
Barumini 105
Baunei 269
Bed & Breakfast 27
Belvedere la Forada 182
Berenkaap (Capo d'Orso) 223, 230

Bitti 254
Bonnanarocultuur 44
boot 23, 25
Bosa 160, 185
Bosa Marina 164
Bue Marino, Grotta del 264
Buggerru 125
bus 25
Cabboi, Mauro 108
Cabras 148
Cagliari 47, 86
– Anfiteatro Romano 94
– Antico Caffè 91
– Basilica di Santa Croce 91
– Bastion San Remy 92
– bischoppelijk paleis (Palazzo Arcivescovile) 93
– Caffè Librarium Nostrum 91
– Castello (wijk) 92
– Chiesa di Sant'Efisio 95
– Cittadella dei Musei 94
– Ghetto degli Ebrei 91
– haven 87
– Largo Carlo Felice 87
– Mercato Santa Chiara 90
– monument voor Carlo Felice 90
– Museo Archeologico Nazionale 94
– Museo d'Arte Siamese 94
– Museo delle Cere Anatomiche 94
– Orto Botanico 95, 96
– Palazzo Boyl 92
– Palazzo di Città 93
– Palazzo Viceregio 93
– Piazza Palazzo 93
– Piazza Yenne 87
– Pinacoteca Nazionale 94
– San Michele 95
– Santa Maria di Castello 92
– Stampace (wijk) 94
– Terrazza Umberto I 92
– Torre dell'Elefante 90
– Torre di Pancrazio 93
– Via Giuseppe Manno 91
Cala di Luna 264
Cala di Porticciolo 170, 184
Cala Gibudda 103
Cala Goloritzè 270
Cala Gonone 264
Cala Sisine 270
Campidano 60, 104
campings 28

Canto a Tenore 75
Cantoniera Scala Piccada 186
canyoning 31
Capo Caccia 183
Capo Carbonara 120
Capo Ceraso 246
Capo Coda Cavallo 246
Capo del Falcone 195
Capo d'Orso (Berenkaap) 223, 230
Capo Marárgiu 185
Capo San Marco 151
Capo Spartivento 103
Capo Testa 238
Caprera, Isola 233
Carlo Emanuele II, koning 138
carnaval 34
Carthagers 44
Casteddu Etzu (Castello di Montiferu) 160
Castello di Acquafredda 132
Castello di Balaiana 226
Castello di Baldu 227
Castello di Montiferu (Casteddu Etze) 160
Castelsardo 207, 212
Cavalcata Sarda 34
Chia 103
Chiesa di Nostra Signora di Tergu 211
Chiesa di Santa Maria del Regno 206
Chiesa San Pietro di Golgo 269, 273
Coddu Vecchiu, gigantengraf 225
Coddu Vecchiu, Tomba di (gigantengraf) 225
Costa del Sud 102
Costa Rei 118
Costa Smeralda 77, 220
Costa Verde 126, 127
Couëlle, Jacques 78
Del Casino, Francesco 284
Deledda, Grazia 19, 91, 253
Desulo 280
Domus de janas 191
Dorgali 259
Doria, Nicoloso 187
douane 22
duiken 31
economie 43
electriciteit 36
Ephysius 34, 72, 95

292

Register

Escalaplano 117
Faradda di li Candelieri 35
feestagenda 35
feestdagen 36
Feniciërs 44
flamingo's 60
Flumendosakloof 116
Fonni 281
fooi 36
Fortezza di Monte Altura 235
Gallura 80, 224
Garibaldi, Giuseppe 233
Gay Life 36
Genna Cruxi (Genna Croce) 268
Gennargentu 252, 278
Genna Silana 268
Giara di Gesturi (Sa Jara Manna) 112
Gola su Gorropu 267
golf 31
Golgo 269
Grotta del Bue Marino 264
Grotta di Nettuno 182, 183
hotels 26
huisdieren 22, 36
huurauto 23
Iglesias 124, 132
Iglesiente 124, 126
Ingurtosu 132
internet 18, 37
Ipogeo di San Salvatore 153
Is-Arutas (strand) 149
Isola Asinara 196
Isola Caprera 233
Isola di San Pietro 137
Isola di Sant'Antioco 135
Isola Maddalena 229
Isola Mal di Ventre 149
Isola Molara 246
Ittiri 194
judicaat 45, 49, 143
kano en kajak 31
kinderen 37
kleding en uitrusting 21
klimaat 20
klimmen 31
kurk 52
Laconi 274
Lago Baratz 184
Lago Bidighinzu 195
Lago del Cedrino 62, 258
Lago del Coghinas 243

Lago del Temo 186
Lago di Monte Pranu 134
Lago Omodeo 62
La Prisgiona (nuraghe) 225
Las Plassas 105
launeddas (blaasinstrument) 76
Lazzaretto (strand) 169
Le Bombarde (strand) 169
leestips 19
Le Saline (strand) 195
Li Muri, Necropoli di 226
Loelle (nuraghe) 254
Logudoro 205
Losa (nuraghe) 153
Luogosanto 227, 244
Maddalena-archipel 228
Maddalena, Isola 229
Madonna dei Bambini 226
Malchittu (tempel) 225
Mal di Ventre, Isola 149
Mameli, Ruggero 283
Mamoiada 282
Mare d'Urzulei 269
Marina di Arbus 132
Marmilla 104
Masua 125
media 37
medische verzorging 37
Meilogu 187, 194
mijnbouw 66
Miniera Montevecchio 126
Miniere Ingurtosu-Gennamari 127
Molara, Isola 246
Monte Altura, Fortezza di 235
Monte d'Accoddi 198
Monte Ferru 153
Monte Ferru (Monti-ferru) 160
Monteleone Rocca Doria 186
Monte Limbara 243
Monte Minerva 187
Monteponi 125
Monte Sirai 133
Monte Texile 278
Monte Tiscali 258, 260
Montresta 184, 185
mountainbiken 31
Muscas, Raffaele 108
musea 37
Mussolini 47
muziek 75

naturisme 38
Nebida 133
Necropoli di Li Muri 226
Necropoli di Puttu Codinu 186
Neville, Rafael 234
noodgevallen 38
Nora (opgravingsterrein) 100, 101
Nostra Signora di Tergu 211
Nuoro 252
nuraghecultuur 44, 69
Ogliastra 271
Olbia 217
Oliena 256
omgangsvormen 38
ontbijt 30
openingstijden 38
Oristano 142
Orroli 116, 117
Orune 255
Oschiri 243
Oziericultuur 44
paardrijden 32
Padria 188, 189
Palau 223
Parco Archeologico del Nuraghe Losa 153
Parco Archeologico di Monte Sirai 133
Parco Archeologico Nuraghe Appiu 185
Parco dei Sette Fratelli (Monte Genis) 118
Parco Nazionale del Golfo di Orosei e del Gennargentu 281
Parco Nazionale dell'Arcipelago di La Maddalena 229
Pasqua (Pasen) 34
Pilia, Fiorenzo 108
Pinna, Gianfranco 108
pioenrozen 52
Planu Campu Oddeu 269
Porto Cervo 78, 220
Porto Conte 181
Porto Ferro 184
Porto Liscia 235
Porto Puddu 235
Porto Rafael 234
Porto Torres 197
Posada 248
post 38
Pranu Muteddu 117

293

Register

Ptolemaeus 129
Pula 100
Puniërs 44
Punta Cugnana 222
Punta Giglio 181
Punta La Marmora 278
Punta San Michele 132
Punta Sardegna 234
Puttu Codinu, Necropoli di 186
reisbudget 39
reisseizoen 21
reizen met een handicap 38
Rena di Ponente 238
restaurantetiquette 30
Risorgimento 46
Riviera del Corallo 177
Roccia dell'Elefante 211
roken 38
Romeinse Rijk 44
rotsformaties 80
saffraan 55
Sagra di Sant'Efisio 34, 72
Sa Jara Manna (Giara di Gesturi) 112
Saline Molentargius-La Palma 61
San Gavino Monreale 55
San Giovanni di Sinis 151
San Giovanni, Grotta di 132
San Leonardo de Siete Fuentes 159
San Pantaleo 222
San Pietro di Golgo 269, 273
San Pietro di Sorres 194
San Pietro, Isola di 137
San Sperate 104, 106
Santa Cristina (bronnenheiligdom) 153, 154
Santa Luisa (kapel) 115
Santa Maria del Regno 206
Santa Maria Navarrese 271
Sant'Andria Priu 189, 194
Sant'Andria Priu, Necropoli di 190
Sant'Antioco 135
Sant'Antioco di Bisarcio 206
Sant'Antioco, Isola di 135
Sant'Antioco Martire (Antiochus van Sulcis) 73
Santa Teresa di Gallura 235
Santa Vittoria di Serri (bronnenheiligdom) 113
San Teodoro 247

Santissima Trinità di Saccargia 202
Santu Antine (nuraghe) 189
Santu Lussurgiu 157
Sarrabus 118
Sardijnse Revolutie 46
Sa Sedda 'e Sos Carros (nuraghedorp) 258
Sas Perdas Marmuradas de Tamuli 159
Sassari 199
– Corso Vittorio Emanuele II 200
– Duomo San Nicola 201
– Museu Nazionale G. A. Sanna 200
– Palazzo della Provincia 200
– Palazzo Ducale 201
– Palazzo d'Ursini 200
– Palazzo Giordano 200
– Piazza Azuni 200
– Piazza Castello 200
– Piazza d'Italia 200
– Piazza Duomo 201
– Piazza Tola 200
Scala Piccada 186
Sciola, Pinuccio 104, 106
Sella & Mosca (wijngoed) 178
Serra Orrios (nuraghedorp) 264
Settimana Santa (Goede Week) 34
Sinisschiereiland 147
Sorgente su Gologone 257
Spiagge di Due Mari 238
Spiaggia di Poglina (Spiaggia della Speranza) 170, 185
Spiaggia di Porto Giunco 121
Spiaggia di Santa Reparata 238
Spiaggia di Simius 120
Spiaggia Funtana Meiga 151
Spiaggia La Cinta 247
Spiaggia Sa Colonia 103
Stagnali 233
Stagno di Cabras 147
Stagno di Chia 103
Stagno di San Teodoro 247
Stagno di Tortoli 271
Stagno Sale Porcus 148
Stangioni de su Sali 103
Stintinoschiereiland 195
Sulcisgebergte 124
Sulki (opgravingsterrein) 135

Su Mannau (grot) 131
Su Nuraxi 47, 109
Supramonte 256
Supramonte di Baunei 269
Supramonte di Urzulei 269
surfen 32
Su Romanzesu (tempelcomplex) 255
Su Sterru (Voragine di Golgo) 269
Su Tempiesu (bronnentempel) 255
taalreizen 33
tamme kastanjes 52
Tavolara, Isola 246
taxi 25
telefoon 39
Tempio di Malchittu 225
Tempio Pausania 239
Teulada 103
Tharros (opgravingsterrein) 151
Thiesi 194
toerisme 43, 63
toiletten 39
Tombe dei Giganti 69
Tonara 280
Torre di San Giovanni di Sinis 151
Tramariglio 182
Tratalias 134
trein 25
Tuili 111
vakantiehuizen en -appartementen 27
Valle dei Nuraghi 189
Valle della Luna (bij Aggius) 242
Valle della Luna (bij Capo Testa) 238
Vallicciola 243
Vandalen 45
veiligheid 39
verkeersbureaus 18
verkeersregels 24
Villanova Monteleone 187
Villasimius 120
vliegtuig 22
Voragine di Golgo (Su Sterru) 269
wandelen en trekking 33
wellness 33
zeilen 33

Notities

Fotoverantwoording en colofon

Omslag: Golfo di Orosei (iStockPhoto)

Bilderberg, Hamburg: blz. 214 l, 245 (Francke)
DuMont Bildarchiv, Ostfildern: blz. 12 rb, 84 r, 110-111, 122 l, 131, 141, 152, 166 r, 174, 250 l, 269 (Hauser)
Glow Images, München: blz. 7 b (Kreder)
Huber-Images, Garmisch-Partenkirchen: blz. 26 (Olimpio); 211 (Ripani); 5 (Spila)
Laif, Keulen: blz. 24 (Biskup); 69, 79, 80-81, 82-83 (Celentano); 72 (Haenel); 84 l, 93 (Hauser); 279 (hemis.fr/Berthier); 77 (Kirchgessner); 13 rb, 149 (Le Figaro Magazine/Morandi); 8, 11 (Lengler); 106 (Morandi); 178, 218 (Piepenburg); 215, 238-239 (Steinhilber)
Look, München: blz. 126 (age fotostock); 16-17 (travelstock 44)
Mauritius Images, Mittenwald: blz. 140 r, 150 (Age); 7 ro, 12 lb, 12 lo, 13 lo, 29, 53, 54, 60, 63, 74, 85, 96-97, 102, 119, 122 r, 123, 134, 139, 212, 214 r, 234, 250 r, 272-273, 276-277, 280 (Cubolimages); 40-41 (imagebroker/Reuther); 221 (imagebroker/Wothe); 140 l, 146 (Morandi); 13 rb, 188 (photolibrary)
Sylvia Pollex, Leipzig: blz. 12 rb, 32, 48, 137, 154, 167 l, 202
Thomas Stankiewicz, München: blz. 98, 162-163, 166 l, 172-173, 183, 193, 199
Andreas Stieglitz, Frankfurt a. M.: blz. 12 ro, 13 lb, 50-51, 57, 66, 70, 114-115, 128, 156, 224, 230-231, 242, 251, 256, 260, 270, 284
Hanna Wagner, Wörth: blz. 190, 192

Hulp gevraagd!
De informatie in deze reisgids is aan verandering onderhevig. Het kan dus wel eens gebeuren dat u ter plaatse een andere situatie aantreft dan de auteur.
Is de tekst niet meer helemaal correct, laat ons dat dan even weten. Ons adres is:

ANWB Media
Uitgeverij reisboeken
Postbus 93200
2509 BA Den Haag
anwbmedia@anwb.nl

Productie: ANWB Media
Coördinatie: Els Andriesse
Tekst: Andreas Stieglitz
Vertaling: Geert van Leeuwen, Massa Martana, Italië
Herziening: Albert Witteveen, Amsterdam
Eindredactie: Geert Renting, Dieren
Opmaak: Hubert Bredt, Amsterdam
Ontwerp binnenwerk: Jan Brand, Diemen
Ontwerp omslag: DPS, Amsterdam
Concept: DuMont Reiseverlag, Ostfildern
Grafisch concept: Groschwitz/Blachnierek, Hamburg
Cartografie: DuMont Reisekartografie, Fürstenfeldbruck

© 2016 DuMont Reiseverlag, Ostfildern
© 2016 ANWB bv, Den Haag
Tweede druk
ISBN: 978-90-18-04018-5

Alle rechten voorbehouden
Deze uitgave werd met de meeste zorg samengesteld. De juistheid van de gegevens is mede afhankelijk van informatie die ons werd verstrekt door derden. Indien die informatie onjuistheden blijkt te bevatten, kan de ANWB daarvoor geen aansprakelijkheid aanvaarden.